跨境电子商务运营实务

『行业+领先企业』产教融合新形态系列教材

全国跨境电子商务综合试验区职业教育集团
北京博导前程信息技术股份有限公司　组织编写

盛立强　主编

孙萍萍　王佳　许应楠　副主编

電子工業出版社
Publishing House of Electronics Industry
北京 · BEIJING

内容简介

本书以阿里巴巴国际站为依托，以项目为导引，在工作任务的带领下系统地进行一系列知识及技能的学习，包括平台认知、账户注册、产品管理、旺铺装修、营销中心、数据管家、商机管理，以及信用保障服务、一达通物流等。

本书按照跨境电商行业知识层次和运营实际技能进阶过程进行内容安排，符合学生认知规律。教材将知识目标和能力目标充分结合，深入到跨境电商运营过程中各个领域的知识学习和技能培养。

本书适合作为高等职业院校电子商务、市场营销、国际贸易和商务英语等相关专业的教材，也可供电子商务相关从业人员作为参考学习用书。

图书在版编目（CIP）数据

跨境电子商务运营实务 / 盛立强主编 . — 北京：电子工业出版社，2019.6
ISBN 978-7-121-36605-5

I. ①跨…　II. ①盛…　III. ①电子商务 – 运营管理 – 高等学校 – 教材
IV. ① F713.365.1

中国版本图书馆 CIP 数据核字（2019）第 096814 号

策划编辑：张云怡
责任编辑：程超群
印　　刷：固安县铭成印刷有限公司
装　　订：固安县铭成印刷有限公司
出版发行：电子工业出版社
　　　　　北京市海淀区万寿路 173 信箱　邮编：100036
开　　本：787×1 092　1/16　印张：23.75　字数：620.8 千字
版　　次：2019 年 6 月第 1 版
印　　次：2025 年 6 月第 9 次印刷
定　　价：65.00 元

凡所购买电子工业出版社图书有缺损问题，请向购买书店调换。若书店售缺，请与本社发行部联系，联系及邮购电话：（010）88254888，88258888。

质量投诉请发邮件至 zlts@phei.com.cn，盗版侵权举报请发邮件至 dbqq@phei.com.cn。

本书咨询联系方式：（010）88254573，zyy@phei.com.cn。

编写委员会

（按姓氏拼音排序）

审定委员会

（按姓氏拼音排序）

序　言（一）

在经济全球化发展背景下，跨境电子商务正通过理念全球化、技术数字化、主体普惠化、供应链柔性化、品牌全球化等方式对我国贸易进行全面的升级改造。我们高兴地看到，我国对外贸易正从“贸易多元化”向“全球买、全球卖、全球付、全球运”转变；技术手段由部分环节采用信息技术向数字化电子商务平台使用、全链条数字技术使用转变；贸易主体由传统贸易企业向中小企业、个人转变；贸易方式由传统线下贸易向跨境电子商务转变；交易特点从“大进大出、低频次”向“小批量、高频次”转变；贸易供应链由非个性化、大批量向个性化、碎片化，满足消费需求的柔性供应链转变；企业贸易优势由原来的拼价格、拼产品向企业开始注重通过构建自身“品牌力”开展全球零售转变。

跨境电子商务正在形成一条“网上丝绸之路”。近年来，跨境电子商务交易规模保持年均20%以上的高速增长，远超传统贸易规模增速。2018年，通过海关跨境电子商务管理平台零售进出口的商品总额为1347亿元，相较于2017年增长了50%；有进出口实绩的企业由2017年的43.6万家提升到47万家。

同时，我们也应该清醒地看到，跨境电子商务的高速发展也造成了行业人才缺口巨大。据不完全统计，2017年我国跨境电子商务领域的人才缺口约为450万。《中国电子商务人才状况调查报告》中显示，企业在开展跨境电子商务业务过程中遇到的最大问题就是人才方面的问题。目前，跨境电子商务领域新技术、新思维、新商业模式、新职业能力不断产生，跨境电子商务人才属于新兴的复合技术技能型人才，除需要具有网络营销策划与推广、编辑与美工、电商数据分析、客户服务管理、网店（站）运营等传统电商的技术技能外，还要知晓国际贸易流程、国际商务交往规则，而传统的外贸及外语类人才很难匹配跨境电子商务行业发展的需求。

教育领域对跨境电子商务新业态发展需要通过专业设置来加快人才培育。特别是在职业教育中，应该依托电子商务专业大类，新增“跨境电子商务”专业来解决。同时，积极引导院校开展跨境电子商务专业，布局专业人才培养，以解决跨境电子商务人才短缺的问题。

因此，基于电子商务业务形成的能力体系构建方法、经验和渠道，有助于跨境电子商务职业能力体系构建。同样，一些公司和学校在电子商务教学过程中形成的人才培养理念、路径、模式、方法等，也有助于跨境电子商务专业人才培养体系的构建。最大化地共享、利用教学资源与设施，培养跨境电子商务专业教师团队，可以快速提升职业院校跨境电子商务人才供给，是我国贸易全面升级改造，制造业和服务业转型升级、模式改造的重要源泉和捷径。

此套教材构成了跨境电子商务专业核心课程的体系，相信在这样的课程体系下，能帮助更多的院校建设跨境电子商务专业，培养出更多的跨境电子商务专业人才！

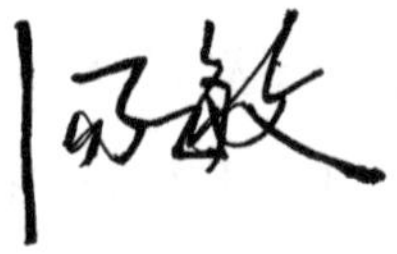

序 言（二）

——在第一期全国跨境电子商务专业负责人

培训班开班式上的致辞

现场和网上收看直播的各位老师，大家上午好！

今天我们举办全国跨境电子商务专业负责人培训班，是我们共同学习、贯彻《国家职业教育改革实施方案》，推动跨境电子商务人才培养、产教融合的一项具体举措。专业负责人对专业和产业的认识与把握直接关系到专业未来的发展。这次培训计划名额是 80 人，但实际来了 100 多人。还有很多学校希望能来，为了保证培训质量，我们一一沟通安排他们参加第二期培训，希望大家能够理解。借此机会，我想谈三点思考供大家参考。

一、提高对跨境电子商务发展的认识

跨境电子商务不是简单的传统国际贸易互联网化，而是最具新经济特征的跨境贸易新生态。跨境电子商务的全球化、数据化以及多业态融合、多场景覆盖、多流量共享的特征正是新经济形态和新商业生态的显著特征。跨境电子商务的发展，正在深刻地影响着全产业发展模式、全球贸易格局和贸易的全球治理。

从 18 世纪 60 年代开始，伴随着国际分工体系的逐步形成，商品交换迅速发展，形成了国际贸易的发展雏形。随着贸易规模的扩大、结构的优化和区域经济一体化的快速发展，国际贸易领域出现了一般贸易、加工贸易、服务贸易和技术贸易等方式。跨境电子商务区别于上述传统国际贸易方式的本质在于消费端导向，也因此在贸易主体、贸易商品、贸易形态、贸易链条、监管原则、交易模式、征信模式、准入模式和风险承担主体上产生了明显的差异，形成了全新的生态。因此，不能把跨境电子商务简单地理解成传统国际贸易的互联网化。

跨境电子商务的产生，替代了一部分一般贸易份额，也在商品品类、贸易主体和贸易渠道上对传统贸易形成了补充。跨境电子商务不但不会对传统国际贸易造成冲击，反而会为一般贸易打开更大的市场，探索更多的机会，培育新兴市场主体。

更为重要的是，由于跨境电子商务的发展，加速了贸易便利化进程，由此产生的红利同样使得一般贸易受益。跨境电子商务还打破了传统国际贸易的单一渠道，逐步将灰色渠道引导到阳光合法的道路上，优化了国际贸易的市场环境。

二、跨境电子商务人才培养的思考

首先要理清产业、学科、专业与政府监管的关系。产业创新形成的知识积累沉淀到学科上，学科的纵向发展与横向融合又催生产业创新。产业的业态形成了岗位群，岗位群的知识和技能需求反映到专业上，专业在学科上的溯源与积累有利于技术技能积累与创新。

跨境电子商务是在全球化贸易背景下，由电子商务应用广度和深度的拓展而来的。因此，电子商务专业以专业方向的方式率先开展了人才培养的探索。随着跨境电子商务的深入发展，还涉及交易、支付、物流、通关、退税、结汇等诸多领域的人才培养创新，人才需求结构也越发明晰。原有由电子商务专业衍生的跨境电子商务专业已不能完全适应跨境电子商务的内涵与发展。

对跨境电商人才的思考，不能只局限在电商平台的交易环节，要从整个跨境贸易的链条来思考跨境电商人才结构。综合分析产业业态、岗位群和典型职业活动，原有电子商务专业的跨境电子商务方向已具备独立设置成跨境电子商务专业的条件和基础。同时，跨境电子商务的发展急需国际贸易类专业新增跨境贸易商务谈判、跨境贸易市场采购等专业或培养方向；急需报关类专业新增跨境贸易关务等专业或培养方向；急需物流类专业新增跨境贸易供应链管理、跨境贸易物流等专业或培养方向。这样才能逐步形成一个较为完善和能支撑产业发展的跨境电商人才培养体系。因此，跨境电商人才培养需要国际贸易、报关、物流、电子商务等专业共同行动。

在跨境电子商务交易中，贸易流程将由平台引导完成，交易贸易规则的变化也会在第一时间由平台予以呈现，降低了国际贸易的门槛。这就使得贸易主体从烦琐的国际贸易流程与规则中解脱出来，这也是跨境电子商务能够培育出众多中小企业国际贸易主体的原因所在。与此同时，随着“两平台六体系”的建设成熟，贸易主体还将从烦琐的关务流程中解脱出来，极大地节约了成本，提高了效率。因此，跨境电子商务从业者和传统国际贸易从业者在知识与技能结构上存在着本质的差别。我们组织编写的《跨境电子商务人才培养指南》中有比较完整的反映。

三、全国电商行指委下一步工作考虑

（一）打造专业、创新和智库三个发展平台

专业发展平台就是全国跨境电子商务综合试验区职业教育集团，重点支撑专业布点、专业建设、师资队伍培养，参与教学资源建设。创新平台是苏州经贸职业技术学院建设的跨境电子商务应用研究与人才培养协同创新中心，这个平台重点支撑产教融合，技术技能积累与创新，科学研究和教学研究，参与教学资源建设。智库平台就是数字经济与跨境电商综试区发展大会，重点支撑政产学研合作、政校合作、校企合作和前面两个平台的成果展示，以此平台带动学校深度参与地方经济发展。

（二）遴选一批全国跨境电子商务教学改革实验校

计划遴选“10+1”所全国跨境电子商务教学改革实验校，这个名称是暂定的，最终叫什么，大家觉得怎么好就怎么来，但是也不能随便叫，要本着朴素有内涵的原则。为什么是“10+1”所，这个“1”就是杭职院，杭职院不用申请，也不占10所的名额。杭职院在职教集团建设中做出了突出贡献。这“10+1”所学校，我们组织力量共同优化人才培养方案，开展联合教研，立项重点教改项目，共建实训基地，集中宣传教学改革成果，并为这些学校的专业负责人和骨干教师搭建各种发展平台，将他们培养成跨境电子商务领域的代表人物。

（三）继续推动共建“行业＋领先企业”产教融合生态

通过“行业＋领先企业”产教融合生态建设，整合领先企业资源，撬动政府资源。我们将重点支持全国跨境电子商务综合试验区职业教育集团成员学校与所在地综合试验区建立深度合作，帮助学校更多地获得当地政府的支持与资源。

各位老师！在推动农村电子商务人才培养过程中，全国电商行指委和供销行指委开展了良好和务实的深度合作。在推动跨境电子商务人才培养的新征程上，我们愿意积极和主动地与国际贸易、报关、物流等领域的行指委开展交流与合作，在教育部统筹下，共同为建立和完善跨境电子商务人才培养体系做出贡献！

谢谢大家！

全国电子商务职业教育教学指导委员会副主任

序 言（三）

记得20世纪90年代初，在深圳安装一部固定电话的官方价格是6 000元人民币，还要排队，黑市价要10 000元人民币！背后的原因是进口的模拟程控交换机价格昂贵，即使售高价也无法满足市场需求。然而，这种状况不久就被改变了，一群完全不懂模拟交换技术的中国年轻人率先利用计算机技术发明了数字程控交换机——HJD04，以“巨大中华”[①]等为代表的中国通信企业打破了我国局用程控交换机被进口设备垄断的局面，并最终成为全球数字通信市场的主导者。

当一项重大工业革命性技术发明时，嵌入市场需求场景，就可能引起同行业及商业形态发生颠覆式变革。或者说，将是社会及商业创新发展的重要窗口期和机遇。

以上数字通信产品的诞生过程，就是离我们最近的案例之一。

蒸汽机、电力、计算机及互联网被公认为是近代四大重要工业革命性技术发明。我们正处于以互联网、大数据、人工智能为代表的第四代工业革命的窗口期，未来还会有哪些重大商业变革的机遇呢？

今天，互联网/IT技术（含移动网络）在商业服务领域中的应用——电子商务的迅猛发展，已明显改变了传统商业零售业和生活服务业的形态，跨境电商（零售）逐渐成为新热点。

然而，直至今天，互联网在传统国际贸易中的应用（跨境贸易或数字贸易），并未发生重大实质性改变。这已成为全球贸易发展的短板，也是创新变革的机遇！

众所周知，自1978年中国改革开放以来，中国制造业产值已超过美、日、德三国的总和，成为名副其实的“世界工厂”，并且成为全球外贸出口第一，进口第二，同时也是外贸企业特别是中小企业最多的国家，这种独特的外贸市场环境（场景）结合互联网技术的发展，导致我国在近20年中涌现出了大批与传统国际贸易模式截然不同的外贸服务新业态。

跨境电商营销平台（在线交易撮合类）、跨境电商交付平台（外贸综合服务企业[②]）及基于交易大数据的履约保障体系等数字贸易服务平台正在改变传统国际贸易

---

① “巨大中华”指20世纪90年代中国通信行业的四大代表性企业：巨龙、大唐、中兴、华为。

② “外贸综合服务企业”指以阿里巴巴一达通为代表的，基于互联网的中小企业进出口业务流程外包服务平台。

的交易方式、服务规则、信用体系，同时也推动贸易监管制度的改革，其目标是降低跨境交易门槛，促进中小企业及欠发达地区的发展，改变全球价值链，符合全球普惠贸易发展的大趋势。

“‘行业＋领先企业’产教融合新形态系列教材”正是在这个大背景下推出的，教材系统地总结、整理了国内外知名跨境电子商务平台的运营经验、理论依据、规则标准等内容，适合各类电商专业院校、数字贸易学院作为教学材料。

数字贸易是数字经济时代的重要组成部分，大数据的应用将类比传统经济中的水、电、煤，成为经济发展的基本要素，而培育适应数字经济时代发展的人才，已成为把握未来的关键，相信我国在数字经济时代的教育实践与探索，能够成为全球数字贸易人才培育的标杆。

2019 年 6 月 深圳

前 言

作为“一带一路”倡议中的“网上丝绸之路”，跨境电商可有效地帮助企业整合资源，加强经济贸易合作，实现互利共赢、共同发展。近年来，国家在出台的多个政策文件中都提到了促进跨境电子商务发展的意见，也先后出台了相关的扶持政策和补贴计划。同时，以阿里巴巴国际站为首的国内跨境电商平台给中国出口卖家提供了一条可靠完善的跨境电商启蒙之路。

然而人才匮乏是制约跨境电商发展的关键因素，具备实践经验和操作能力的优秀专业人才更是一将难求。当前高校跨境电商人才培养体系相对欠缺，毕业生的综合素质与企业的实际需求相差甚远，在一定程度上阻碍了行业发展。本书是面向跨境电子商务人才培养这一极大需求而设计编写的以工作任务为导向的课程教材。

本书以 B2B 阿里巴巴国际站为目标平台展开系列学习任务，在编写过程中注重跨境电商理论与跨境电商实践的结合。全书编写思路明确，内容广度和深度把握合理，理论知识体系完整，基本覆盖目前跨境电子商务实操的各个环节。

项目 1 以阿里巴巴国际站开店前期准备为基础，进行了阿里巴巴国际站概况、后台板块的学习，同时，全面介绍了知识产权、禁限售、抽检、图片盗用等安全网规的责任划分和评分标准。

项目 2 中，在工作任务驱动下进行店铺注册开通以及新产品发布学习，包含账号注册、公司信息管理、产品发布和管理、搜索诊断等平台运营的实际操作内容的学习。

项目 3 完整地展示了旺铺模板、店招图、产品模块、自定义模块和无线端装修等从设计到上传直至细节设置的全套装修过程，最终实现个性化的旺铺装修效果，助力供应商更好地开展全球网上贸易。

项目 4 围绕网店营销开展了包含 P4P、顶级展位、橱窗和在线批发优惠券设置等一系列工作，引导学生了解和学会使用多种营销方式，并能够进行营销效果优化。

项目 5 围绕阿里巴巴国际站“数据管家”板块进行全方位的学习，通过查看并分析店铺数据，做到知己、知买家、知行情，从而完成推广策略优化，获取更多的询盘和转化。

项目 6 主要内容包括采购直达、询盘、客户名片等平台运营技能点，同时讲述了千牛工作台的操作要点，使学习者在运营过程中能够更好地把握商机，完成商机挖掘与询盘沟通工作。

项目 7 围绕信用保障订单展开内容，主要涵盖信用保障服务的开通、额度申请、下单、付款、提现操作等，以及贸易纠纷处理的流程。

项目 8 以一达通和国际物流知识及技能学习为主，如一达通物流走单、阿里快递等，同时涵盖了物流、报关、结汇、退税等详细内容。

本书坚持以工作任务导向的课程开发方法论为指导，将一个完整且真实的项目全过程进行任务分解，系统地呈现了国际站认知、账户与产品管理、旺铺装修、营销中心、数据管家、商机管理、信保与纠纷处理、物流管理 8 项内容。同时，还为读者提供了配套的教学资源包，包括教学课件、视频积件等。

本教材最后增加了“索引”部分，符合“前有目录，后有索引”的国际化出版规范。索引是通过分析图书正文内容，提取出有实质检索意义的词语，再按照人们熟悉的排序法排列索引词而形成的检索工具，以帮助读者精准、快捷地检索和阅读教材内容。索引内容由中国索引学会副会长、北京印刷学院王彦祥教授领衔编制，进一步提升了本教材的检索体系质量。

本书由盛立强担任主编，由孙萍萍、王佳、许应楠担任副主编。跨境电子商务方兴未艾，对跨境电子商务领域的教育还在初步积累和研究深化中。本书还有很多需要改进之处，需要加以不断完善和提升，敬请广大读者批评指正。

目 录

项目 1

国际站认知

随着国外消费需求提升和我国政策对行业的大力支持，跨境电商进出口已经成为我国外贸发展新的增长点。传统外贸企业也开始把握这种新型出口渠道，积极寻求蜕变。我国实施的“互联网+外贸”战略，进一步吸引了企业向跨境电商方面转型发展。中国跨境电商目前以 B2B 模式为主，更多新企业的进入使得出口 B2B 市场竞争加剧，为了增加自身竞争优势，众多企业的业务开始向产业链上下游延伸。除线上交易外，物流、通关、金融服务也逐渐得到重视和发展，成为一站式服务发展的核心。

【知识目标】

1. 了解阿里巴巴国际站的基本情况；

2. 了解阿里巴巴国际站的 MA 页面内容；

3. 了解阿里巴巴国际站的知识产权规则；

4. 了解阿里巴巴国际站的禁限售规则；

5. 了解阿里巴巴国际站的图片盗用处理规则；

6. 了解不当使用他人信息的类型。

【能力目标】

1. 能够掌握预防知识产权侵权的方法；

2. 能够掌握预防图片盗用的方法；

3. 能够掌握预防钓鱼邮件的方法。

项目情境

陕西省樱本铺箱包定制公司是 20 世纪 90 年代初建立的私有企业，是一家集箱包设计、定制生产经营于一体的大型对外出口企业，因为其符合潮流的设计理念、优质的产品质量、较低的批发价格，在传统外贸阶段有着良好的口碑和广泛的客户群体。随着跨境电商的不断发展，该企业敏锐地捕捉到行业信息，在经历研究后做出决策：入驻跨境电商 B2B 平台——阿里巴巴国际站。那么，阿里巴巴国际站目前的基本情况是什么样的？平台优劣势有哪些方面？平台交易是否安全？阿里巴巴国际站的平台规则有哪些？这一系列知识将在本项目中得到系统的学习。

任务分解

本项目下的任务将对阿里巴巴国际站基本情况进行全方位的学习，其中包括平台的特点和优势、国际站的知识产权、禁限售规则等，让初学者能够以卖家身份深入了解平台现状和国际站安全与网规。

任务 1.1 国际站平台简介

1.1.1 国际站概况

1. 阿里巴巴国际站

阿里巴巴国际站（alibaba.com）成立于1999年9月，是中国最早的互联网公司之一，也是目前全球最大的B2B交易平台。阿里巴巴国际站提供一站式的店铺装修、产品展示、营销推广、生意洽谈及店铺管理等全系列线上服务和工具，帮助企业降低成本，高效率地开拓外贸大市场。阿里巴巴根据每个供应商在国际站上的基本信息和贸易交易额等其他信息，综合评定并给予一定的信用保障额度，用于帮助供应商向买家提供跨境贸易安全保障。

阿里巴巴成立以来，基于阿里巴巴价值观体系的强大的企业文化已成为阿里巴巴集团及其子公司的基石。在商业上的成功和快速增长以企业家精神和创新精神为基础，并且始终关注于满足客户的需求。阿里巴巴国际站有以下几个特点：

（1）互动：社区 Community 频道。

（2）可信：第三方的认证。

（3）专业：人性化的网站设计，丰富的类目，出色的搜索和网页浏览，简便的沟通工具和账号管理工具。

（4）全球化：客户遍布全球。

2. 阿里巴巴国际站的优势

（1）知名度高。阿里巴巴国际站是国内三大主流B2B外贸平台之一，在全球企业B2B电子商务领域享有盛誉，是全球最大的商务交流社区和网上交易市场之一。

（2）完善的系统功能。可以帮助会员找买家、供应商、合作伙伴以及进行在线销售和采购；提供最新的、宏观的行业信息，也提供大量的微观信息，例如产品库、公司库以及供应、求购、代理、合作投资融资等；为企业树立品牌形象，宣传公司企业文化，同时帮助客户找到有用的商业资讯，做出正确的决策。

（3）优质的客户服务和培训系统。阿里巴巴国际站提供现场培训和在线培训服务，包括视频录制培训以及现场指导，给中小企业提供超乎想象的客户服务力度。

（4）综合资源能力强。阿里巴巴国际站已经不仅仅是一个电子商务公司，它的综合资源能力非常强大，对于一个中小企业来说，选择阿里巴巴对企业的未来会有很大的帮助。

3. 阿里巴巴国际站会员

阿里巴巴国际站的会员分为付费会员和免费会员两种。

（1）付费会员

① CGS（中国大陆付费会员）；

② GGS（中国以外的付费会员）；

③ HKGS（中国香港付费会员）；

④ TWGS（中国台湾付费会员）。

（2）免费会员

① IFM（中国大陆以外的免费会员）；

② CNFM（2009 年全球速卖通上线以后的中国大陆免费买家账号）；

③ VM（中国大陆以外的免费认证会员）。

（3）付费会员与免费会员的区别

功能方面，付费会员的功能更简单、更高效率、选择更多，如表 1-1 和表 1-2 所示；效果方面，同等产品或公司，付费会员比免费会员有更多曝光机会，可信度也更高；服务方面，付费会员可以获得平台更多、更专业、更可靠的服务。

表 1-1 付费会员和免费会员的权限列表

会员类型	解释	卖家权限	买家权限
CGS	中国大陆付费会员	在阿里巴巴国际站上做卖家；在全球速卖通做卖家	可以做买家（作为买家身份情况下不支持阿里巴巴在线交易）
HKGS	中国香港付费会员	在阿里巴巴国际站上做卖家	可以做买家
TWGS	中国台湾付费会员	在阿里巴巴国际站上做卖家	可以做买家
GGS	中国以外的付费会员	在阿里巴巴国际站上做卖家	可以做买家

（续表）

会员类型	解释	卖家权限	买家权限
OFM	2004 年以前的中国大陆免费卖家会员	可以在阿里巴巴国际站上做卖家，但是只能发布 5 个产品，且产品排名最后，且不能主动联系买家	可以做买家（作为买家身份情况下不支持阿里巴巴在线交易）
CFM	2009 年以前的中国大陆免费买家账号	不能在阿里巴巴国际站上做卖家，只能做买家。从 2009 年全球速卖通上线以后这种账号类型就不再提供注册	只能做买家（作为买家身份情况下不支持阿里巴巴在线交易）
CNFM	2009 年全球速卖通上线以后的中国大陆免费买家账号	不能在阿里巴巴国际站上做卖家（开通了一达通的用户除外），可以在速卖通上做卖家	可以在阿里巴巴国际站上做买家（作为买家身份情况下不支持阿里巴巴在线交易），不能在全球速卖通平台上做买家
IFM	中国大陆以外的免费会员（包括中国香港和中国台湾）	可以在阿里巴巴国际站上做卖家并发布 50 个产品	可以做买家
VM	中国大陆以外的免费认证会员（目前只有部分国家提供）	可以在阿里巴巴国际站上做卖家并发布 300 个产品，在多语言页面可以发布 100 个产品	可以做买家
CNVM	中国大陆付费会员 ① 580 元费用，做实地认证 ② 目前会员数不到 1000 家	① 拥有企业英文网站，拥有二级域名 ② 每天一次 RFQ 报价权限 ③ 限量 300 个产品进入（100 原发 +200 英文）多语言站点搜索结果 ④ 获得阿里金融贷款	可以做买家（作为买家身份情况下不支持阿里巴巴在线交易）

表 1-2　付费会员和免费会员的功能列表

名称	CGS	GGS	IFM	CNFM
产品数	无限	无限	50	0
立即联系买家	是	是	7 天后	否
排序优先	最优	最优	靠后	无

（续表）

名称	CGS	GGS	IFM	CNFM
企业建站	精美版	精美版	简易版	无
子账号	5 个	5 个	无	5 个
橱窗	40 个	10	无	无
顶级域名	可绑定	无	无	无
视频 / 全景图	有	有	无	无
数据管家	有	有	无	无
P4P	有	无	无	无

4. 阿里巴巴国际站付费服务类型

（1）出口通

出口通（China Gold Supplier）是阿里巴巴国际站基础服务套餐的一种，通过平台进行产品和公司宣传推广，拓展更多的海外买家和达成线上订单，如图 1-1 所示。平台按年收费，基础服务费为 29800 元 / 年，费用由基础服务费用和增值服务费用组成。

出口通包括建立企业网站，发布产品信息，向海外买家报价，包含橱窗产品（10 个），另外有数据管家和企业邮箱等服务内容。

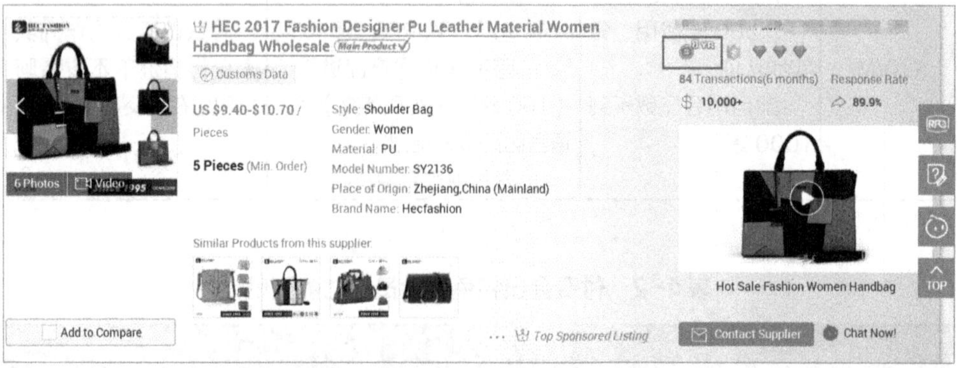

图 1-1　加入出口通服务企业标识展示

（2）金品诚企

金品诚企（Assessed Supplier）是阿里巴巴国际站根据买家采购习惯推出的综合

性推广付费服务。不仅可以帮助卖家企业快速赢得买家信任并促成交易，而且企业的关键信息将由第三方国际权威认证机构进行认证，再通过平台多渠道地曝光，提升卖家企业被买家选择的概率，如图 1-2 所示。

金品诚企服务按年付费，80000 元 / 年，其中包含阿里巴巴基础会员服务（出口通）、8 组企业网站首页推广的橱窗、企业能力评估报告和主营产品认证报告、3 分钟企业认证视频服务等。

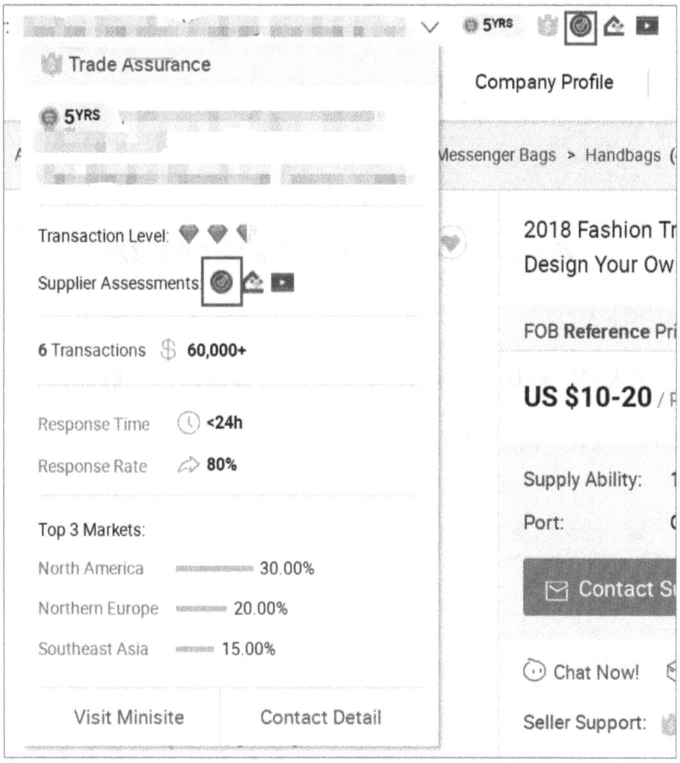

图 1-2　加入金品诚企服务的企业标识展示

1.1.2　MA 页面介绍

阿里巴巴国际站后台（My Alibaba，MA）是一个功能强大的、全面的操作系统，所有跟阿里巴巴国际站相关的功能入口都集中在 MA 后台，包括店铺管理、产品管理、商机 & 客户中心、客户管理、信用保障交易管理、一达通出口服务、物流服务等 12 个板块，如图 1-3 所示。

图 1-3 “My Alibaba”后台操作页面展示

（1）我的快捷入口

“我的快捷入口”板块是卖家经常使用的一些模块，一般默认显示 5 个。卖家可以通过“添加 / 设置”进行自定义选择，如图 1-4 所示。

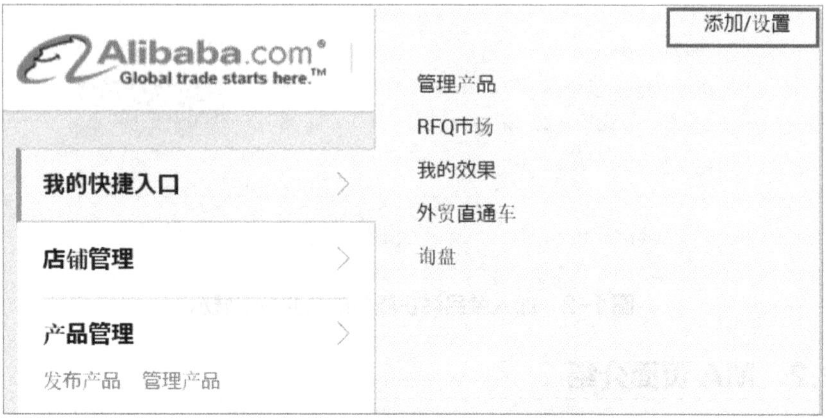

图 1-4 “我的快捷入口”界面展示

（2）店铺管理

“店铺管理”是整个卖家店铺的信息管理板块，其中包括“企业网站”“公司介绍”“管理认证信息”“全球 E 站”“供应商能力概览”共 5 个大模块和若干个子模块，卖家可以根据企业真实情况填写信息，如图 1-5 所示。

图 1-5 “店铺管理”界面展示

（3）产品管理

“产品管理”板块是网店运营日常操作打开频率最高的菜单，每一个新产品的编辑发布均在此菜单下进行操作，其中主要包括“管理产品”“工具中心”“搜索诊断”“多语言市场”共 4 个二级子目录，如图 1-6 所示。

图 1-6 “产品管理”界面展示

（4）商机 & 客户中心

“商机 & 客户中心”是客户询盘管理以及人脉管理的板块，其中包括“商机管理中心（询盘）”“采购直达”“客户”共 3 个子菜单，如图 1–7 所示。

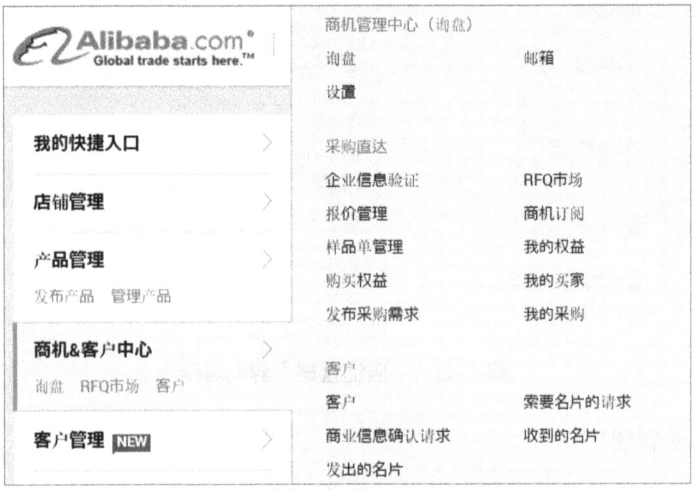

图 1–7 “商机 & 客户中心”界面展示

（5）客户管理

“客户管理”是针对出口通会员的免费增值功能，包括客户分组管理、客户潜力分、客户精准营销等功能，如图 1–8 所示。在本板块，可根据客户画像大数据，通过精准匹配，帮助商家提升客户运营的效能。

图 1–8 “客户管理”界面展示

（6）信用保障交易管理

“信用保障交易管理”板块下可以快速起草信用保障订单和管理信用保障订单，也可以查看当前的信用保障总额度和信保交易排名，主要包括“订单管理”“信用保障服务”和“增值服务”3 个子菜单，如图 1–9 所示。

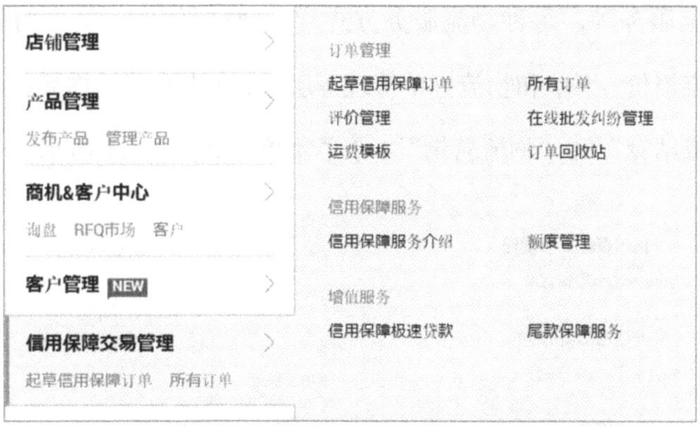

图 1-9 “信用保障交易管理”界面展示

（7）一达通出口服务

“一达通”是全中国服务企业最多、地域最广的外贸综合服务平台。“一达通出口服务”是下单、外汇、物流、退税一系列服务的综合管理平台，其中包括“下单准备”“订单管理”“退税管理”“任务消息管理”“设置管理”和“数据中心”6个子菜单，如图 1-10 所示。

图 1-10 “一达通出口服务”界面展示

（8）物流服务

阿里巴巴国际站提供的物流方式目前包含快递服务（门到门、仓到门）、海运服务、空运服务、陆运服务等，每种物流服务方式均可通过平台下单。“物流服务”板块包括网店的物流报价、下单和物流订单管理等服务，主要包括“物流选择及报价”“订单管理”“物流结算”和“物流营销”4 个子菜单，如图 1-11 所示。

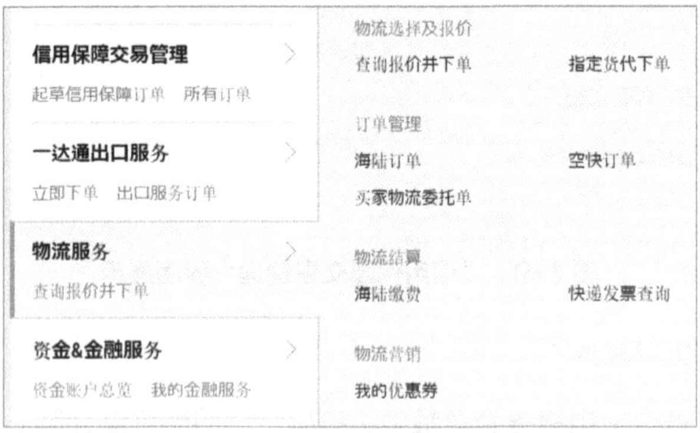

图 1-11　“物流服务”界面展示

（9）资金 & 金融服务

“资金 & 金融服务”是阿里巴巴国际站网店的资金管理以及金融服务的综合管理板块，卖家企业可以及时掌握资金账户管理的实时动态信息。该板块包括“资金账户总览”“信用保障资金管理”“一达通资金管理”和“金融服务”4 个子菜单，如图 1-12 所示。

图 1-12　“资金 & 金融服务”界面展示

（10）数据管家

“数据管家”是用于查看网站总体的曝光量、点击反馈量、RFQ 采购直达等网站数据指标的板块，主要包括“诊断中心”“知己”“知买家”和“知行情”4 个子菜单，如图 1–13 所示。

图 1–13 “数据管家”界面展示

（11）营销中心

“营销中心”是网店外贸直通车和橱窗的设置、管理板块，负责管理外贸直通车、顶级展位和橱窗三个子菜单。该板块有“商业营销中心”“活动营销中心”和“商家自营销中心”3 个子菜单，如图 1–14 所示。

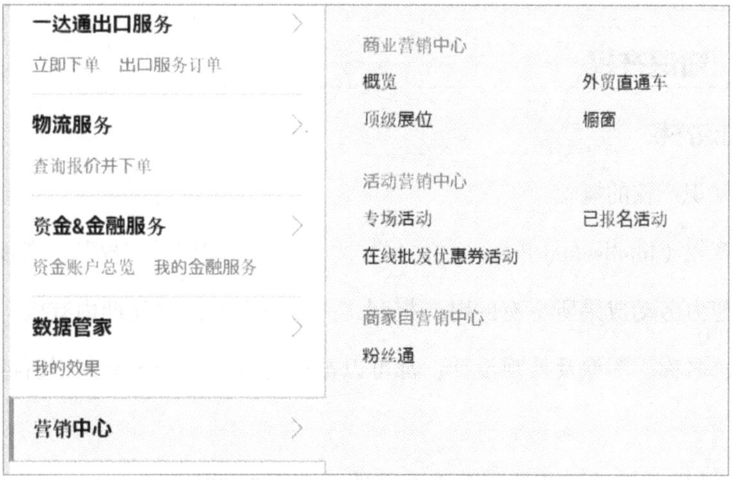

图 1–14 “营销中心”界面展示

（12）我的外贸服务

“我的外贸服务”是阿里巴巴国际站为供应商与供应商、供应商与阿里之间提供的一个服务类板块，其中包括“服务中心”和“账户中心”2个子菜单，如图1–15所示。

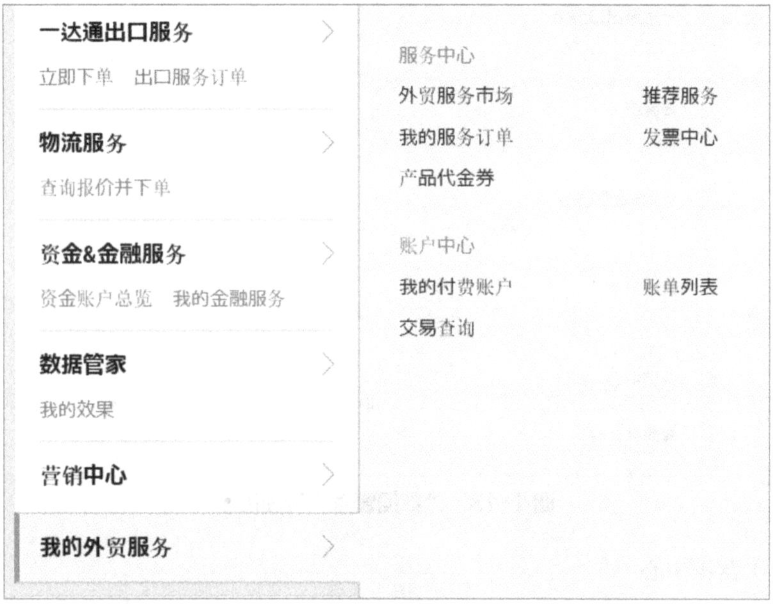

图1–15 “我的外贸服务”界面展示

任务1.2 国际站安全与网规

1.2.1 知识产权

1. 知识产权

（1）知识产权的概念

知识产权（Intellectual Property Right），也称为“知识财产权”，指权利人对其所创作的智力劳动成果所享有的财产权利，一般只在有限时间期内有效。商业中使用的标志、名称、图像及外观设计，都可以被认为是某一个人或组织所拥有的知识产权。

知识产权是一种无形财产，具有专有性、地域性和时间性等特点。

① 专有性。专有性即独占性或垄断性。除权利人同意或法律规定外，权利人以外的任何人不得享有或使用该项权利。

② 地域性。地域性即只在所确认和保护的地域内有效。除签有国际公约或双边互惠协定外，经一国法律所保护的某项权利只在该国范围内发生法律效力。

③ 时间性。时间性即只在规定期限内保护。法律对各项权利的保护都规定有一定的有效期，各国法律对保护期限的长短可能一致，也可能不完全相同。只有参加国际协定或进行国际申请时，才对某项权利有统一的保护期限。

（2）知识产权的分类

知识产权只是一个统称，根据保护对象的不同，主要包含专利权、商标权和著作权三个方面。

① 专利权。专利权是指发明人从政府有关部门获得的在一定期限内生产、销售或以其他方式使用发明的排他权利。专利分为发明、实用新型和外观设计三种。专利权人对其发明创造享有独占性地制造、使用、销售和出口的权利。

② 著作权。著作权包括著作人身权和著作财产权。著作人身权包括发表权，即决定作品是否公布于众的权利；署名权，即表明作者身份，在作品上署名的权利；修改权，即修改或者授权他人修改作品的权利；保护作品完整权，即保护作品不受歪曲、篡改的权利。著作财产权是作者对其作品的自行使用和被他人使用而享有的以物质利益为内容的权利。

③ 商标权。商标可能是一个单词、字母、图形或是它们的组合，包括图画、符号等平面现象。商标权是指商标使用人依法对所使用的商标享有的专用权利。商标权具有专有性、地域性和时效性等特点。

2. 预防知识产权侵权

（1）知识产权侵权的现象

目前，跨境电子商务侵权主要表现在以下三个方面：

① 假货横行。侵犯商标权的现象大量发生，很多中小企业打着品牌授权口号公然销售假冒伪劣产品。

② 盗用信息。擅自使用其他网站的 Logo、图片、视频、原创内容等，或者以其他网站为模板，采用相似域名等行为，对消费者造成了严重误导，同时也给被侵权的品牌带来了负面影响。

③ 网络诈骗。主要表现在恶意钓鱼或者欺诈网站，其主要通过技术手段制作钓鱼网站，通过低价、广告等形式诱导消费者进行消费。

（2）知识产权侵权的影响

平台政策规定，不允许出售假货、盗版和未授权产品等，如若有类似侵权行为，产权所有人或法定代理人可以向阿里巴巴国际站提起诉讼。侵犯知识产权会导致卖家面临扣分、账号被封、资金被冻结等情况，一定程度还会面临以下风险：

① 面临权利人的高昂民事诉讼索赔的风险；

② 面临海关行政处罚（包括罚金、降级、货物没收销毁等）的风险；

③ 对于金额高、影响恶劣的案件存在被追究刑事责任的风险；

④ 货物被海关扣留导致的仓储费、码头费等相关额外费用；

⑤ 货物被海关扣留导致的延误船期、延误交货日期、信用证过期（如付款方式为信用证）等风险；

⑥ 其他不确定风险。

（3）预防知识产权侵权

① 阿里巴巴国际站平台对知识产权侵权行为的认定。防范知识产权侵权，首先需要了解哪些行为属于知识产权侵权行为。阿里巴巴国际站平台严禁用户未经授权发布、销售涉及第三方知识产权的产品。

② 商家对网店产品应积极进行管理。企业在设置公司英文名时，不使用他人已注册的商标。进行企业网站装修或发布产品时，不使用或是对他人原创的图片、文字、视频进行二次修改、剪辑。若要发布品牌产品信息，则先提供授权证明。若产品审核被退回或出现知识产权侵权投诉时，要积极查明原因并及时处理。

③ 跨境电商平台对相关知识产权内容有事前审查的义务。电商平台应加强对用户身份的审查。如某个网络用户声称其为某知名品牌的网络代理商或授权商，跨境

电商平台应要求其提供相关证明文件并对该文件的真实性向权利人进行核实。电商平台应主动对产品信息进行审查，不必等接到权利人的投诉通知再处理。

④ 建立企业跨境电子商务风险审查机制。用大数据思维监控海量产品信息的知识产权合法性。跨境大型综合平台服务商，可以自己研发系统软件，用大数据的思维筛选、抓取涉嫌侵犯知识产权的产品或者卖家信息，或引入知识产权服务商对其网络平台上的海量产品知识产权信息进行自我审查，并适时向相关权利人发出侵权可能的提示信息、改进措施和扣分制度。对于确认侵权并拒不改正的卖家给予断链处罚，以警示和维护平台产品的正品信息形象。同时，建立宽严适度的产品信息准入制度。

3. 知识产权规则

（1）知识产权侵权的行为

阿里巴巴国际站用户不得利用网站服务从事侵犯他人知识产权的行为，其中包括以下两种。

一般侵权行为：

① 在所发布的产品信息、店铺或者域名中不当使用他人商标权、著作权等权利；

② 发布、销售产品时不当使用他人商标权、著作权等权利；

③ 所发布的产品信息或者所使用的其他信息造成用户混淆或者误认等情形。

严重侵权行为：

① 未经著作权人许可复制其作品并进行发布或者销售，包括图书、音像制品、计算机软件等；

② 发布或者销售未经产品来源国注册商标权利人或者其被许可人许可生产的产品。

（2）知识产权侵权行为的处理

① 一般侵权行为的处理。一般侵权行为的处理如表 1-3 所示。

表 1-3　一般侵权行为的处理

<table>
<tr><td rowspan="3">一般侵权行为</td><td>触发原因</td><td>扣分计算方式</td></tr>
<tr><td>权利人投诉</td><td>6 分 / 次
首次被投诉不扣分，基于同一知识产权且发生在首次被投诉后 5 天内的投诉算一次；第 6 天开始，每次被投诉扣 6 分，一天内若被同一知识产权多次投诉扣一次分
所有时间以投诉受理时间为准</td></tr>
<tr><td>国际站抽样检查</td><td>每退回 1 次扣 2 分，一天内扣分不超过 6 分
如一般侵权行为情节严重的，每退回 1 次扣 4 分，一天内扣分不超过 12 分</td></tr>
<tr><td colspan="3">此处所指的“投诉”均指成立的投诉，即被投诉方被投诉，在规定期限内未发起反通知；或者虽发起反通知，但反通知不成立</td></tr>
</table>

② 严重侵权行为的处理。严重侵权行为的处理如表 1-4 所示。

表 1-4　严重侵权行为的处理

<table>
<tr><td rowspan="4">严重侵权行为</td><td>累积被记振次数</td><td>处理方式</td></tr>
<tr><td>1 次</td><td>限权 7 天 + 考试
若考试未在 7 天内通过最长限权 30 天</td></tr>
<tr><td>2 次</td><td>限权 14 天 + 考试
若考试未在 14 天内通过最长限权 60 天</td></tr>
<tr><td>3 次</td><td>关闭账号</td></tr>
<tr><td colspan="3">① 针对国际站上的严重侵权行为实施“三振出局”制，即每次针对用户严重侵权行为的投诉记振 1 次；三天内如果出现多次针对同一用户的严重侵权行为投诉，记振 1 次，时间以第一次投诉的受理时间开始计算。若针对同一用户记振累积达 3 次的，则关闭该用户账号
② 此处所指的“投诉”均指成立的投诉，即被投诉方被投诉，在规定期限内未发起反通知；或者虽发起反通知，但反通知不成立
③ 除被三振关闭账号外，被记振的用户需进行知识产权学习及考试。通过考试的用户可以在限权期限届满后恢复账号正常状态
④ 严重侵权行为的记振次数按行为年累计计算，行为年是指每项严重侵权行为的处罚会被记录 365 天
⑤ 当情况特别显著或极端时，国际站保留对用户单方面解除会员协议或服务合同、直接关闭用户账号以及国际站酌情判断与其相关联的所有账号，及 / 或实施其他国际站认为合适措施的权利
“情况特别显著或极端”包括但不限于：
• 用户侵权行为的情节特别严重
• 权利人针对国际站提起诉讼或法律要求
• 用户因侵权行为被权利人起诉，被司法、执法或行政机关立案处理
• 因应司法、执法或行政机关要求，国际站处置账号或采取其他相关措施</td></tr>
</table>

1.2.2 平台抽检

阿里巴巴国际站针对卖家企业会员新发布和已经发布的产品，平台会进行抽样检查，若抽检到涉嫌品牌或品牌衍生词、禁限售等相关情况，会将产品退回或者删除，以此规范和保证网站产品信息的真实有效性，为买卖双方构建一个放心的信息展示和交易平台。

1. 品牌词

一般品牌产品都受法律保护，若需要发布品牌产品，需要有品牌方的相关授权。授权卖家一般情况下都有品牌商标证明或者授权。一些常见品牌词类目如表1–5所示，常见品牌词列举如表1–6所示，具体的品牌词可以登录阿里巴巴国际站帮助中心进行下载。

表1–5 常见品牌词类目

包装及材料	高精尖（3C产品）	护理产品	家电
家具家居	建筑类	器械工具	日用化学品
交通工具	礼品玩具	美容美发	服饰箱包
食品烟酒	美容健康	医药产品	
音像制品	运动及娱乐产品		

表1–6 常见品牌词列表

品牌	商标 IPR	权利人	防控范围
GUCCY	W01382508	GUCCIO GUCCI S.P.A.	主营服装、鞋、帽、箱包
MHL	840216840	MHL LLC	消费电子产品
VR Shinecon	17591550	深圳市数亨科技有限公司	3D 眼镜
Memobottle	1256347	Flank Pty Ltd	杯子、瓶子
mercury	40-0922474	LEE SANGKYU	数码产品保护套
ZIPCHIP	5,161,861	ZipChip Sports LLC	飞盘玩具

2. 阿里巴巴国际站禁限售规则

阿里巴巴国际站禁止发布任何含有或指向性描述禁限售信息。任何违反本规则的行为，阿里巴巴有权依据《阿里巴巴国际站禁限售规则》进行处罚。

（1）违禁信息列表

阿里巴巴国际站的用户不得在平台发布违反任何国家、地区及司法管辖区的法律规定或监管要求的产品。如表 1-7 所示是平台禁止发布或限制发布的部分信息列表，仅供用户参考。

表 1-7　禁限售产品部分信息列表

• 毒品、易制毒化学品及毒品工具	• 危险化学品
• 枪支弹药	• 管制器具
• 军警用品	• 药品
• 医疗器械	• 非法用途产品
• 色情、暴力、低俗及催情用品	• 非法服务
• 人体器官、保护动植物及捕杀工具	• 收藏类
• 危害国家安全及侮辱性信息	• 烟草
• 制裁及其他管制产品	• 赌博
• 违反目的国产品质量、技术法规 / 法令 / 标准的、劣质的、存在风险的产品	

（2）违规处理

阿里巴巴国际站有权根据发布信息本身的违规情况及会员行为做加重处罚或减轻处罚的处理，卖家账号处罚标准如表 1-8 所示。

表 1-8　卖家账号处罚标准

累计罚分	处罚方式	备注
6 分	严重警告	邮件通知
12 分	搜索屏蔽 7 天 & 旺铺屏蔽 7 天	邮件通知和系统处罚
24 分	搜索屏蔽 14 天 & 旺铺屏蔽 14 天	
36 分	搜索屏蔽 21 天 & 旺铺屏蔽 21 天	
48 分	关闭账号	/

• 分数按行为年累计计算，行为年是指每项违规等级的扣分都会被记 365 天。已被关闭账号处罚的除外

• 用户累计罚分达到 24 分或以上的，阿里巴巴有权拒绝或限制用户参加阿里巴巴国际站的各类推广、营销活动或产品 / 服务的使用

• 用户违规情节特别严重（包括但不限于采用对产品信息隐藏、遮挡、模糊处理等隐匿的手段规避平台管理，经平台合理判断账号使用人本人或其控制的其他账号已因严重违规事件被处罚，账号使用人本人或其控制的其他账号被国内外监管部门立案调查，或虽未立案但平台有理由认为有重大嫌疑等严重影响平台管理秩序或造成一定负面影响的情况），阿里巴巴有权立即单方解除合同、关闭账号且不退还剩余服务费用；并有权做出在阿里巴巴国际站及 / 或其他媒介进行公示，给予关联处罚及 / 或永久不予合作等处理

恶意行为包括但不限于采用对产品信息隐藏、遮挡、模糊处理等隐匿的手段，采用暗示性描述或故意通过模糊描述、错放类目等方式规避监控规则，同时发布大量违禁产品，重复上传违规信息，恶意测试规则等行为。

对于被认定为恶意行为的一般违规会做加重处罚处理，若发现同类重复违规行为，二次处罚分数加倍。同时，对于恶意违规行为也将视情节的严重性做加重处罚处置，当达到一定程度的严重违规，将关闭卖家账号。

1.2.3 图片盗用

1. 图片盗用

图片盗用是指盗图，即常见的摄影作品侵权为摄影作品的盗用。一般指未经允许将他人的摄影作品作为自己的产品图片等进行展示。若被投诉图片盗用成立，会有对应的网规处罚。

每个阿里企业用户都应该正确使用已经授权的图片或素材，避免盗用他人的信息，同时也应积极做好图片盗用的预防工作。预防方式如下：

① 产品图片自行拍摄，不拷贝外部的图片；

② 做好原始图片的管理和保存。

2. 图片盗用处理规则

（1）图片盗用行为

图片盗用行为是指卖家企业用户利用阿里巴巴国际站，发布未经图片所有人许可而擅自使用的行为。投诉方为信息所有人，不接受来自第三方的投诉。

（2）图片盗用处理规则

当投诉成立时，针对被投诉方账号，首次投诉成立 5 天内算一次，扣 3 分；第 6 天开始，被第二次投诉成立扣 3 分，被第三次及以上投诉成立扣 6 分，一天内若有多次投诉扣一次分。

所有时间以投诉处理完结时间为准。对应的账号处理标准参照《阿里巴巴国际站用户违规处罚标准》规定，如表 1-9 所示。

表 1-9 阿里巴巴国际站用户违规处罚标准

扣分累计	处理方式	备注
6 分	严重警告	邮件通知
12 分	限权 7 天	邮件通知和系统处罚
24 分	限权 14 天	
36 分	限权 21 天 + 全店产品退回	
48 分	关闭账号	/

• 分数按行为年累计计算，行为年是指每项违规行为的扣分都会被记 365 天。已被关闭账号处罚的除外

• 限权包括但不限于旺铺屏蔽、搜索屏蔽、限制产品新发和编辑等限权动作

• 用户累计罚分达到 24 分或以上的，阿里巴巴有权拒绝或限制用户参加阿里巴巴国际站的各类推广、营销活动或产品 / 服务的使用

• 如用户违规情节特别严重，阿里有权立即单方解除合同、关闭账号且不退还剩余服务费用；并有权在阿里巴巴国际站及 / 或其他媒介进行公示，给予关联处罚及 / 或永久不予合作等处理

1.2.4 不正当使用他人信息

阿里巴巴国际站用户不得利用网站服务从事未经信息所有者授权但使用他人信息的行为，包括但不限于企业名称不正当竞争、冒用他人联系信息、冒用他人证书和企业办公场地信息。

1. 投诉类型

（1）企业名称不正当竞争

企业名称不正当竞争（Unauthorized use of another company's name）是指阿里巴巴国际站用户在发布的产品或企业信息中使用他人企业名称的不正当竞争行为。

企业名称不正当竞争投诉受理范围如表 1-10 所示。

（2）冒用他人联系信息

冒用他人联系信息（Unauthorized use of another company's contact information）是指未经授权使用他人手机号码、电话号码、E-mail、经营地址等联系信息，并作为自己企业信息于旺铺或产品中展示。

冒用他人联系信息投诉受理范围如表 1-11 所示。

表 1-10 企业名称不正当竞争投诉受理范围

<table>
<tr><th>受理范围</th><th>受理条件</th><th>备注</th></tr>
<tr><td>被投诉方产品信息中出现投诉方企业名称的全部或部分字段</td><td rowspan="3">① 投诉方须提供真实、有效的营业执照、联系方式
② 有具体明确的被投诉方
③ 提供必要、准确、翔实的事实依据和证明材料，包括但不限于：
• 被投诉方产品 / 企业信息中使用投诉方企业名称的侵权事实证明
• 若涉及旺铺水印，需提供投诉方的旺铺地址
• 被投诉信息已发布上线且尚未下架
• 其他阿里巴巴认为需要具备的条件</td><td rowspan="3">“部分字段”要求可准确识别具体企业</td></tr>
<tr><td>展示的图片上出现投诉方的企业名称（包括但不限于直接使用投诉方旺铺水印的情形）</td></tr>
<tr><td>被投诉方企业信息中出现投诉方企业名称的全部或部分字段</td></tr>
</table>

表 1-11 冒用他人联系信息投诉受理范围

受理范围	受理条件
被投诉方展示投诉方的联系电话、联系邮箱、企业经营地址等联系信息	① 投诉方须提供真实、有效的营业执照、联系方式 ② 有具体明确的被投诉方 ③ 提供必要、准确、翔实的事实依据和证明材料，包括但不限于： • 提供联系信息所有权证明（例如与移动企业的服务合同 / 缴费清单，经营地址租赁合同 / 近三个月的水电缴费清单等有效证明等） • 被投诉方产品 / 企业信息中使用投诉方联系信息的侵权事实证明（例如页面截图等） ④ 被投诉信息已发布上线且尚未下架 ⑤ 其他阿里巴巴认为需要具备的条件

（3）冒用他人证书

冒用他人证书（Unauthorized use of another company’s certificate）是指未经授权使用他人的证书，并作为自己企业信息用于旺铺、产品信息中展示，商标证、专利证和著作权登记证书除外。

冒用他人证书投诉受理范围如表 1-12 所示。

表 1–12 冒用他人证书投诉受理范围

<table>
<tr><th>受理范围</th><th>受理条件</th></tr>
<tr><td>被投诉方所展示的证书出现他人企业名称等信息（即证书为投诉方所有情况）</td><td rowspan="3">① 投诉方须提供真实、有效的营业执照、联系方式
② 有具体明确的被投诉方
③ 提供必要、准确、翔实的事实依据和证明材料，包括但不限于：
• 投诉方证书所有权证明（例如带有与营业执照企业名一致的证书原件扫描件）
• 被投诉方产品 / 企业信息中使用投诉方证书的侵权事实证明（例如页面截图等）
④ 被投诉信息已发布上线且尚未下架
⑤ 其他阿里巴巴认为需要具备的条件</td></tr>
<tr><td>被投诉方展示的证书为经过涂抹 / 遮盖 / 伪造 / 篡改的投诉方所属证书</td></tr>
<tr><td>其他冒用他人证书信息情况</td></tr>
</table>

（4）企业办公场地信息冒用

企业办公场地信息冒用（Unauthorized publishing of another company's office photo）是指未经授权使用其他企业的厂房、办公室、展会等信息（信息形式为图片或视频），并作为自己企业的信息于旺铺或产品信息中展示。

企业办公场地信息冒用投诉受理范围如表 1–13 所示。

表 1–13 企业办公场地信息冒用投诉受理范围

受理范围	受理条件
被投诉方企业介绍上传视频中涉及投诉方的厂房、办公室、展会等信息	① 投诉方须提供真实、有效的营业执照、联系方式 ② 有具体明确的被投诉方 ③ 提供必要、准确、翔实的事实依据和证明材料，包括但不限于： • 视频若为投诉方所有，提供未经编辑的视频原片 • 投诉方未曾拍摄过该视频，提供可证明视频背景是投诉方企业厂房、办公室的证明材料（相同场景照片 3 张及以上，最好有一张为同角度） • 被投诉方的侵权事实证明（例如页面截图等） ④ 被投诉信息已发布上线且尚未下架 ⑤ 其他阿里巴巴认为需要具备的条件

（续表）

受理范围	受理条件
被投诉方在旺铺 / 产品信息中将投诉方的厂房、办公室、展会等图片形式的信息作为自己企业信息展示	① 投诉方须提供真实、有效的营业执照、联系方式 ② 有具体明确的被投诉方 ③ 提供必要、准确、翔实的事实依据和证明材料，包括但不限于： • 提供可证明图片背景是投诉方企业厂房、办公室的证明材料（相同场景不同角度的照片 3 张及以上，最好有一张为同角度） • 被投诉方的侵权事实证明（例如页面截图等） ④ 被投诉信息已发布上线且尚未下架 ⑤ 其他阿里巴巴认为需要具备的条件
其他企业办公场地信息冒用的情况	

2. 被投诉不正当使用他人信息处罚具体规则

不正当使用他人信息投诉是指针对未经授权使用他人企业名称 / 联系信息 / 企业证书 / 厂房图片等信息，并作为自己公司信息于旺铺 / 产品信息中展示的行为发起的投诉。

被投诉不正当使用他人信息处罚具体规则如表 1-14 所示。

表 1-14　被投诉不正当使用他人信息处罚具体规则

	被投诉情况	处罚
不正当使用他人信息	首次被投诉成立，被投诉方在响应期限内自动删除不当信息	不扣分，严重警告
	首次被投诉成立，被投诉方过期无回应	扣 2 分 + 删除相关不当使用他人信息的信息
	第二次及以上被投诉成立	扣 6 分 + 删除相关不当使用他人信息的信息

① 响应期限为 3 个工作日，若过期无回应，按投诉成立处理

② 不正当使用他人信息投诉有 5 个自然日的保护期，即 5 天内有多起投诉且投诉成立，扣一次分，时间以投诉结案时间为准

③ 不正当使用他人信息情节严重且拒不配合的情况，阿里巴巴保留关闭被投诉方账号的权利

1.2.5 其他

1. 可疑会员

可疑会员是指会员产品或行为可疑，虽然卖家与该会员没有进行交易，但是仍

要举报该会员有欺诈嫌疑。

2. 钓鱼举报

若卖家在收到的询盘内或询盘跟进过程中发现钓鱼信息，例如钓鱼链接、病毒附件等，都可以在平台进行投诉。

（1）钓鱼邮件类型

最常出现在外贸中的钓鱼邮件可以分为链接钓鱼邮件、附件钓鱼邮件和仿冒邮件 3 个类别。

① 链接钓鱼邮件。这类钓鱼邮件在邮件内直接嵌入了钓鱼链接，并且通常情况下会在邮件中或者在打开的链接页面中要求用户输入账户信息来查看订单或样本，如图 1-16 和图 1-17 所示。这类链接通常会以超链接或者直接链接的形式出现在邮件中；也有些钓鱼链接会引导用户进行附件下载，下载后的附件一定要经过病毒查杀并确保安全后才能打开查看。

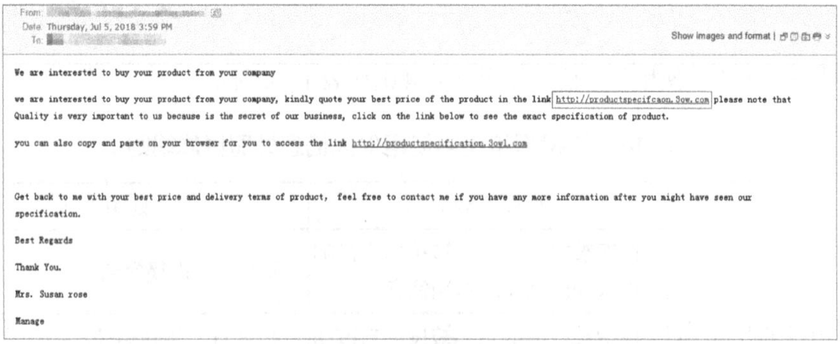
From:
Date: Thursday, Jul 5, 2018 3:59 PM
To:
Show images and format |

We are interested to buy your product from your company

we are interested to buy your product from your company, kindly quote your best price of the product in the link http://productspecifcaon.3ow.com please note that Quality is very important to us because is the secret of our business, click on the link below to see the exact specification of product.

you can also copy and paste on your browser for you to access the link http://productspecification.3owl.com

Get back to me with your best price and delivery terms of product, feel free to contact me if you have any more information after you might have seen our specification.

Best Regards

Thank You.

Mrs. Susan rose

Manage

图 1-16 链接钓鱼邮件

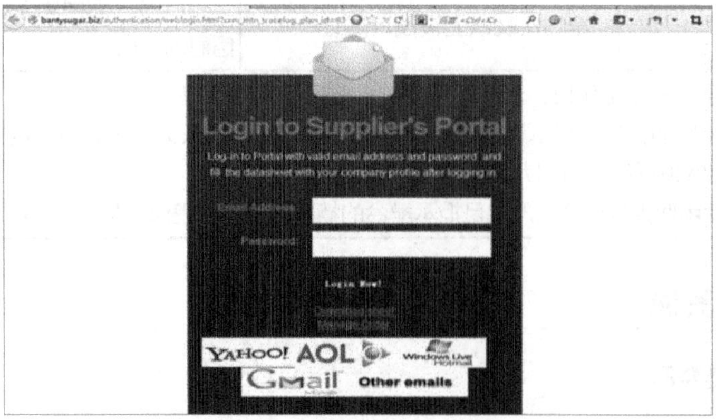

图 1-17 钓鱼邮件要求输入账号、密码

② 附件钓鱼邮件。附件钓鱼邮件包括 HTML 网页附件、Exe/Scr 附件、Doc 附件、Excel 附件、PDF 附件等，这些邮件附件均会有钓鱼风险存在，尤其以 Exe/Scr 属性的附件的风险程度最高，一般是病毒执行程序，如图 1-18 所示。

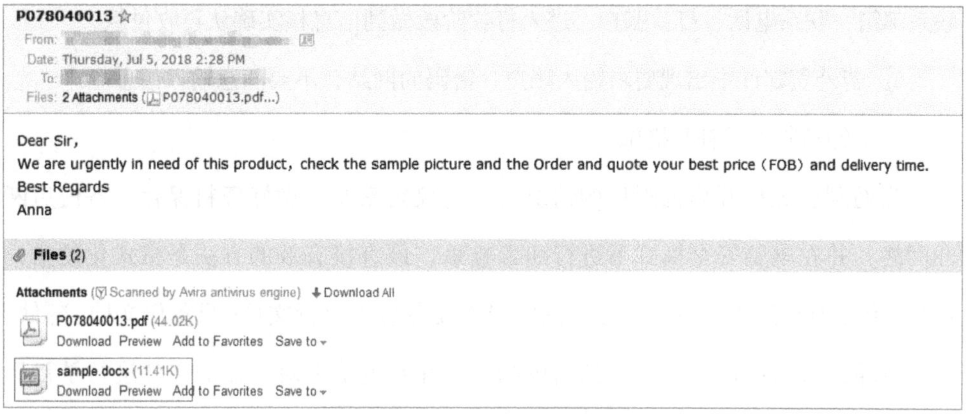

图 1-18　Doc 附件钓鱼邮件

③ 仿冒邮件。仿冒邮件是目前邮件用户困扰最大、识别难度最高、互联网防治措施最无力的钓鱼邮件，全球范围内每天约有 1 亿封仿冒邮件在投递。

电子邮件都是通过发件服务器来发送的，当骗子能够搭建自己的发件服务器时，仿冒邮件就产生了。骗子通过自己构建的发件服务器，可以实现隐藏真实发件人信息，并伪装成任意发件人。因此，骗子可以轻松地伪装成阿里巴巴集团的邮箱对外发送邮件，如图 1-19 所示。

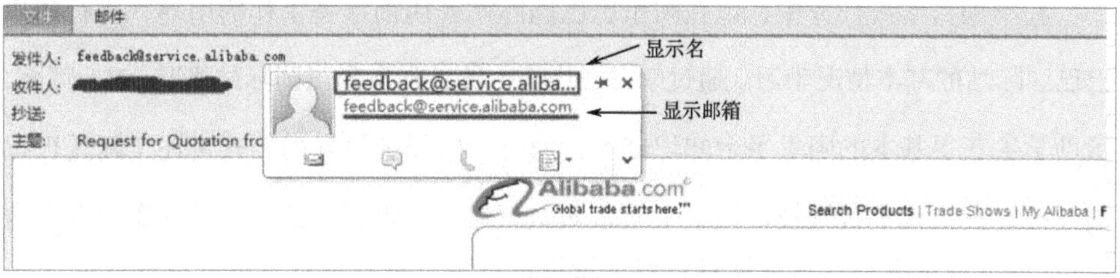

图 1-19　仿造阿里巴巴国际站邮件

（2）仿冒邮件的预防

① 工作电脑上保证杀毒程序、漏洞补丁得到及时的更新；

② 尽量避免下载安装运行来历不明的下载程序或者应用，若已经下载务必经过病毒软件检测并确保安全后再打开；

③ 账户密码不要过于简单，并且保持阶段性更新；

④ 企业邮箱应当定期查看登录记录是否正常；

⑤ 养成谨慎交易的习惯，公司对外的信息应当在商谈前就确认，例如联系人、联系邮箱、联系电话、打款账户，进入打款阶段做到信息核实确认再收付款；

⑥ 若外贸邮件中出现要求输入账户、密码的网站，不要随意输入信息。

（3）钓鱼邮件的补救措施

当遇到已经打开病毒附件的情况时，建议卖家及时做好资料保存、备份后断开网络，并在电脑安全模式下进行病毒查杀。最直接有效的方法是格式化硬盘，重装系统，但是需要注意备份数据的时候不要备份可执行文件，只备份文档、邮件，并用压缩文件压缩加密后复制到新电脑上，在新电脑上对压缩的文件进行杀毒后再操作。

樱本铺企业在了解了阿里巴巴国际站的优势、会员分类和付费情况以及平台政策等信息后，更加坚定了入驻阿里巴巴国际站的信心。阿里巴巴国际站是国内创建最早、交易规模最大的出口型 B2B 平台，同时被福布斯杂志连续七年评为“全球最佳 B2B 网站”之一。相信未来与阿里巴巴国际站合作，能给企业带来更好的发展。

项目小结

在本项目学习任务中，以在阿里巴巴国际站开店前准备工作为引导，进行阿里巴巴国际站的基本情况学习。通过学习，让学生熟悉阿里巴巴国际站概况、MA 页面，帮助学生获得基本的阿里平台知识储备；同时，以任务引导的方式讲述了阿里巴巴国际站的安全与平台网规，让学生熟悉知识产权、禁限售、抽检、图片盗用等安全网规，进而掌握跨境电商各类侵权行为的预防方法。

名词解释

（1）B2B（Business to Business）：指进行电子商务交易的供需双方都是商家（或企业、公司），它们使用了互联网的技术或各种商务网络平台，完成商务交易的过程。

（2）RFQ（Request for Quotation）：指报价请求。一个 RFQ 可以是虚盘，也可以是实盘，作为买方给卖方发一个询盘，可能是电子邮件格式或传真格式，传真文件的表头或者邮件的主题就会出现 RFQ 的字样。

知识链接

1. 阿里巴巴国际站违规处罚周期

处理扣分按行为年累计计算，行为年是指每项违规行为的扣分都会被记 365 天。用户违规扣分将在该次扣分之日起一年后做出相应清除处理，但因扣分达到 48 分以上或严重知识产权侵权行为累计致使账号关闭的除外。

48 分累计扣分处罚方式如表 1-15 所示。

表 1-15　侵权违规 48 分累积扣分处罚方式

罚分累计	处理方式	备注
6 分	严重警告	邮件通知
12 分	限权 7 天	邮件通知和系统处罚
24 分	限权 14 天	
36 分	限权 21 天 + 全店商品退回	
48 分	关闭账号	/

• 分数按行为年累计计算，行为年是指每项违规行为的扣分都会被记 365 天。已被关闭账号处罚的除外

• 限权包括但不限于旺铺屏蔽、搜索屏蔽、限制商品新发和编辑等限权动作

• 用户累计罚分达到 24 分或以上的，阿里巴巴有权拒绝或限制用户参加阿里巴巴国际站的各类推广、营销活动或产品 / 服务的使用

• 如用户违规情节特别严重，阿里巴巴有权立即单方解除合同、关闭账号且不退还剩余服务费用；并有权做出在阿里巴巴国际站及 / 或其他媒介进行公示，给予关联处罚及 / 或永久不予合作等处理

2. 产品信息滥发违规处罚

产品信息滥发违规，是指卖家在阿里巴巴国际站发布的产品信息存在包括但不限于标题描述违规、类目错放、重复铺货、虚假价格及虚假最小起订量（MOQ）等情形。

（1）违规分类

① 标题描述违规。主要包含但不限于：标题无明确产品名称，标题带有联系方

式，标题产品名堆砌，标题描述堆砌（包括但不限于产品名、品牌、型号、修饰词堆砌），标题产品名与产品图片不符，标题描述与详细描述中的买卖意向不符等几大类。

② 类目错放。类目错放是指卖家发布产品时，产品的实际类别和发布所选择的类目不匹配。产品应选择相关性高且最合适的最小类目下，有可匹配类目时不能选择 others 类目下。系统推荐类目仅供参考，卖家应根据产品的实际情况谨慎选择。

③ 重复铺货。卖家发布的产品信息之间存在相同或相似或者重要产品属性、描述（包括但不限于品牌、规格型号、材质、图片信息等）相同或相似的情形。

④ 虚假价格及虚假最小起订量（MOQ）。指包括但不限于产品的发布价格区间与同行业同类产品市场价格相比相差甚远，产品发布价格低但运费显著高于一般水平，实际收取的运费比产品发布的运费高或虚报最小起订量（MOQ）等行为。

（2）处理规则

卖家如存在上述产品信息滥发的违规情形或阿里巴巴有合理理由认为卖家存在产品信息滥发违规行为的，阿里巴巴将采取如下处理措施：

① 产品。涉及重复铺货之外信息滥发行为的产品，将无法参与阿里巴巴国际站的搜索排序。在搜索诊断中心提示的违规产品将有 7 个自然日的修改时间。到期未修改的产品将予以下架，且不可进行编辑。

涉及重复铺货行为的产品信息，搜索结果中仅展示一条产品信息。即买家通过某个关键词搜索同类产品时仅展示买家喜好度最高且历史效果最佳的产品，其他重复产品信息将不在搜索结果中展示。

② 账号。涉及信息滥发的违规行为被平台认定成立后，将给予整个店铺 7 天的搜索排名靠后处理。

对于标题描述违规和虚假价格及虚假最小起订量（MOQ）的违规行为，行为年内前 3 次违规，每次扣 0 分；第 4 次及以上重复违规行为，包含系统检测和成立的举报行为，每次扣 2 分。

项目 2

账户与产品管理

阿里巴巴国际站是阿里巴巴集团推出的 B2B 跨境电商出口平台。阿里巴巴国际站的成立可以帮助中小企业扩展国际贸易市场，提供出口营销推广服务，是外贸型企业拓展海外市场的首选平台之一。

【知识目标】

1. 了解会员注册的条件；

2. 了解账户信息管理的内容；

3. 了解阿里巴巴国际站包含的产品类型；

4. 了解关键词选择的主要原则；

5. 了解产品发布的流程；

6. 了解产品管理的工具。

【能力目标】

1. 能够独立完成会员账号的注册认证；

2. 掌握账户信息设置的方法；

3. 掌握关键词选择的方法；

4. 掌握产品发布的方法；

5. 掌握产品管理的步骤和技巧。

项目情境

陕西省樱本铺箱包定制公司在详细了解阿里巴巴国际站的基本情况后，计划进一步签约合作、开通网站和发布产品。那么，如何进行阿里巴巴国际站签约和开通，以及多种产品发布和管理的常规运营呢？这一系列知识及能力将在本项目中得到系统的学习和训练。

任务分解

本项目下的任务将对阿里巴巴国际站基本运营操作进行全方位的学习，其中包括账号注册和信息认证、账户信息管理、公司信息管理、产品发布及日常管理等，让初学者能够以卖家身份独立完成店铺开通及常规运营工作。

任务 2.1　店铺签约与开通

2.1.1　账号注册和信息认证

1. 签约条件

（1）签约出口通

① 公司类型：开通国际站办理出口通，需要有工商局注册的生产实体产品的企业（生产型和贸易型都可以），收费办理。

服务型公司如物流、检测认证、管理服务等企业暂不能加入，另外离岸公司和个人也不能签约出口通。个体经营执照各个区域限制不同，需要联系当地客户经理判断是否能够加入。

② 实地认证门槛：公司类型符合后，还需要通过实地认证才能确认是否可以合作。实地认证需要以下资料：企业执照信息（包含企业中英文名称、营业执照照片、企业注册地址）、企业对公账户信息（包含企业对公账户开户行、开户名、对公账号）、企业经营地址信息（包含企业经营地址及经营场地证明）、认证人信息（包含认证人姓名、联系方式、身份证号码、职位、部门等信息）。客户经理会上门拍摄供应商公司的办公及生产环境照片，认证信息确认书需要供应商公司盖章确认。

（2）签约金品诚企

公司要求：四证 / 五证齐全——营业执照、税务登记证、组织机构代码证、开户许可证、特殊行业生产许可证（医药、食品、车辆、压力容器、消防、安全等），自身具有实力并希望突显优势的企业。

服务型企业、认证主体的营业执照注册地址在中国香港 / 台湾的，暂不可申请金品诚企服务。金品诚企服务是收费办理的，目前市场价是人民币 8 万元 / 年。

2. 认证流程

（1）实地认证

① 实地认证主要是为了保障 Alibaba.com 上的供应商身份的真实有效，为买家营造更加真实有效的交易环境，确保买家在网站上放心交易，最终也能够吸引更多的买家来进行沟通并最终促成交易。详细的流程如图 2–1 所示。

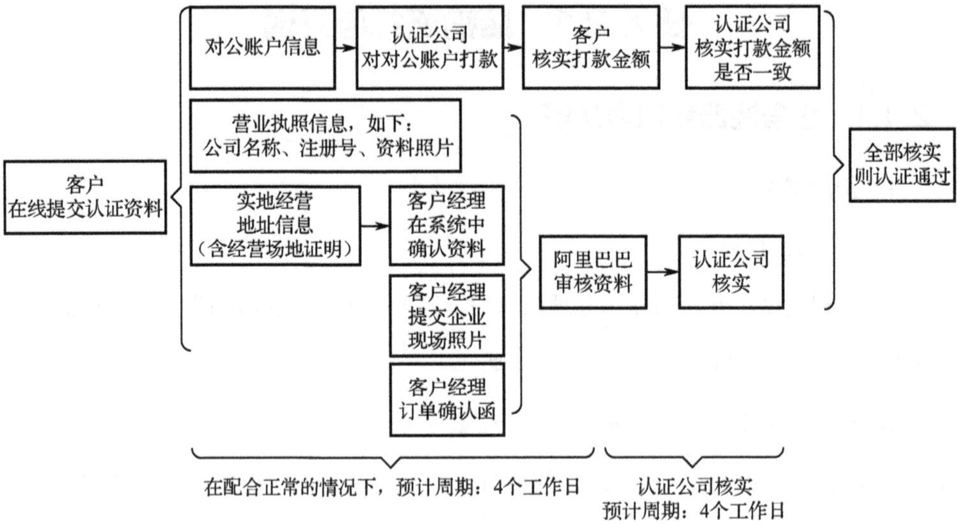

图 2–1 实地认证流程图

② 实地认证页面操作：中国供应商客户用管理员账号登录“My Alibaba”–“店铺管理”–“管理认证信息”–“A&V 认证信息”页面，提交认证信息，如图 2–2 所示。

图 2–2 “A&V 认证信息”页面

（2）金品诚企认证

① 金品诚企是阿里巴巴根据买家采购习惯推出的综合性推广服务，旨在帮助企业快速赢得买家信任，促成交易。使用金品诚企服务，除了享有基础会员服务，企业关键信息还将由第三方国际权威认证机构进行认证，再通过 Alibaba.com 平台多渠道地曝光，真实、全面地展现企业实力，提升被买家选择的概率。金品诚企的认证流程如图 2-3 所示。

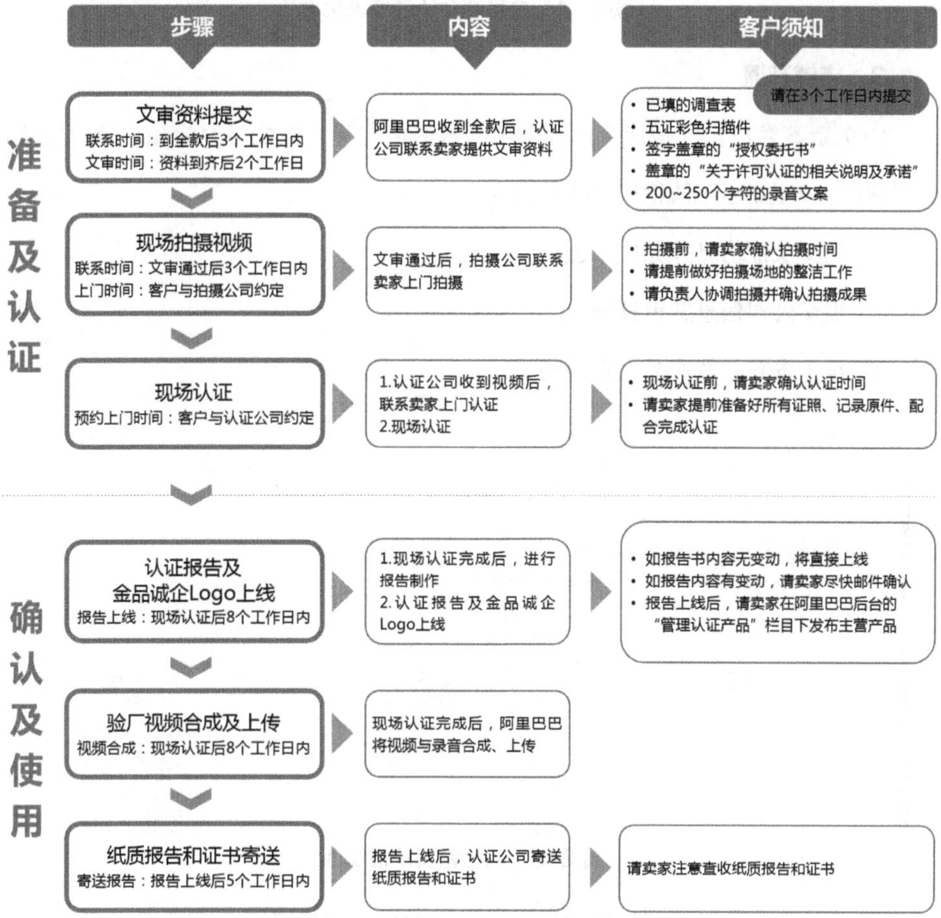

图 2-3 金品诚企的认证流程

② 金品诚企认证页面操作：主账号登录“My Alibaba”–“店铺管理”–“管理认证信息”–“管理能力评估报告”模块查看认证进度。详情页面如图 2-4 所示。

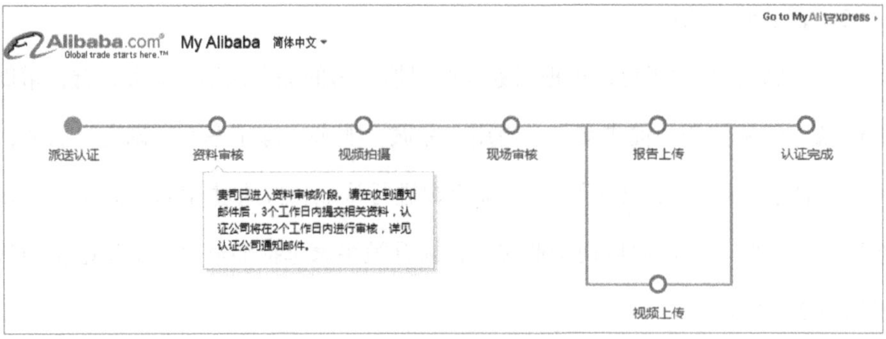

图 2-4　金品诚企认证信息页面

3. 店铺开通

（1）新签客户，已确认合同并款项到账的情况下，主账号登录后台首页完成以下三项内容（详情页面如图 2-5 所示）：

① 提交认证信息并完成认证；

② 提交公司信息并审核通过；

③ 至少发布一款产品且审核通过。

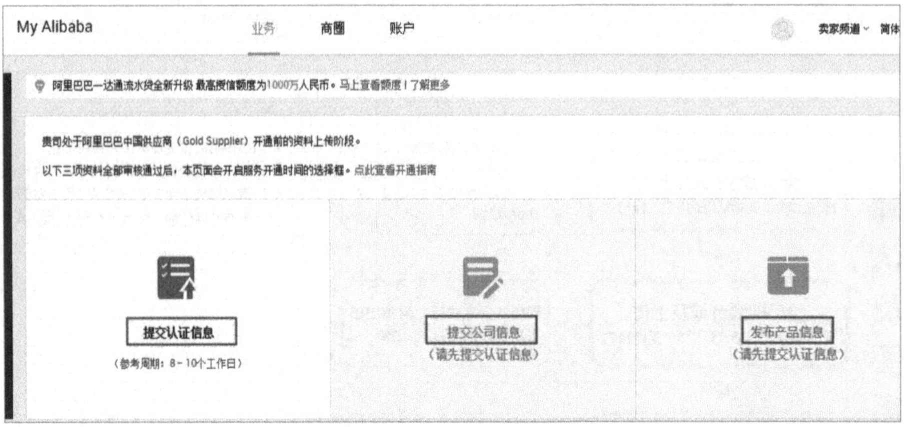

图 2-5　后台首页认证页面

（2）完成以上三项信息认证后，2～3 小时同步时间后，会需要供应商完成“国际站规则考试”，通过考试后即可选择网站开通时间，开通时间一旦确认将无法修改。目前考试不是强制性，但为了避免后续出现违规扣分的情况，建议供应商学习并完成考试。考试规则说明页面如图 2-6 所示。

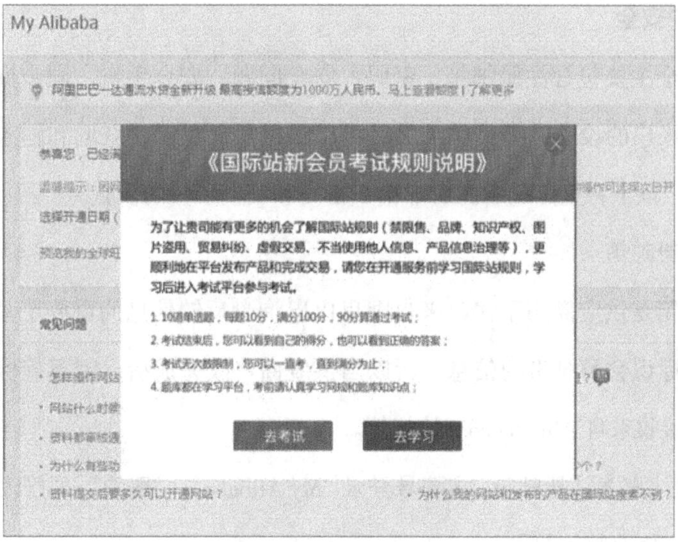

图 2-6　考试规则说明

2.1.2　我的账户信息管理

1. 个人信息

个人信息主要包含对个人信息、头像、商业信息、隐私设置、积分中心的设置等，供应商登录“My Alibaba” - “账户中心” - “管理个人信息” - “编辑”，根据页面提示获取短信验证码，输入正确的验证码后完成修改，24 小时同步后可以在网站上看到，如图 2-7 所示。

图 2-7　个人信息

2. 账户安全

账户安全主要包含注册邮箱、密码、安全问题、安全手机、同步询盘、回复数据和第三方账户的设置。账号登录之后可以根据页面提示，获取和输入正确的验证码进行编辑。以下将重点展示注册邮箱、密码和安全手机的设置。

（1）注册邮箱

注册邮箱是供应商用于接收来自阿里巴巴询盘反馈信息的重要工具，同时也是网站上唯一标识会员身份的信息，所以当供应商修改完成后，需要确保新的注册邮箱可以正常接收来自 Alibaba.com 的邮件。

① 修改主账号注册邮箱。主账号登录“My Alibaba”-“账户”-“修改注册邮箱”，验证身份之后修改邮箱即可。

第一步：单击“My Alibaba”-“账户”-“修改注册邮箱”，如图 2-8 所示。

图 2-8 修改注册邮箱

第二步：通过手机验证或者人工服务进行身份验证，如图 2-9 所示。

图 2-9 验证身份

第三步：验证身份之后，填写要修改的新邮箱，并且进行邮箱验证，填写完成之后单击“确定”按钮，如图 2-10 所示。

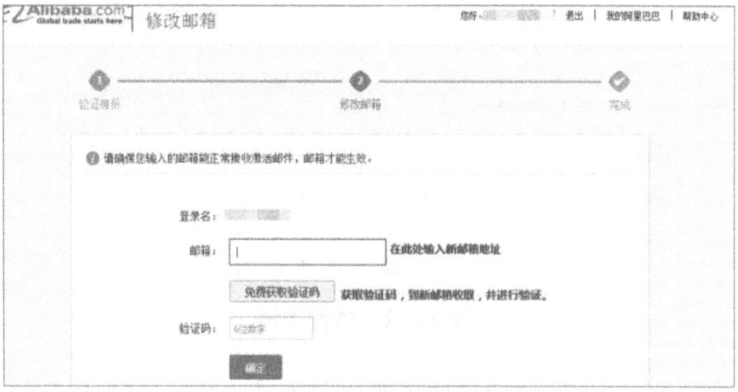

图 2-10 填写新的邮箱

第四步：修改成功，如图 2-11 所示。

图 2-11 修改成功页面

② 修改子账号注册邮箱。子账号修改注册邮箱，需要联系主账号操作。

第一步：主账号登录“My Alibaba” – “账户” – “管理子账号”，找到对应子账号后单击“查看详情”编辑修改即可，如图 2-12 和图 2-13 所示。

图 2-12 管理子账号

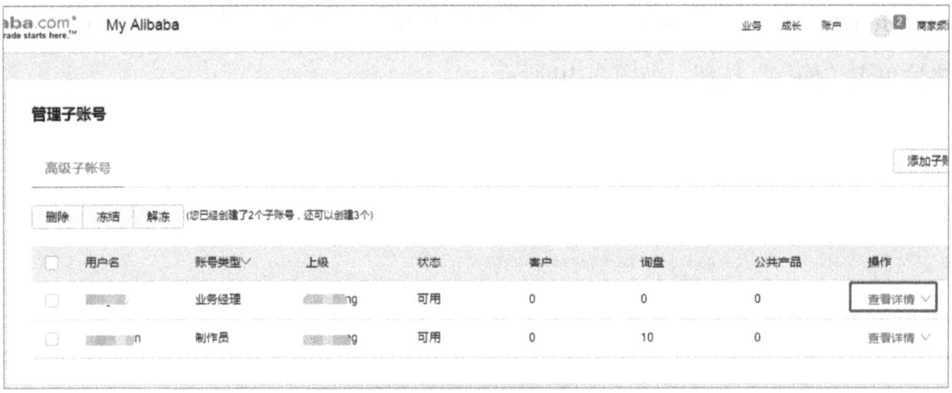

图 2–13　查看详情

第二步：通过验证之后，输入新的注册邮箱地址，并单击“发送”按钮，如图 2–14 所示。

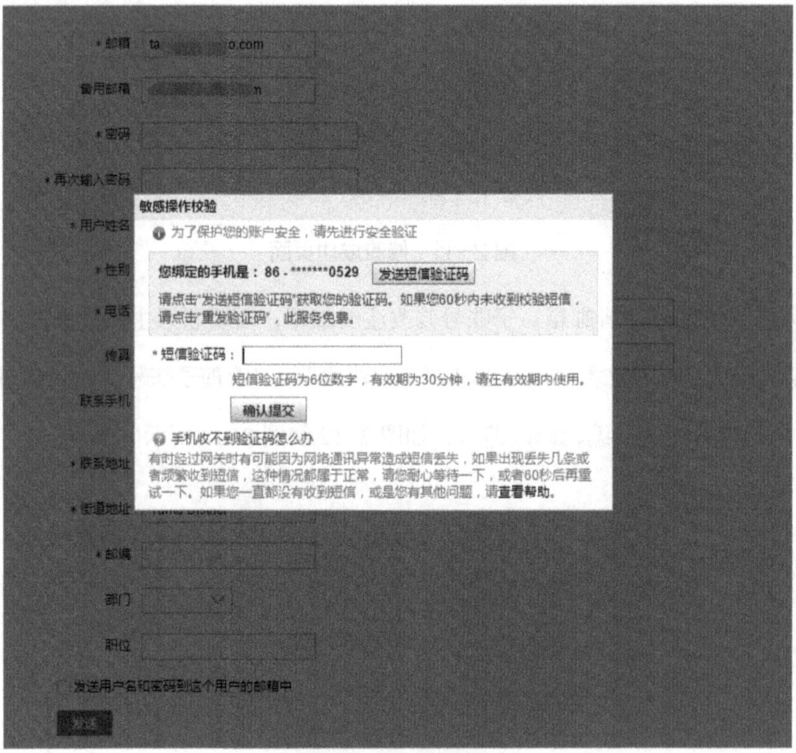

图 2–14　修改邮箱

第三步：提示注册邮箱修改成功，完成邮箱验证即可。

（2）密码

密码是个人的隐私，系统中是无法查看的。如果供应商忘记密码或需要修改密码，需要登录到“My Alibaba”-“账户”-“账号安全”-“修改密码”页面进行修改。

① 修改主账号密码。

第一步：登录“My Alibaba”-“账户”-“修改密码”，如图 2–15 所示。

图 2–15 修改密码

第二步：在弹出的验证窗口页面，若显示供应商的账号绑定了安全手机，则直接通过手机获取验证码；若没有绑定手机，则通过注册邮箱方式获取验证码。

第三步：输入当前密码和新密码，单击“确定”按钮完成修改，如图 2–16 所示。

图 2–16 修改登录密码

② 修改子账号密码。

第一步：子账号自行登录“My Alibaba” – “账户” – “修改密码”，同主账号页面一致。

第二步：若子账号无法自行修改，可以联系主账号在“My Alibaba” – “账户” – “管理子账号”页面修改。

第三步：主账号通过安全手机验证后，即可在编辑页面中输入新的子账号密码，完成修改。

（3）安全手机

① 修改主账号安全手机。主账号登录“My Alibaba” – “账户” – “管理安全手机”，通过身份验证之后，填写修改的新手机号，完成验证即修改成功，如图 2–17 所示。

图 2–17　管理安全手机

② 修改子账号安全手机。子账号可以自行登录“My Alibaba” – “账户” – “管理安全手机”，对先前绑定的安全手机进行验证，验证通过后输入新手机号进行验证，验证通过后即可修改成功。如果之前没有绑定安全手机，则需要进行邮箱和新手机号的验证，验证完成之后即可修改成功，页面同主账号修改安全手机的页面一致。

除此之外，如果子账号之前绑定的手机无法进行验证，也可以联系主账号进行修改。主账号登录“My Alibaba”–“账户中心”–“管理子账号”，单击对应子账号的“修改安全手机”按钮，完成验证后即可修改，如图 2–18 所示。

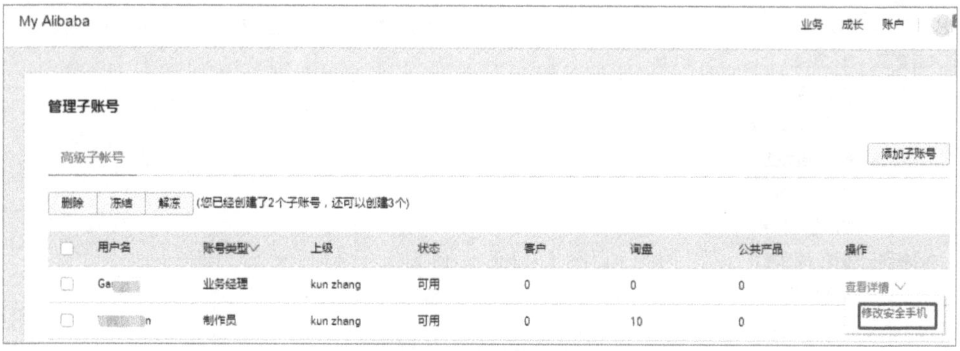

图 2–18 修改安全手机

3. 子账号设置

（1）添加子账号

子账号即 My Alibaba 操作系统的分账号权限，权限配置可以为业务员、业务经理、制作员三种类型，由管理员（主账号）创建。一个供应商最多能设置 5 个高级子账号，主账号进入“My Alibaba”–“账户中心”，单击“添加子账号”操作即可，该页面上会介绍各类账号的操作权限，如图 2–19 所示。

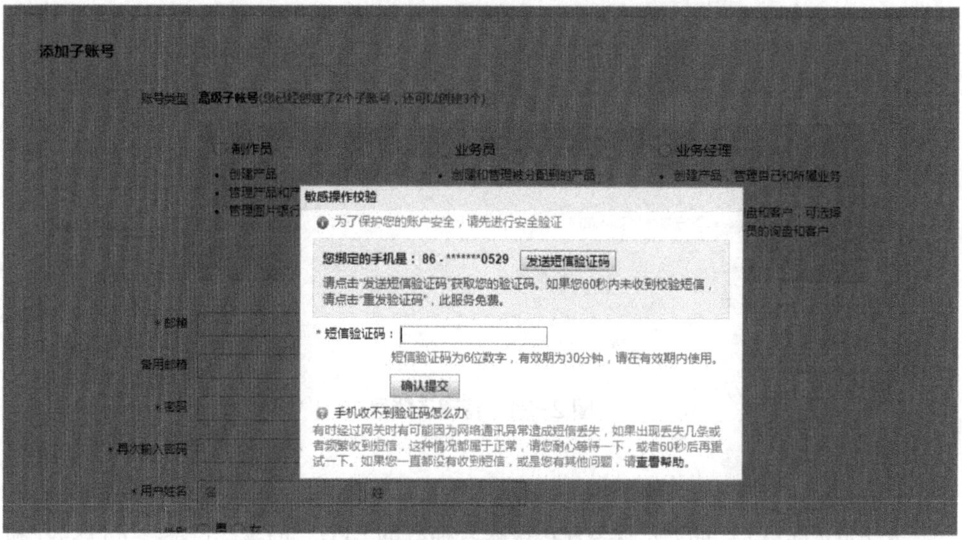

图 2–19 添加子账号

另外，每个账号操作权限会有所区分，子账号有自己独立的账号 ID 和密码，可以登录 My Alibaba 操作系统，比如发布和管理自己的产品，处理自己收到或者分配所得的询盘，也可以登录 TradeManager 和买家在线交流，如图 2-20 所示。

	功能	管理员	业务经理	业务员	制作员
产品管理	发布产品	√	√	√	√
	管理产品	√	√	√	√
	产品分组与排序	√	×	×	√
	管理橱窗产品	√	×	×	√
	管理认证产品	√	×	×	×
	管理图片银行	√	√	√	√
建站管理	管理公司信息	√	×	×	×
	贸易记录	√	×	×	×
	栏目	√	×	×	×
	管理全球旺铺	√	×	×	√
	域名管理	√	×	×	×
	A&V认证	√	×	×	×
询盘	已分配待处理询盘	√	√	√	√
	待分配询盘	√	√	×	×
	询盘搜索	√	√	√	×
	设置询盘分配规则	√	×	×	×

图 2-20　各账号操作权限

（2）管理子账号

在管理子账号页面，主要是对子账号的删除、冻结和解冻等操作，由于操作之后会对整个店铺带来一定的影响，所以需要管理员谨慎操作，如图 2-21 所示。

图 2-21　管理子账号

① 删除子账号：

● RFQ/ 询盘 / 产品 / 人脉名片：该账号拥有的 RFQ、询盘、产品、人脉名片和客户将直接转移到管理员名下；

● 外贸邮邮件：若已开通外贸邮，该账号对应的外贸邮会彻底删除，没有记录且邮件无法找回，建议删除前先做好重要邮件备份；

- TradeManager（旺旺）：TradeManager 无法登录，账号无法找回，建议删除前先做好好友信息备份；
- 一旦删除无法恢复。

② 冻结子账号：主要是禁止该子账号登录 My Alibaba 和 TradeManager。但该子账号原来拥有的产品、询盘、客户资源保持不变，冻结期间有询盘来，也会正常进入到该子账号的询盘模块。如果想恢复之前被冻结的子账号，也可以通过同样的方式进入“My Alibaba” - “账户中心” - “管理子账号”，解冻该子账号。

（3）子账号登录摘要

通过“子账号设置”下的“子账号登录摘要”，管理员可查看到子账号上次登录的日期时间、IP、国家等信息，便于管理员随时了解业务员的登录使用情况，如图 2-22 和图 2-23 所示。

图 2-22　子账号设置 - 子账号登录摘要

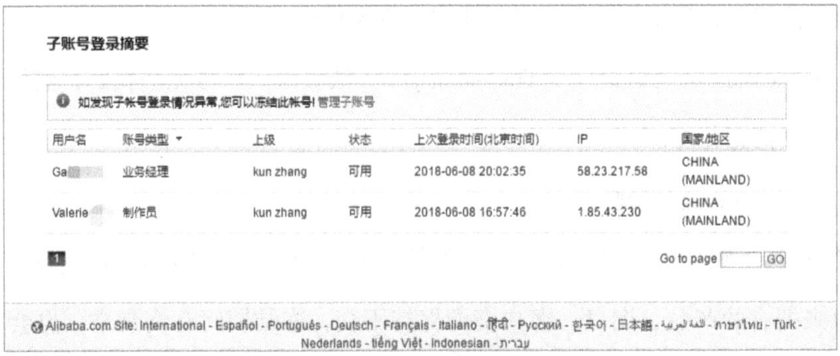

图 2-23　子账号登录摘要详情页

4. 资金账户管理

该资金账户用于接收保障订单非一达通出口报关的订单资金，不管卖家是否设置收款账户，订单交易成功后均会放款至卖家的账户。如果卖家进行资金提现，需要绑定一个收款账户，然后再从支付宝国际账户中提现。若收到的是人民币，需要绑定一个国内经过实名认证的支付宝账户进行提现；若收到的是美元，则需要绑定一个能够接收以新加坡花旗银行公司名义打款的银行卡进行提现。详细的操作步骤如下。

第一步：主账号登录“My Alibaba” – “资金账户管理” – “我的银行账户”页面，进行银行账户的设置，如图 2-24 所示。

图 2-24　资金账户管理

第二步：选择想要添加的收款账户类型，单击“添加”按钮，进入详情页面填写详细的账户信息，填写完成确认即可，如图 2-25 和图 2-26 所示。

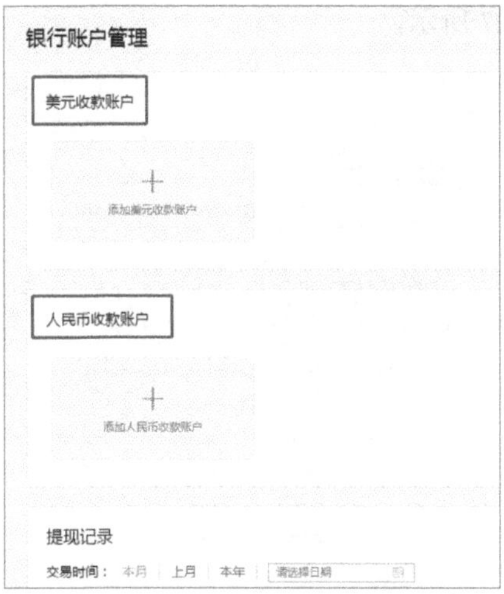

图 2-25 收款账户的选择

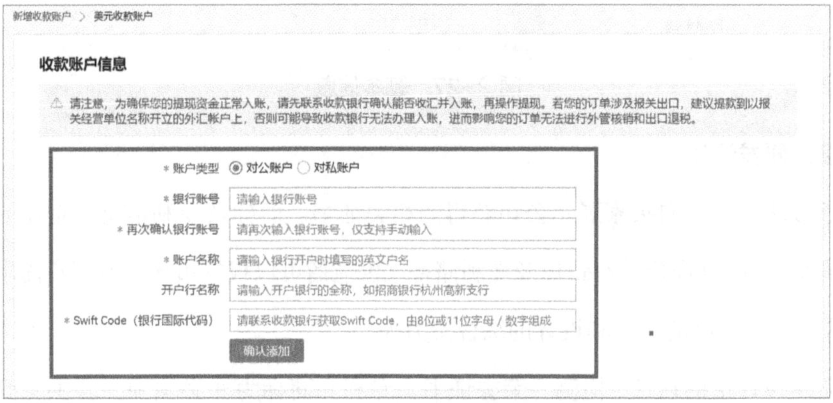

图 2-26 收款账户信息（美元）

2.1.3 公司信息管理

1. 基本信息

基本信息包含公司名称、公司注册地、公司的经营地址、主营业务和产品等信息，其中打钩的字段为认证字段。以认证公司认证的信息为准，不支持自行修改，已经认证过的信息若有变更，可以联系客户经理申请信息修改。

填写或者是修改公司信息，由主账号登录“My Alibaba”-“店铺管理”-“管理公司信息”页面进行操作，信息提交后需要 24 小时审核时间。审核中的公司信息显示为灰色，无法再次编辑，待审核通过后即可再次编辑。同时，审核通过后展示的即为最新的公司介绍信息。如遇到公司信息未审核通过，可以登录主账号来查看具体的原因，页面如图 2–27 所示。

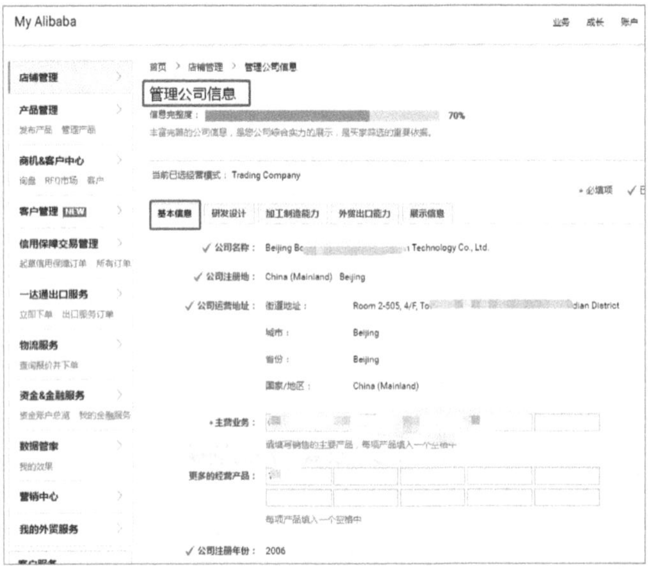

图 2–27 基本信息

2．研发设计

该板块主要是向买家展示公司获得的相关证书、商标及专利信息、企业的综合认证情况、品牌 / 商标持有量以及专利储备。供应商可以根据市场以及用户需求，完成对应技术、产品的研发和设计的综合实力提升。

研发设计下的认证 / 检测、荣誉证书、专利和商标为非必填项，若供应商没有相关证书，可以直接单击“提交”按钮；若供应商有符合验真条件的证书（认证 / 检测、专利和商标），提交证书验真，验真是由第三方认证公司处理，目前验真时效性是 2 个月，以实际验真结果时间为准；商标下的授权商标无法进入验真，本次证书验真只对权利人为签约认证公司主体，具体的页面如图 2–28 所示。

3．加工制造能力

该板块主要是合作工厂的信息填写，通过展示合作工厂的名称、合同、年限等信息，增加买家的信任。供应商应该根据内容上传证明合同，填写相关真实工厂信息，如图 2–29 所示。

图 2-28 研发设计

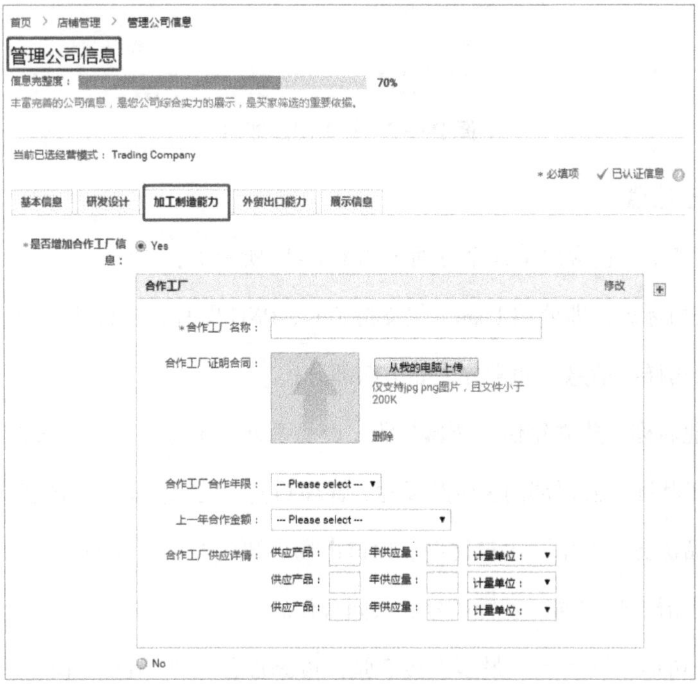

图 2-29 加工制造能力

4. 外贸出口能力

该板块向买家展示外贸能力，要求如实完整填写诸如出口市场、出口港口、最小起订额、支付方式等信息，如图 2–30 所示。

图 2–30 外贸出口能力

5. 展示信息

展示信息主要包含以下几个方面（如图 2–31 所示）：

（1）公司标志：即公司 Logo，仅支持 JPG、PNG 图片，文件小于 200KB。

（2）公司详细信息，通常分为如下四部分：

① 企业名称、建立年份、所属行业、产品系列、子母公司、地段 / 交通；

② 员工状况、公司部门、生产经验、管理制度、机械设备、生产能力、销售额；

③ 产品优势、技术、出口比例、出口市场、知名客户、证书；

④ 广告语、欢迎词、宗旨口号、共同合作。

（3）公司形象展示图：最多上传 3 张，可添加公司外景图、车间、样品间和办公室等。

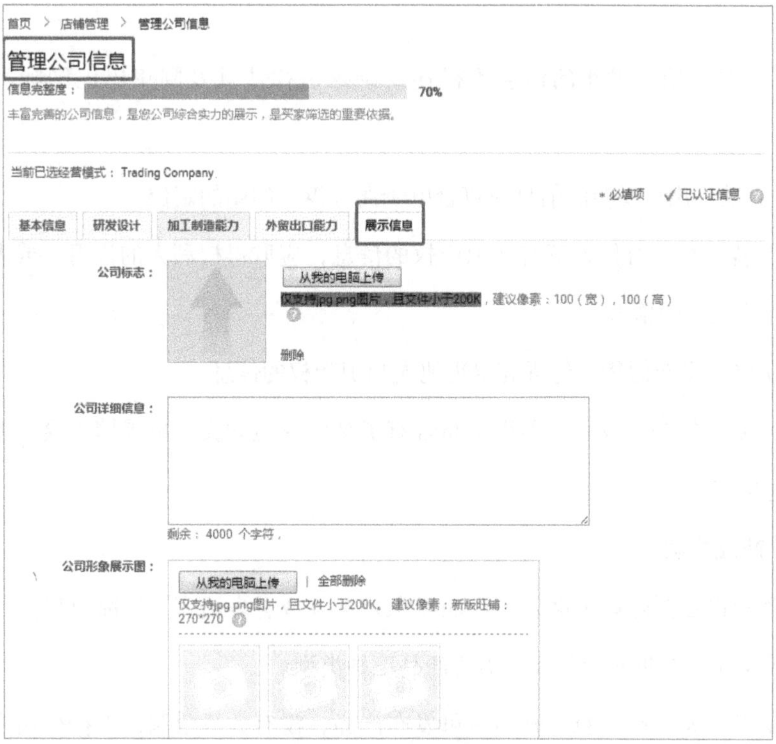

图 2-31 展示信息

（4）公司视频：相当于公司的在线广告片，自上传视频要求小于 2.5MB，建议 35 秒之内且必须清晰，无英语之外的旁白。

（5）展会信息：填写展会名称、展会时间等信息，可以上传 3 张参展照片，最多添加 10 个展会信息。

任务 2.2 产品发布与管理

2.2.1 产品规则认知

1. 产品发布规则

在发布产品时，需要遵循阿里巴巴国际站的产品发布规则，避免违规从而承担被处罚的风险。以下为发布产品的基本要求：

（1）需发布真实、准确、合法、有效的产品信息。

① 真实、准确：用户发布的信息应与实际情况一致，禁止发布虚假或夸大

情形；

② 合法：用户发布的信息不得违反国家法律法规及阿里巴巴国际站禁限售规则；

③ 有效：用户发布的信息应符合电子商务英文网站的定位。

（2）若发布含有他人享有知识产权的信息，应取得权利人的许可，或者属于法律法规允许发布的情形。

（3）禁止发布假货、仿货等侵犯他人知识产权的信息。

（4）未经权利人许可，不得发布含有奥林匹克运动会、世界博览会、亚洲运动会等标志的信息。

2. 产品类型

在阿里巴巴国际站页面发布产品必须是英文或者多语言，产品可以分为英文站产品、英文站在线批发产品和多语言产品三种类型。

（1）英文站产品：服务开通后可发布产品，没有数量限制，根据公司实际产品数量合理提交即可。

（2）英文站在线批发产品：每个公司（所有账号总和）最多可发布 6000 个在线批发产品。

（3）多语言产品：目前一个公司在每一个多语言市场中每种语言最多可发布 600 个原发产品（其中多语言在线批发产品 500 个），主账号或子账号均可发布。

2.2.2 产品发布

1. 关键词的选择

关键词是在客户搜索产品时用到的具体的名称用语，即产品名称的中心词，是对产品名称的校正，便于系统快速识别、匹配买家搜索词，能让买家尽快找到需要的产品。关键词热度是指在某段时间内，客户使用该关键词搜索次数的多少。如果客户输入关键词找到了该产品，那么该关键词就是有效关键词。

（1）关键词选择的主要原则

① 关键词与产品名称不冲突；

② 关键词选择要精确，不宜太宽泛；

③ 关键词不宜太长、太特殊；

④ 卖家需要站在客户的角度思考关键词是否合适；

⑤ 选择被搜索次数最多、竞争最小的关键词。

（2）关键词获取的方式

搜索关键词的方法多种多样，为了设置更加准确、搜索热度比较高的关键词，可以使用不同的途径和查询工具去获取更多更优质的关键词。

常见的搜索关键词的方式有相关关联词、搜索热度比较高的词、蓝海词、我的词、热门搜索词、行业视角和外贸直通车中的关键词列表等，可以帮助供应商在产品关键词的选择上精益求精。

① 发布产品页面。在发布产品时，供应商填写完产品标题后，用鼠标单击产品关键词后的填写框，在下拉框内可以查看到该产品的热门搜索词和蓝海词，如图 2-32 所示。热门搜索词和蓝海词是系统站在买家的角度，对买家搜索数据的客观展示。

图 2-32 热门搜索词和蓝海词

② 数据管家页面。

● 我的词

如图 2-33 所示，“我的词”页面包含与该词搜索结果一致的相关词的汇总数据：一是供应商设置的关键词或参加外贸直通车推广的词，二是买家找到“我的词”。通过显示“我的词”的曝光点击等效果、TOP10 平均数据的对比和搜索热度，帮助供应商更好地选择和优化关键词。

图 2-33　我的词

● 热门搜索词

“热门搜索词”包含连续 6 个月累计买家搜索热度大于或等于 120 的词，搜索热度是指在相应的时间段内，该词及相关词在阿里巴巴网站被访客搜索的热度，页面如图 2-34 所示。

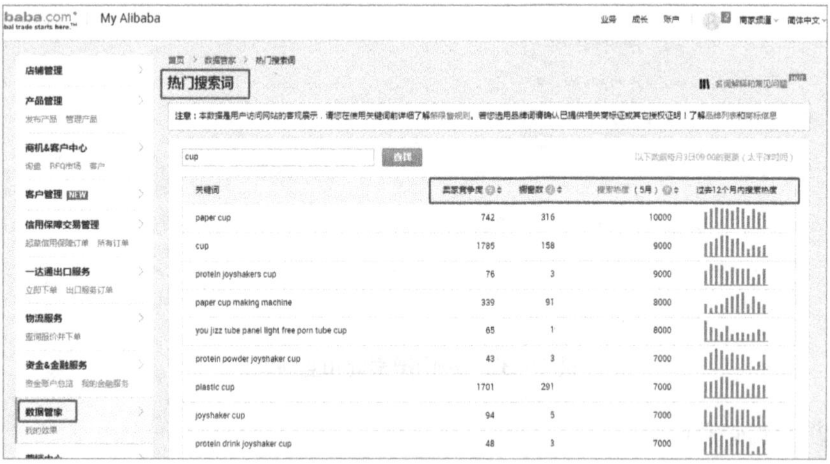

图 2-34　热门搜索词

● 行业视角

“行业视角”中的“淘词”板块，包含“热搜词”“搜索上升最快词”和“零少词”，如图 2-35 所示。

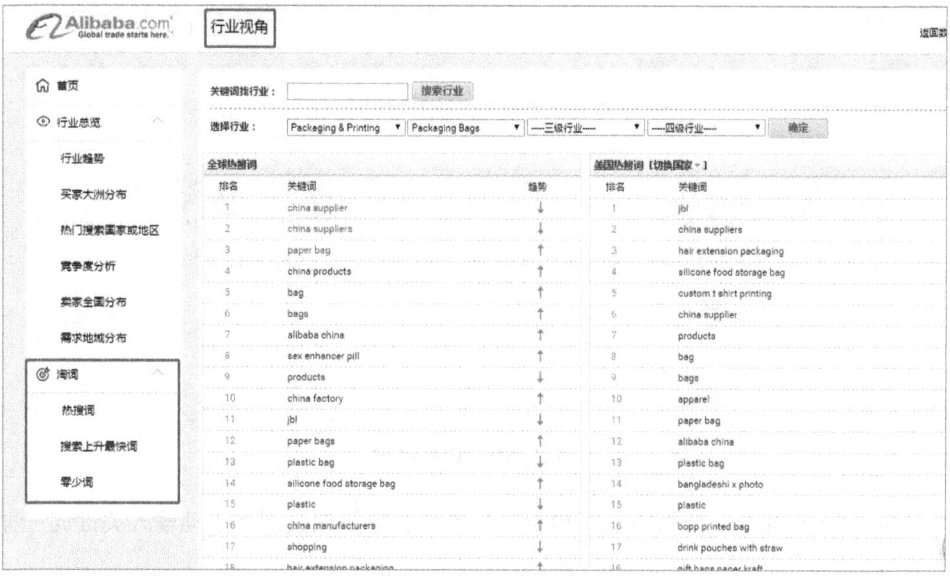

图 2-35 行业视角

● 访客详情

访客列表中展示了所有访问过供应商产品页面、公司页面的买家，还有在其他页面给供应商发送过反馈或 TM 咨询的买家。通过这些买家的行为，可以快速地分析出访客对供应商旺铺的哪些页面是感兴趣的，并且根据他的网站行为判断他是不是一个活跃、高质量的买家。

在“访客详情”页面，会显示在统计时间范围内买家的常用搜索词，只显示访客在阿里巴巴网站上搜索次数最多的前三个词，以及访客搜索到的供应商的店铺或者产品的页面时所使用的搜索词，如图 2-36 所示。

图 2-36　访客详情

③ 外贸直通车。外贸直通车包含系统推荐、查找相关词和手动输入关键词三种查询关键词的方式，在关键词工具页面显示系统推荐的关键词，包含综合推荐、网站热门、高转化词以及行业词表等，供应商通过推广评分和搜索热度的信息排序，筛选合适的关键词，如图 2-37 所示。

图 2-37　推广工具

（3）关键词和产品名称的关系

产品标题、关键词都是用来帮助产品搜索的。关键词是对产品名称的校正，便于机器快速识别、准确抓取匹配。产品名称在包含核心关键词的同时还需要体现产品的优势，所以不建议多个关键词叠加，这样对公司的专业度有所影响。关键词与产品名称不能冲突，冲突指不是同一产品。一个产品如有多种叫法，建议可以在关键词中体现。

买家在搜索关键词时也是有字数限制的，搜索关键词不能超过50个字符。如果卖家标题写得过长，标题跟买家搜索的关键词匹配度不高，搜索结果往往靠后，所以标题是第一匹配要素。

2. 基本信息

（1）产品发布前的准备

发布产品前，卖家需要准备好产品的关键词、产品名称、产品图片以及产品的参数表和相应的描述性文字，如图2–38所示。卖家准备好如图2–38所示需要准备的资料后，开始进行产品发布。

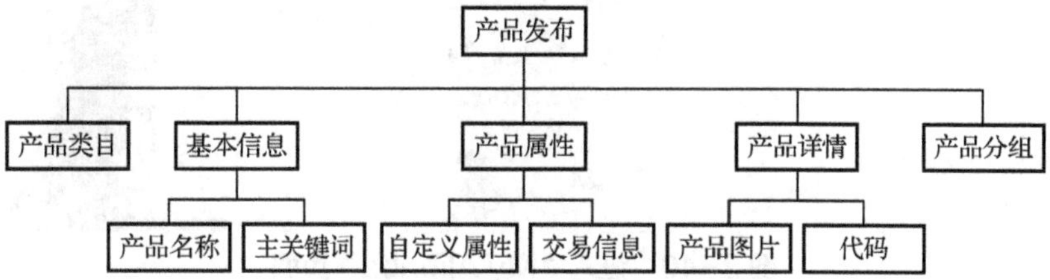

图2–38 产品发布前的准备

首先进入阿里巴巴国际站登录页面，输入“登录名”和“登录密码”进入后台，然后单击“My Alibaba”进入个人页面，如图2–39至图2–41所示。

图 2-39 输入“登录名”和“登录密码”

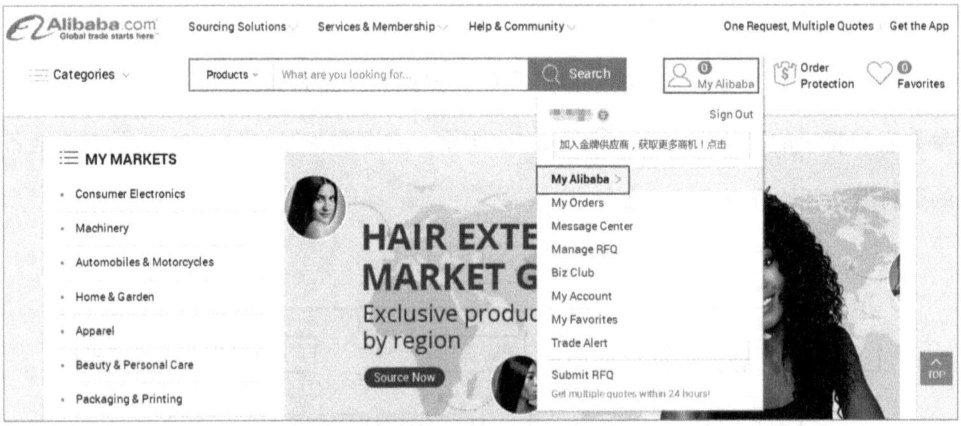

图 2-40 进入“My Alibaba”页面

图 2-41 “My Alibaba”页面展示

接着在后台左侧边栏中单击“产品管理”模块，单击“产品发布”选项，进入产品发布页面，如图 2-42 所示。选择正确的产品类目，如图 2-43 所示。

图 2-42 单击“产品发布”选项

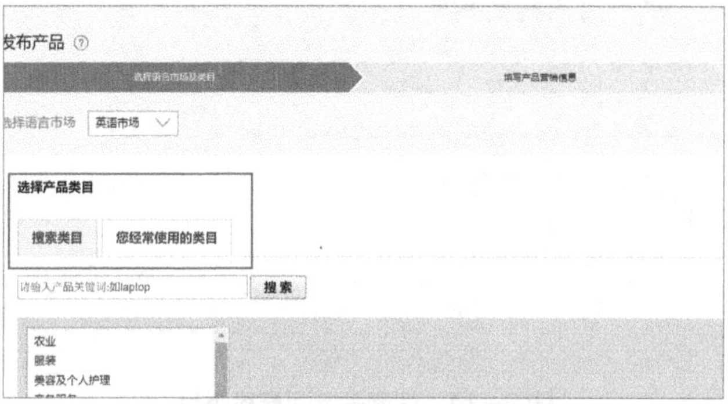

图 2-43 “选择产品类目”页面

其中，产品类目的选择方法有三种。第一种是在“搜索类目”下的搜索框中输入关键词，利用关键词搜索对应的类目。樱本铺公司主要经营箱包类，我们以关键词“Fashion Bag”为例，如图 2-44 所示。

在图 2-44 中，系统推荐了 3 个对应的类目，但是在选择类目时卖家需要注意以下几点：

① 避免选择错误，如果类目错误，平台会有一定的违规处罚，而且可能会导致客户搜索不到供应商的产品，导致流量丢失；

② 如果产品具有行业交叉的特点，可以在类目准确的基础上，选择多个合适的类目进行产品展示，可以获得更多的产品曝光机会；

③ 系统推荐的类目没有主次先后的区分。

第二种方法是按照商品的关键词直接选择类目。以“Fashion Bag”为例，直接针对关键词选择相对应的类目，逐步单击类目等级“箱包”-“手袋 & 斜挎包”-“斜挎包”，如图 2-45 所示。

图 2-44　搜索关键词查找类目

图 2-45　根据关键词属性选择对应类目

第三种方法是在“您经常使用的类目”中选择，这个模块的使用前提是已经添加了同类目的产品。由于樱本铺公司之前经常发布箱包类的产品，可以直接在该板块选择对应的产品类目，如图 2–46 所示。

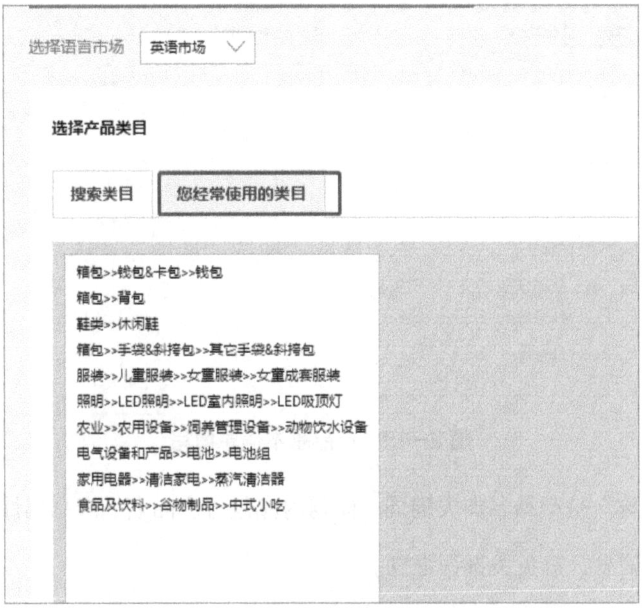

图 2–46　在“您经常使用的类目”中选择类目

类目选择确认无误后，单击“我已阅读如下规则，现在发布产品”按钮，进入产品信息填写页面，如图 2–47 所示。

图 2–47　单击“我已阅读如下规则，现在发布产品”按钮

（2）基本信息

产品基本信息包括 2 个必填项目，即“产品名称”和“产品关键词”，如图 2–48 所示。

图 2-48　产品基本信息填写

“产品名称”是产品名加关键词。标题内应包含产品名、产品属性、行业标准、认证和型号等信息，避免关键词堆砌。

“产品关键词”填写与产品名称相关或与其含义相近的词，尽量包含产品的中心词。一个框内只能填写一个关键词，单击“添加更多关键词”链接可继续添加两个关键词，所有关键词在搜索排序上权重相同，所以不要重复填写，如图 2-49 和图 2-50 所示。

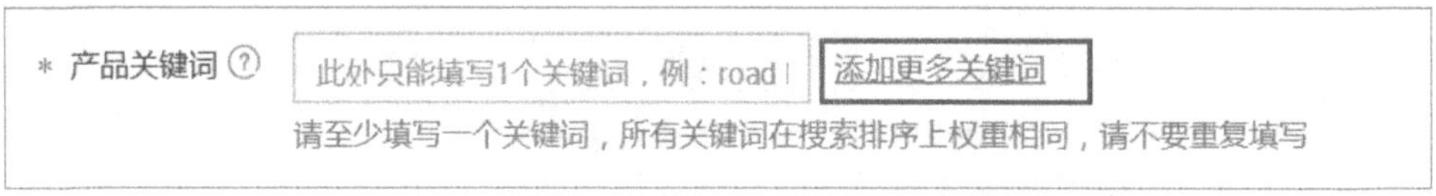

图 2-49　单击“添加更多关键词”链接

图 2-50　填写其余两个关键词

接着是“产品分组”，单击“产品分组”下拉框，将产品放入对应的产品分组。如果未添加分组，单击右上角的“添加分组”按钮，添加分组名称后单击“确认”按钮，然后加入产品即可，如图 2-51 所示。

图 2-51　产品分组

填写完产品的分组之后，接着填写“产品属性”。产品属性包括产品型号、品牌、特点、认证、材质和自定义属性等，需要根据产品本身的特点据实填写，如果出现造假行为，平台会给予一定的处罚，如图 2-52 所示。

图 2-52　产品属性填写

其中“自定义属性”可以填写产品的工艺、使用范围场合、特点、尺寸、净重、毛重等，单击“点击添加”按钮，最多可以填写 10 个自定义属性。

3. 产品详细信息

产品详细信息主要包含产品图片、产品视频和产品详情描述，其中产品图片是必填项。

“产品图片”是 1 张产品主图和 5 张产品细节图，一共 6 张图。产品图片为正方形，尺寸大于 640px×640px，单张图片大小不超过 5MB。如果卖家不清楚产品图的质量规范，可以单击蓝色字体“查看图片质量规范”，如图 2–53 和图 2–54 所示。

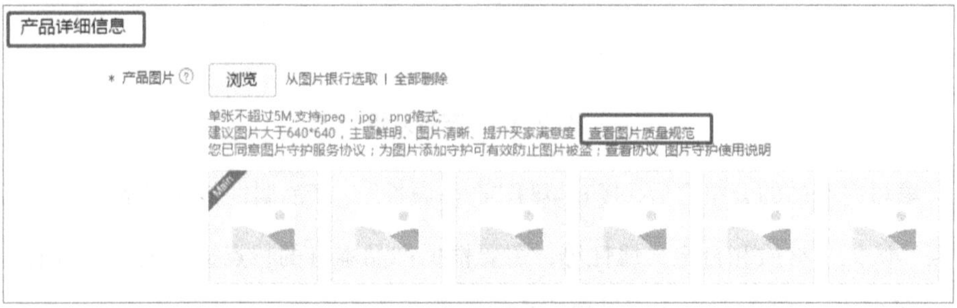

图 2–53 查看图片质量规范

图 2–54 阿里巴巴国际站图片质量规范官方公告

“产品视频”分为主图视频和详情视频。主图视频时长不超过 45 秒，大小不超过 100MB，展示位置在产品首图第一张。详情视频时长不超过 10 分钟，大小不超过 500MB，展示位置在产品详情描述的上方。上传产品视频后，主图和详情视频都可以使用。单击“查看主图视频规范”和“详情视频功能介绍”可以了解阿里巴巴国际站官方视频公告，如图 2-55 和图 2-56 所示。

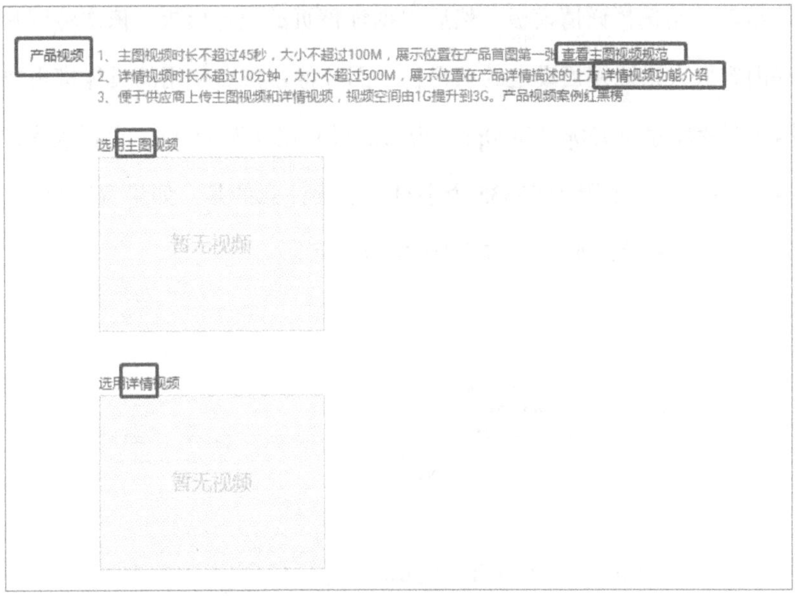

图 2-55　产品视频

图 2-56　产品视频官方公告

“产品详情描述”模块中，产品详情页的编辑可以选择“智能编辑”或者“普通编辑”。

产品详情“智能编辑”是为供应商在 My Alibaba 后台发布产品时提供可以直接套用的格式化字段和行业特性展示的新功能，可以很大程度上提升供应商发布产品的便利性和行业专业度，从而提升买家对产品详情的关注度。

智能编辑就是选择详情模板，然后根据详情页的设计模板，依次将图片、文字和表格等内容放入系统模板设定的项目栏。图片像素按照使用的具体模板要求进行上传，插入图片尺寸为 750px×800px，表格的尺寸宽度为 750px。可插入图片数量上限为 30 张图片，字符上限为 65535 个字符。需要注意的是，如果宽度超出 750px，超出的部分将无法展示，如图 2-57 至图 2-59 所示。

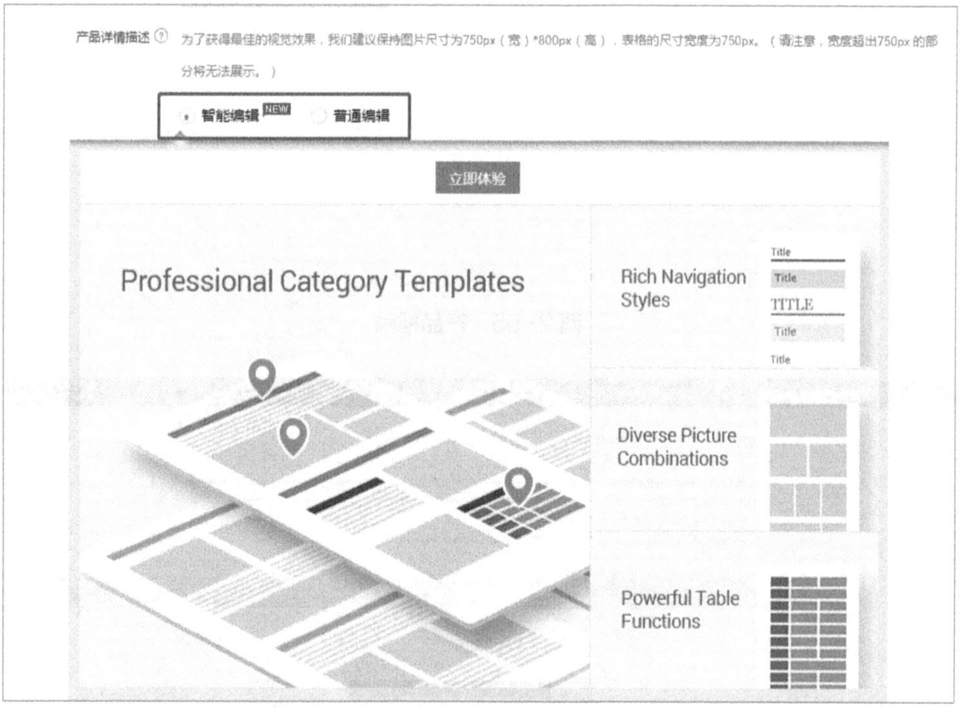

图 2-57 产品详情描述

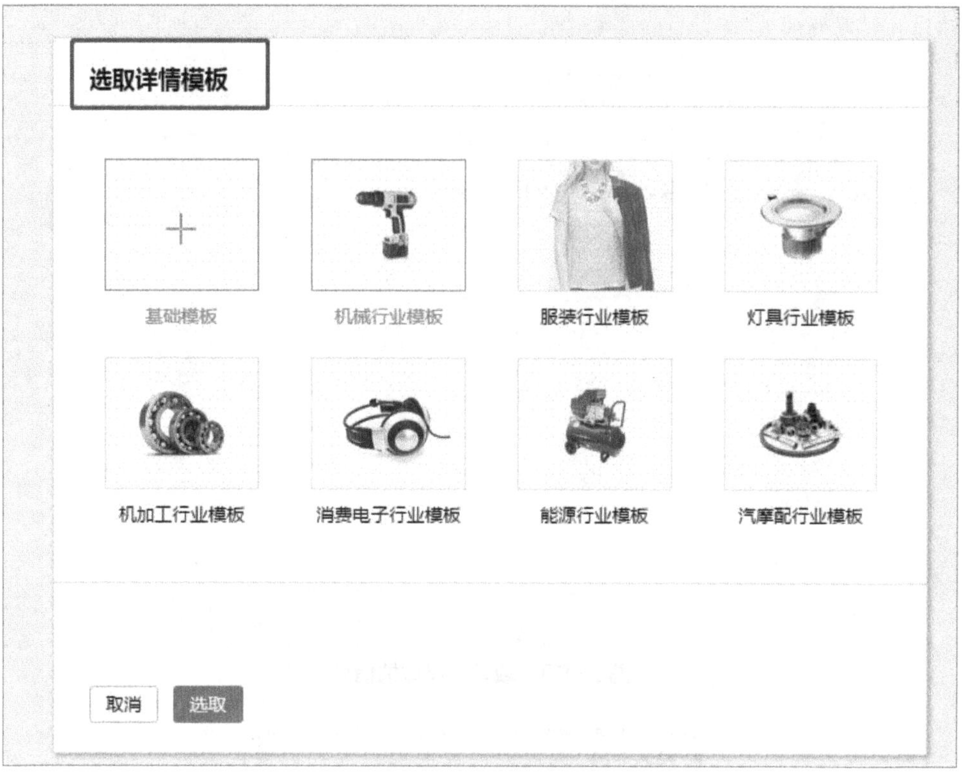

图 2-58　详情模板

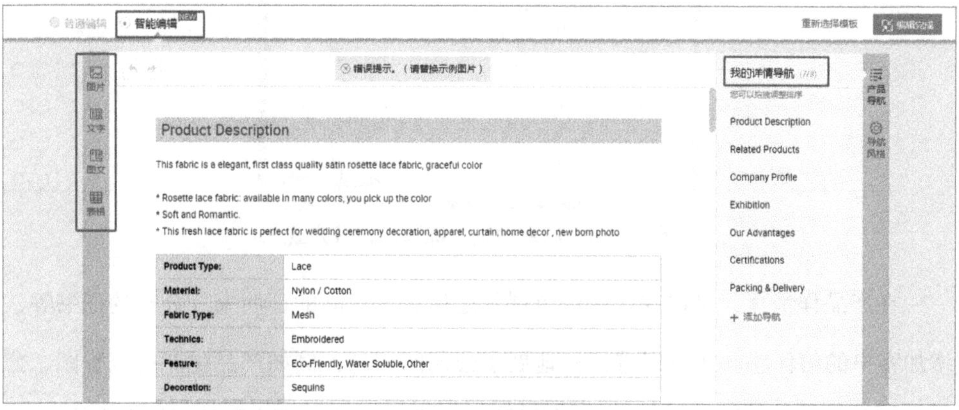

图 2-59　智能编辑

“普通编辑”时，详情页的图片可以添加链接。选择需要添加链接的图片，单击“插入 / 编辑链接”按钮，在方框中添加链接地址即可。还可以填写标题，选择打开链接的方式，如图 2-60 和图 2-61 所示。需要注意的是，详情页图片最多可以添加 15 张，50000 个字符。

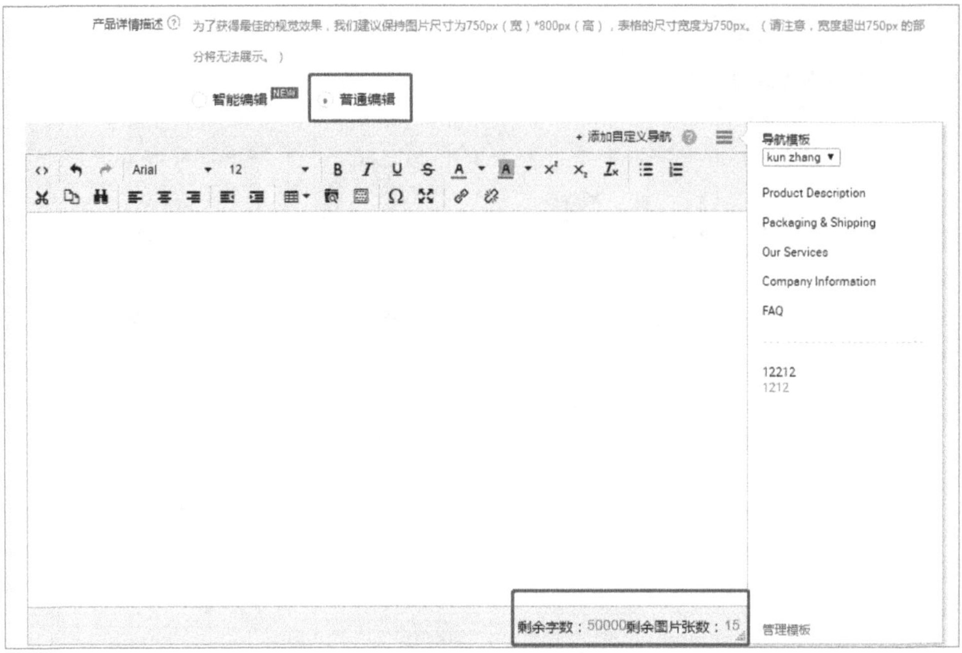

图 2-60　填写产品详情信息

图 2-61　填写地址、标题、打开方式

在产品详情页，可以在产品细节展示之后加上产品的证明书、公司的证书等，增加客户的信任感。还可以选择性地展示公司的信息，例如产品生产的流程图、公司的基本介绍、展会介绍、物流信息以及 FAQ 等，让客户更全面地了解卖家信息。

4. 交易信息 & 物流信息

“交易信息”模块中包括是否支持一口价、价格设置、计量单位和支付方式。“Fashion Bag”根据数量设置价格，可以设置起订量和价格区间，付款方式可以参考同行或者根据平台以及店铺的付款方式进行选择，如图 2-62 所示。

图 2-62 交易信息

在“物流信息”板块中，信息务必填写完整，方便客户了解卖家的发货时间、发货港口、常规包装等信息。常规包装建议填写包装形式、尺寸、各类集装箱能装载的产品件数等信息，便于客户了解，如图 2-63 所示。

图 2-63 填写物流信息

检查所有信息填写是否完整，单词拼写是否有误，查看产品信息质量，确认无误后单击“提交”按钮，等待阿里巴巴国际站审核产品，如图 2-64 和图 2-65 所示。产品审核通过后，即发布成功，正式上线。

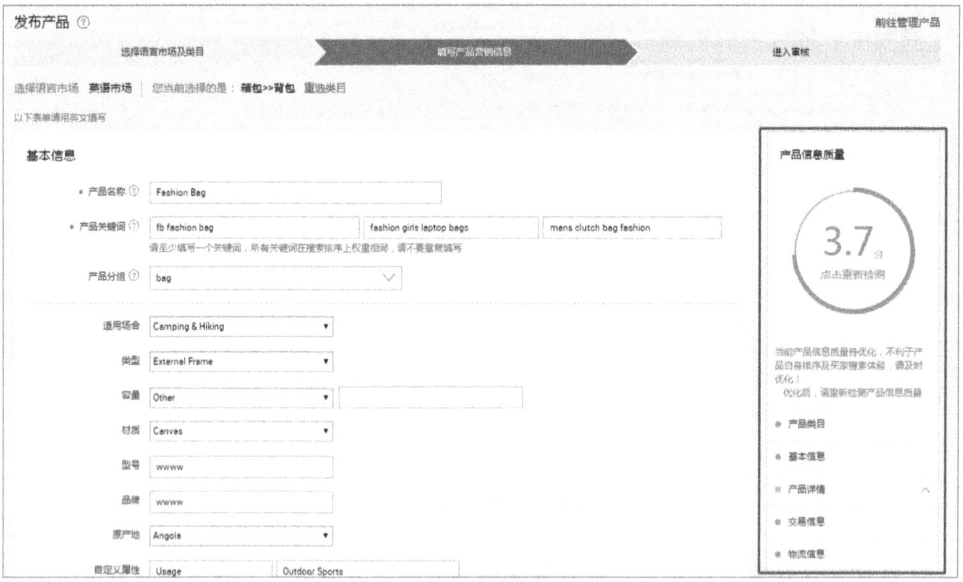

图 2-64　检查信息完整度

图 2-65　提交产品等待审核

2.2.3　产品管理

1. 产品分组与排序

产品组是供应商在网上公开展示产品的一个集合，供应商可以根据自身公司和产品的情况或者买家的习惯设置多个产品组，将同类产品放在一个产品组里面，方便供应商自己管理也方便买家查看。产品分组包含了“分组管理与排序”和“产品管理与排序”两个模块，决定了前台产品的展示顺序。

（1）分组管理与排序

只有管理员账号和制作员账号才有权限操作，其他子账号没有“产品分组与排序”模块。产品分组支持三级分组，一级分组 20 个，分组总数 200 个，不包含未分组，每个产品一次只能分配在一个产品组中，产品组会显示在公司网站的左右两边（根据网站模板不同，展示位置不一样），如图 2-66 所示。

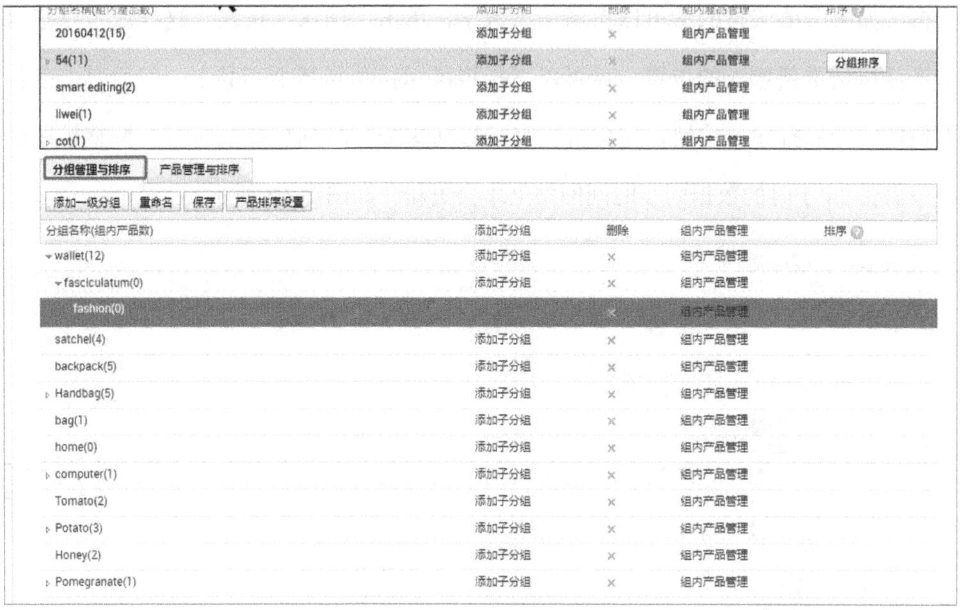

图 2-66　分组管理与排序

另外也可以选择系统自动排序，单击页面上方的“产品排序设置”按钮，可以选择“新产品置末”或者“新产品置顶”，不过只对设置完成之后新发布的产品有效，之前的产品是不会自动排到前面的，如图 2-67 所示。

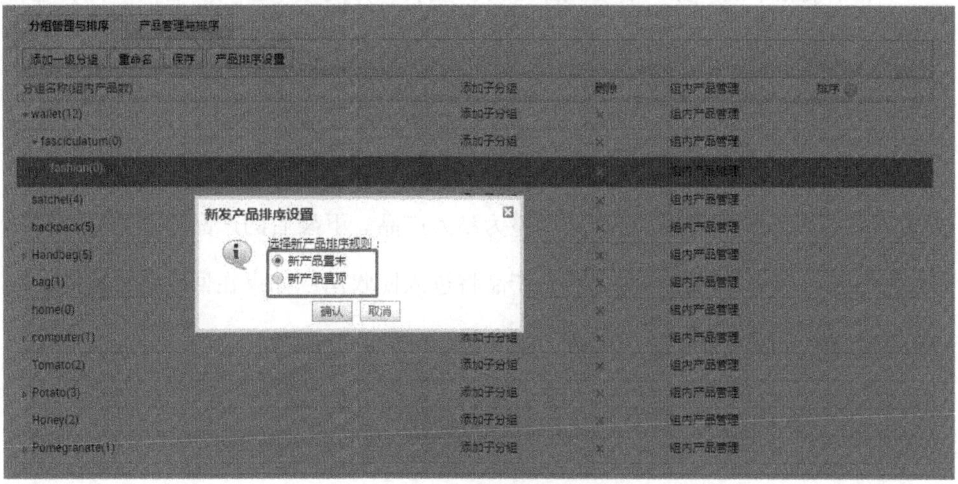

图 2-67　新发产品排序设置

（2）产品管理与排序

产品列表前的数字表示这个产品目前所在的位置，单击这个数字将自动出现输入框，如果需要调整的话可以重新输入数字，单击“确认”按钮，这样就可以把这个产品移到重新输入的位置。也可以直接将鼠标移动到某个产品上，然后单击条目右侧的“产品排序”按钮，这样可以直接移动这个产品到想要的位置。调整排序后一般需要 24 小时的数据同步时间网站上才会更新，如图 2–68 所示。

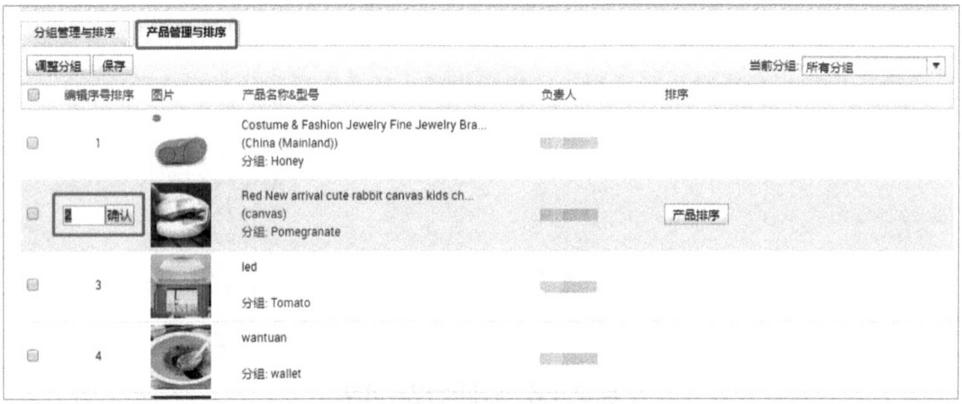

图 2–68 产品管理与排序

2. 管理产品

管理产品页面可以查看到供应商名下所有的产品，包含审核通过、审核不通过、审核中和草稿箱中的产品。管理员账号可以查看和分配整个公司所有的产品，包含其他子账号的产品；业务经理可以查看和分配自己和自己名下业务员的产品；业务员只可查看和管理自己的产品。

发布产品审核通过后，默认为上架产品，不需要再手动单击“上架”按钮，不过供应商可以手动“下架”将产品调整为私人产品。下架后的产品将不会在国际站前台页面进行展示。删除产品之后，产品将进入回收站，如果在回收站中删除，产品将被彻底删除而无法恢复。管理产品的页面如图 2–69 所示。

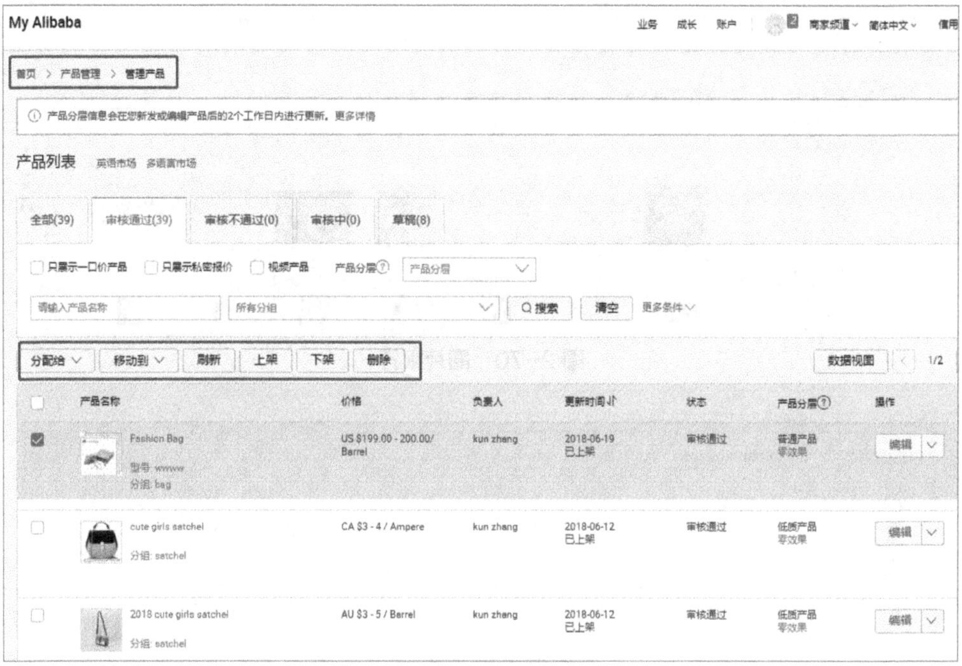

图 2-69　管理产品

3. 图片银行

图片银行是一个图片存储的空间，卖家可以将常用的图片先放置到图片银行，在发布产品时，从图片银行直接导入。目前多语言市场的图片银行和英文站是共用的，多语言市场没有单独的图片银行。

图片银行的容量为5120MB，单张图片应小于3MB，支持JPG/JPEG/PNG/GIF格式。图片上传之后可以进行分组，在页面中可以查看到图片的上传人、图片更新时间和引用状态等详细信息。图片删除之后会进入回收站，图片删除至回收站后不占用图片银行空间，图片将在回收站内保留7天，7天后系统将自动清除，如图2-70和图2-71所示。

图 2-70　图片银行

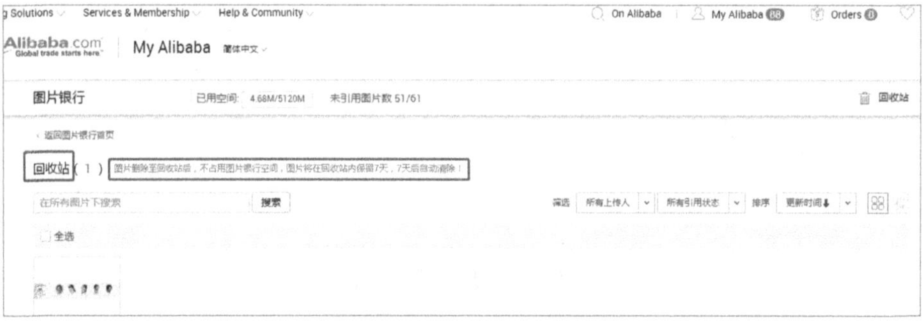

图 2-71　图片回收站

在图片银行的图片页面，通过图片上的“编辑”按钮，可以查看针对图片可进行的操作，如果图片下方显示，则代表该图片已被引用。单击图片右下角的放大镜，可以查看图片的详细信息，如图 2-72 至图 2-74 所示。

图 2-72　图片右上角“编辑”页面

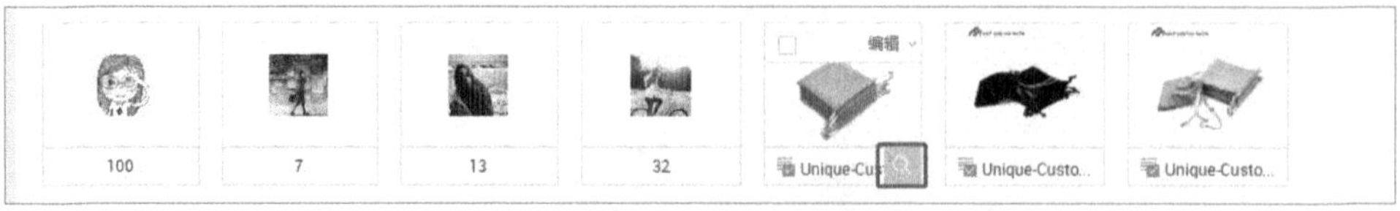

图 2-73　右下角可查看详情

图 2-74　图片详情

4. 视频银行

视频银行是用于供应商储存产品视频的空间，类似于图片银行。供应商可以将商品视频上传到视频银行，在发布产品的时候，直接从视频银行中选取视频。每个公司有 3GB 视频空间，主、子账号均可发布产品视频。目前产品主图、产品详情支持视频功能，1 个产品视频可以最多被选用到 20 个产品上，即拍摄一个产品视频，可用于 20 个产品。产品视频目前没有直接对于排名的帮助，但是优质的视频对于买家有较大吸引，进而提升产品的买家喜好度，如图 2-75 所示。

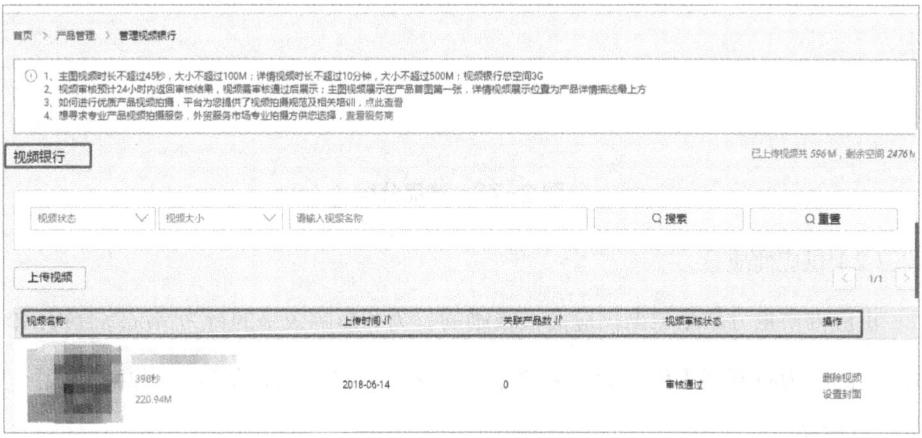

图 2-75　视频银行

2.2.4 搜索诊断

1. 搜索诊断首页

（1）产品分层

将产品分为三个层级：精品、普通和低质产品。展示不同层级产品的占比和效果趋势，针对问题产品和零效果产品系统会自动检测显示，便于供应商及时地优化自己的问题产品，如图 2–76 所示。

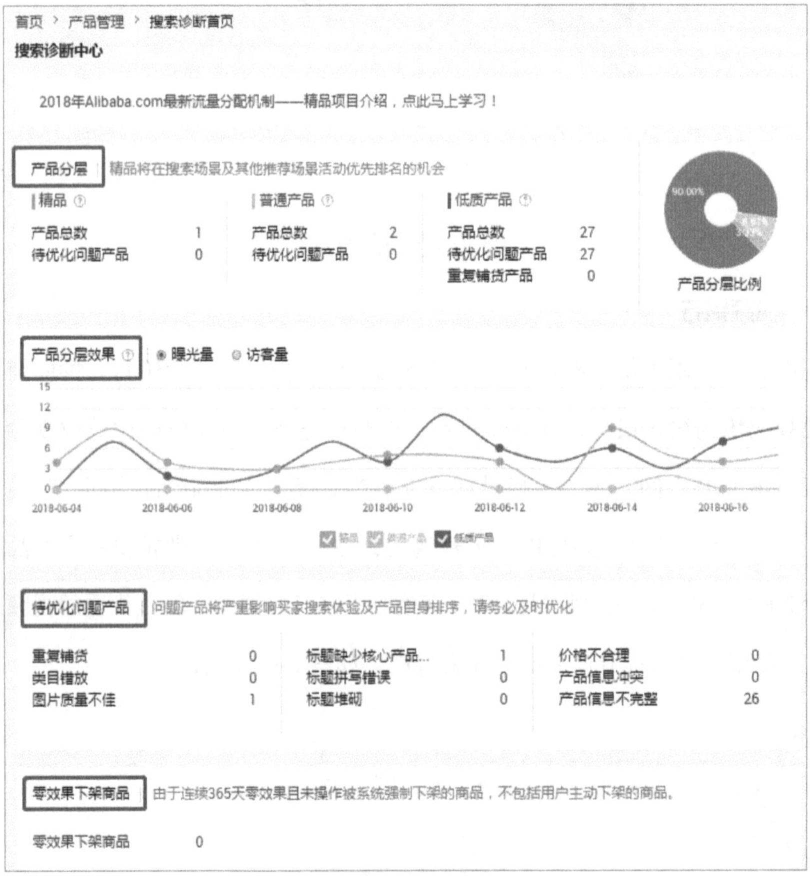

图 2–76 产品分层

（2）供应商质量

供应商质量分数是根据供应商被鼓励的行为和影响效果的行为情况综合得出的。被鼓励的行为将有利于供应商排名靠前，影响效果的行为将阻碍供应商的排名，如图 2–77 所示。

图 2-77 供应商质量

（3）信用保障交易量 & 关键词健康度

信用保障交易量显示可以帮助供应商获得买家信任，并获取更多订单，如图 2-78 所示。

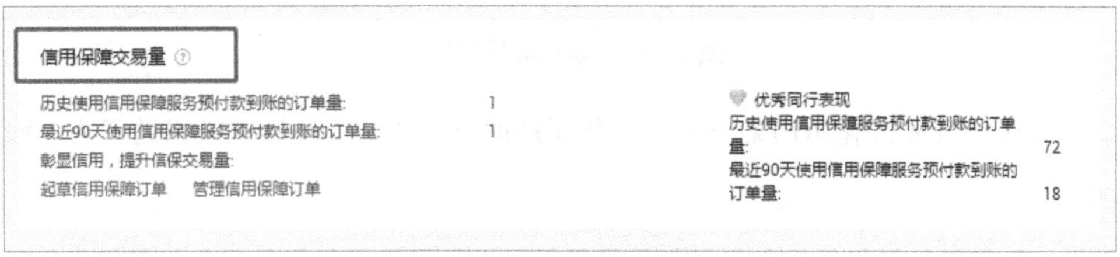

图 2-78 信用保障交易量

关键词健康度得分是根据供应商的关键词曝光、点击转化效果与同行对比计算的综合得分，代表了关键词在同行竞争中的表现，如图 2-79 所示。

图 2-79 关键词健康度

2. 供应商诊断优化

“供应商诊断优化”是阿里巴巴国际站搜索诊断工具下的一个功能模块，主要通过分析类目相关性、文本相关性、买家偏好、产品信息、供应商信息、作弊过滤等因素，对网站搜索排序中的重要维度“供应商信息”提供优化建议并指导供应商进行有针对性的调整，从而获得更好的搜索效果，如图 2-80 所示。

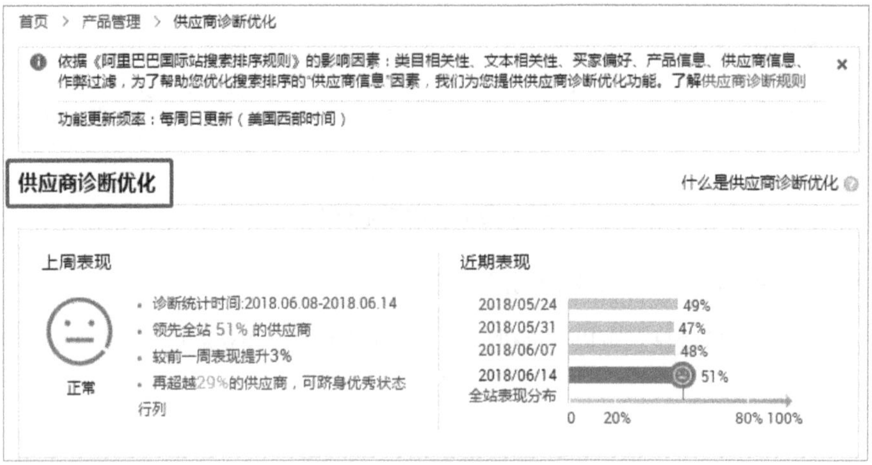

图 2-80 供应商诊断优化

供应商诊断优化由两部分组成，分别是被鼓励的行为和影响效果的行为，如图 2-81 所示。

被鼓励的行为诊断详情

诊断统计时间:2018.06.08-2018.06.14

被鼓励的行为	诊断维度	我的表现	优秀供应商的表现	操作建议
彰显信用，建立买卖信任	是否加入信用保障服务，获得授信额度	已加入	已加入	已加入，查看详情
	是否使用信用保障服务完成交易	已有交易	已有交易	已有交易，查看详情
	最近60天是否有信用保障服务完成挂账的交易	已有交易	已有交易	已有交易，查看详情
展示真实交易信息	是否开启贸易数据展示功能	未开启	已开启	开启贸易数据展示
线上活跃，积极服务买家	近7天在商机管理中心单方确认的日均订单数	0单	0单	提升商机管理中心订单
	近7天在商机管理中心双方确认的订单数	0单	0单	

影响效果的行为诊断详情

诊断统计时间:2018.06.08-2018.06.14

影响效果的行为	诊断维度	我的表现	操作建议
重复铺货	重复铺货产品数量	低于影响值	继续保持，查看详情
店铺维护管理不足	产品总量及180天以上零效果产品占比	低于影响值	继续保持，查看详情
不合理多发产品	产品总量及日新发产品数量	低于影响值	无

图 2-81 行为诊断详情

被鼓励的行为是对信用彰显、真实交易信息彰显、线上活跃、线上沟通等表现优秀的行为做出激励。

影响效果的行为是对重复铺货、店铺维护管理不足、不合理多发产品等可能扰乱搜索市场秩序的行为进行规范。

3. 关键词诊断优化

如图 2-82 所示，关键词诊断优化是指从关键词的曝光量和点击量的角度提示产品待优化的内容，引导用户对产品进行改进，提升产品的信息质量。系统推荐的关注词没有数量限制，供应商自行添加的自定义关键词的上限是 100 个，数据每天更新，更新 3 天前的近 7 天数据。

图 2-82 关键词诊断优化

4. 产品诊断优化

产品诊断优化是指对供应商的产品进行详细的诊断，并给出问题分类，目前主要从问题产品、重复铺货和零效果产品等方面进行统计，如图 2-83 所示。

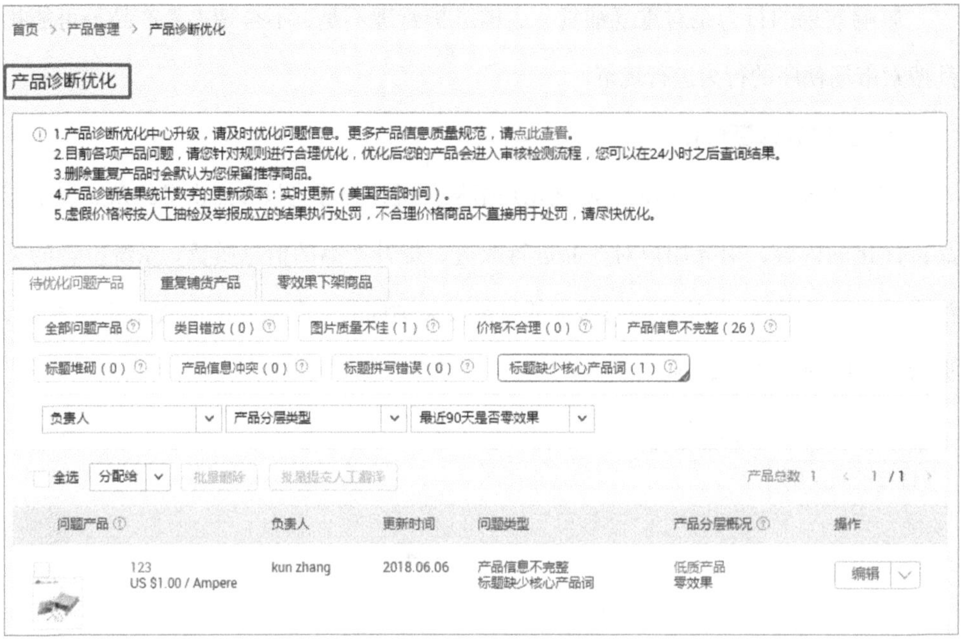

图 2-83 产品诊断优化

5. 排名查询工具

目前的排名查询工具只支持查询前 20 页的产品排名（每页产品数量默认为 38 个），如果超过前 20 页则查询不到。只有发布成功、审核通过且已上架的产品才会展示在查询页面上，如果是下架状态或者已经删除的产品则不会展示在页面上，也就搜索不到排名结果，如图 2-84 所示。

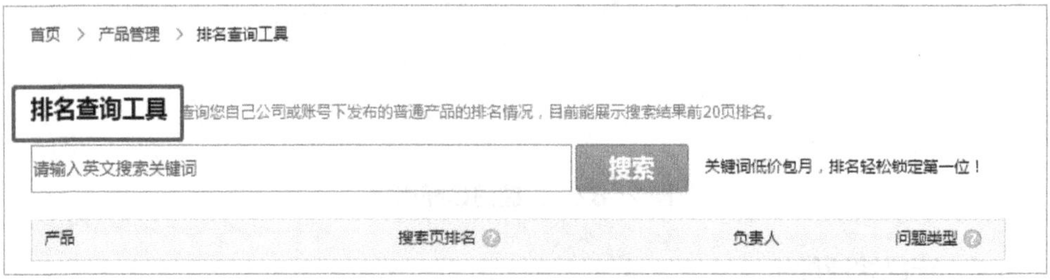

图 2-84 排名查询工具

项目小结

在本项目学习任务中，以樱本铺箱包定制公司的产品发布为案例，通过平台网店的签约开通、新产品发布流程的学习，让学生了解店铺注册开通的流程，掌握新产品发布的方法和技巧。首先，在运营前期，帮助学生获得基本的知识和技能储备；其次，以任务导向的方式讲述了该项目的重点内容，包括账号注册、公司信息管理、产品发布和管理、搜索诊断等平台运营的实际操作内容。

名词解释

（1）B2C（Business to Customer）：简称为“商对客”。“商对客”是电子商务的一种模式，也就是通常说的直接面向消费者销售产品和服务的商业零售模式。

（2）上架产品（公共产品）：审核通过之后将展示在企业网站和阿里巴巴国际站上，买家可查看并发送询盘等的产品。

（3）下架产品（私人产品）：审核通过之后不会展示在企业网站和阿里巴巴国际站上的产品。

（4）删除产品：产品进入回收站，从回收站删除后，产品将被彻底删除而无法找回。

（5）精品产品：不是重复铺货产品且须满足以下任一条件，即产品信息质量分≥ 4 分，或产品信息质量分≥ 3.5 分且最近 90 天非零效果产品。

（6）普通产品：产品不是重复铺货产品且满足以下任一条件，即 3.5 分≤产品信息质量分＜ 4 分且最近 90 天为零效果产品，或 2 分≤产品信息质量分 <3.5 分。

（7）低质产品：产品满足以下任一条件，即产品信息质量分＜ 2 分，或者该产品为重复铺货产品。

（8）高曝光低点击：曝光量领先于 50% 同行，点击量为 0 或落后于 50% 同行的关键词。

（9）低曝光高点击：曝光量为 0 或落后于 50% 同行，点击量领先于 50% 同行的关键词。

（10）高曝光高点击：曝光量领先于 50% 同行，点击量领先于 50% 同行的关键词。

（11）低曝光低点击：曝光量为 0 或落后于 50% 同行，点击量为 0 或落后于 50% 同行的关键词。

（12）热搜词：从买家的角度得来的关键词，展示行业最新最热搜索词，挖掘最新买家采购意向，牢牢抓住商机。

（13）搜索上升最快词：是在热搜词的基础上进一步把近期的热度词提炼出来，可以根据这些词，来更新曝光量低的产品。

（14）零少词：是指前台具备一定买家搜索热度，但供应商发布产品较少、同行竞争度较低的关键词，可以查看所选行业下的全球或者各国零少词信息，是比较具有潜力的关键词。

知识链接

英文名称翻译

在实地认证的过程中，本着信息翻译真实、诚信的原则，考虑到客户线下真实使用英文名称的场景需求以及买卖双方利益，在符合相关法令法规的基础上，阿里巴巴国际站对英文名称翻译规范有严格要求。

（1）公司名称翻译原则

① 公司名称由四部分组成：行政区划 + 字号 + 行业 + 组织形式；

② 根据“文字翻译原则”翻译，英文必须和营业执照上的中文保持一致，不可省略；

③ 符合法律规范；

④ 符合英文习惯；

⑤ 中英文一致：英文名称和认证对象（签约的公司名称）的中文名称建立关联，符合认证需要；

⑥ 不会造成误导或混淆：不和国内外著名品牌或企业，及阿里巴巴国际站已有会员英文名称相冲突；

⑦ 不构成任何侵权、不正当竞争或虚假宣传；

⑧ 当公司英文名称的使用存在争议时，国际站有权依照包括但不限于司法或执法机关的要求，或国际站相关规则和协议对公司名称或账号进行相关处置。

（2）英文名称的审核标准

① 能提供英文名称使用凭证（只接受对外贸易经营者备案登记表或者公司银行

外汇开户证明）；

② 同一会员账号，历史上用过的英文名称；

③ 严格按照标准规范来进行翻译的英文名称（不再接受英文名称使用承诺函）。

（3）关于服务中客户和续签客户的变更

① 原英文名称拼写错误及格式问题；

② 原注册中文名称变更：新的英文名称要求符合中英文互译原则，原海关备案等资料的英文名称发生变更，提供新的备案表允许变更；

③ 客户英文名称被投诉成立需要强制修改：新的英文名称要求符合中英文互译原则，或是提供相关证明文件。

（4）关于一签多的英文名称规则

① 虽然签了多个账号，但使用的是同一个执照、同一个中文企业名，所以英文也必须保持一致，否则会产生主体身份不真实且不唯一的问题；

② 如一签多账号要加以区别，可在英文名称后加括号或横线，括号内或横线后分别显示一部、二部或产品或品牌 / 字号，品牌 / 字号部分应按本规范“字号”部分提交注册证明文件。

项目 3

旺铺装修

全球旺铺是阿里巴巴平台提供给供应商的全球企业展示和营销的重要板块，除了展示产品信息外，更着重突出企业的营销能力和形象。旺铺装修是帮助中国供应商拓展海外市场而推出的一项“敲门砖”服务，通过提供灵活多样的页面结构和自定义内容，助力供应商全面展示企业实力及产品特色，以便更好地开展全球网上贸易。

【知识目标】

1. 了解旺铺装修的重要性；

2. 认识全球旺铺 2.0 后台编辑器；

3. 熟知旺铺 2.0 PC 端装修的基本步骤；

4. 熟知旺铺 2.0 无线端装修的基本步骤；

5. 了解常用模块如店招、轮播 banner 等的功能及设计要点。

【能力目标】

1. 能够通过分析，制定旺铺装修方案；

2. 掌握背景图片、店招底图等的设计方法；

3. 熟练掌握旺铺装修的基础操作；

4. 能够独立完成旺铺各模块的设计及编辑。

项目情境

陕西省樱本铺箱包定制公司实力雄厚、理念先进，在入驻阿里巴巴国际站之后，迅速认识到了旺铺装修的重要性。旺铺是企业的门面，是企业整体实力和竞争优势展示的阵地，越来越多的供应商都在为装修而战。那么，阿里巴巴国际站都提供了哪些模块和功能？又是如何进行设置装修的呢？这一系列知识及能力将在本项目中得到系统的学习和训练。

任务分解

本项目下的任务将对阿里巴巴国际站旺铺装修的基础操作进行全方位的学习，包括旺铺模板设计、店招图设计、产品模块设计、自定义模块设计和无线端装修等，让学生通过学习，能够独立完成旺铺各模块的设计及编辑，实现个性化的旺铺装修效果。

任务 3.1 旺铺模板设计

1. 旺铺页面背景认识

（1）编辑器

登录阿里巴巴国际站卖家后台，单击“管理全球旺铺”，进入旺铺 Home 页的编辑器，如图 3–1 所示。

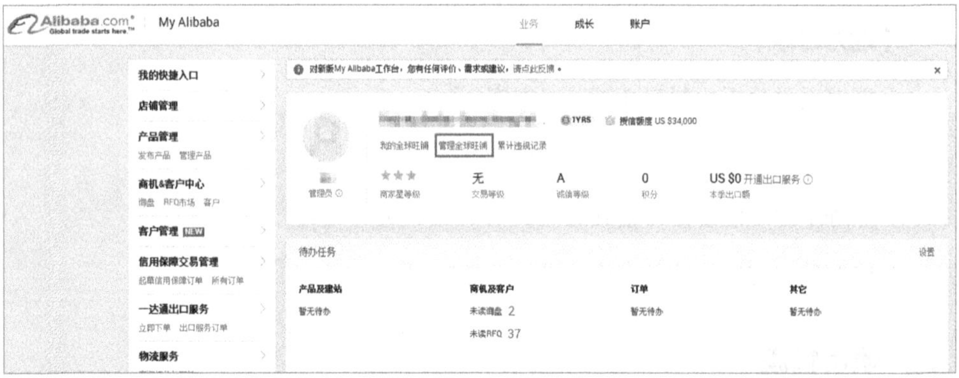

图 3–1 进入旺铺装修

在编辑器界面，系统已经预设了一些模块，可以直接单击“预览 / 发布”按钮，查看旺铺 2.0 前台页面效果。编辑器即旺铺 2.0 页面装修后台，分 PC 和无线旺铺两套编辑器，可一键切换。编辑器中，左侧为模块区，包含丰富的模块组件，是旺铺内容的重要组成部分；左下角是页面选项卡，提醒用户当前装修的页面和版本；中间是展示区，实现三端一体、所见即所得的装修效果（即装修后台、预览、发布三端的展示效果一致），如图 3–2 所示。

（2）页面背景

“页面背景”包含“页面主题色”和“页面背景色”两个选项，可进行旺铺大背景、导航条颜色、模块的强调色、超出背景图部分的背景色设置，如图 3–3 所示。

① 页面主题色。页面主题色用来设置导航条颜色和各个模块组件上的强调色，同时会影响页面背景色（页面背景色会是比主题色深一度的颜色）。选择相应的颜色，可在展示区实时查看颜色变化，如图 3–4 所示。页面主题色的选择和旺铺装修的主色调应该相互协调。

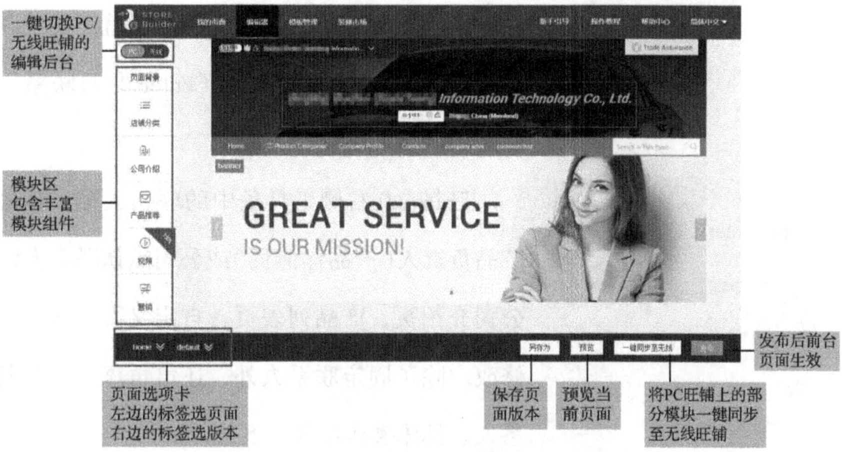

图 3-2 编辑器

图 3-3 页面背景

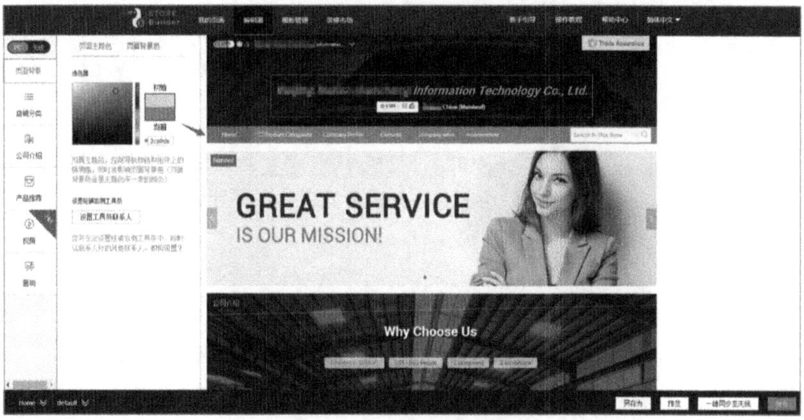

图 3-4 选择页面主题色

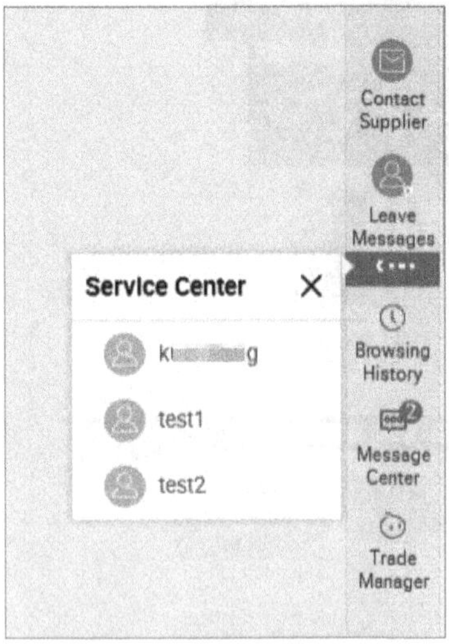

图 3-5 旺铺工具条联系人

② 设置旺铺右侧工具条。旺铺工具条联系人即旺铺右侧工具栏 Service Center 中的联系人，如图 3-5 所示。

旺铺 2.0 右侧工具条中的联系人第一位固定为产品负责人（产品详情页）或公司默认联系人（首页、公司介绍页、产品列表页、自定义页面等），无法修改。除了固定联系人外，还可再添加 5 位其他联系人。具体操作步骤如下：

第一步：单击“页面背景”-“设置工具条联系人”按钮，如图 3-6 所示。

图 3-6 设置工具条联系人

第二步：输入联系人姓名和 TradeManager 账户 ID。单击“新增”按钮，可继续添加下一位联系人。TradeManager 的账号密码和国际站 My Alibaba 后台登录的账号密码相同，如图 3-7 所示。

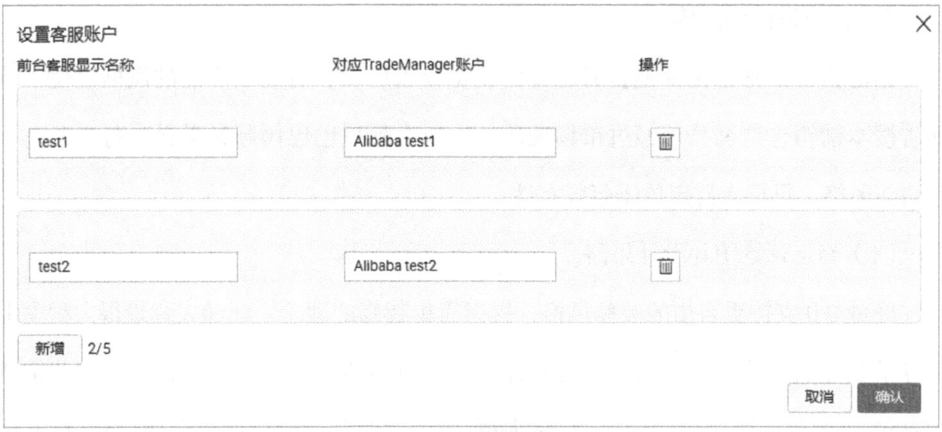

图 3-7　设置客服账号

第三步：确认添加完成后，单击“确认”按钮，再单击 “发布”按钮，即可在前台看到设置效果。

③ 页面背景色。除了背景图以外的空白背景均为页面背景色，选色器用来设置任意背景颜色，如图 3-8 所示。

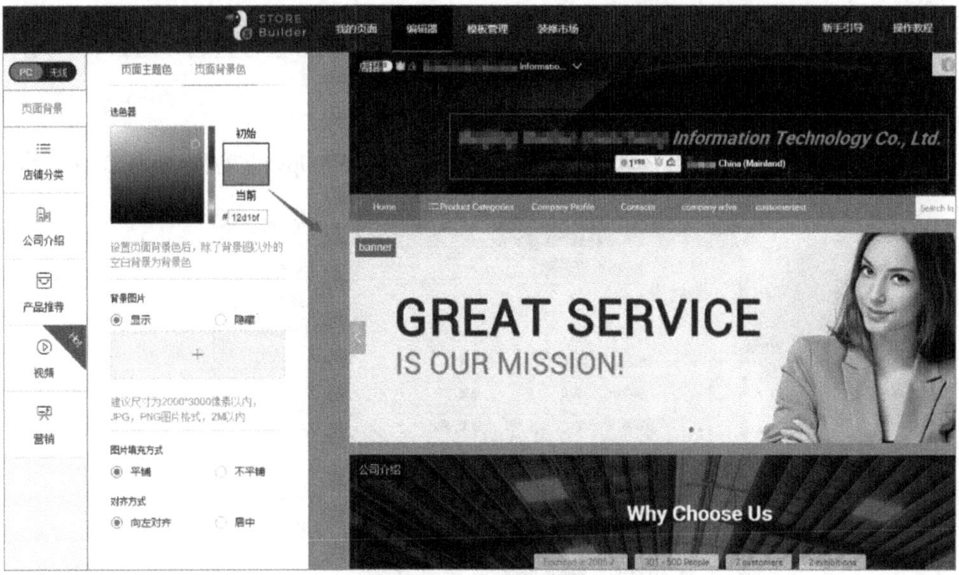

图 3-8　页面背景色

背景图片建议尺寸为 2000px×3000px 以内（最佳宽度为 1920 像素），JPG、

PNG 图片格式，2MB 以内。如上传的图片符合该像素要求，但发布后显示不完整，则应考虑是由于屏幕分辨率的不同，导致图片的显示比例不同。

2. 背景设计和上传

精心设计的背景图片能提升旺铺的视觉效果层次，有助于产品的风格定位。陕西省樱本铺箱包定制公司经过市场调研，决定在阿里巴巴国际站平台主打文艺范、小清新风格，目标人群定位于年轻女性。

（1）确定背景图片设计思路

旺铺 2.0 支持更自由的装修风格，提倡简单装修的理念。旺铺大背景很大程度上主导了旺铺装修的风格走向，同时兼任着第一时间传达重要信息的任务，这些重要信息包括企业实力、产品定位、目标人群、产品特点、产品优势等。陕西省樱本铺箱包定制公司在背景图片设计时，考虑到自身定位，所以需要直观地传达旺铺所属行业信息、主推产品的特点等，让客户进入旺铺时可以清晰地了解供应商的经营性质。

（2）设计并制作背景图片

根据背景图片参考尺寸，宽度定为 1920px，考虑到大背景图如果太长，会导致页面加载变慢，因此高度定为 3000px。同时，由于展示区有店招等其他模块的存在，背景图片在制作时要注意中间区域有 1200px 的位置遮挡，应尽量避开此区域。具体操作如下：

第一步：打开 Photoshop 软件，新建一个 1920px×3000px 的文件，如图 3-9 所示。

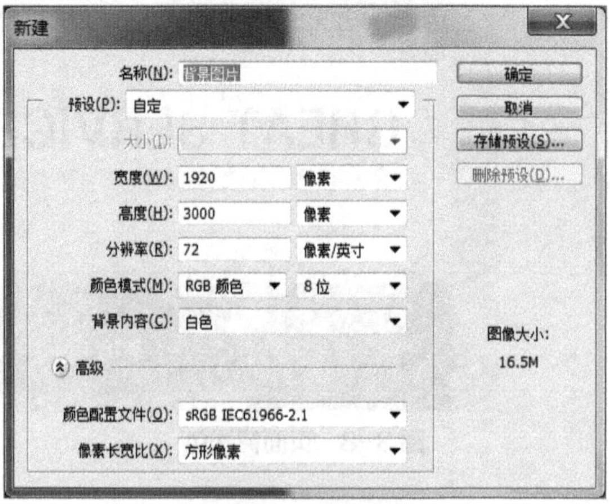

图 3-9 新建文件

第二步：新建参考线，确定参考范围，如图 3-10 所示。

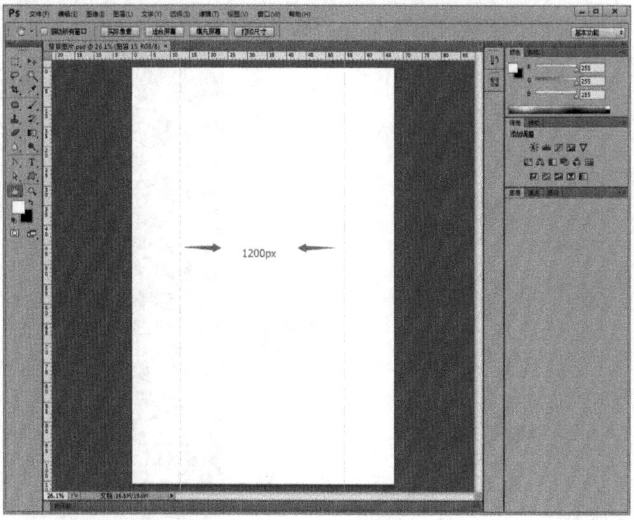

图 3-10　参考线

第三步：打开提前准备好的素材，如图 3-11 所示。

图 3-11　打开素材

第四步：将处理成透明背景的素材图一一添加进来，做好排版，注意参考线以内的位置会被遮挡，如图 3-12 所示。

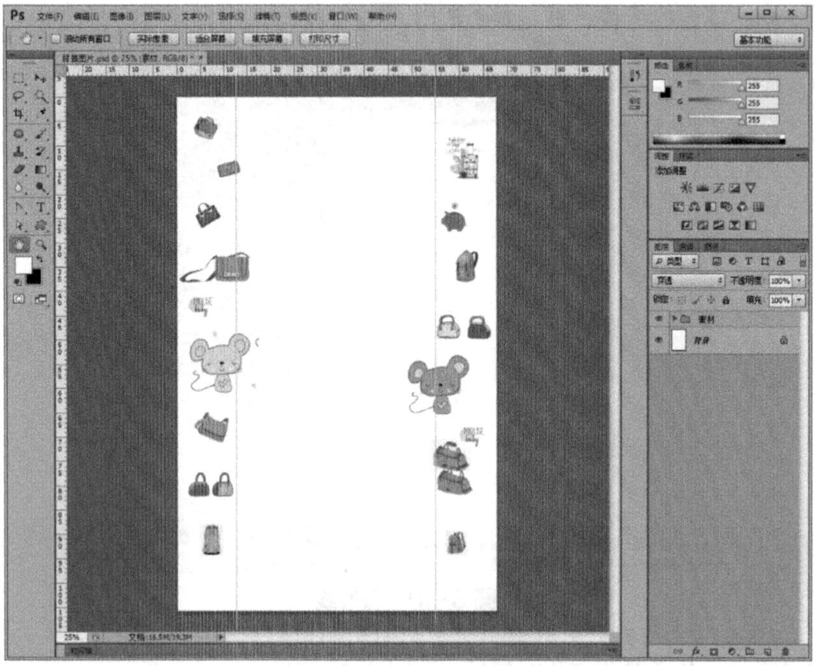

图 3-12 排版处理

第五步：背景图片颜色过于鲜艳，将素材的不透明度调整为 50%，如图 3-13 所示。

图 3-13 修改不透明度

第六步：调整细节，保存为 JPG 格式的图片。

第七步：登录阿里巴巴国际站卖家后台，单击“管理全球旺铺”，进入旺铺 Home 页的编辑器，选择“页面背景”模块，设置页面主题色为深灰色，如图 3-14 所示。

图 3-14 设置页面主题色

第八步：单击“页面背景色”选项，设置页面背景色为白色，如图 3-15 所示。

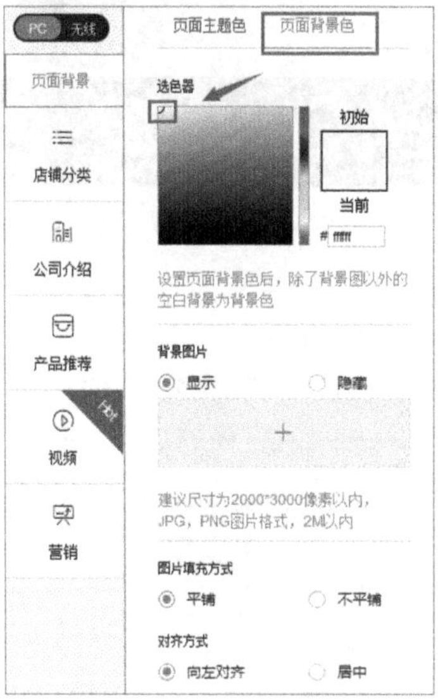

图 3-15 设置背景色

第九步：单击添加已制作好的背景图片，如图 3-16 所示。

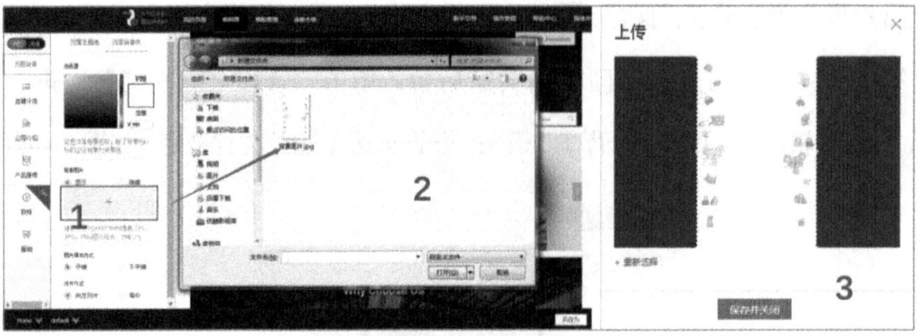

图 3-16　添加背景图片

第十步：背景图片添加完成后，需要预览和检查一下呈现效果，确定无误后，单击“发布”按钮，完成背景图片上传，如图 3-17 和图 3-18 所示。

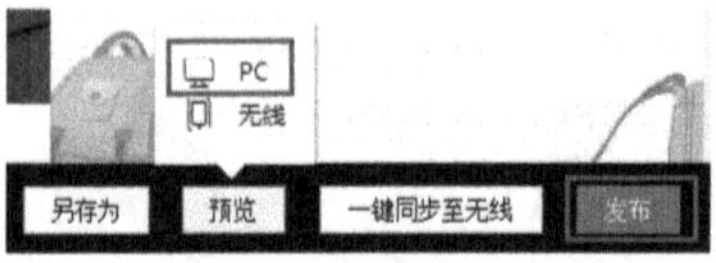

图 3-17　预览并发布

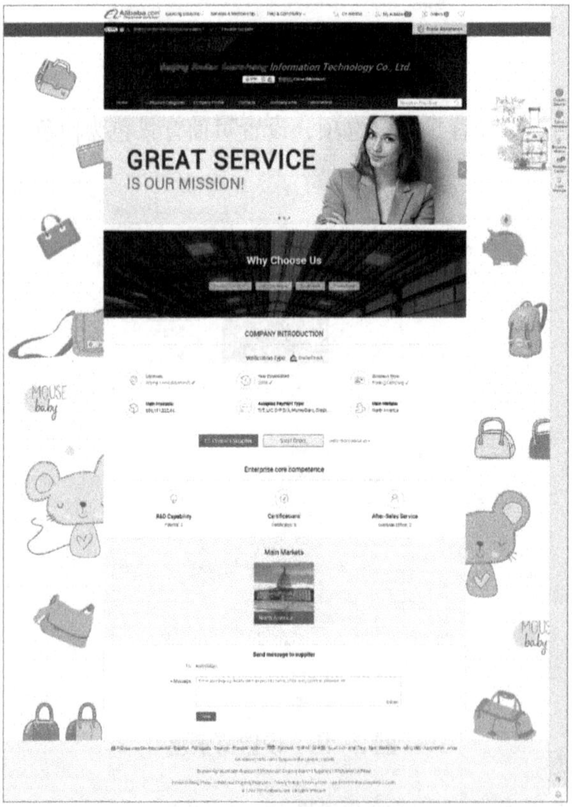

图 3-18　预览效果

3. 模块设置

（1）添加模块

在旺铺 2.0 编辑器中，打开左侧模块栏，拖曳需要添加的模块组件至中间展示区的“+”号位置，释放鼠标即可，如图 3-19 所示。

图 3-19 添加模块

模块可被添加的位置分 3 种：通栏、宽栏和窄栏，如图 3-20 所示。某些模块 3 种位置都支持添加，某些只支持 1 种或 2 种，具体展示形式以后台实际情形为准。

图 3-20 通栏、宽栏和窄栏

（2）编辑内容

单击展示区需要编辑的模块，在右侧弹出的编辑表单中设置该模块的内容，如图 3-21 所示。具体的设计和操作方法将在本项目的其他任务中详细介绍。内容编辑完成后，单击“保存”按钮。

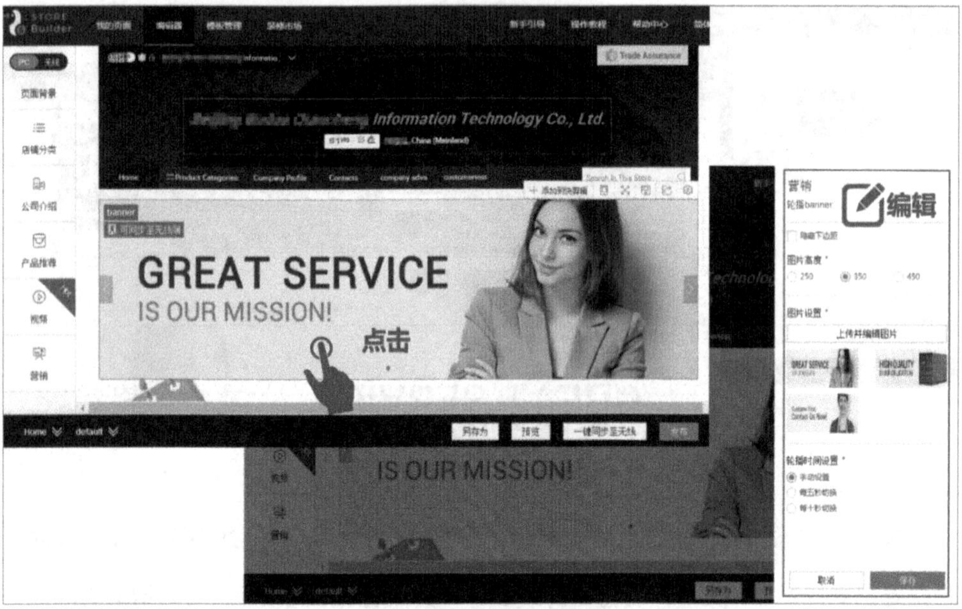

图 3-21　编辑模块内容

（3）预览发布

单击“预览”按钮查看页面前台效果，如需同步装修无线端旺铺，可单击“一键同步至无线”按钮，将一些支持同步的模块和模块顺序同步至无线端旺铺。如需单独装修无线端，可在模块区上方“PC/ 无线”处切换到装修编辑后台，进一步装修无线旺铺。最后单击“发布”按钮完成操作，如图 3-22 所示。

图 3-22　预览发布

任务 3.2　店招图设计

在首页装修页面中，店招模块位于页面的最上方，如图 3-23 所示。店招是一个旺铺的招牌，也是展示旺铺形象的一个重要模块。买家进入旺铺首先看到的就是店招，从而会对旺铺产生一个大致的定位和心理暗示。店招模块包含公司简介和招牌底图两部分。

图 3-23　店招位置

1. 公司简介设计

每个旺铺只能添加一个店招模块，单击编辑器中间展示区的“店招”，在右侧“店铺招牌”的编辑区可以看到“公司简介”，如图 3-24 所示。

图 3-24　公司简介

公司简介可以设置“显示”或“隐藏”。如果选择“显示”公司简介，则可进一步设置公司简介中的字体、字号、字形及颜色等。如需修改公司标志或公司信息，可单击“点击编辑公司标志”链接进入后台编辑，如图 3-25 所示。

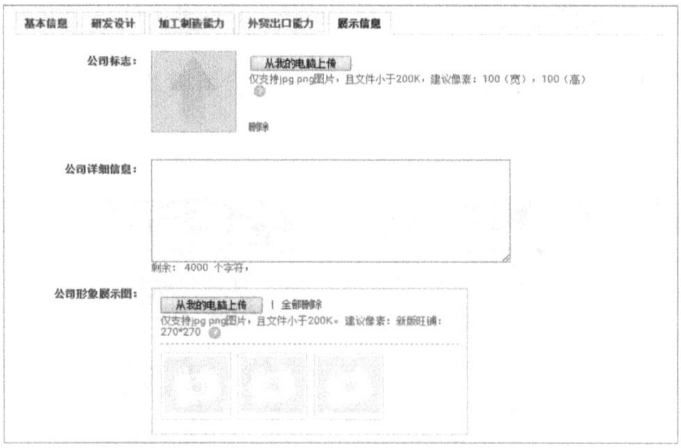

图 3-25 编辑公司标志

2. 店招设计和上传

（1）店招设计

店招图设计之前，首先需要注意两个问题：

第一，店招不可缺少。如果没有店招或忽略店招，那么旺铺不仅从视觉上降低了自身的档次，还损失掉了一个非常有优势的自我推销板块。

第二，在不同的时间段，旺铺会有不同的促销方式和重点推荐产品，因此店招也要随之改变。

单击编辑器中间展示区的“店招”，在右侧“店铺招牌”的编辑区可以看到“招牌底图”，如图 3-26 所示。

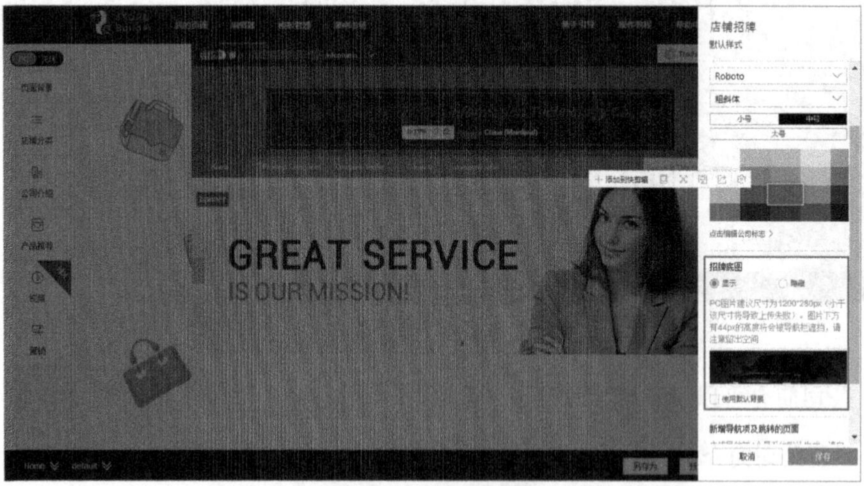

图 3-26 招牌底图

店招底图可以设置“显示”或“隐藏”。选择“显示”则可以上传自制的店招背景图片，也可以选择使用默认背景。PC 端图片建议尺寸为 1200px×280px（小于该尺寸将导致上传失败）。注意：图片下方有 44px 的高度将会被导航栏遮挡，请注意留出空间。如果店招底图设置为“隐藏”，店招模块就会直接透出大背景。如图 3–27 所示就是隐藏店招底图和公司简介后的预览效果。

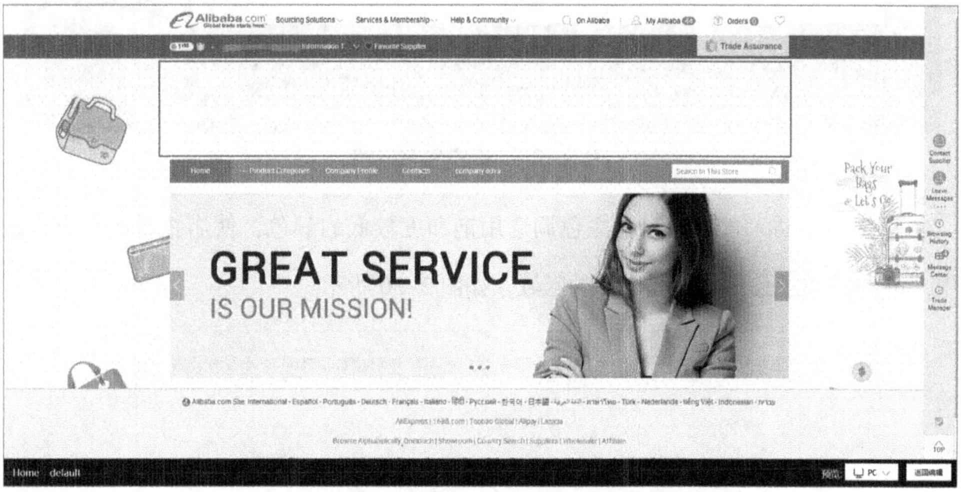

图 3–27　隐藏店招底图和公司简介后的预览效果

（2）店招制作

根据招牌底图的上传要求，尺寸定为 1200px×280px，考虑到图片上下各有 44px 的高度将会被遮挡，如图 3–28 所示，制作时应尽量避开此区域。

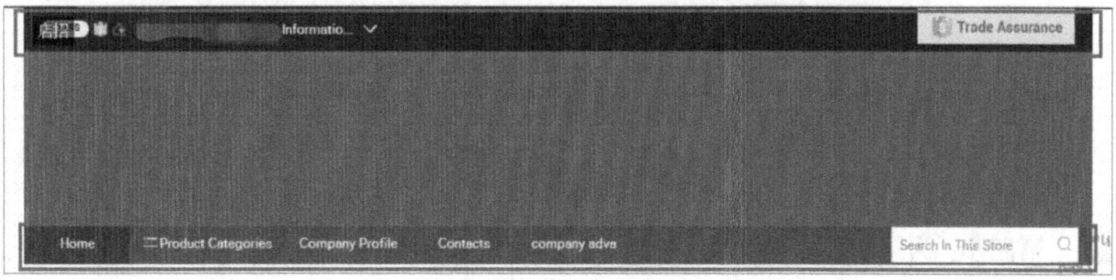

图 3–28　店招区域

具体操作如下：

第一步：新建 1200px×280px 的文件，选择纯白背景。新建参考线，确定参考范围，如图 3–29 所示。

图 3-29 确定参考范围

第二步：插入背景素材，主色调选用饱和度较低的颜色，使店招看起来更有亲和力一些，注意避开参考线以外的区域，如图 3-30 所示。

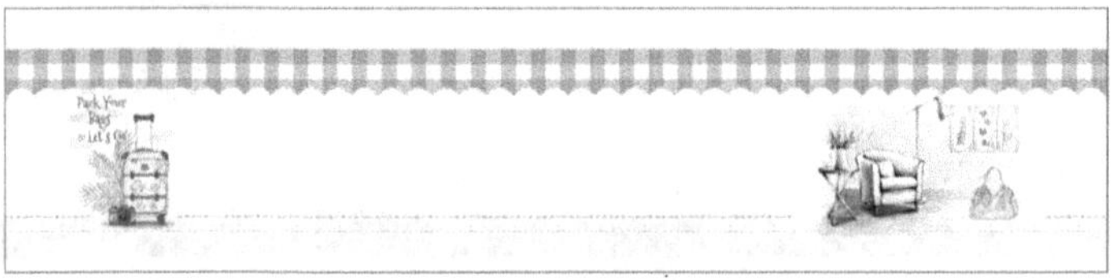

图 3-30 插入素材

第三步：在中间位置置入店招文案，色调跟背景素材使用一个系列色块，也可以使用跟旺铺风格相近的可爱字体，如图 3-31 所示，

图 3-31 植入店招文案

第四步：为了使图片更可爱灵动一些，可添加花瓣等辅助素材，调整好大小位置，如图 3-32 所示。

图 3-32 添加辅助素材

第五步：店招图制作完成后，单击“文件”菜单栏中的“存储为 Web 所用格式”命令保存文件，保存文件格式为“JPEG”，如图 3-33 所示。同时考虑到后期的店招优化，需要保存为 PSD 格式，方便后期修改，如图 3-34 所示。

图 3-33 保存为 JPEG 格式

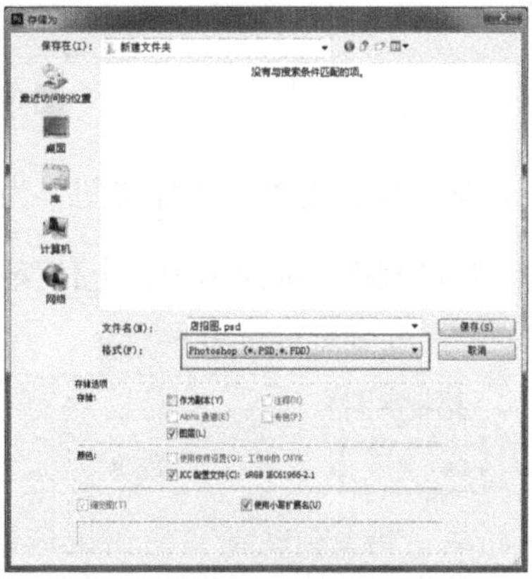

图 3-34 保存为 PSD 格式

（3）店招上传

第一步：进入旺铺 Home 页的编辑器，单击编辑器中间展示区的“店招”，在右侧展开“店铺招牌”编辑区，如图 3-35 所示。

图 3-35 打开“招牌底图”编辑区

第二步：由于店招图在设计过程中已加入了需要展示的信息，故而将公司简介隐藏，以免影响视觉效果，如图 3-36 所示。

图 3-36 隐藏公司简介

第三步：设置“招牌底图”为“显示”，否则可能会导致店招图上传失败。单击添加已制作好的店招图，上传保存，如图 3-37 所示。注意：不要使用默认背景。

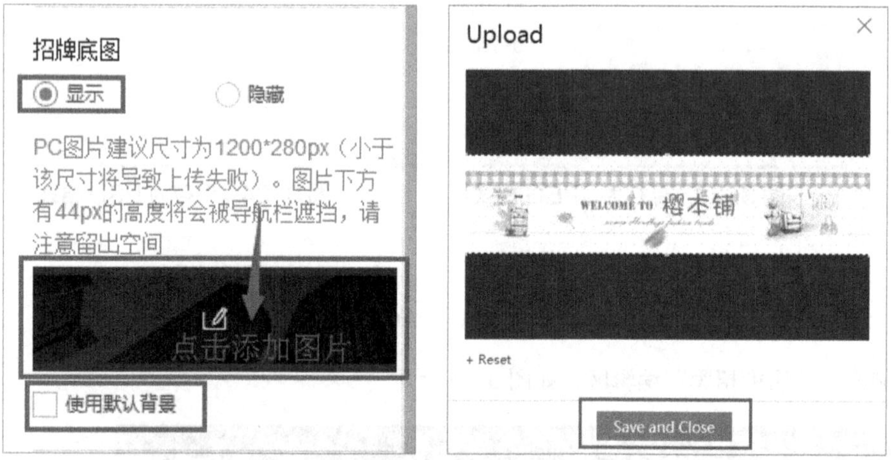

图 3-37 店招图上传

第四步：上传完成后保存，预览 PC 端前台显示效果，确认无误后发布，预览效果如图 3-38 所示。

图 3-38 店招预览

任务 3.3 产品模块设计

产品模块用于陈列展示产品，是旺铺装修过程中不可缺少的一部分。通过产品模块，可以方便快速地添加产品，用于公司核心产品展示、新品推荐、爆款推荐、活动促销等。

单击编辑器左侧模块区“产品推荐”，可以看到产品模块主要包括橱窗产品、带类目产品、单品、平铺、重点推荐、主营产品认证和智能产品推荐 7 种产品推荐样式，如图 3–39 所示。

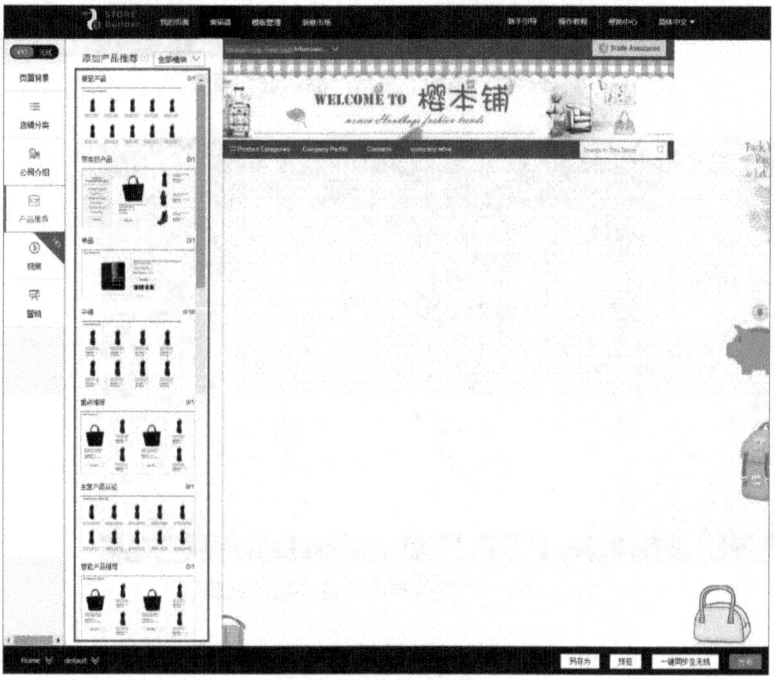

图 3–39 产品模块

1. 主营产品设计

“主营产品认证”模块只能在通栏下添加，最多只能添加 1 个。在编辑器的模块区选择“产品推荐”，拖曳“主营产品认证”至展示区即可完成模块的添加，如图 3–40 所示。

添加完模块后，单击展示区的“主营产品认证”，在右侧弹出的编辑表单中即可设置该模块的内容，如图 3–41 所示。

图 3-40 添加“主营产品认证”模块

图 3-41 “主营产品认证”模块编辑区

“主营产品认证”模块中，可以展示 10 个主营认证产品。主营认证产品是指经过第三方认证公司全面认证过的产品，包含产品生产设备、产能、工艺等隐形信息都会在主营产品认证报告中展示给买家，彰显了产品优势，让买家更放心，大大提升了合作概率。

针对需要推荐的主营认证产品，系统提供了“自动选择”及“手动选择”两种方式。“自动选择”方式下，由系统按最近更新时间顺序自动选择 10 个认证过的产品；“手动选择”方式下，则需要自行选择想要展示的产品，但只能是认证过的产品，最多可以选择 10 个，如图 3-42 所示。

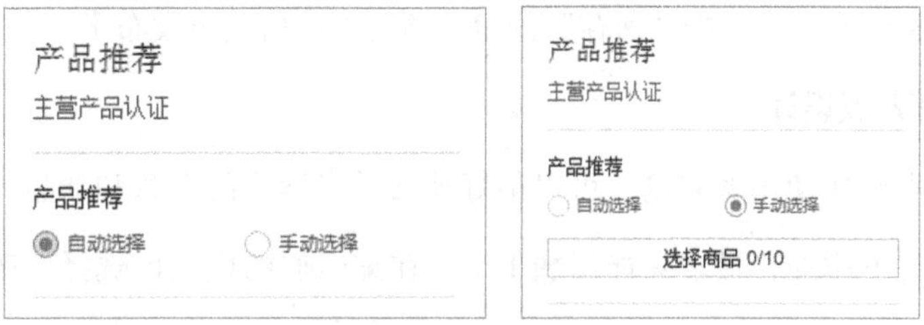

图 3-42 选择方式

在“模块标题”区，可以为该模块设置一个英文标题，默认为“Verified Main Products”，可自行编辑修改，限制在50个字符以内，如图3-43所示。

“ViewMore 链接至”链接页面类型可选择商品详情页、店内其他页面、店内搜索结果商品列表和店内类目商品列表页四种。需要注意的是：链接请输入阿里巴巴集团网站的链接，并以“http://”开头，其他网站的链接系统将自动删除，如图3-44所示。

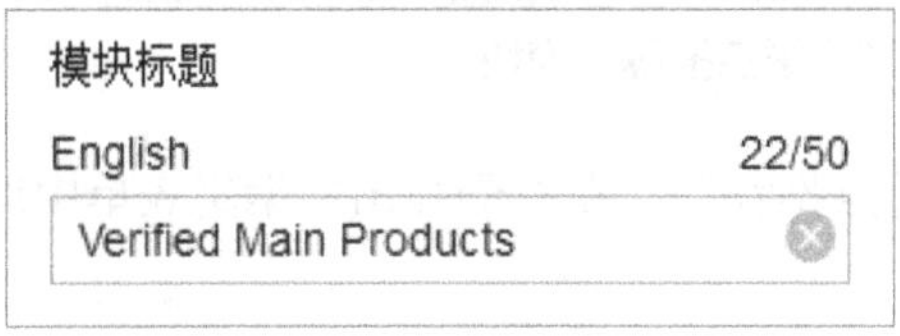

图 3-43 模块标题

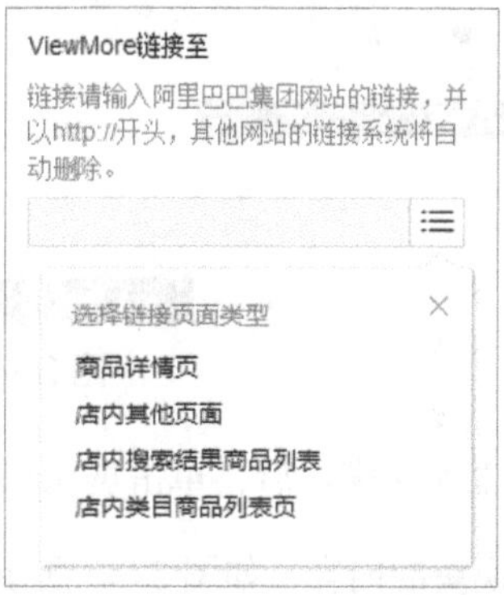

图 3-44 ViewMore 链接至

选择任一类型，例如“店内其他页面”，打开如图3-45所示的设置对话框，按照步骤提示即可完成页面链接。

图 3-45 “ViewMore 链接至”设置

全部设置完成后，点击“保存”按钮，预览无误后便可发布了。

2. 推荐产品设计

重点推荐模块使用率较高，可以很好地展示店铺中的爆款和新品。重点推荐模块只能在通栏下添加，最多只能添加 1 个。在编辑器的模块区选择“产品推荐”，拖曳“重点推荐”至展示区即可完成模块的添加，如图 3-46 所示。

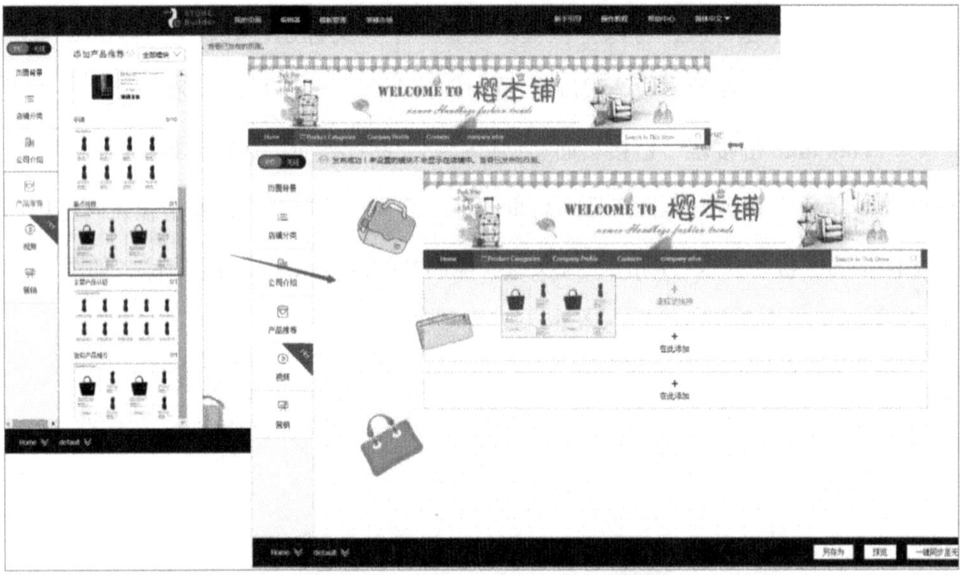

图 3-46 添加“重点推荐”模块

添加完模块后，单击展示区的“重点推荐”，在右侧弹出的编辑表单中即可设置该模块的内容，如图 3-47 所示。

推荐方式可以选择“自动选择”或“手动选择”。“自动选择”方式下，系统会按照“最新”或“最热”的原则，自动在已发布的产品里挑选符合条件的产品进行展示，如图 3-48 所示。

“手动选择”方式下，需要自行选择想要重点推荐的产品。单击“选择商品”选择框，在弹出的对话框中选择产品分组，将需要推荐展示的产品一一选中，确认完成，如图 3-49 所示。该模块最多可以选择 6 个产品，可以选择是否只展示在线批发商品，拖动产品图片可调整展示顺序。

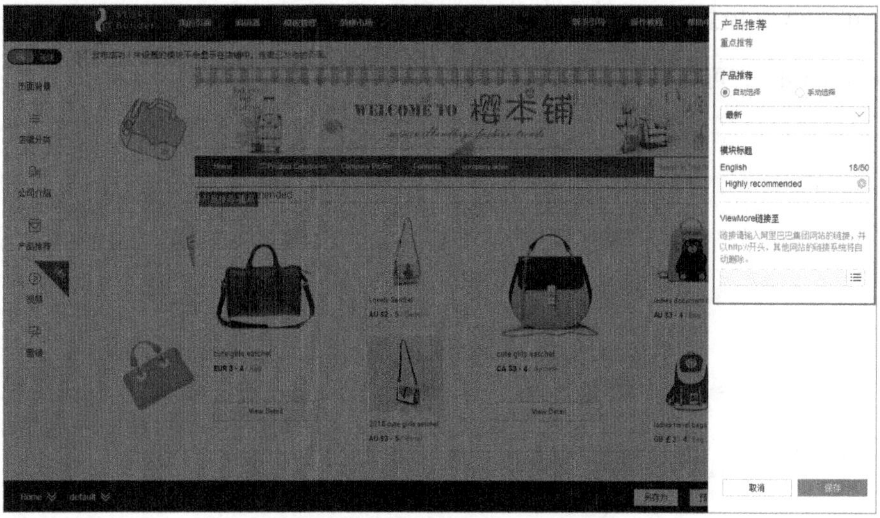

图 3-47 “重点推荐”模块编辑区

图 3-48 “自动选择”方式

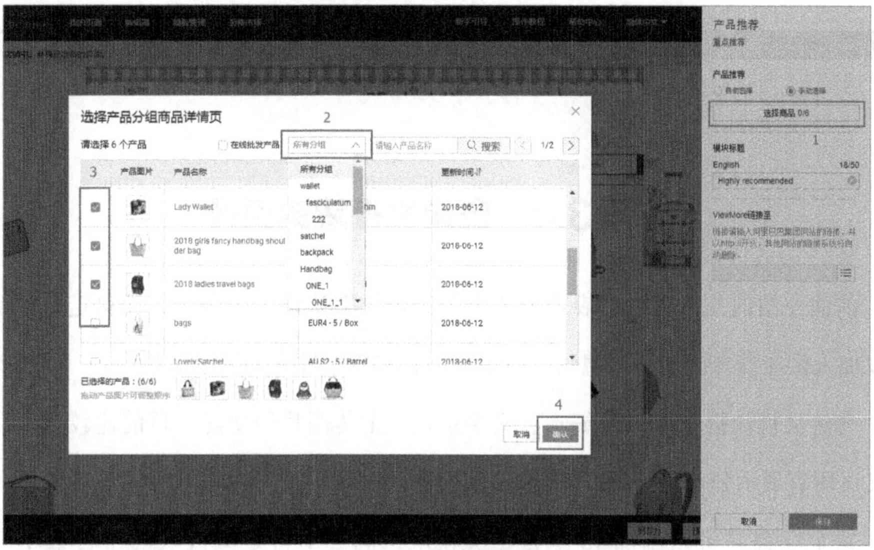

图 3-49 手动选择产品

在“模块标题”区，可以为该模块设置一个英文标题，默认为“Highly recommended”，可自行编辑修改，限制在 50 个字符以内，如图 3-50 所示。

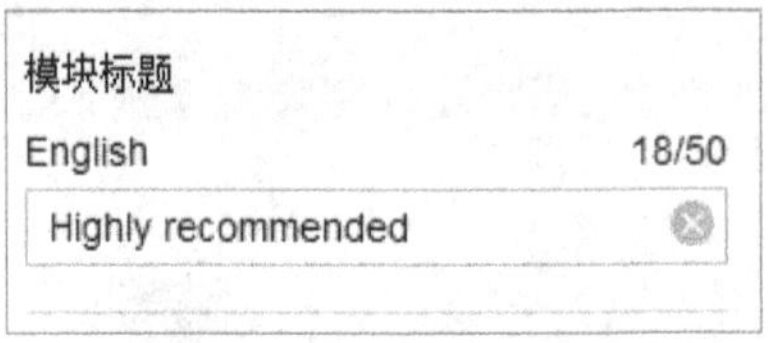

图 3-50　模块标题

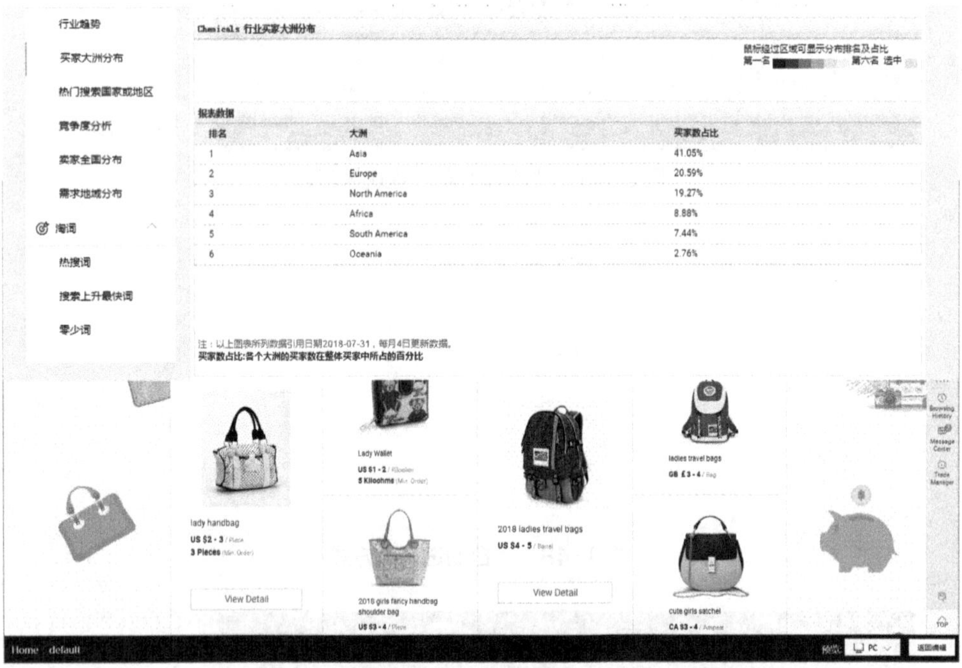

图 3-51　预览效果

任务 3.4　自定义模块的设计

前面介绍的几个模块的表现形式都受到模块默认设置的限制，而自定义模块则可以加入供应商自己的营销想法，自由排版，实现个性化的展示效果。

自定义模块提供 HTML 编辑、文字录入、上传图片等功能。目前比较热门的自定义运用有展示公司宣传图、多个旺旺联系人、多语言旺铺页面等。

每个旺铺共可以添加 15 个自定义模块，同一个自定义模块的字符数不超过

30000 个。自定义模块在窄栏、宽栏和通栏下均可以添加，在编辑器的模块区选择“营销”，拖曳“自定义内容区”至展示区即可完成模块的添加，如图 3-52 所示。

图 3-52 添加自定义模块

打开自定义模块的编辑页面，放入自主设计的内容即可。由于直接输入文字和图片并不能自由实现想要的效果，需要配合 Adobe Photoshop 的切片工具和 Adobe Dreamweaver 编写代码来制作个性化效果，将编写好的代码直接粘贴到源代码区域即可实现。源代码按钮如图 3-53 所示。

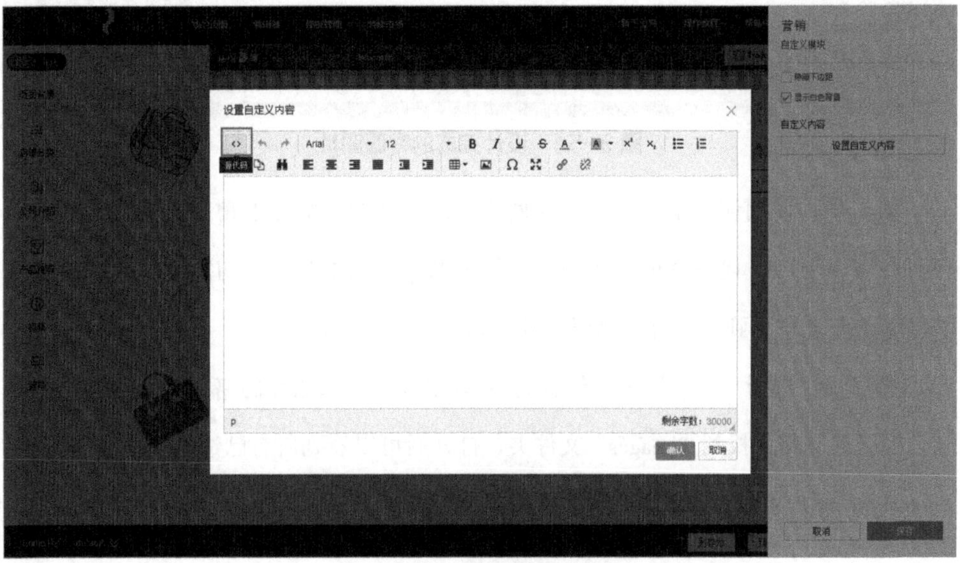

图 3-53 源代码编辑区域

1. 自定义模块设计（客服）

目前全球旺铺中企业客服的设置有两种实现方式：

（1）通过系统 “客服” 模块直接添加；

（2）通过自定义模块设置。

“客服” 模块只需添加后设置好 TradeManager 账户，即可在旺铺上实现多旺旺展示，这里不做介绍。

自定义客服设置的具体步骤如下：

第一步：在 Photoshop 中设计制作一张风格统一的客服图片，如图 3-54 所示。自定义模块中的图片支持 JPEG、JPG、PNG，单张文件大小不超过 2MB，建议尺寸小于 1200px×1000px。

图 3-54　设计完成的客服图片

第二步：使用切片工具，将图片划分成块。从图片的左上角开始进行切割，以便于在编辑 HTML 代码时可以在每个客服头像下面添加旺旺，切割完一片即可在这块区域的左上角看到一个自动标记记号，如图 3-55 所示。

第三步：选择 “文件” → “储存为 Web 格式”，选取存储路径并对文件进行命名。根据存储路径找到 “images” 文件夹，打开后可以看到所有已经切割完成的图片，Photoshop 默认为其做了编号，如图 3-56 所示。

图 3-55 切割完成

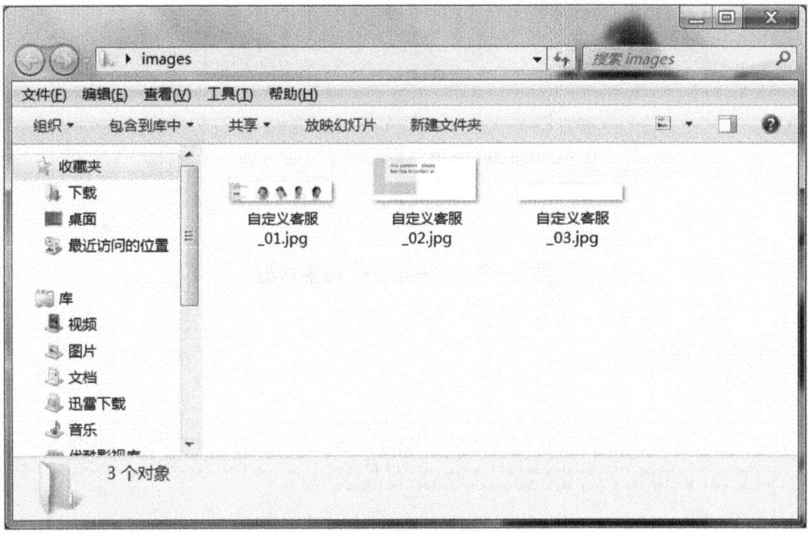

图 3-56 “images”文件夹

第四步：打开官方多旺旺代码生成器，如图 3-57 所示。网址为 http://www.alibaba.com/help/atm-url-generator.html。

第五步：选择头像风格，填写账号相关信息，然后单击“立即生成代码”按钮，即可获得相应代码，同时可以实时查看效果（如果没有图标显示则表示 TradeManager 用户名填写有误，请返回修改），如图 3-58 所示。

图 3-57 多旺旺代码生成器

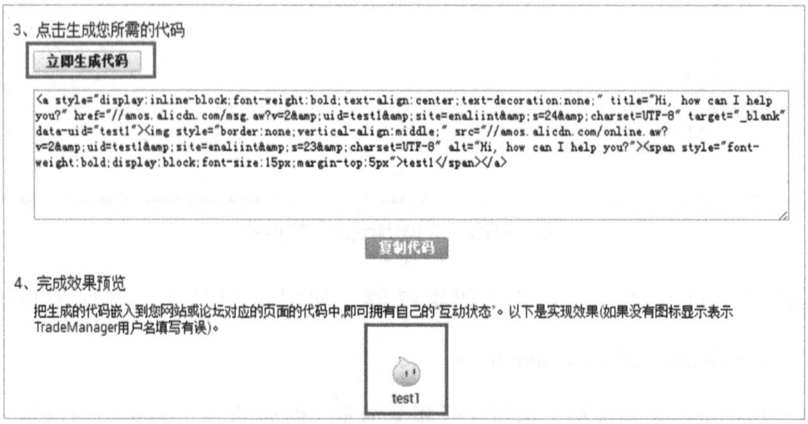

图 3-58 生成代码

第六步：进入旺铺 Home 页编辑器，添加“自定义内容”模块（以通栏为例），单击展开编辑表单，按顺序依次上传图片，如图 3-59 所示。需要注意的是，为了给旺旺图标预留位置，第三张图片不必上传，而这块区域由于全是白色也不会影响整体效果。

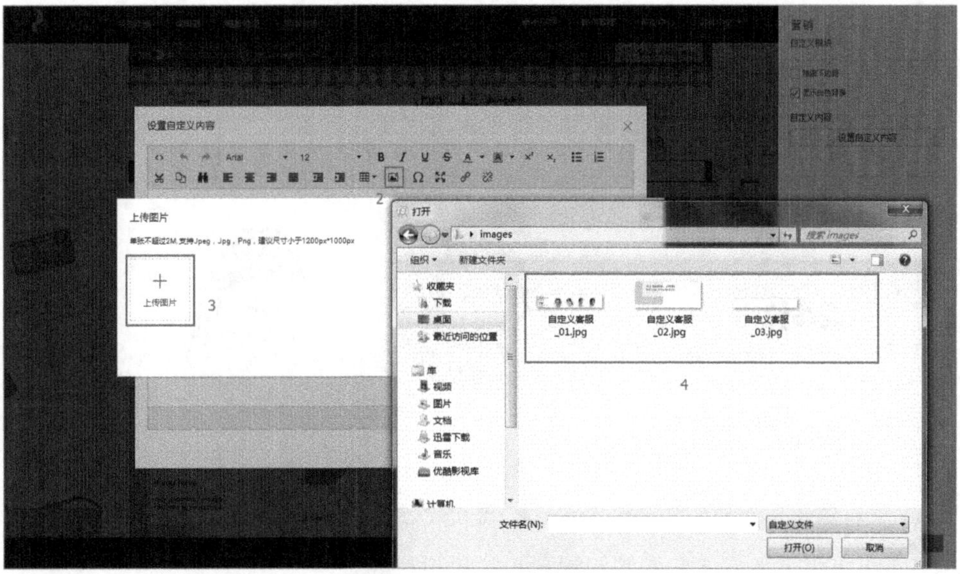

图3-59　上传图片

第七步：单击“源代码”按钮切换，将第五步中生成的代码粘贴进来，一个账号对应一串代码，如图3-60所示。

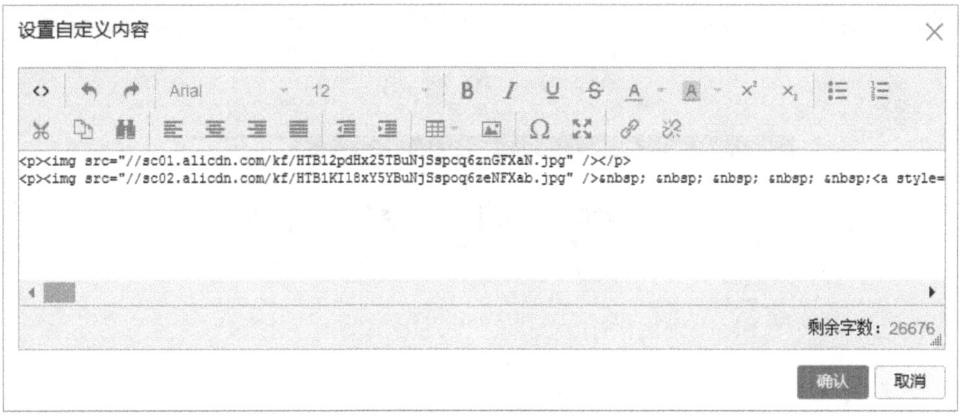

图3-60　源代码

第八步：再次单击“源代码”按钮，实时查看效果，调整旺旺位置，修改旺旺名文字颜色，如图3-61所示。

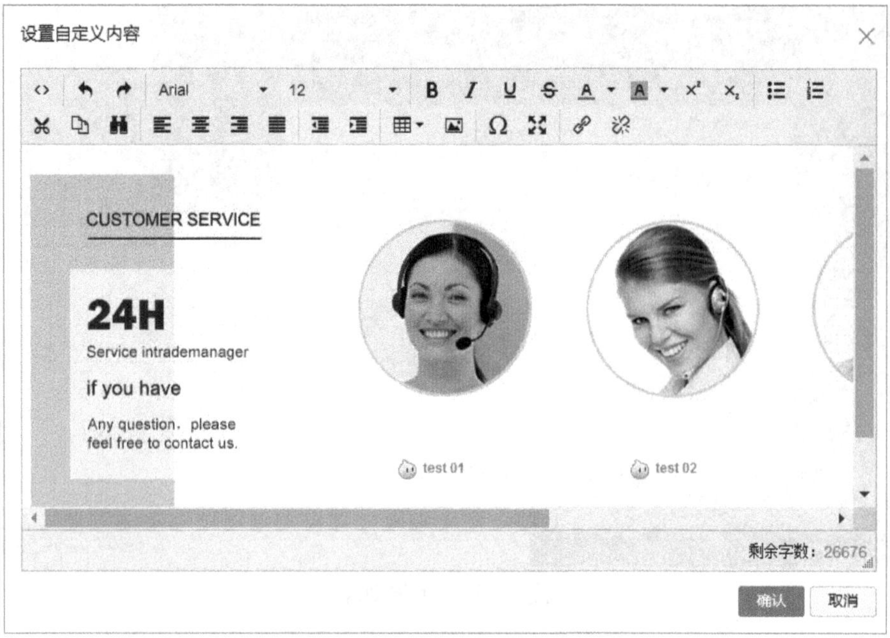

图 3-61　实时调整自定义内容

第九步：设置完成后，确认保存，预览无误后便可发布了，效果如图 3-62 所示。

图 3-62　效果预览

2. 自定义模块设计（多语言切换）

和“客服”模块设计一样，添加多语言链接有两种方式：

（1）通过系统模块“多语言快链”直接添加；

（2）通过自定义模块设置。

“多语言快链”模块只能在通栏下进行添加，不支持编辑，直接添加即可，这里不做介绍。

自定义设置多语言快链的具体步骤如下：

第一步：在Photoshop中设计并制作一张包含多国国旗图标的图片，尺寸建议小于1200px×1000px，本例为1200px×280px，如图3-63所示。

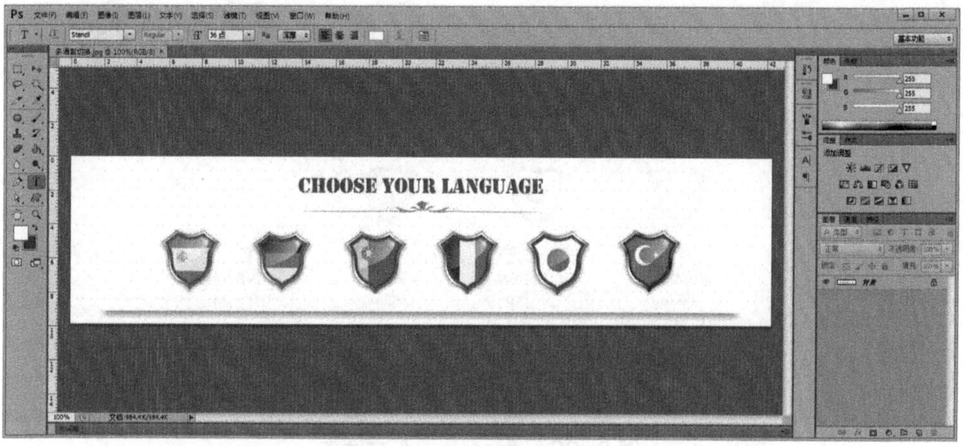

图3-63　制作完成的图片

第二步：使用切片工具，将图片划分成块。从图片的左上角开始进行切割，以便于在编辑HTML代码时可以对不同的国旗添加不同的链接地址，切割完一片即可在这块区域的左上角看到一个自动标记记号，如图3-64所示。

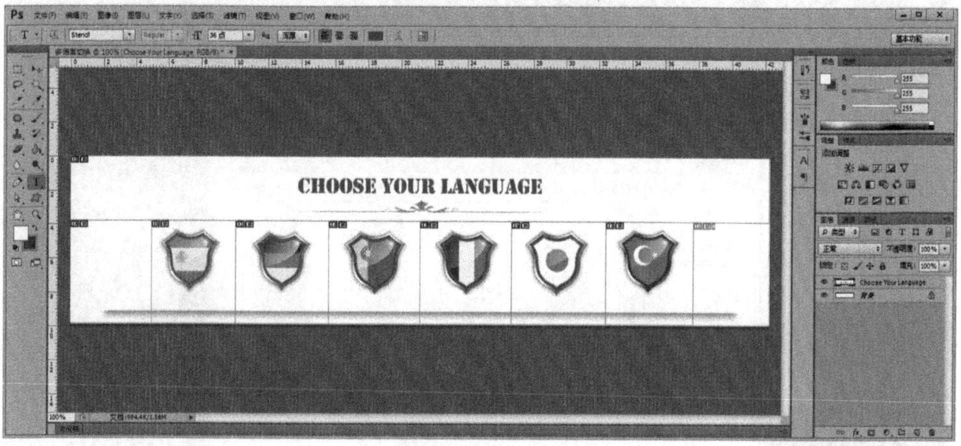

图3-64　切片

第三步：选择“文件”→“储存为Web格式”，选取存储路径并对文件进行命名。根据存储路径找到“images”文件夹，打开后可以看到所有已经切割完成的图片，Photoshop 默认为其做了编号，如图 3–65 所示。

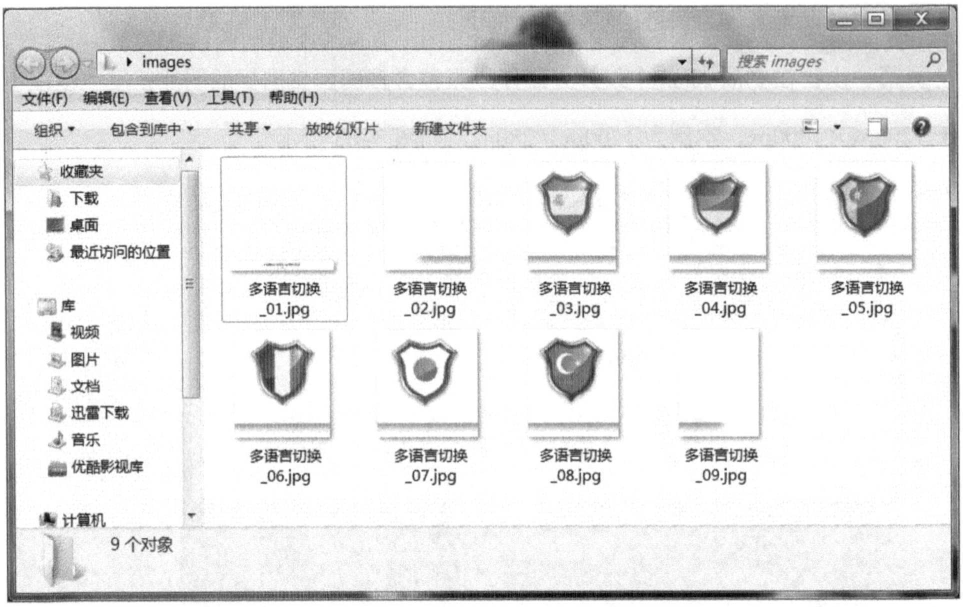

图 3–65　“images”文件夹

第四步：进入旺铺 Home 页编辑器，添加“自定义内容”模块（以通栏为例），单击展开编辑表单，按顺序依次上传图片，如图 3–66 所示。

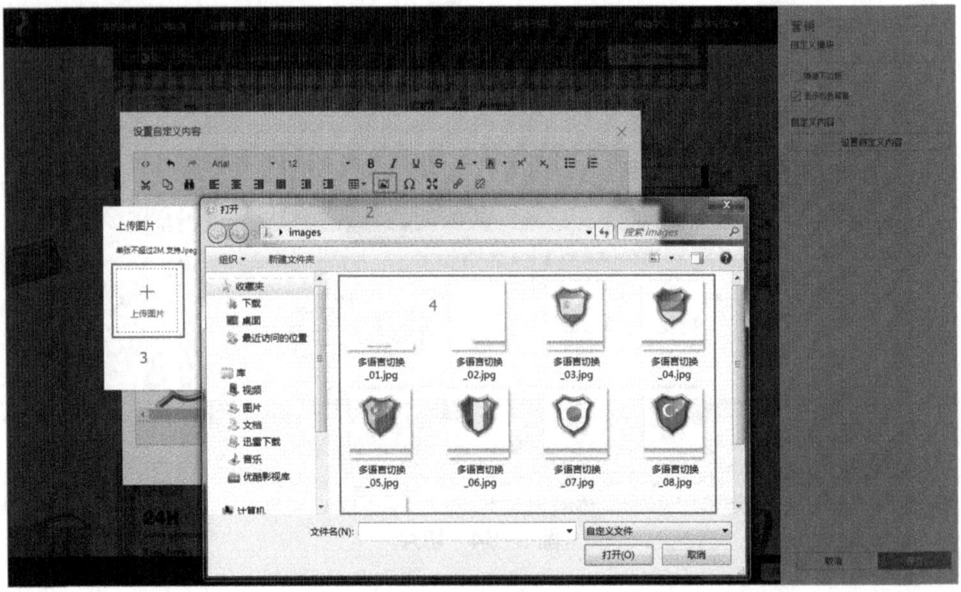

图 3–66　上传图片

第五步：查找多语言网站链接。登录 My Alibaba 后台“多语言市场”，选择一个语言市场，单击查看企业网站，会得到这个市场的相应公司的链接，如图 3-67 和图 3-68 所示。切换市场，可以得到更多市场的公司链接。

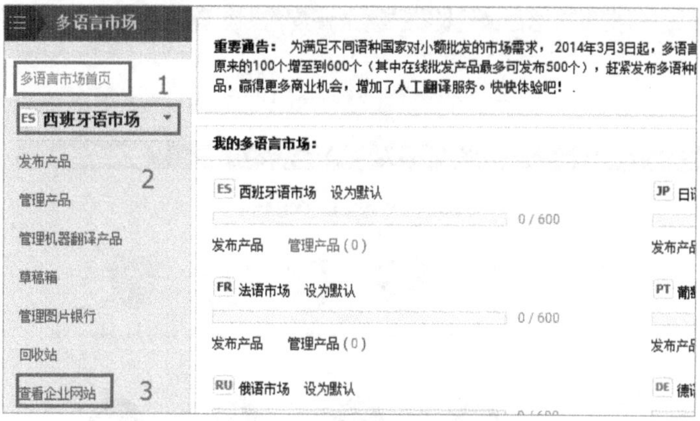

图 3-67 查找多语言网站链接

图 3-68 得到多语言网站链接

第六步：返回编辑器页面，选中其中一张图片，单击“插入编辑链接”按钮，在弹出的对话框中输入链接或粘贴相应的链接，输入标题，如图 3-69 所示。

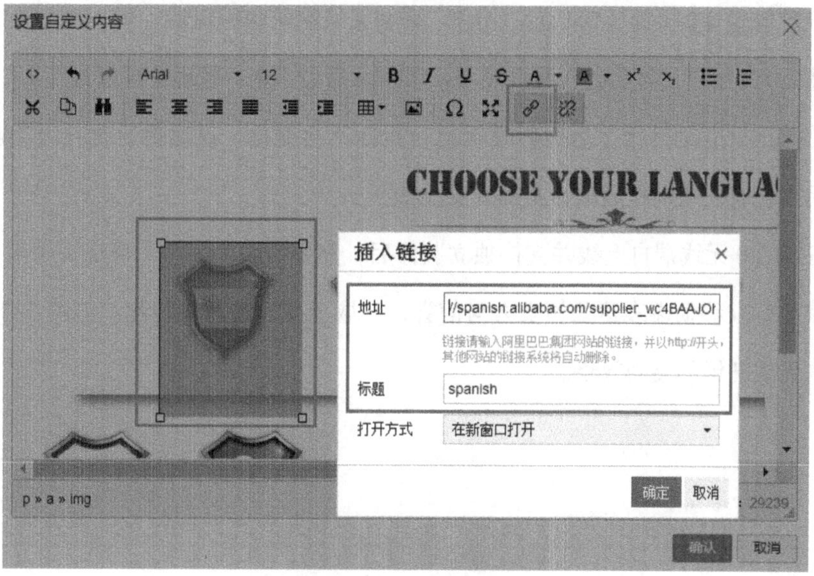

图 3-69 插入链接

第七步：依次完成其他国家图片的语言链接，设置完成后，调整图片位置，确认保存。单击“预览”按钮，除了检查视觉效果外，还需要测试语言链接是否有效，确认无误后便可发布了，效果如图 3–70 所示。

图 3–70　预览效果

任务 3.5　无线端装修

全球旺铺 2.0 页面装修后台，分 PC 端和无线端两套编辑器，可一键切换。未升级旺铺 2.0 的用户，需要进入网页端 My Alibaba 后台单击“管理全球旺铺” – “立刻升级”（单击“立刻升级”后旧版旺铺前台页面不会变化，仅编辑后台升级为新版旺铺的后台，有发布动作后前台页面才会生效）。

旺铺 2.0 无线端自上线并支持独立装修后，充分借助多媒体、自定义等工具，帮助商家更好在移动端表达公司实力与信誉，获取了高效的商机转化。如图 3–71 所示展示了无线旺铺的装修效果。

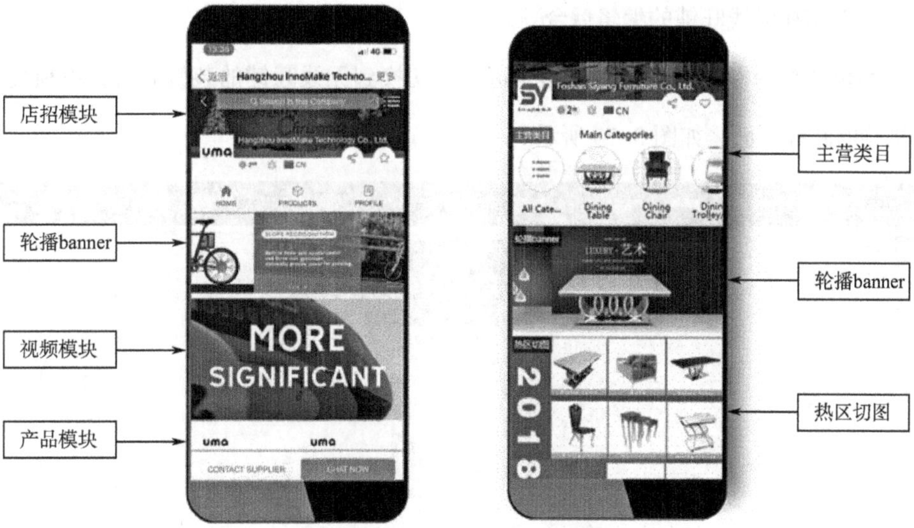

图 3-71　无线旺铺装修效果

1. 无线旺铺装修步骤

（1）一键同步至无线端

PC 端旺铺装修完成后，可将支持同步的模块一键同步至无线端旺铺，减轻无线旺铺的装修成本。

一般的产品模块均可同步，但店招模块是无法同步的。将鼠标移至编辑器（即装修界面）展示区的某个模块上，即可查看该模块是否可同步至无线端，如图 3-72 所示。模块同步仅是将可同步的模块类型和顺序同步至无线端，内容是无法同步的，如轮播 banner 模块，可以从 PC 端同步到无线端，但图片内容和配置的链接需要重新设置。

图 3-72　可同步至无线端的模块

（2）切换无线旺铺的编辑后台

编辑器界面左上角有切换按钮，可一键切换到无线旺铺的装修后台，单独装修手机端的旺铺页面，如图 3-73 所示。

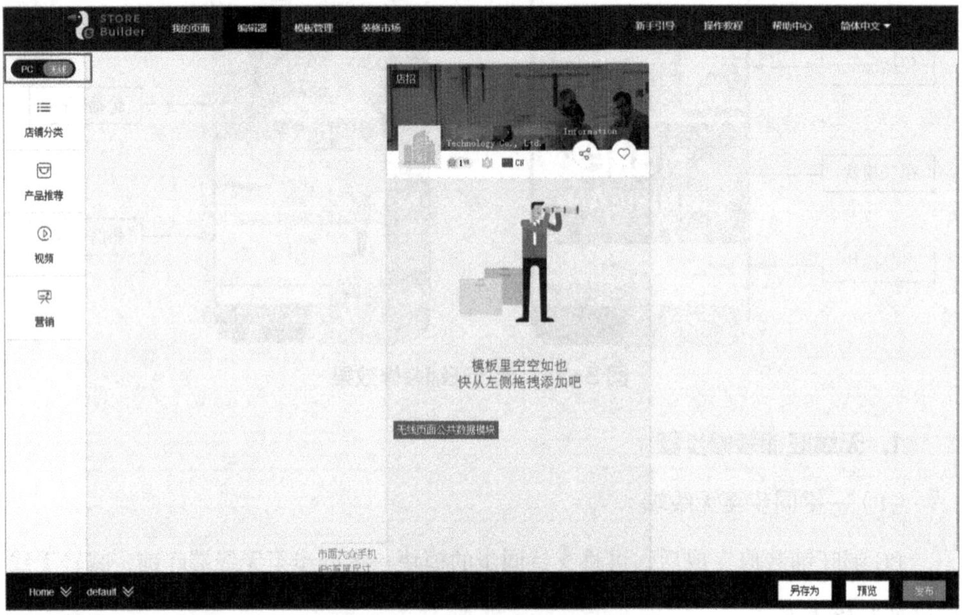

图 3-73　切换至无线端装修

（3）添加模块进行编辑

无线端装修的方法和 PC 端相同，根据需要拖曳相应的模块至展示区，然后进行具体参数设置即可。

（4）预览发布

装修完成后保存，预览效果，确认无误后便可以发布了。

2. 自定义装修

（1）装修店招

店招底图在 PC 端和无线端的尺寸差别较大，需要分开设计并上传。在没有上传店招底图之前，无线端使用的是默认的店招图片。在无线端编辑器中单击店招模块，右侧展开“店铺招牌”编辑区，如图 3-74 所示。

无线旺铺的店招底图尺寸为 750px×240px，由于展示空间有限，设计制作无线端店招图时不建议添加过多文字内容，可以使用符合公司形象、产品风格的图片。

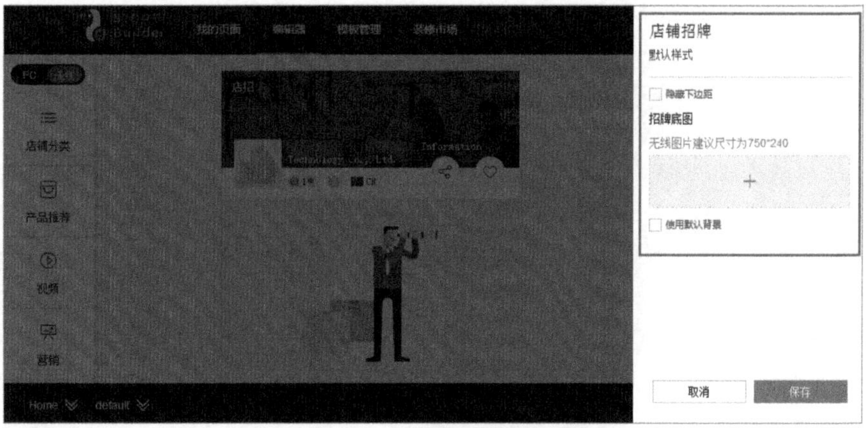

图 3-74 无线端店招编辑

添加已制作好的店招图，上传完成后将“使用默认背景”复选框的选中状态取消，以便显示新上传的店招底图，如图 3–75 所示。

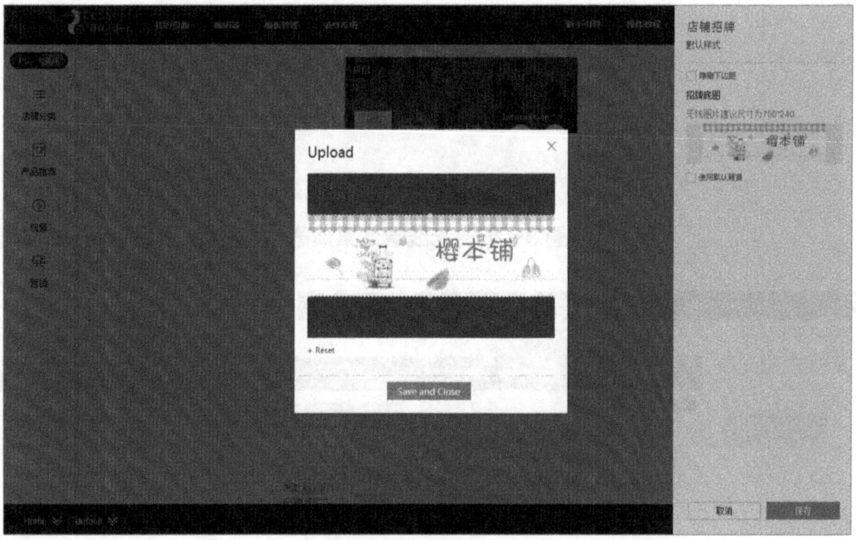

图 3-75 店招图上传

店招图设置完成后，单击“保存”按钮，进行无线端效果预览，如图 3–76 所示。

（2）添加主营类目

“主营类目”模块最多只能添加 1 个，主要根据产品系列向买家推送公司的主营类目及产品，让买家对旺铺产品一目了然。

在编辑器的模块区选择“店铺分类”，拖曳“主营类目”至展示区完成模块的添加，如图 3–77 所示。

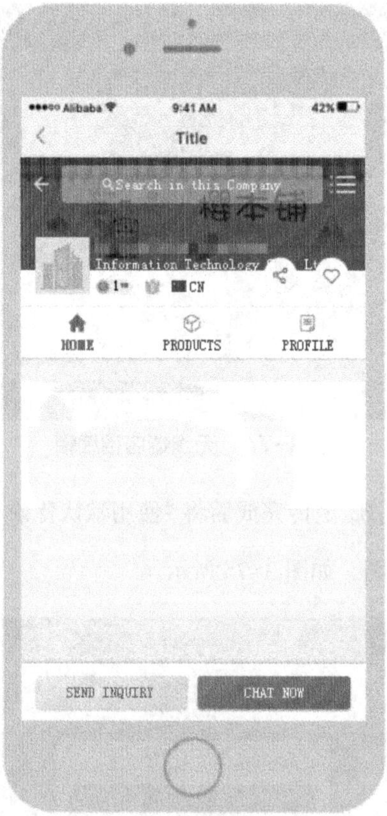

图 3-76 无线端效果预览

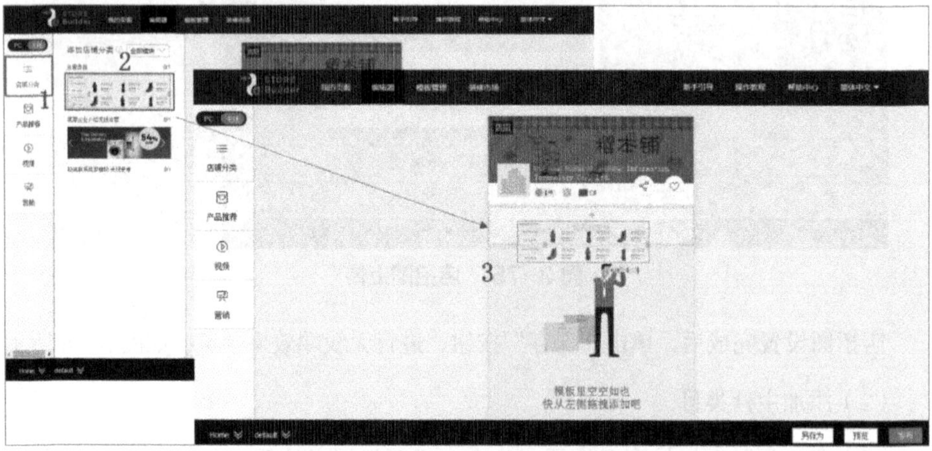

图 3-77 “主营类目”模块添加

添加完模块后，单击展示区的“类目主营产品”，在右侧弹出的编辑表单中即可设置该模块的内容，如图 3-78 所示。

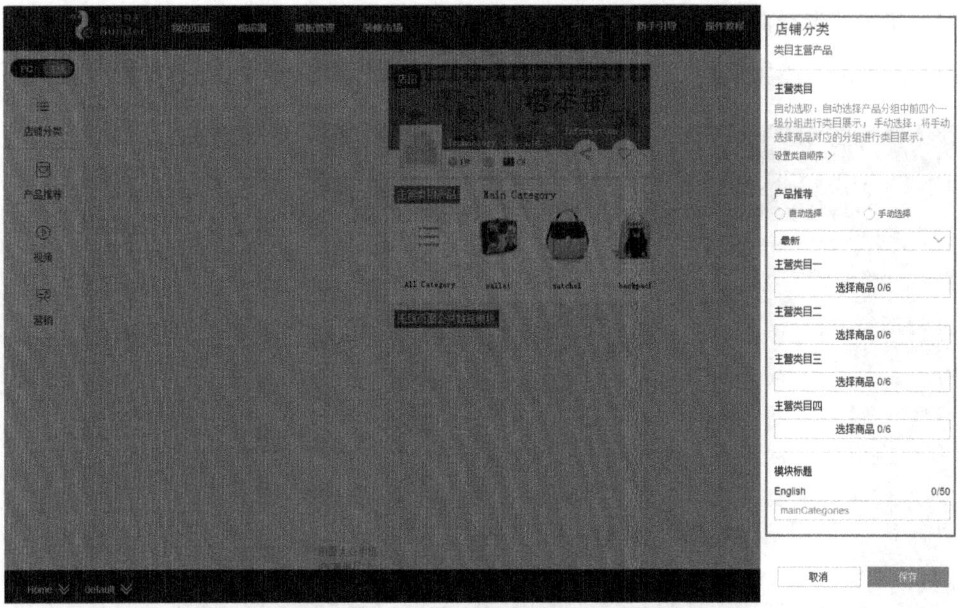

图 3-78 “类目主营产品”模块编辑区

主营类目模块中，可以展示4个主打的产品分类，每个分类下又能展示6个产品，是旺铺中比较清晰的产品导购模块。针对需要推荐为主营类目的产品，系统提供了“自动选择”及“手动选择”两种方式。“自动选择”方式下，由系统按更新时间自动选择产品分组中前四个一级分组进行类目展示，可单击主营类目下方的“设置类目顺序”链接预先进行产品分组管理与排序，如图 3-79 所示。

图 3-79 自动选择产品

“手动选择”方式下，需要自行选择想要展示的产品，可展示4组，共24个产品。单击“选择商品”选择框，在弹出的对话框中选择产品分组，将需要展示的产品一一选中，确认完成，如图 3-80 所示。拖动产品图片可调整展示顺序。

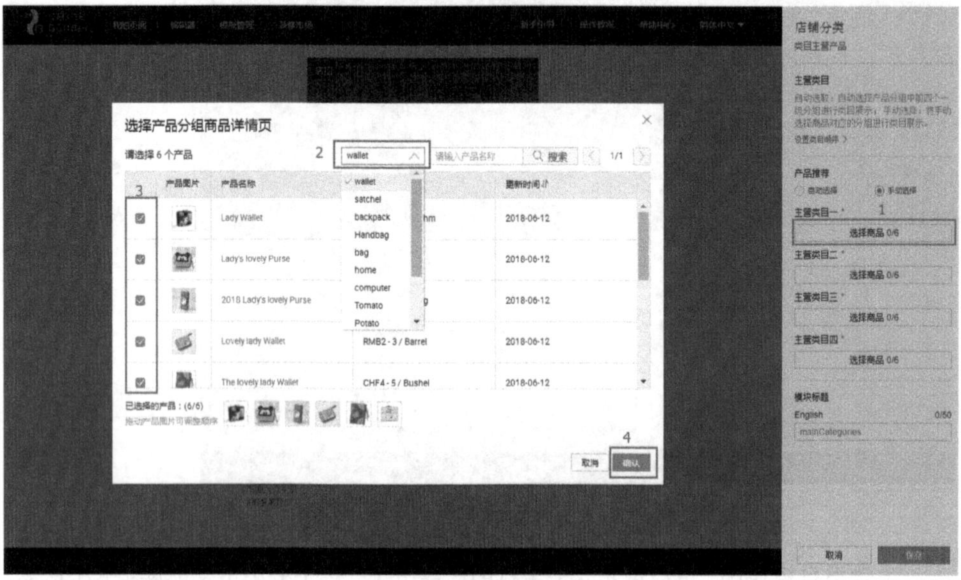

图 3-80 手动选择产品

依次完成其他主营类目商品的添加，输入模块标题，设置完成后保存。发布后，访客在无线旺铺页面单击类目可跳转到该类目下所有产品列表页。

（3）添加旺铺视频

无线端首页支持添加视频，且最多只可添加一个。具体的操作方法如下：

第一步：上传视频至视频银行。

拍摄高质量的企业或产品宣传视频，上传至视频银行。时长 10min 以内，大小 500MB 以内。

第二步：添加视频模块。

在编辑器的模块区选择“视频”，拖曳“视频模块”至展示区即可完成模块的添加，如图 3-81 所示。

第三步：编辑内容。

如图 3-82 所示，单击展示区的视频模块，在右侧的编辑框中对视频内容进行设置：

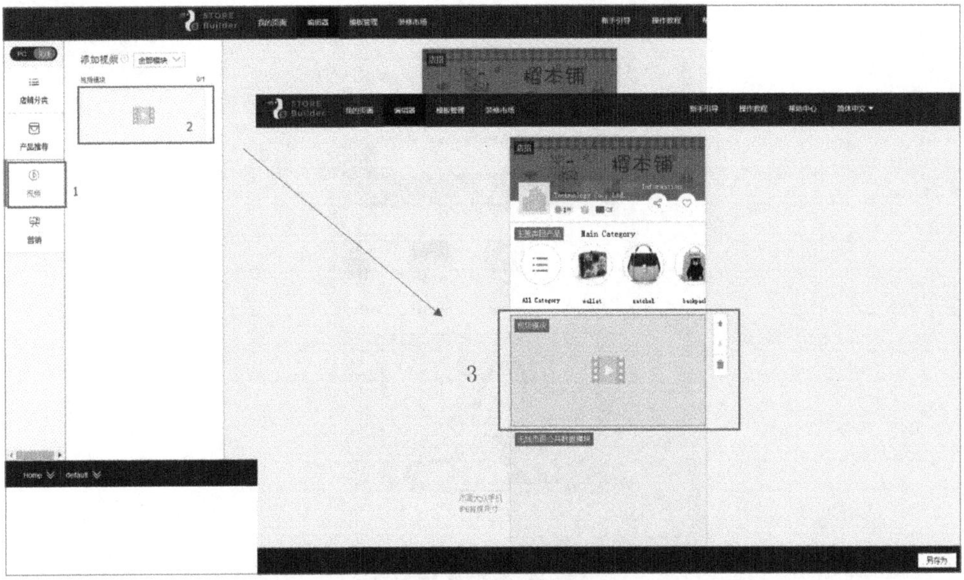

图 3-81　添加视频模块

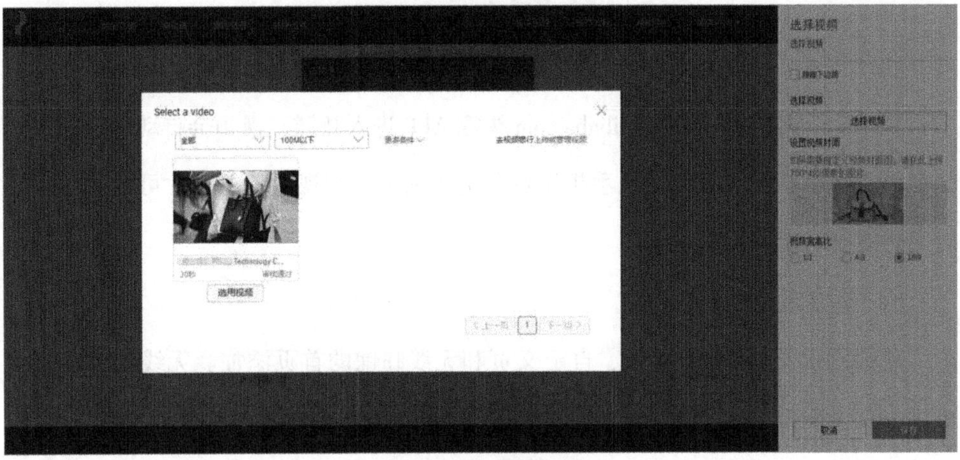

图 3-82　编辑内容

首先，单击“选择视频”按钮，从视频银行选取视频上传；

然后，如果需要自定义视频封面图，可设置上传 750px×422px 的图片；

最后，调整视频宽高比，无线旺铺支持 3 种视频尺寸：16∶9、4∶3、1∶1。

第四步：预览及发布。

完成编辑后，单击“保存”-“预览”-“发布”，旺铺视频就添加成功了。目前无线旺铺视频不支持预览，发布后可查看实际效果，视觉预览效果如图 3-83 所示。

图 3-83 预览效果

Wi-Fi 环境下，访客从 Alibaba.com 买家 APP 进入旺铺，视频会自动静音播放，访客可自行调整声音。如果从手机浏览器进入网址，则视频需单击才可播放，且暂时无法播放声音。

（4）设置轮播图

轮播图仅支持在 PC 首页、自定义页和无线旺铺的首页添加。无线旺铺首页共可添加 2 个轮播 banner 模块，每个轮播模块可添加 5 张轮播图，轮播图宽固定为 750px，高度则可设置为 250px、350px 或 450px，仅支持 JPG/PNG 格式。

在编辑器的模块区选择“营销”，拖曳“轮播 banner”至展示区完成添加，单击该模块即可看到编辑表单，如图 3-84 所示。

其中，“图片高度”为必选项，根据实际情况可设置为 250、350 或 450；“图片设置”为必选项，主要用来添加轮播图片及为其配置链接；“轮播时间设置”为必选项，可以设置为“手动设置”“每五秒切换”或“每十秒切换”。

单击“上传并编辑图片”发现，系统已默认配置了三张 banner 图。单击图片缩略图替换轮播图片，选择链接页面类型，为其配置跳转链接，如图 3-85 和图 3-86 所示。

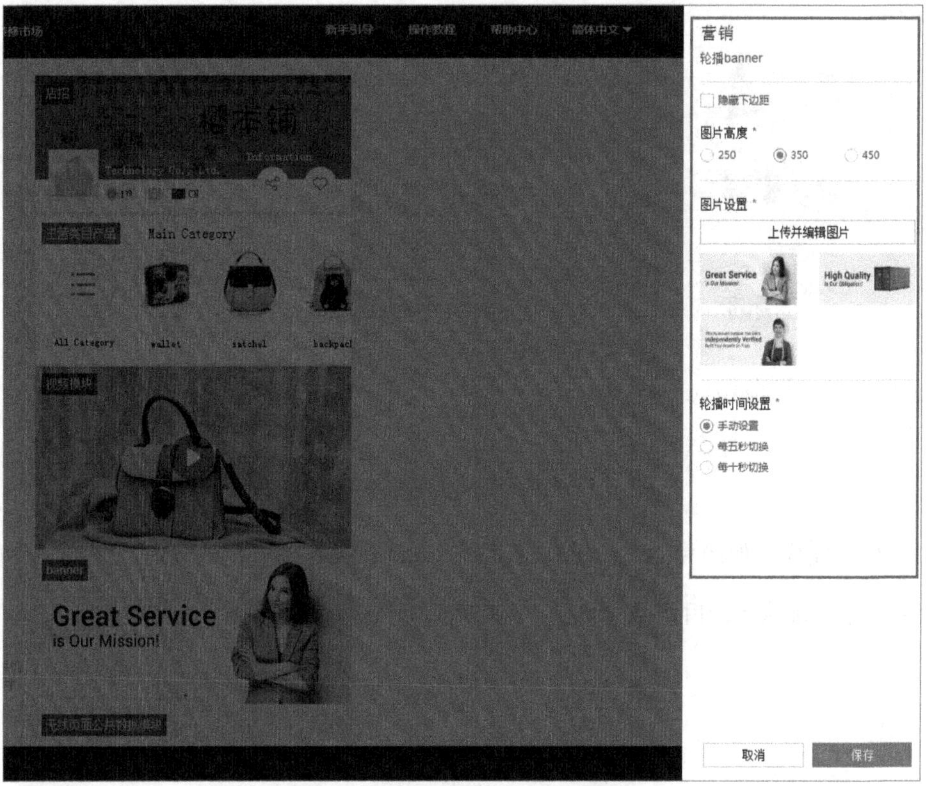

图 3-84 轮播 banner 编辑表单

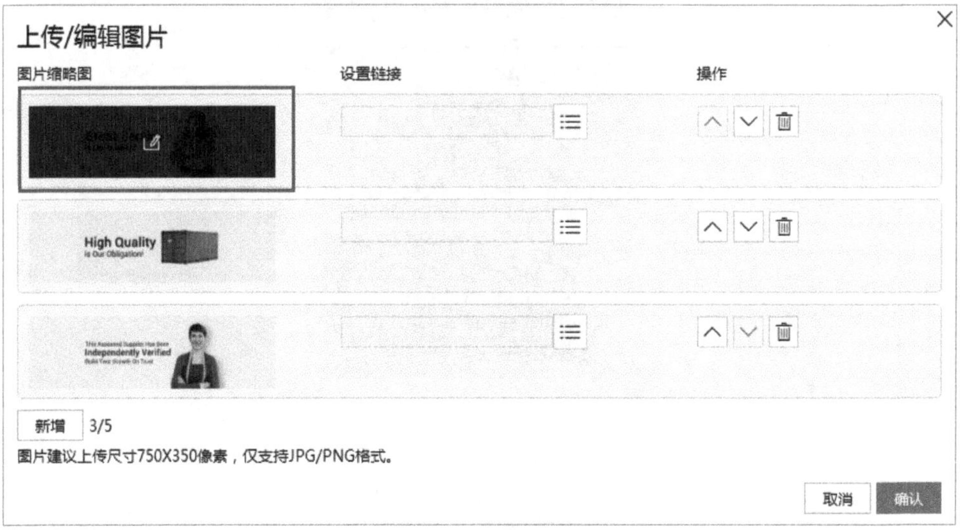

图 3-85 替换轮播图片

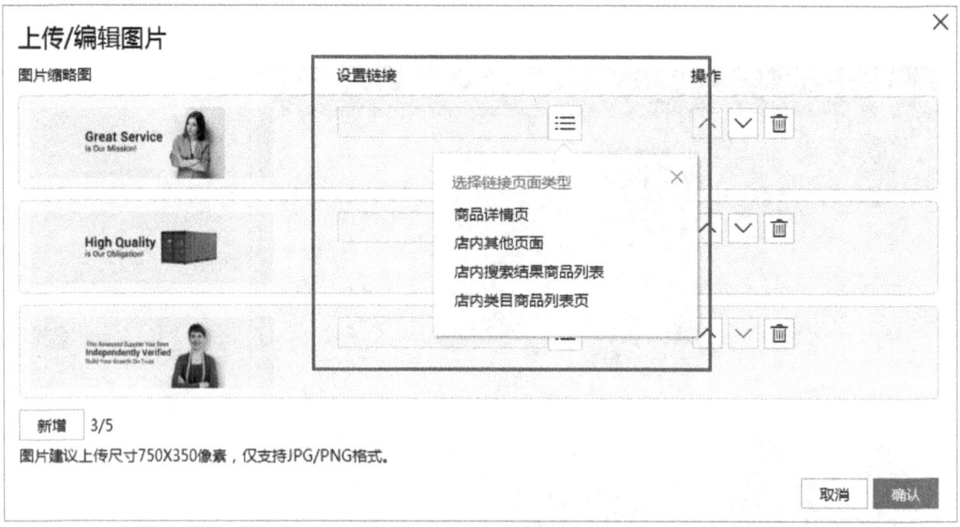

图 3-86　设置链接

依次完成其他图片的上传及链接设置后，确认保存。单击“预览”按钮，查看视觉效果，确认无误后便可发布了，视觉效果如图 3-87 所示。

图 3-87　轮播 banner 预览

（5）其他无线模块的装修说明

除以上常用模块外，无线旺铺还有其他更多模块可供选择，具体的操作方法大同小异，这里不做详细介绍。

项目小结

在本项目学习任务中，以陕西省樱本铺箱包定制公司旺铺装修为实例导入，选取旺铺装修过程中常用的模块操作进行全方位的学习，包括旺铺模板设计、店招图设计、产品模块设计、自定义模块设计和无线端装修等。每个任务下又以任务导向的方式，由浅入深，完整地讲述了各模块从设计到上传直至细节设置的全套装修过程，帮助学生掌握旺铺各模块的设计及编辑方法，最终实现个性化的旺铺装修效果。

名词解释

（1）无线端：一般是指无线发射端，即智能手机、平板电脑通过 4G 或 Wi-Fi 连接的设备。旺铺装修中的无线端即指手机端。

（2）全球旺铺：阿里巴巴平台提供给供应商的全球企业展示和营销的一个重要板块，主要为供应商提供灵活的页面结构和自定义的内容，便于其装修使用。

（3）TradeManager：简称 TM 或者 ATM，中文称之为阿里旺旺，主要用来和买家进行交流联系。目前 TradeManager 已升级为千牛。

知识链接

1. 旺铺 2. 0 无法上传店招图片的解决方法

旺铺 2.0 店招图片上传失败，主要有如表 3-1 所示的几种解决方法。

表 3-1 旺铺 2.0 无法上传店招图片的解决方法

序号	原因	解决方法
1	在“招牌底图”栏下选择了“隐藏”店招	选择“显示”店招
2	图片上传不符合要求	修改图片。PC 端图片建议尺寸为 1200px×280px，目前只支持上传 JPG、PNG 格式
3	选择了“使用默认背景”	取消“使用默认背景”的选择状态
4	无线端显示的是系统默认的店招图片	PC 端店招图与无线端店招图需分开上传
5	界面长时间无响应，账号登出	单击“保存”按钮保存装修，再刷新界面确认账号登录情况

2. 全屏 banner 装修技巧

技巧 1：把店招设为透明

店招上的公司信息和店招底图均可设置为隐藏，隐藏后店招模块（除导航栏）变透明，直接透出背景图，无须再上传店招图片，此时只需将店招的内容设计进大背景中即可。

技巧 2：在导航栏下添加自定义模块或热区切图模块

设计好大背景图片，在 Photoshop 中严格按照旺铺模块上的尺寸进行切图，将素材分别上传到店招或自定义模块 / 热区切图模块中，即可呈现全屏大图效果。

技巧 3：隐藏模块间间距

店招、自定义区、轮播 banner 和热区切图等模块，支持隐藏“下边距”，隐藏模块间的间距后对背景图做切图即可。

项目 4

营销中心

营销是给网店带来流量及订单的重要因素之一，也是企业经营至关重要的一步。阿里巴巴国际站平台自身有外贸直通车、顶级展位和平台活动等营销方式；平台外有搜索引擎、社交媒体和EDM等营销方式。那么，如何做好营销工作就成了网店成功运营的重中之重。

【知识目标】

1. 了解阿里巴巴国际站的营销方式；
2. 了解阿里巴巴国际站的店铺自主营销方式；
3. 了解阿里巴巴国际站的 P4P 基本规则；
4. 了解阿里巴巴国际站平台限时活动。

【能力目标】

1. 掌握 P4P 方案设计与推广的方法；
2. 掌握顶级展位操作的方法；
3. 掌握橱窗设置的方法；
4. 掌握无线端实时营销的方法；
5. 掌握店铺自主营销操作的方法。

项目情境

陕西省樱本铺箱包定制公司已经完成产品上架、旺铺无线端装修，网店正式开始上线运营。目前需要解决的问题是网店流量。怎么营销才能获得高流量、吸引客户下单呢？这也是大部分企业需要解决的问题。阿里巴巴国际站的广告推广有哪些条件？平台外的营销方式有哪些？这一系列知识将在本项目中得到系统的学习。

任务分解

本项目下的任务将对阿里巴巴国际站营销方式进行全方位的学习，其中包括店铺内自主营销、平台广告推广、平台活动等营销方式，让初学者能够以卖家身份深入了解平台的营销方式和广告营销推广的操作方法，最终达到能够独立完成网店营销推广的工作。

任务 4.1 直通车推广

4.1.1 外贸直通车

外贸直通车（P4P）是阿里巴巴国际站的推广资源位，免费展示产品信息，通过大量曝光产品来吸引潜在买家，并按照点击付费的全新网络推广方式来进行推广。

外贸直通车（P4P）在营销推广上的五大特有优势：

（1）免费展示，曝光度高

阿里巴巴国际站平台流量的逻辑是“曝光—点击—反馈”，P4P 的特点是免费展示、点击扣费。免费展示可以让企业用户获得大量的数据累积，其产品也会获得大量曝光，一般情况下点击和产品曝光成正比，进而才会有反馈；当单个产品的数据累积较好时，企业店铺在整个平台的权重就会提升，权重提升又会对 P4P 出价产生影响，而价格的变动又会进一步对流量产生新的作用。外贸直通车流量逻辑如图 4-1 所示。

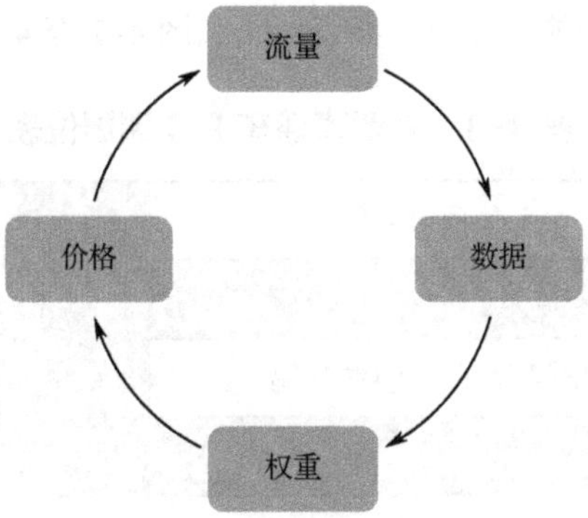

图 4-1 外贸直通车流量逻辑

（2）流量占比大

根据阿里巴巴国际站下属子站点的流量占比排序，其中 P4P 所占流量为总流量的 61.54%，已经超过阿里巴巴国际站主站的一半。

（3）精准把控，便于推广

卖家可以灵活地设置想要推广的产品，也可以根据客户市场的时段手动开启、关闭 P4P 推广服务，来精准把控 P4P 推广时间段。

（4）海量展现，排名靠前

P4P 的产品位置在阿里巴巴国际站的产品排序展示里都相对比较靠前，主搜区域第一个是顶级展位，后面五个都是 P4P 产品。如果没有顶级展位，那么排名前五位就都是 P4P 产品，右侧边栏也是 P4P 产品展位，和排名第一的产品并列。

（5）多维度搜索，流量全面覆盖

P4P 是通过添加多维度关键词来进行全面推广的，只要买家进行相关搜索操作，无论搜索关键词是热度高的还是热度低的，都会有卖家的产品展示，此推广方式被称为“撒网模式”。

1. 直通车展示规则

阿里巴巴国际站的展示界面分为 PC 端、APP 和无线端网页版三种。

（1）PC 端

PC 端阿里巴巴国际站首页有 19 个 P4P 产品展示位：在搜索结果第一页的自然排名 1～5 名，如果有顶级展位则为 2～6 名；每一页的右侧边栏有 10 个智能推荐位；每一页的最下方有 4 个智能推荐位，如表 4–1 和图 4–2 至 4–4 所示。

表 4–1　外贸直通车 PC 端展位表

<table>
<tr><td>1 个顶级展位</td><td rowspan="3">右侧边栏
10 个 P4P 产品
展位</td></tr>
<tr><td>5 个 P4P 产品展位</td></tr>
<tr><td>22/44/56 个自然产品</td></tr>
<tr><td colspan="2">底部 4 个 P4P 产品展位</td></tr>
</table>

图 4–2　顶级展位后 5 个 P4P 产品展位

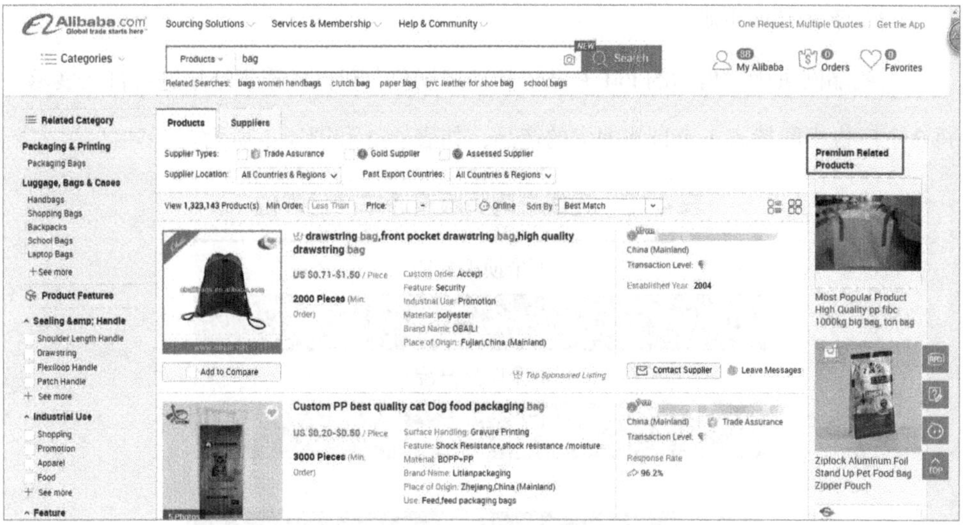

图 4-3　右侧边栏 10 个 P4P 产品展位

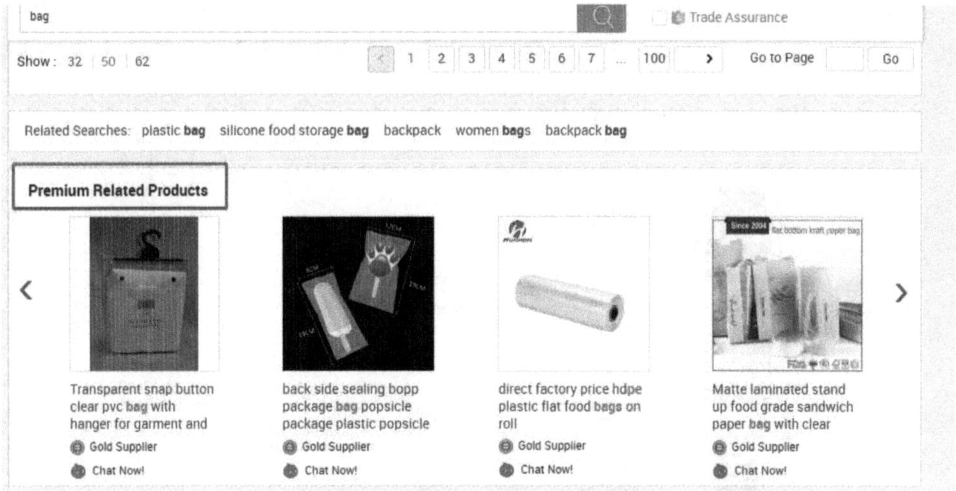

图 4-4　底部 4 个 P4P 产品展位

（2）APP

无线端 APP 是为供应商做的额外推广引流。不同的站点由于排名算法不同，浏览的买家群体也不同，所以产品展示会存在区别，如表 4-2 所示。

表 4-2　阿里巴巴国际站 APP 直通车产品展位

10 个 P4P 产品展位
34 个自然产品

（3）无线端网页版

无线端网页版对展示的 P4P 广告（和顶级展位）和自然搜索结果进行打散展示，每 2 个广告中间掺入 1 个自然搜索的产品，如表 4–3 和图 4–5 所示。

表 4–3　无线端网页版直通车产品展位

1 个顶级展位
2 个 P4P 产品展位
1 个自然产品
2 个 P4P 产品展位
……
直到排完 15 个 P4P 产品展位

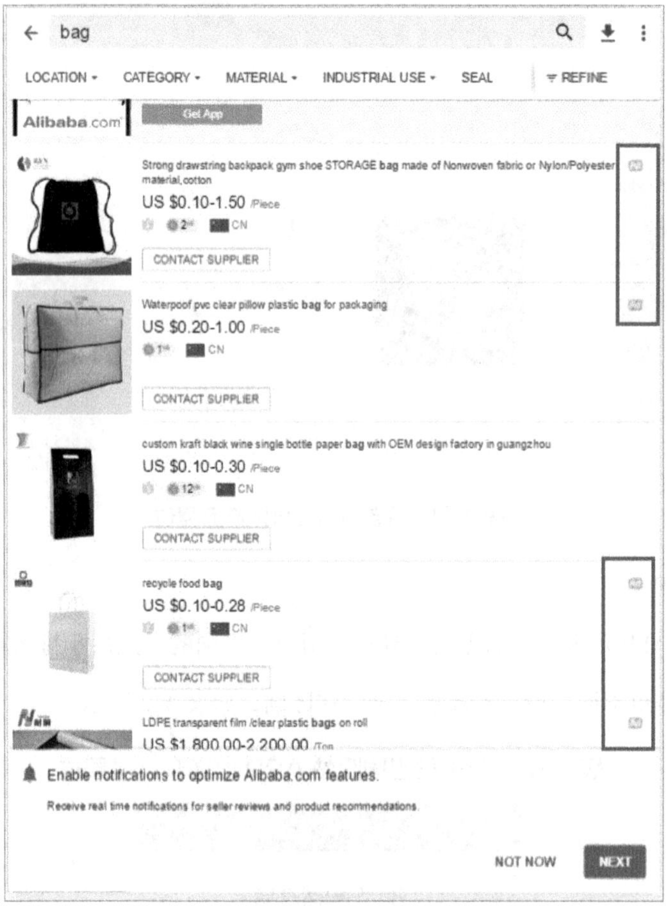

图 4–5　无线端网页版 P4P 产品展位

2. P4P 排名规则

P4P 的排名是按照“关键词的出价 × 推广评分”进行排序的。推广评分即产品星级，是指关键词和产品的相关程度以及产品的信息质量，是影响产品展示区域以及排名的重要因素之一。点开关键词对应的推广产品数的数字，可以看到关键词对应不同的产品会有不同的星级，只有 3 ～ 5 星词才有资格通过出价的方式在前五名展示，1 ～ 2 星的词只能在每一页右边或者下方的智能推荐位上被展示。星级与关键词和卖家喜好度的关系如表 4–4 所示。

表 4–4　星级与关键词和买家喜好度的关系

星级	产品与关键词的相关度	产品的买家喜好度
★	低	低
★★	低	较高
★★★	高	低
★★★★	高	较高
★★★★★	高	高

樱本铺企业的产品 A、B、C 的推广评分、出价和排名情况如图 4–6 所示。通过图 4–6 可以看出，推广评分的高低和出价金额的高低都会影响 P4P 产品的排名。其中推广评分是系统根据星级给出的系统评分，星级越高评分越高，但供应商无法在后台看到该评分，只能查看到该关键词的星级。

产品	推广评分	出价（元）	总分 = 推广评分 × 出价	排名
A	10	9	10 × 9=90	3
B	12	10	12 × 10=120	2
C	7	17.2	7 × 17.2=120.4	1

图 4–6　排名规则案例

3. P4P 扣费规则

P4P 产品被点击后，按照固定公式标准进行扣费。公式如下：

P4P 扣费 ={(下一名出价 × 下一名产品推广评分)/ 该客户产品的推广评分} + 0.1

每天美国西部时间 0 点会重新计算当天累积扣费。如果一个 IP 在一段时间内重复点击多次，P4P 扣费按一次计算。免费曝光只有在直通车的推广位上被点击了才会产生费用，即扣费不一定等于出价，扣费 ≤ 出价。当产品排在竞争该关键词客户的最后一名时，或者是这个关键词下曝光的唯一一个推广产品时，则所需要支付的点击价格为该产品关键词的底价，即最后一名扣费 = 底价。

樱本铺企业的产品 A、B、C 推广评分、出价、排名和扣费情况如图 4-7 所示（假如关键词底价为 9 元）。从案例中可以看出推广评分的高低直接影响扣费金额，所以提高推广评分是降低 P4P 花费的关键要素（注意：实际后台页面推广评分是以星级的形式展示）。

产品	推广评分	出价（元）	总分 = 推广评分 × 出价	排名	扣费
A	10	9	10 × 9=90	3	9
B	12	10	12 × 10=120	2	{(9 × 10) ÷ 12}+0.1=7.6
C	7	17.2	7 × 17.2=120.4	1	{（10 × 12）÷ 7}+0.1=17.24

图 4-7 扣费规则案例

4.1.2 直通车方案设计与推广

樱本铺箱包定制公司在了解了 P4P 的排序和扣费规则后，开始设计直通车推广方案。定制推广方案不仅可以帮助新手卖家企业更好地管理 P4P 产品推广出价的调整，后期还可以更好地监控和管理数据。P4P 推广流程如图 4-8 所示。

图 4-8 P4P 推广流程

1. 推广限额设置、推广产品设置

（1）推广限额设置

进入外贸直通车推广限额设置界面，管理员账号登录“My Alibaba”后在“营销中心”板块选择“外贸直通车”进入首页，如图 4-9 和图 4-10 所示。单击“账户”进入页面，选择“账户直通车设置”进行账户金额设置。需要注意的是，直通车每日最低限额是 80 元人民币，快捷推广最低限额是 50 元人民币，如图 4-11 所示。

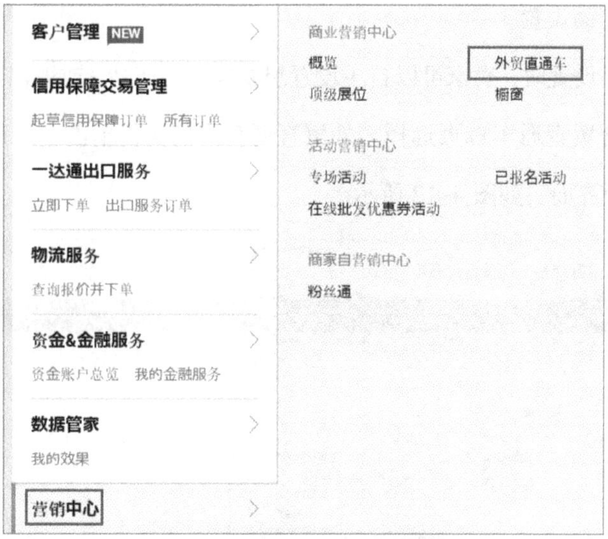

图 4-9 选择“外贸直通车”

图 4-10 外贸直通车首页展示

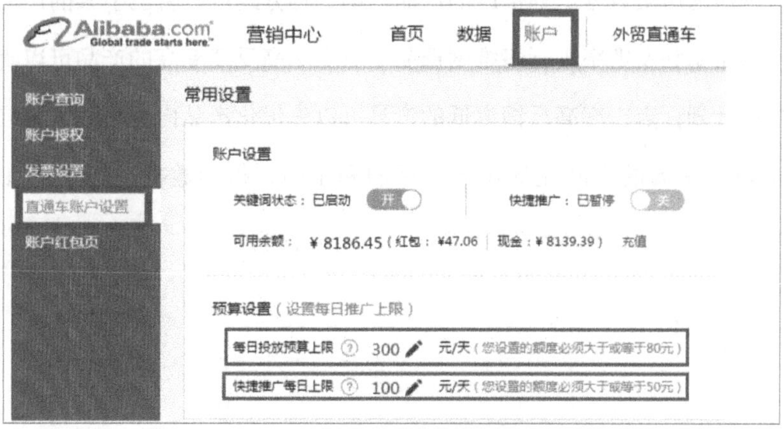

图 4-11 直通车账户设置界面

（2）推广产品设置

在推广产品设置时，卖家可以自主设置想要推广的产品，或取消某个推广产品，方便快捷。在外贸直通车首页选择“外贸直通车”模块，单击“产品推广设置”进入产品推广选择界面，如图 4–12 所示。

图 4–12 推广产品设置界面

如图 4–13 所示，推广产品的选择有多种方式。第一种方式可以从卖家和买家的视角进行选择，卖家视角可以参考主推产品、盈利产品和新品的数据；买家视角可以参考网店的历史数据选择推广的产品。第二种方式可以将已上架的产品进行分类，参考点击率和反馈率进行多维度选品，点击率高反馈率高的产品可以直接加入直通车推广计划；点击率高反馈率低的产品可以先优化产品内页再加入推广计划；点击率低反馈率高的产品先优化产品标题和主图，得到数据反馈后可加入推广计划。

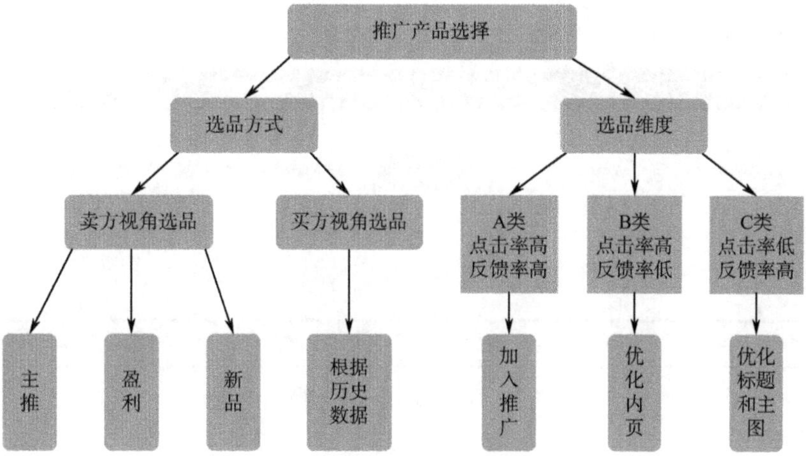

图 4-13　推广产品选择方案

2. 添加关键词

(1) 关键词添加

在产品推广初期可以尽量多添加关键词，关键词的覆盖面越广，产品被展示的机会也就越大，所能吸引的潜在买家也就越多。管理员登录“My Alibaba”进入后台，在“营销中心”选择“外贸直通车”，单击“推广工具”中的“关键词工具”进行关键词添加，如图 4-14 所示。

图 4-14　关键词工具界面

① 系统推荐。系统会根据推广的关键词为卖家推荐相关维度的关键词，其中包括综合推荐词、高曝光词、高转化词、低成本词等。日期为最近 30 天的海外买家搜索词，并且推荐的关键词是跟卖家产品相匹配的词，行业关联词可以筛选卖家自己需要的行业进行添加，如图 4-15 所示。

图 4–15　系统推荐词

② 相关搜索。卖家可以用主打关键词进行搜索，通过搜索结果卖家可以根据需求进行关键词添加，如图 4–16 所示。

图 4–16　相关关键词搜索

③ 批量添加。卖家可以在左侧的方框中填写想要添加的关键词，每次最多可添加 500 个，单击“下一步”按钮出价即可，如图 4–17 所示。

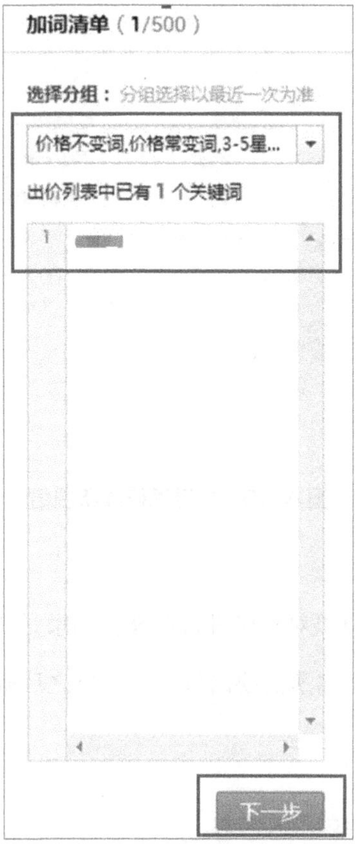

图 4–17　批量添加关键词

（2）关键词分组

在“外贸直通车”板块单击“推广管理”进入页面，在未分组中选择要分组的关键词，单击右上角“修改所属组”，其中一个关键词可以出现在多个分组当中，如图 4–18 和图 4–19 所示。关键词分组尽量控制在 10 组以内，每个分组内的词量控制在 200 ～ 300 个。

图 4–18　关键词分组

图 4-19　关键词修改所属组

（3）关键词出价

点开关键词对应价格可以对价格进行调整，如果是 3 星及以上的关键词，点开价格后直接能看到排到前五名所需要的价格，选择之后确认即可，预估排名也会跟着变化，如图 4-20 所示。

图 4-20　修改价格

如果是 3 星以下的关键词，点开价格之后能看到同行的平均出价，但是不管卖家出多高的价格都只能在其他位置，那是因为关键词和产品的匹配度不够高，需要卖家优化对应的产品信息质量，如图 4–21 所示。

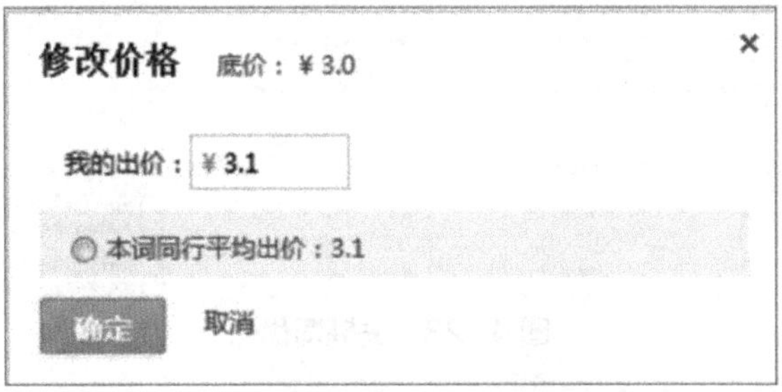

图 4–21　3 星以下的关键词参考同行出价

调整好出价之后单击右下角的“完成”按钮，会显示“加词成功”。若提示该关键词已存在，那可能该关键词已经添加在推广管理中，或者卖家可以直接单击忽略后到下一步的出价列表中查看该关键词，如图 4–22 所示。

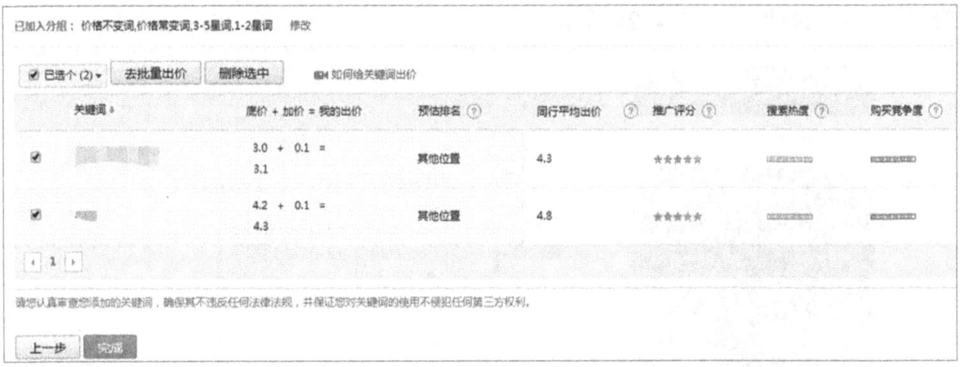

图 4–22　关键词添加成功

（4）星级优化

在“营销中心”的“外贸直通车”板块，单击“优化工具”的“质量分优化”进入页面。系统已经将所有目前需要卖家优化的 1 ～ 3 星潜力关键词的提升点进行了展示，卖家只需要单击“优化”即可进入产品信息编辑页面，或者可以单击左上角“下载”按钮，将产品分配给对应的业务员进行优化，如图 4–23 所示。

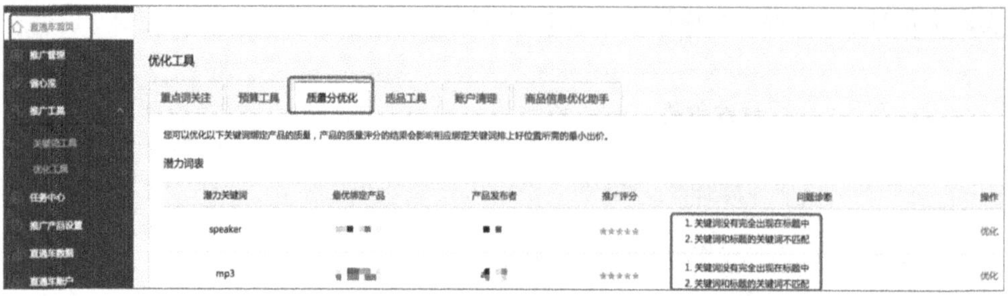

图 4-23　关键词优化

4.1.3　数据和账户

外贸直通车的推广效果和使用数据，可在“数据”板块进行查看。可查看账户报告、产品报告、关键词报告、操作记录对应的数据报告，目前“小时报告”只针对 L4 顶级会员开放。默认展示最近 7 天的曝光表现，卖家可以在左上角筛选时间选择需要查看的数据，如图 4-24 所示。

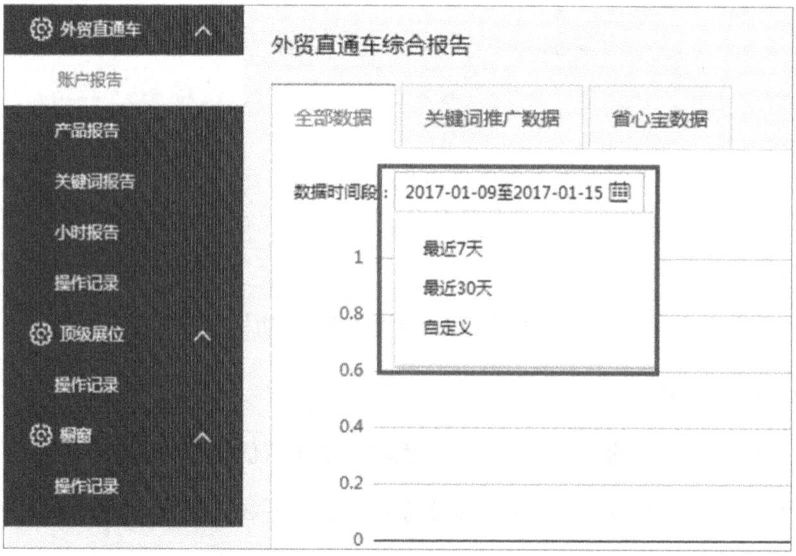

图 4-24　选择需要查看的时间段数据

（1）账户报告

在“账户报告”中可以查看每天的曝光点击花费情况，以及最近半年的历史数据，如图 4-25 所示。数据报告于中国时间每天凌晨更新，更新美国时间前一天的数据。“账户报告”中的数据可以导出，直接单击“导出”按钮即可，如图 4-26 所示。

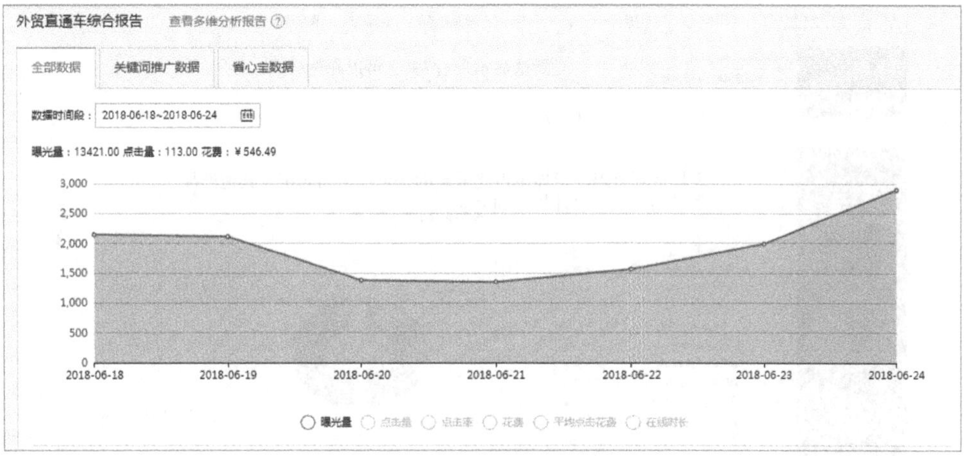

图 4-25 “账户报告”界面

详细报告 导出

日期	曝光量	点击量	点击率	花费	平均点击花费	推广时长
2018-06-24	2894	20	0.69%	¥ 95.95	¥ 4.80	24.0h
2018-06-23	1986	22	1.11%	¥ 106.22	¥ 4.83	24.0h
2018-06-22	1561	14	0.90%	¥ 67.59	¥ 4.83	24.0h
2018-06-21	1345	12	0.89%	¥ 58.43	¥ 4.87	24.0h
2018-06-20	1376	10	0.73%	¥ 46.52	¥ 4.65	24.0h
2018-06-19	2112	13	0.62%	¥ 61.38	¥ 4.72	24.0h
2018-06-18	2147	22	1.02%	¥ 110.40	¥ 5.02	24.0h

< 1 >

图 4-26 导出数据

（2）产品报告

在“产品报告”中可以查看产品扣费情况和推广效果。可根据推广的数据结果优化或更换推广的产品，也可以根据买家的喜好进一步优化产品信息，选择适合产品推广的关键词，如图 4-27 所示。

（3）关键词报告

在“关键词报告”中可以查看关键词的扣费情况和效果。数据默认显示“最近 7 天”，也可以筛选其他时间段。需要注意的是，图表中只显示占比最高的 10 个具体的关键词，其他关键词不会全部显示，汇总统计为“others”，如图 4-28 所示。

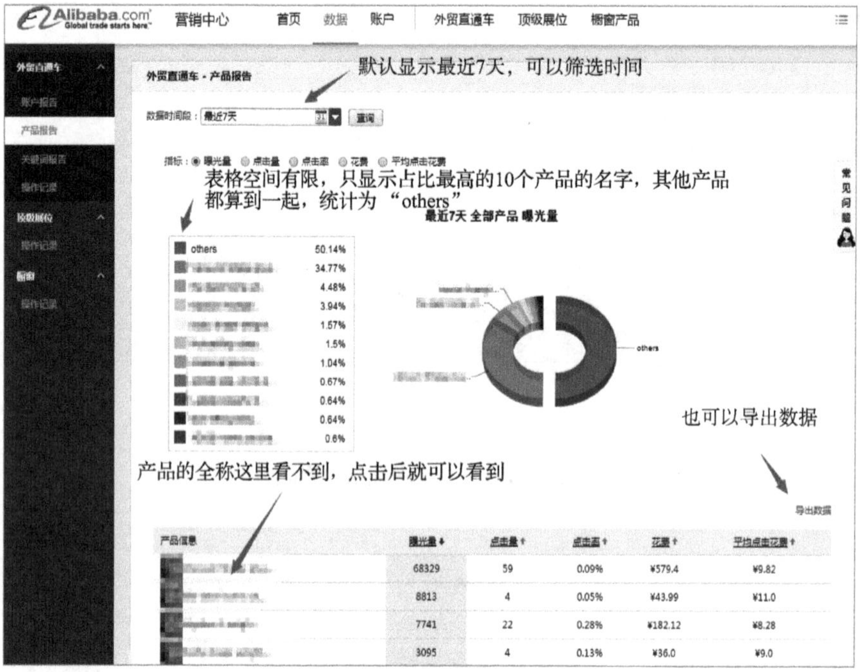

图 4-27 “产品报告”界面

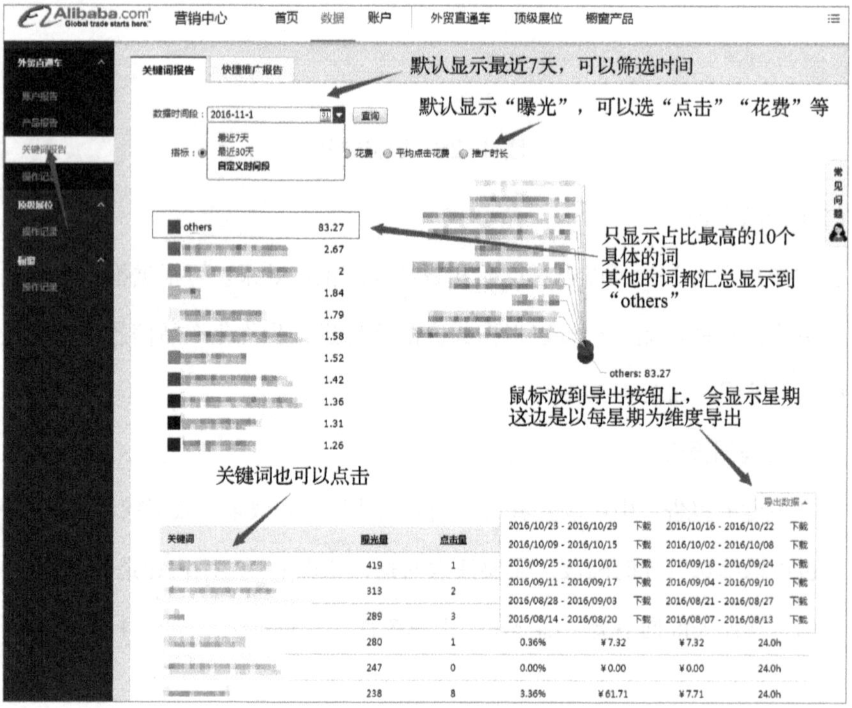

图 4-28 “关键词报告”界面

（4）操作记录

在“操作记录”中可以查看网店最近 60 天的数据操作记录，包括启动或暂停推广、修改价格、添加新词等。页面上操作时间为美国西部时间，如果使用 P4P 工具软件，“操作渠道”会显示为 APP，如图 4–29 所示。

图 4–29 “操作记录”界面

（5）账户

在“账户”中可以进行金额充值、账号授权、设置限额等操作，如图 4–30 所示。需要注意的是，只有主账号才可以使用外贸直通车功能；主账号可以授权制作员且只能是 1 个制作员；业务员账号和业务经理账号都无法操作外贸直通车。

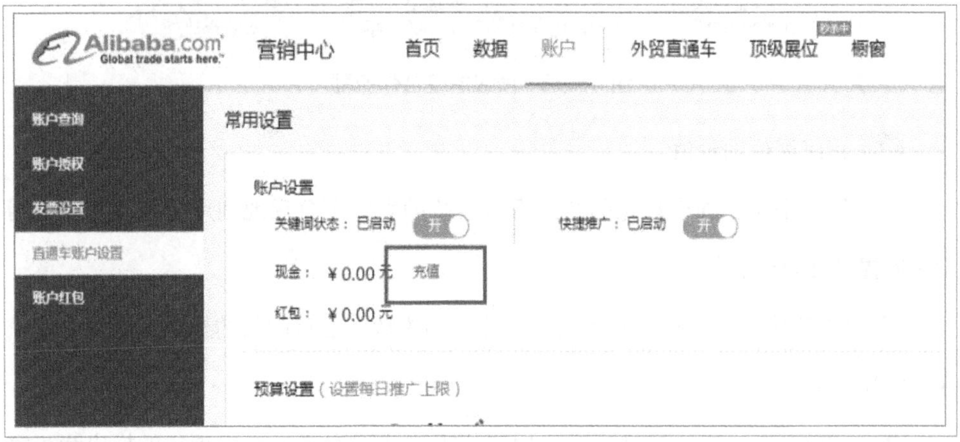

图 4–30 “账户”界面

任务 4.2 顶级展位和橱窗设置

4.2.1 顶级展位

1. 顶级展位

（1）顶级展位的概念

顶级展位是阿里巴巴国际站提供的品牌营销产品，可将卖家购买关键词展现在搜索结果第 1 位，并带有专属皇冠标志和“*Top Sponsored Listing*”的字样，如图 4–31 所示。

图 4–31 顶级展位展示

顶级展位根据关键词近一年内的搜索量、曝光量和点击量三个维度综合考虑，售卖分为钻石词 15 万元 / 年、白金词 7.5 万元 / 年、黄金词 3 万元 / 年、普通词 1.5 万元 / 年 4 个档；售卖周期定为 6 个月和 12 个月两种。顶级展位合作流程如图 4–32 所示。

图 4–32 顶级展位合作流程

（2）顶级展位的价值

顶级展位采用更加合理化的产品投放，帮助卖家更合理地利用资源，同时也帮助买家提升搜索体验。

① 针对卖家。顶级展位帮助卖家优化产品投放，通过醒目的标识帮助提升卖家在买家端的关注。

② 针对买家。产品推广信息长期不变将影响买家体验，顶级展位的推出为买家

提供更丰富的产品信息，有助于买家体验度的提高。

③ 针对网站。通过顶级展位对主搜区域的优化，从而提升产品转化率，使买卖双方利益都能得到很好的提升。

2. 顶级展位设置

（1）选择关键词

主账号登录“My Alibaba”后，在“营销中心”板块选择“顶级展位”进入界面，单击“已购买关键词”板块，选择需要绑定的关键词，单击“立即绑定”按钮，如图4-33至图3-35所示。需要注意的是，“顶级展位”板块目前只有主账号和被授权的一个制作员账号可以进行操作，其他子账号暂时没有权限操作。

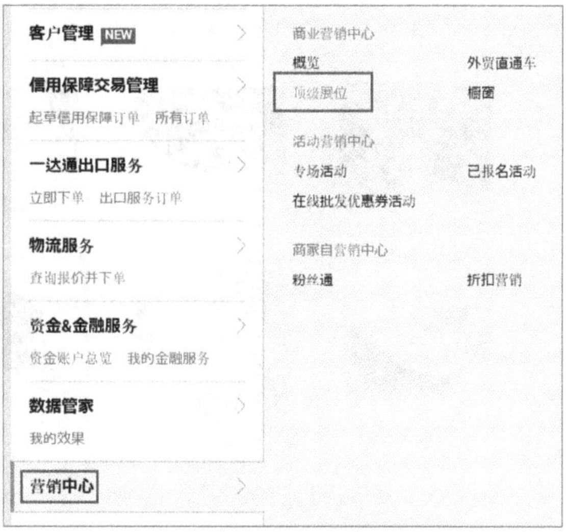

图4-33 进入“顶级展位”界面

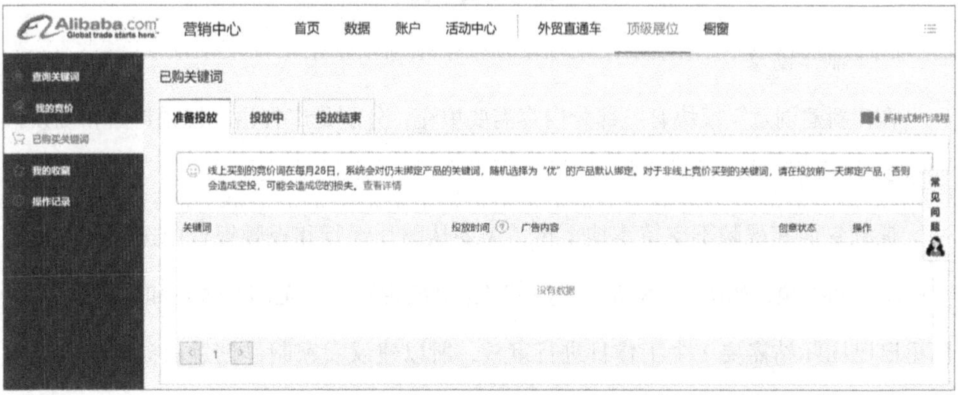

图4-34 “已购买关键词”界面

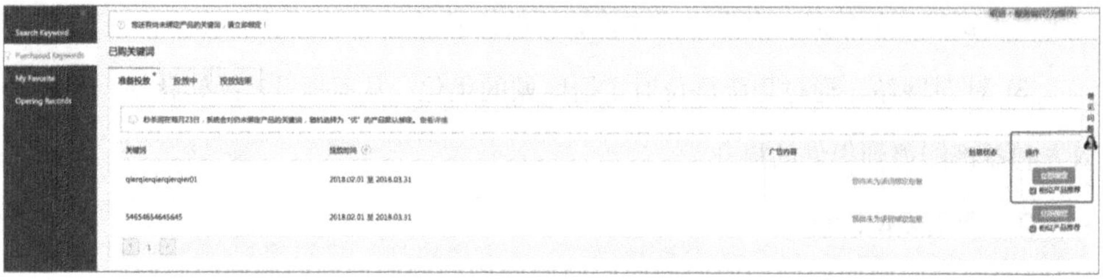

图 4-35 选择关键词绑定

（2）绑定产品

绑定关键词后，再选择需要推广的产品，且信息相关性为“优”的产品，单击“保存并继续”按钮进入下一步，如图 4-36 所示。若需要绑定非“优”产品，建议卖家先优化其产品，再进行产品绑定。

图 4-36 绑定“优”产品

（3）制作创意

在“新建创意”模块有三部分内容需要填充，分别是广告语、视频封面和视频，如图 4-37 所示。

视频封面和视频不支持本地上传，需要从图片银行和视频银行中选择已审核通过的图片和视频，如图 4-38 所示。卖家将拍好的视频上传至图片银行和视频银行后，阿里巴巴国际站需要 1 个工作日进行审核，所以建议卖家制作创意前提前上传视频进行审核。制作完成后可以在预览界面确认广告语、图片和视频是否都上传正确，确认无误之后单击“保存并提交”按钮完成上传，提交后单击“管理关键词”可以查看该创意的审核状态，如图 4–39 和图 4–40 所示。

图 4–37 “新建创意”界面

图 4–38 从视频银行选取已经审核通过的视频

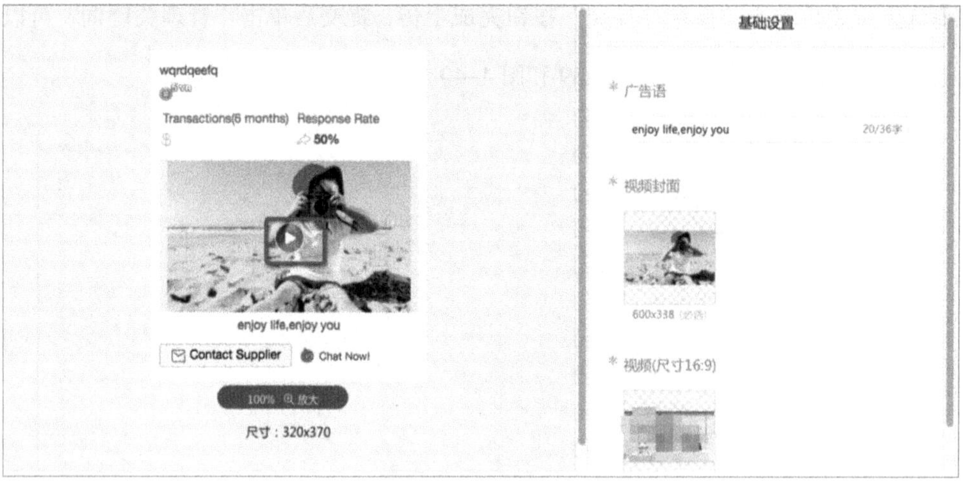

图 4-39 预览创意

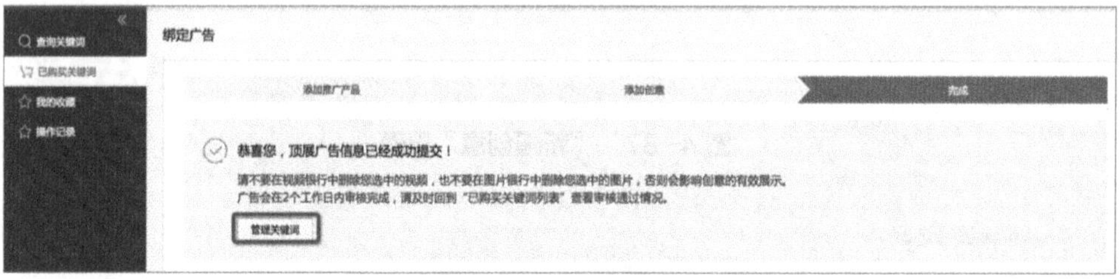

图 4-40 创意提交

（4）查看机审结果

提交完成后单击“管理关键词”返回“已购买关键词”界面，可以查看创意的审核结果。阿里巴巴国际站的审核分为“机器审核”和“人工审核”两种方式，“机器审核”可以立即审核卖家的广告语填写是否涉及含有风控的词，如知识产权侵权或网站禁限售等，并告知结果。

如审核结果为“未通过”，鼠标移动至“？”处可显示审核未通过的具体原因，卖家需要单击“编辑”按钮，重新对该创意进行编辑并提交，提交后 3 个工作日内返回审核结果，如图 4-41 所示。

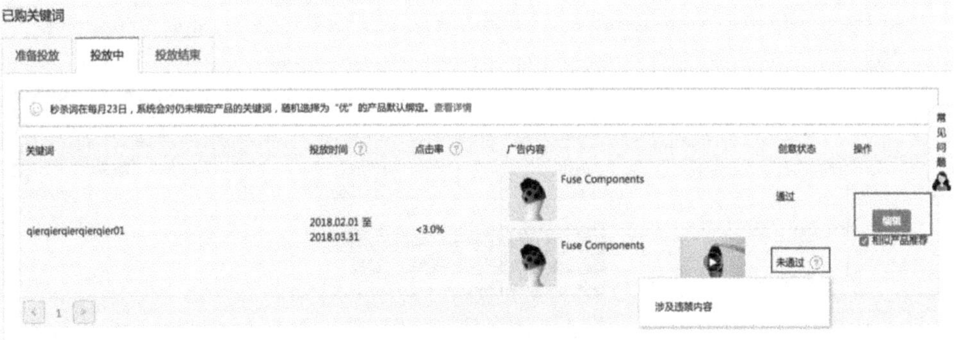

图 4–41 重新编辑该创意

3. 顶级展位竞价

顶级展位竞价是在每月特定时间段内，由用户自助线上抢购的顶级展位关键词。顶级展位竞价每月一次，总共 3 天 48 小时。顶级展位竞价的价格不是固定价格，会根据“关键词”在上一个月的投放效果进行计算，在次月竞价时进行价格调整；顶级展位竞价是用直通车账户中的款项结算，建议卖家在竞价前确保余额充足；当竞价结束时账户款项不够支付竞价词的情况下，竞价款项需要 24 小时内到账，否则资源将被释放用作下次售卖。

（1）主账号确认协议

樱本铺企业是首次参与竞价，所以需要先接受协议，且协议只能由主账号确认接受，确认协议后进入顶级展位竞价界面，如图 4–42 和图 4–43 所示。

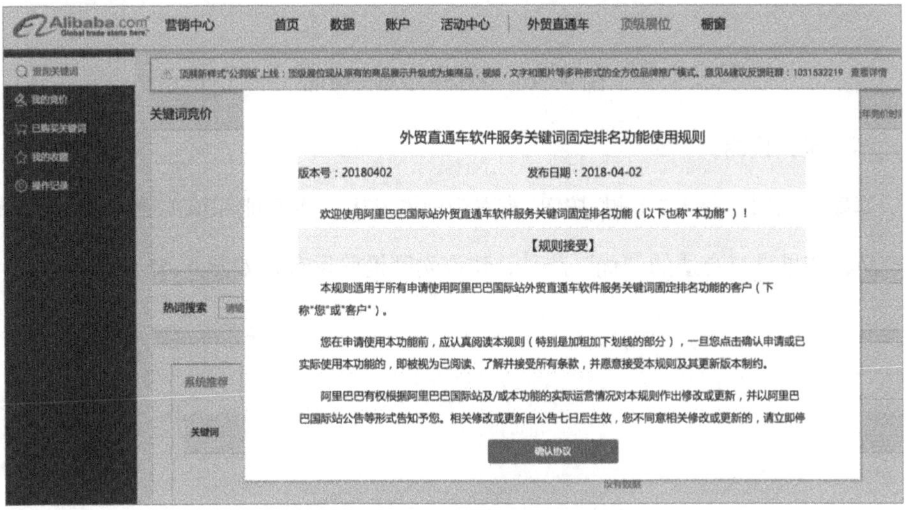

图 4–42 主账号确认协议

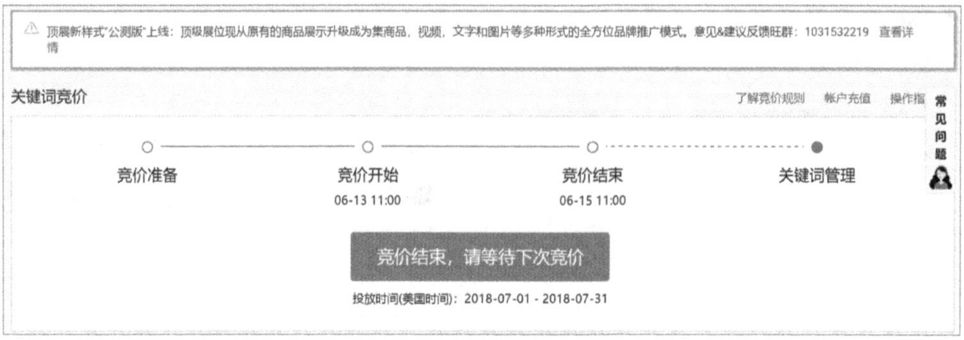

图 4–43 顶级展位竞价界面

（2）竞价前准备工作

第一步：收藏关键词。

在竞价未开始前，卖家可以通过系统推荐提前收藏好需要参与竞价的关键词，如果系统搜索中没有想要的关键词，也可以通过搜索框搜索查找需要的关键词，如图 4–44 所示。

图 4–44 查找和收藏关键词

第二步：检测。

卖家可以通过单击“检测”按钮，查看当前网站上是否有能和该关键词绑定为“优”的产品，如果没有合适的“优”产品，建议卖家提前发布，如图 4–45 所示。

图 4-45　检测

（3）售卖出价

当售卖开始时“出价”按钮会变成黄色，单击“出价”按钮弹出“出价”框，出价提交之后即表示参与了该关键词的竞价，系统会自动冻结卖家的直通车账户金额，直到有其他用户出价领先，卖家的出价才会被释放。加价幅度可通过加减号以 50 的倍数进行出价，当关键词第一次出价时，默认为底价，可以按照底价出价成功，之后最低加价幅度 50 元。出价框右侧可看到该词最近的 5 次竞价记录。

当该关键词在本次竞价中第一次被出价，即出价为底价无须加价，如图 4-46 所示。

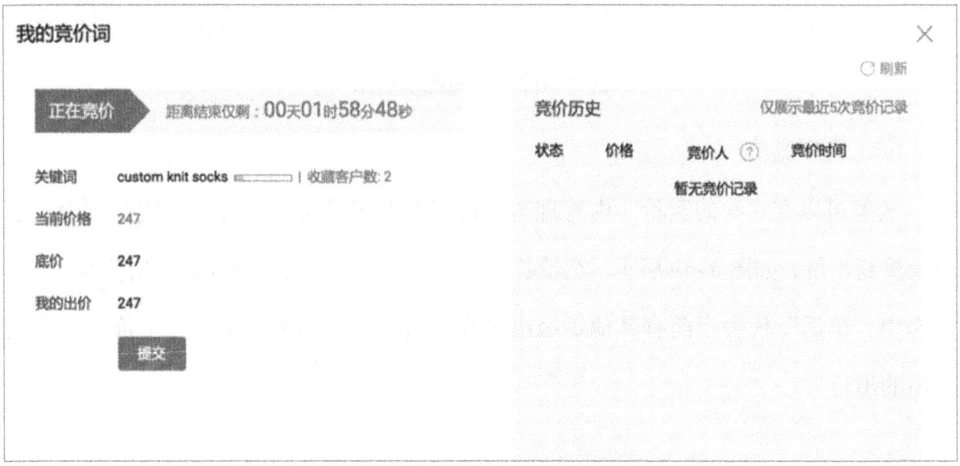

图 4-46　出价为底价无须加价

当该关键词在本次竞价中第二次及以上被出价，加价幅度可自定义，自定义范围在 20 ～ 1000 元之间，金额为整数不含小数点，其中“出价”框右侧可看到该词最近的 5 次竞价记录，如图 4–47 所示。

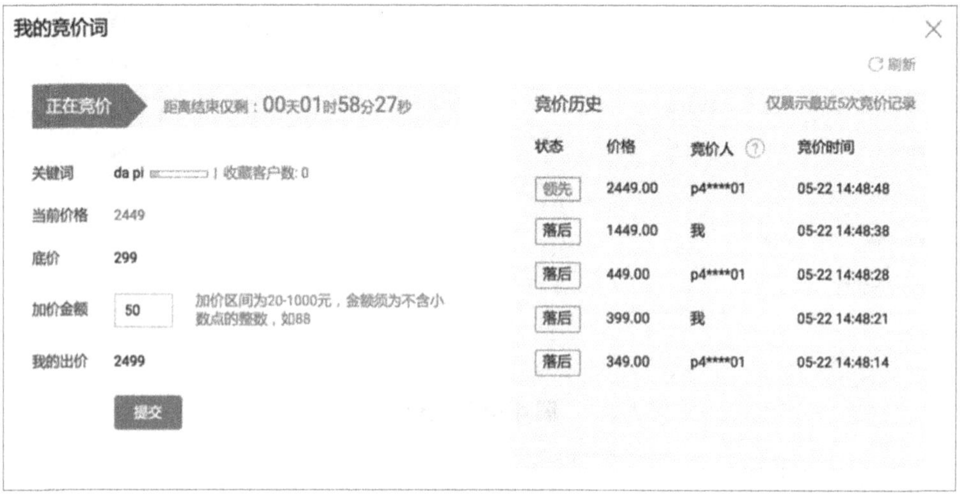

图 4–47　右侧查看竞价记录

竞价结束后，卖家可以在“我的竞价”模块中的“竞价状态”查看该竞价是否成功，如图 4–48 所示。当关键词的状态是“我已买下”，代表卖家已经成功竞价到该关键词；当关键词的状态是“他人已买下”，则代表未竞价到该关键词。竞价结束 2 小时内，卖家可以在“已购买关键词”中查看到已经竞价得到的关键词，并进行创意绑定。

图 4–48　查看竞价状态

（4）管理竞价

卖家可以在“我的竞价”中管理本次已经参与过竞价的关键词，监控竞价状态以及重新出价，如图 4–49 所示。竞价状态中“领先”表示卖家已经当前出价为第一；状态中“落后”代表当前有其他卖家出价高于自己，可以重新单击“出价”按钮进行新的出价。

图 4-49　管理竞价

（5）延迟竞价

延迟竞价是指本次竞价中关键词的竞价时间只剩最后 1 分钟时，如果有卖家仍然对该关键词进行出价竞价，系统将该关键词自动延长 3 分钟，如图 4-50 所示。延时期间若无卖家出价，则竞价结束；若有卖家第二次出价，则在第二个卖家拍下的时刻重新进行倒计时。

图 4-50　延迟竞价

4.2.2　橱窗设置

橱窗即橱窗展示位，是一种营销推广工具。卖家添加到橱窗的产品，在同等条件下享有搜索优先排名权益；同时可在卖家的全球旺铺中做专题展示。卖家可根据公司推广需求，自主选择需要推广的产品，如推广效果好的产品、新品或主打产品等，如图 4–51 所示。

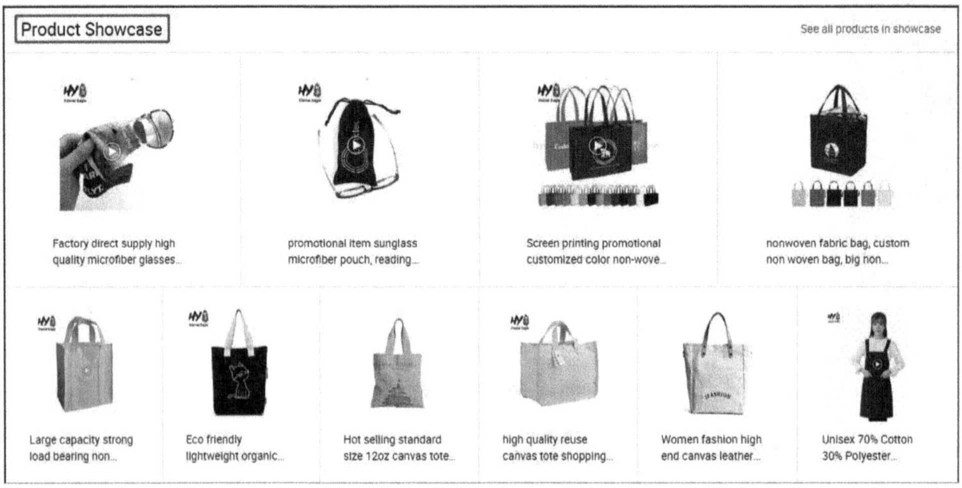

图 4–51 橱窗展示

橱窗产品优势：

① 享有搜索优先排名，在同等条件下，橱窗产品排在非橱窗产品之前。

② 拥有公司网站首页推广专区，提升主打产品推广力度。

③ 自主更换橱窗展示产品，轻松掌握主打产品推广的主动权。

1. 开通橱窗

一般付费会员自带 2 组共 10 个橱窗，不需要额外操作开通，但以下几种情况需要卖家在 MA 后台单独操作开通：

① 找客户经理单独购买的橱窗产品；

② 赠送的橱窗产品；

③ 金品诚企橱窗产品共 40 个组，其中只有 10 个橱窗无须额外开通，其他 30 个需要额外开通。

樱本铺企业是普通付费会员，所以只有 10 个橱窗。管理员账号登录“My Alibaba”后，在“营销中心”板块选择“橱窗”进入页面，单击“橱窗订单管理”，在“待开通订单”中查看需要开通的订单，单击“开通”并在下拉日期中选择开通日期后单击“确认”按钮即可，如图 4–52 和图 4–53 所示。

图 4-52 进入“橱窗”页面

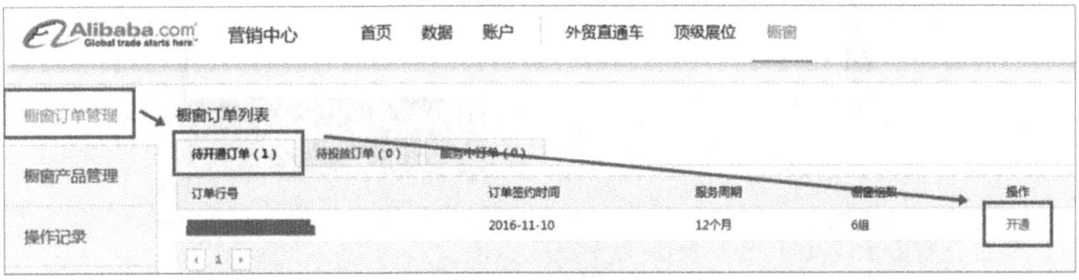

图 4-53 开通订单

2. 管理橱窗

（1）橱窗产品修改顺序

在“橱窗产品管理”页面中的“服务中橱窗”模块下，鼠标移动至需要修改排序的橱窗产品图片上，选择“修改排序”后系统弹出“排序”框，填写修改调整后的排序数字，单击“保存”按钮完成修改，如图 4-54 至图 4-56 所示。

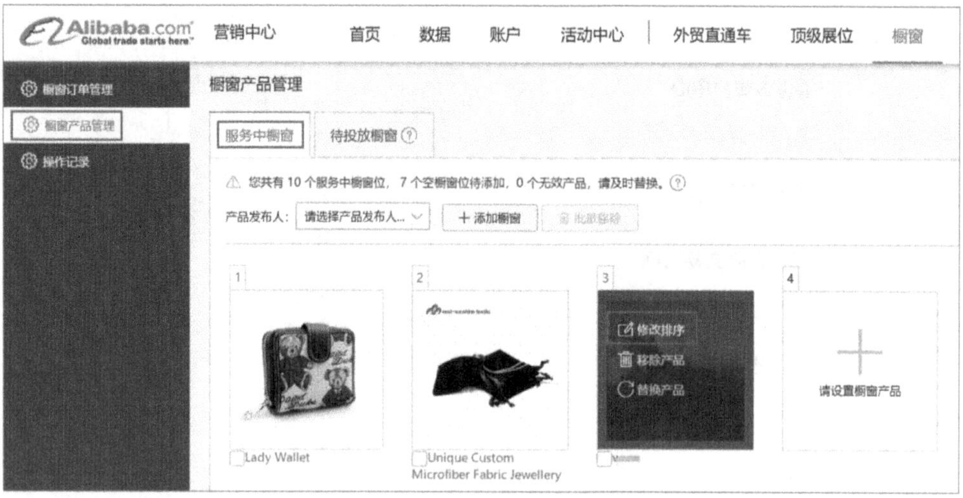

图 4-54 单击“修改排序”

图 4-55 修改排序号

（2）橱窗产品移除

在“服务中橱窗”模块，鼠标移动至需要移除的橱窗产品图片上，选择“移除产品”后系统会弹出删除提醒，单击“确认”按钮后即删除成功，该橱窗位后面的橱窗产品会依次前移，如图 4-57 至图 4-59 所示。

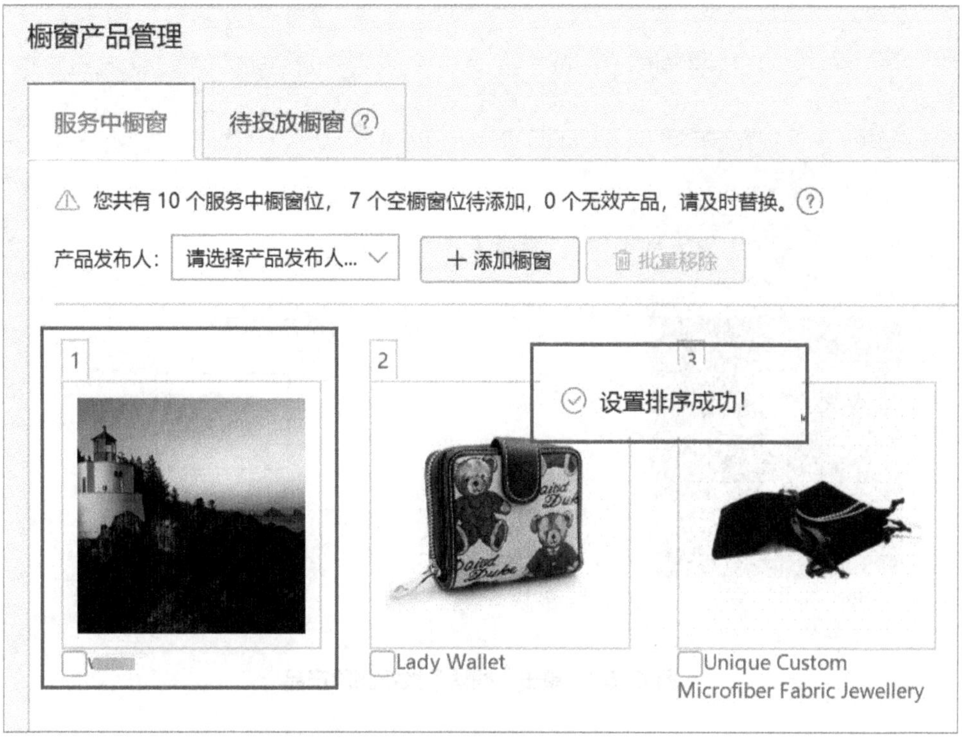

图 4-56　产品排序修改完成

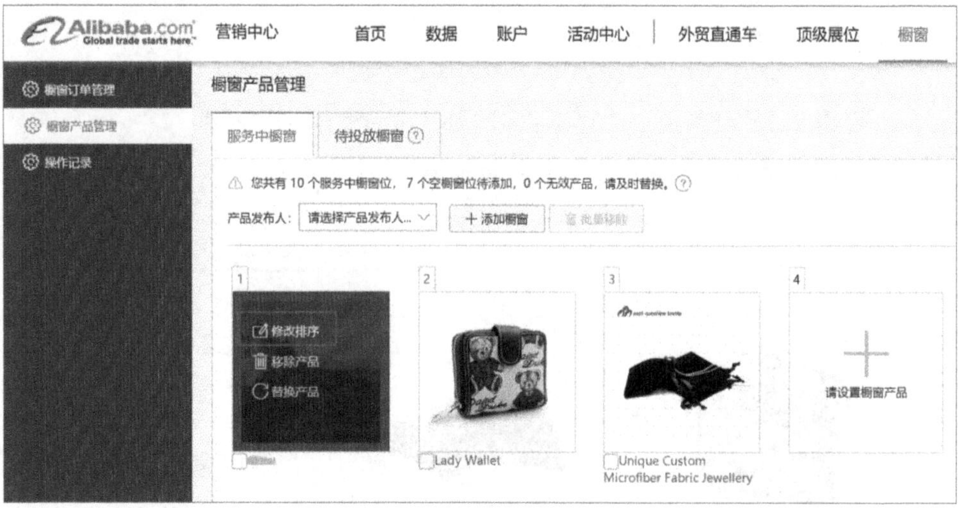

图 4-57　选择“移除产品”

图 4-58 单击“确认”按钮删除产品

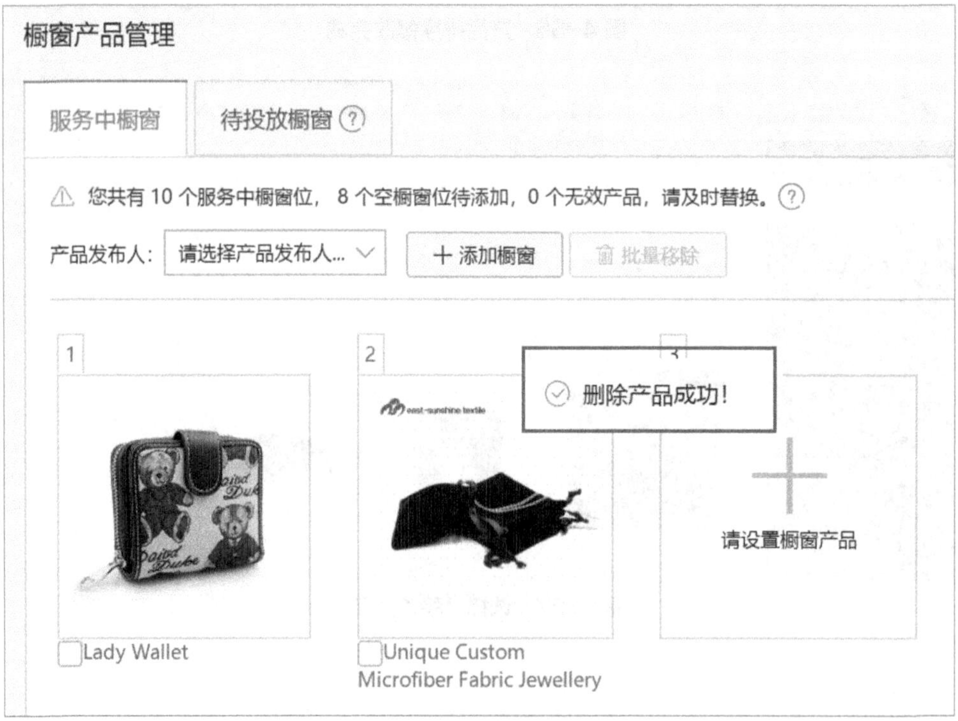

图 4-59 产品删除完成

（3）橱窗产品替换

橱窗产品替换的修改次数没有限制，修改完成后需要 24 小时同步时间。在“服务中橱窗”模块中，鼠标定位在需要替换的橱窗产品图片上，选择“替换产品”后系统会弹出“选择产品”框，卖家可以自主选择需要替换的产品，单击“确定”按钮系统会自动替换并保存，如图 4-60 至图 4-62 所示。

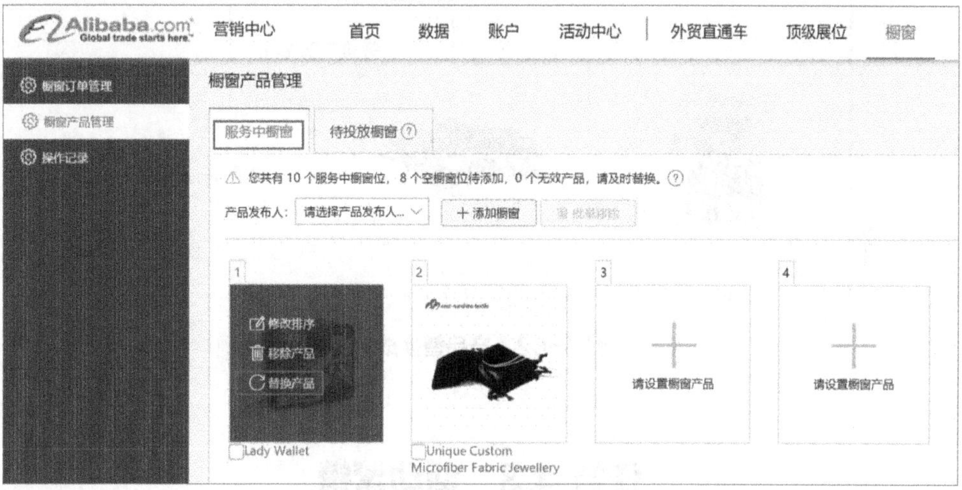

图 4-60　单击“替换产品”

图 4-61　选择新产品替换

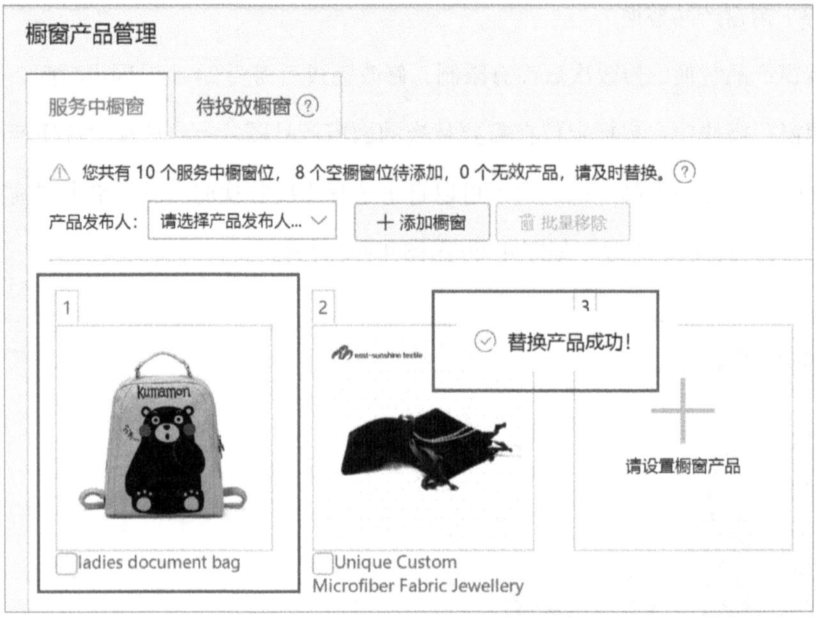

图 4-62　产品替换成功

任务 4.3　活动营销

4.3.1　店铺自主营销

1. 在线批发优惠券活动

优惠券有引流的作用。买家可以从多个渠道发现并获取优惠券。在获取优惠券后，通过优惠券的金额减免，可以提高买家的支付意愿，同时也为卖家提供了一种自营销渠道；卖家可以通过设置优惠券的领取时间和使用时间，为自己的网店引流蓄势、锁定成交，最终促进买家消费，提高网店的购买转化率。

（1）创建优惠券活动

登录“My Alibaba”，在“营销中心”板块选择“在线批发优惠券活动”进入页面，如图 4-63 和图 4-64 所示。优惠券活动创建流程如图 4-65 所示。

图 4-63 选择“在线批发优惠券活动”

图 4-64 “创建优惠券活动”界面

图 4-65 优惠券活动创建流程

在“创建优惠券活动”页面，单击“立即创建”按钮进行优惠券创建设置，填写的信息均为必填项。

① 活动名称。活动名称只用于后台活动记录，不会在前台展示，可根据活动信息设置。需要注意的是，活动名称不能为中文，限定最多为 32 个字符，如图 4-66 所示。

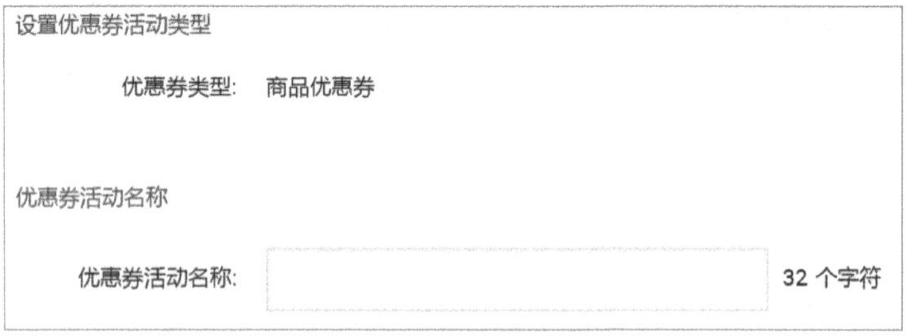

图 4-66 优惠券活动名称

② 优惠券时间设置。设置优惠券领取时间和使用时间可以精确至小时，但不可早于当前时间（以美国时间为准）；领券开始时间可以和用券开始时间一致，但不可晚于优惠券使用开始时间；领券时间最长不超过 30 天，用券时间最长不超过 15 天；领券与用券的结束时间一致，只需填写一次即可，如图 4-67 所示。

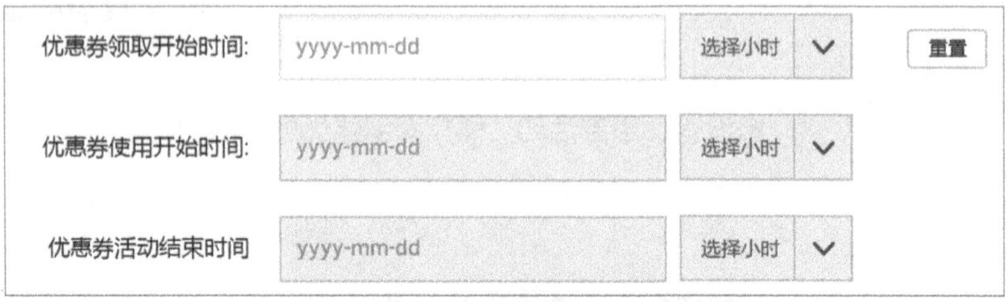

图 4-67 优惠券时间设置

需要注意的是，同一时段不可同时存在两个优惠券营销活动，包括自主创建的活动和平台营销活动。当创建活动不成功时，建议卖家优先检查是否填写的优惠券活动时间和已经参加的平台营销活动时间重合。卖家自营销优惠券活动不能与平台的营销活动时间有任何重合，商家在设定自营销优惠券活动时，请关注平台的营销活动时间，避免届时无法参加平台营销活动。

③ 优惠券面值设置。优惠券面值面额固定，且不能重复。优惠券最多可设置 8 种不同面值，对应值分别为 $5、$10、$20、$50、$100、$200、$500 和 $1000，而且

每种面值的优惠券总金额不能超过 $50000。卖家可以自定义设置优惠券使用门槛，但不能低于系统提示的最低要求，如图 4–68 所示。

图 4–68　优惠券面额设置

④ 推广方式。参与活动商品可选择为“所有在线批发商品”，或单击“编辑”链接选择部分在线批发商品；优惠券展示默认为“展示到旺铺的优惠券区块与商品详情页”；使用渠道卖家可以自主选择“仅电脑端”“仅手机端”或“电脑端及手机端”，如图 4–69 所示。

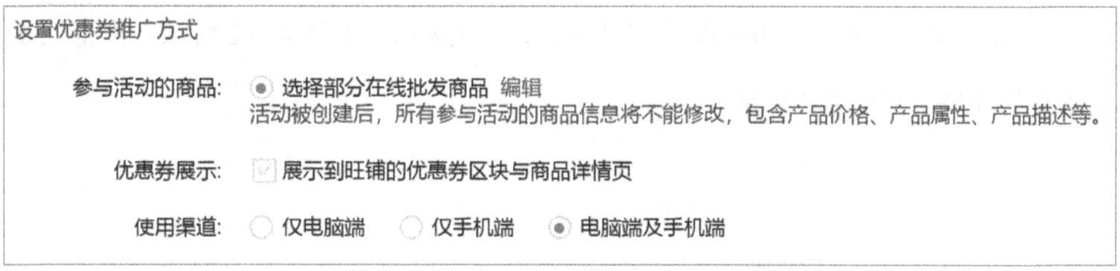

图 4–69　优惠券推广方式选择

优惠券创建信息完成后，单击“创建”按钮提交。优惠券领取未开始前仅能添加新的推广产品，不可进行其他操作，如图 4–70 所示。

（2）优惠券活动展示

当平台优惠券与商户自营销优惠券同时存在时，优先展示平台活动，如图 4–71 所示。

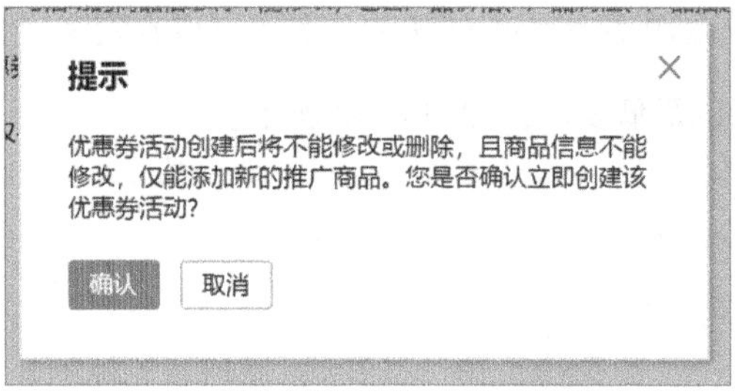

图 4-70 优惠券活动创建注意事项

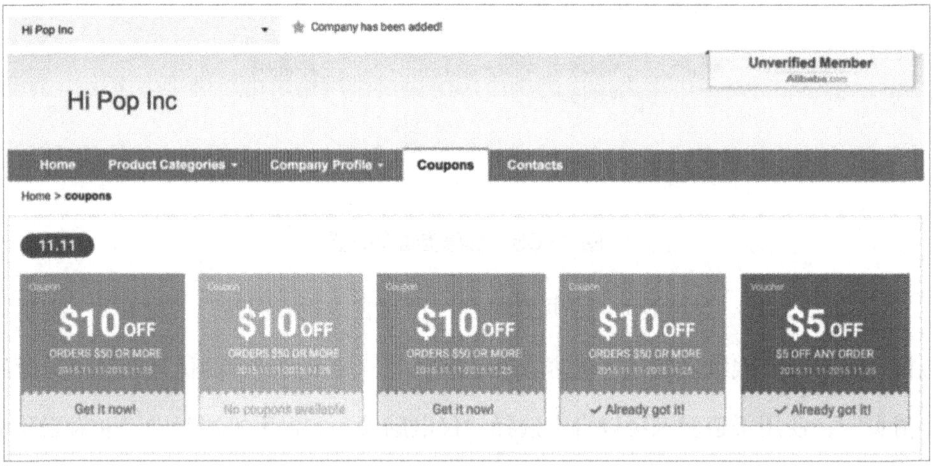

图 4-71 优惠券活动展示

旺铺页面“Product Categories”新增筛选标签展示，如图 4-72 所示；产品页面优惠券活动展示如图 4-73 所示。

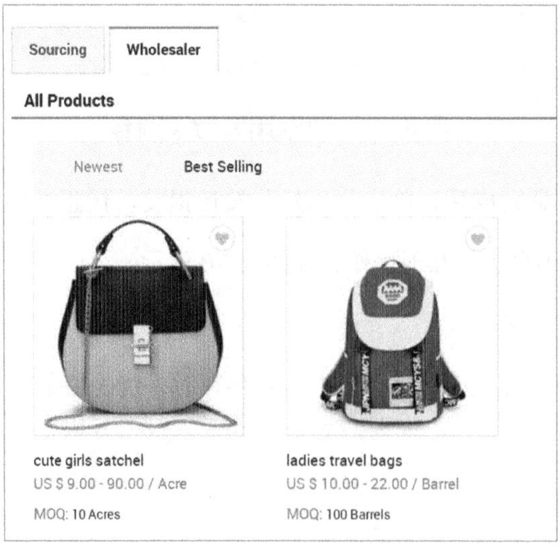

图 4-72 新增筛选标签

图 4-73 产品页面优惠券展示

2. 无线端实时营销

实时营销是一种主动向买家进行营销推广的方式。系统会根据买家的意向推荐给不同的卖家，卖家通过千牛消息的方式对买家进行营销。实时营销对供应商的要求如下：

① 30 天内及时回复率大于或等于 50%；

② 平均回复时间小于 72 小时。

需要注意的是，以上两个条件同时满足时系统才会推荐买家；当满足以上两个条件后，如系统没有匹配到合适的买家时也不会给卖家推荐，需要耐心等待。

（1）“实时营销”应用添加

登录千牛工作台后，在“我的应用”模块单击右上角“更多应用”或单击“+”进入，如图 4-74 所示。利用搜索框搜索“实时营销”并单击“添加”按钮，或选择“促销”模块查找“实时营销”应用并单击“添加”按钮，完成应用添加，如图 4-75 至图 4-77 所示。

图 4-74 单击“更多应用”

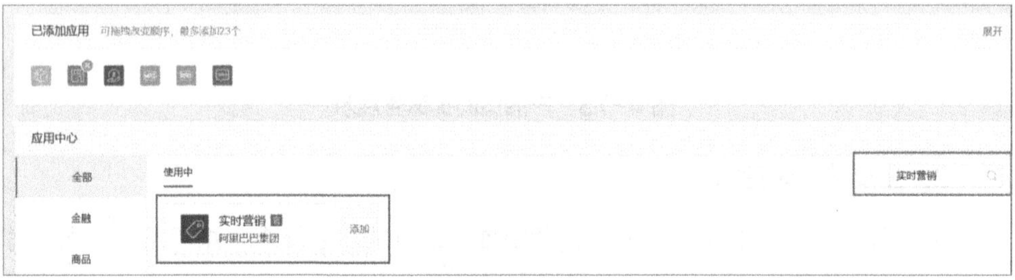

图 4-75 搜索“实时营销”添加应用

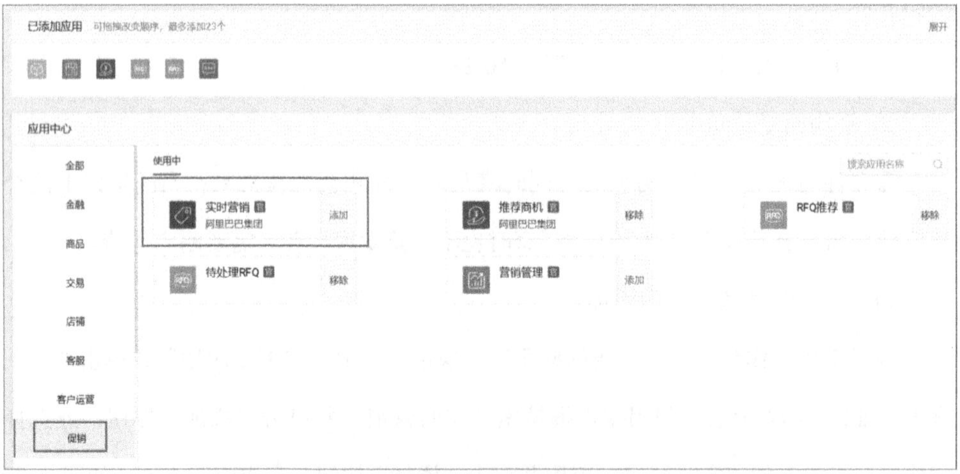

图 4-76 “促销”模块内选择“实时营销”应用添加

图 4-77 “实时营销”应用添加完成

（2）实时营销操作

单击千牛工作台主页的“实时营销”应用，进入页面后会展示可以进行营销的买家信息，每天仅可以营销 15 个买家，卖家可以在营销结果页面查看营销结果，如图 4–78 和图 4–79 所示。

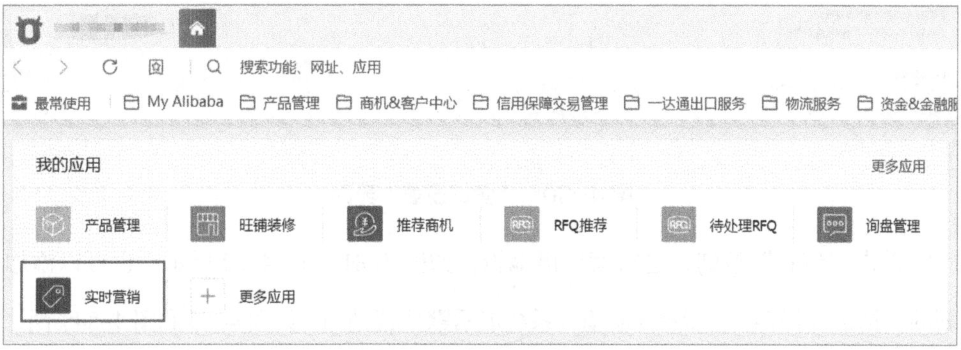

图 4–78　单击“实时营销”

图 4–79　营销结果页面

在“营销设置”模块，可进行营销短语、系统营销和推送消息设置，可查看实时主动营销协议及条款，如图 4–80 所示。

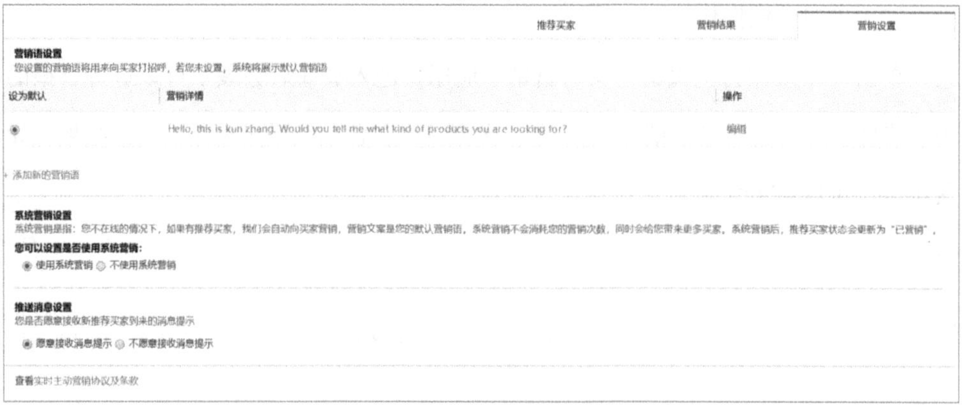

图 4-80 “营销设置”界面

单击“编辑”按钮，进行营销语编辑，如图 4-81 和图 4-82 所示；也可以添加新的营销语并保存，若卖家未设置，系统展示默认营销语，如图 4-83 和图 4-84 所示。

图 4-81 营销语设置

图 4-82 编辑营销语

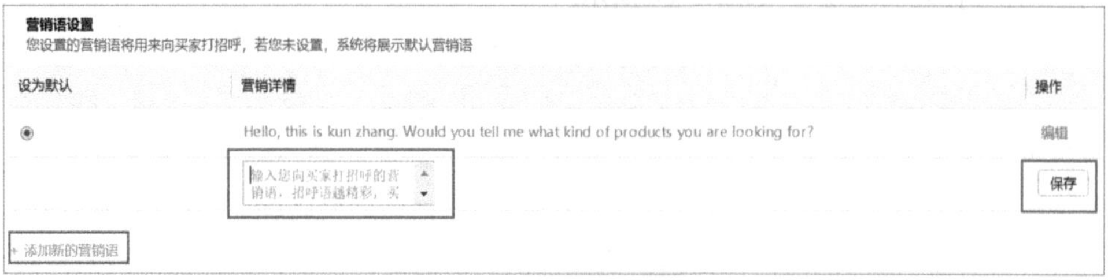

图 4-83 添加新的营销语

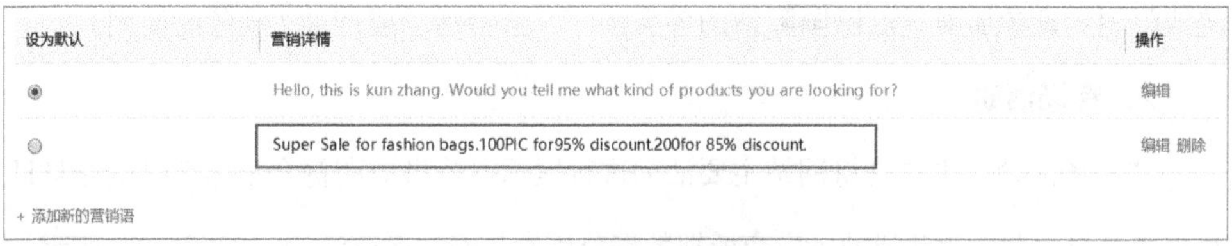

图 4-84　营销语添加完成

系统营销是指当卖家离线时，如果有推荐买家系统会自动向买家营销，营销文案为默认营销语。此时系统营销不会消耗卖家的营销次数，同时会给卖家带来更多买家，当系统营销后，推荐买家状态会更新为“已营销”。

推送消息是指卖家针对是否愿意接收新推荐买家到来的消息提示的选择，一般默认为“愿意接收消息提示”，如图 4-85 所示。

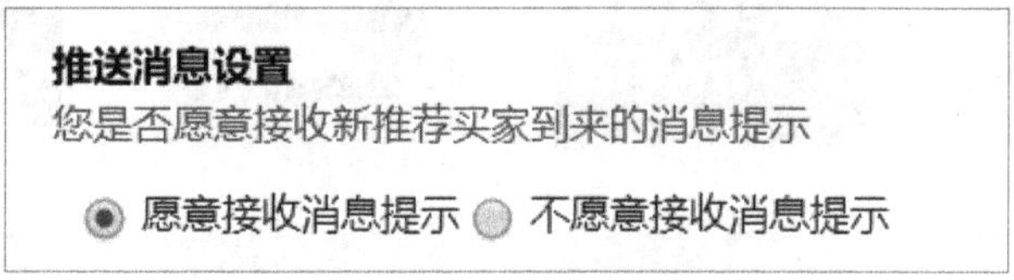

图 4-85　推送消息设置

4.3.2　平台限时活动

1. 三月新贸节、九月采购节

阿里巴巴国际站有两个重要活动，分别是三月新贸节和九月采购节，也是卖家参与数最多的活动。

2018 年三月新贸节活动时间为 2018 年 3 月 5 日 0 点（PST）至 2018 年 3 月 31 日 23:59:59（PDT），其中包含免费验货活动、美国地区买家支持手续费减免、中美拼箱服务、金融、活动 KA 商家专享和 P4P 红包奖励 6 个活动。

在外贸行业，九月是国外买家的采购高峰期，而与外贸相辅相成的物流更是整个交易中的重中之重。阿里巴巴国际站致力于促进中小企业的跨境贸易，菜鸟物流更是与国际站直接合作，在“920”大促期间将会推出采购节信保订单使用国际物流享有满返减优惠的活动，帮助中小企业获得更多订单。

根据活动的不同，活动对象和活动条件也有所不同，卖家可以根据具体的活动要求参与。需要注意的是，若卖家累计惩罚分数达到 24 分或以上，阿里巴巴有权拒绝或限制卖家参加阿里巴巴国际站的各类推广、营销活动或产品 / 服务的使用。

2. 专场活动

“专场活动”主要是将网站主要活动进行展示，若供应商符合报名活动的条件即可报名参与。专场活动帮助供应商根据数据分析参与网站运营活动，如图 4–86 所示。

图 4–86 “专场活动”界面

卖家根据自己网店的实际情况选择需要参加的活动，单击“查看详情”按钮进入活动介绍页面，如图 4–87 所示。在活动详情页，卖家应仔细阅读活动详情和产品要求，确认可以参加活动后单击“立即报名”按钮；若卖家不符合活动条件，可单击“查看所有活动”按钮返回专场活动主页，如图 4–88 所示。

图 4–87 单击“查看详情”

图 4-88　单击“立即报名”

选择参加活动的产品，且已报名参加活动的商品在提交报名后不能修改报名信息，建议卖家在参加活动前，先优化产品等相关信息。选择后单击“提交所有已暂存的商品”按钮提交完成，如图 4-89 所示。

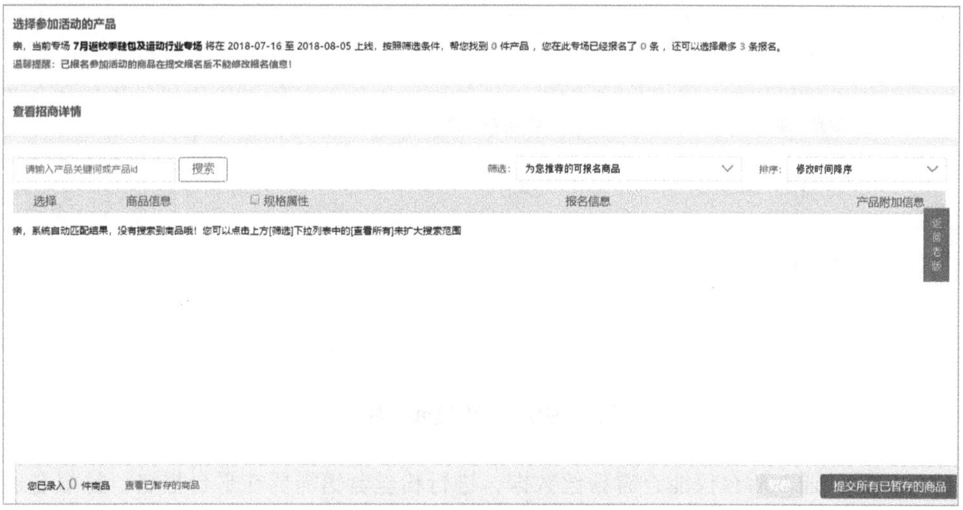

图 4-89　提交产品报名活动

樱本铺企业投放了 P4P 产品，又参与顶级展位的投放，针对部分商品还设置了在线批发优惠券，给买家更多优惠的同时有效地宣传了品牌形象，这样的营销方式，不仅获得更高流量，还增加了转化率。

项目小结

本项目以在阿里巴巴国际站的网店营销工作为引导，进行阿里巴巴国际站的平台营销学习。通过本项目的学习，让学生了解平台营销和店铺自主营销的方式，掌握 P4P、顶级展位的推广技巧，以及店铺自主营销的操作方法。结合自身网店初期的实际情况，选择合适的营销方式，并能够进行相关的推广操作，监测推广效果。

知识链接

1. 粉丝通

“粉丝通”是卖家管理粉丝的后台，卖家基于买家 Feeds 频道及旺铺可以完成粉丝关系的建立和消费，在“粉丝通”首页可以查看粉丝的相关数据，如图 4–90 所示。

图 4–90 “粉丝通”界面

“粉丝通”后台仅能查看粉丝数据，进行粉丝营销需要在平台报名，且报名通过后才有发布产品等操作；卖家报名被录取后一周内运营经理会协助卖家开通相关功能。粉丝营销内容形式包括商品、图文及视频。

2. 充分发挥橱窗优势

（1）优化选择橱窗产品

橱窗有排名优先权、稀缺性的特点，所以卖家在选择橱窗产品时需要从多个角度进行筛选。

① 主打产品。橱窗产品优先选择最能为企业带来利润和赢得口碑的产品信息。

② 热销产品。优质店家都有一款热销产品，被称为“镇店之宝”，通过这款产

品来吸引更多的买家搜索到网店，进行浏览或点击相关的其他产品等操作，从而带动网店的整体效果。

③ 新产品。与时俱进地呈现新产品，对于产品发展迅速的行业来说非常重要。

（2）巧用产品详细描述

设置为橱窗的产品信息需要高质量。基于橱窗的高曝光性，在不影响产品信息的情况下，详细描述可以适当扩展公司的其他主打产品，也可以展示能凸显公司的优势等相关信息。

（3）选好买家搜索词

在同等排名的情况下，选择买家使用多的搜索词能带来更多的曝光。因此，橱窗可以选择热度高一些的词。但由于行业下热门词普遍竞争激烈，因此在橱窗产品使用买家搜索词时需要更加精准。

（4）充分利用图片

橱窗的曝光性非常高，因此图片除了展示产品外，还可以结合实际情况传递更多信息，如多角度展示产品细节、产品认证信息、产品卖点等。

（5）巧用橱窗排版

全球旺铺页面的橱窗产品，“通栏”可以选择4大6小的高清大图，首页显示10个，超出部分单击“查看更多”按钮可以在产品页面查看，因此，需要将前10个橱窗产品做好优化排版，更利于买家挑选。

项目 5

数据管家

数据管家是阿里巴巴国际站详尽全面的数据分析板块，供应商通过数据管家能够诊断当前店铺问题，包括转化、产品和流量问题，了解店铺运营情况，同时能够针对现有的产品数据进行适合的营销活动。

【知识目标】

1. 了解供应商的服务指数；
2. 了解零效果产品的影响；
3. 了解“知己”板块数据名词的解释。

【能力目标】

1. 掌握分析访客来源的方法；
2. 掌握访客营销的方法；
3. 掌握行业视角数据分析的方法；
4. 掌握行业动态分析的方法。

项目情境

陕西省樱本铺箱包定制公司在店铺运营前期，利用外贸直通车、顶级展位等营销方式推广产品，且有一定的推广效果。针对店铺运营和广告推广效果，结合数据管家的整体店铺数据分析，查看是否需要重新定制改进产品推广策略。那么如何进行数据管家的数据指标分析呢？这一系列知识及能力将在本项目中得到系统的学习和训练。

任务分解

本项目下的任务将对阿里巴巴国际站的数据管家进行全方位的学习，包括“诊断中心”“知己”“知买家”和“知行情”四个板块。针对店铺产品和关键词的数据分析，并结合买家行为数据进行访客营销。让初学者能够以店铺运营者的身份去进行店铺运营数据分析。

任务 5.1 诊断总览

供应商能力指数是阿里巴巴国际站对其会员服务海外买家综合实力的一个统计诊断，它既包括了供应商的线上电商服务能力、产品信息质量和旺铺数据等，也包含了线下的研发设计、加工制造、外贸出口、历史信用等。

电商服务分是供应商服务指数的一部分，代表了供应商的电商服务能力，它从供应商在阿里巴巴国际站平台上的效果出发，分为信息展示、商机获取、商机处理、交易履约这四个模块。

供应商单击“My Alibaba” - “数据管家” - “诊断总览”，可直接查看供应商服务指数展示，如图 5-1 和图 5-2 所示。

图 5-1 登录“数据管家”页面

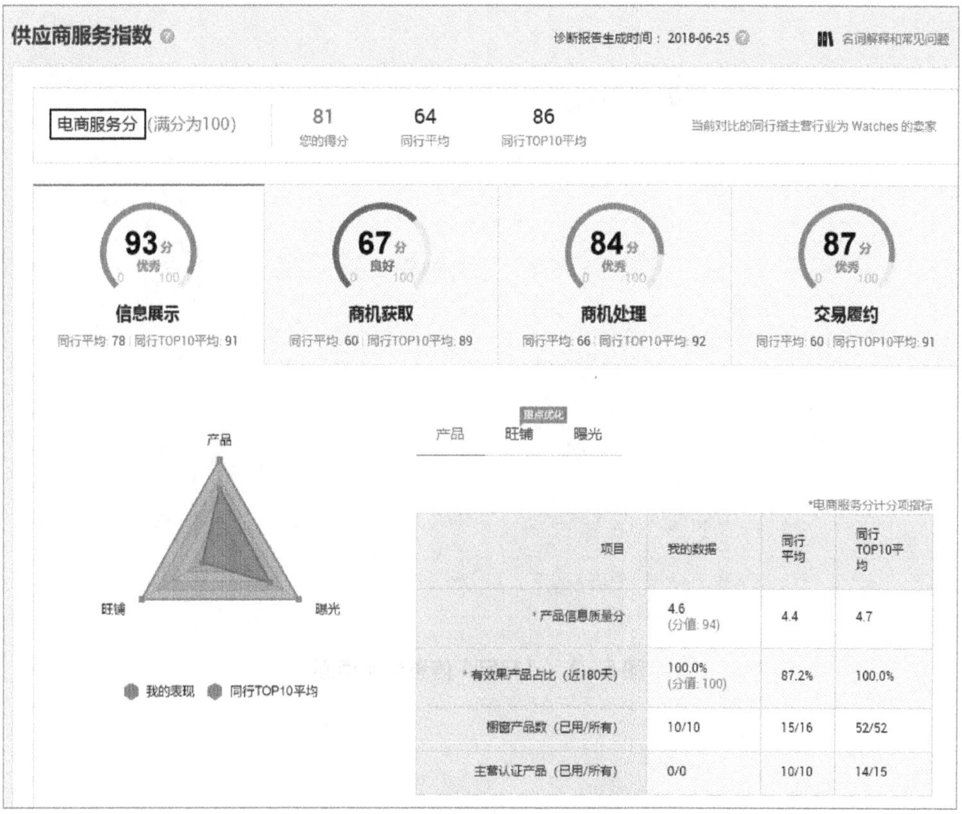

图 5-2 “电商服务分”数据展示页面

1. 信息展示

信息展示分为“产品”“旺铺”和“曝光”3 个子模块。

（1）产品

“产品”页面包含产品信息质量分、有效果产品占比、橱窗产品数和主营认证产品数据，同时展示对应同行平均数据与同行 TOP10 平均数据，便于供应商及时优化产品信息，如图 5-3 所示。

（2）旺铺

“旺铺”数据的衡量指标主要从店铺访客行为分、近 30 天的旺铺转化率、近 30 天的旺铺反馈数、近 30 天的旺铺 TM 咨询客户数和近 30 天的旺铺访客数进行分析，同“产品”页面一样展示同行平均数据和同行 TOP10 平均数据，如图 5-4 所示。

重点优化

产品 旺铺 曝光

*电商服务分计分项指标

项目	我的数据	同行平均	同行TOP10平均
* 产品信息质量分	4.6 (分值: 94)	4.4	4.7
* 有效果产品占比（近180天）	100.0% (分值: 100)	87.2%	100.0%
橱窗产品数（已用/所有）	10/10	15/16	52/52
主营认证产品（已用/所有）	0/0	10/10	14/15

图 5-3 “产品”信息展示页面

重点优化

产品 旺铺 曝光

*电商服务分计分项指标

项目	我的数据	同行平均	同行TOP10平均
* 店铺访客行为分	75.1 (分值: 83)	44.6	75.1
旺铺转化率（近30天）	0.8%	2.6%	10.1%
旺铺反馈数（近30天）	7	26	194
旺铺TM咨询客户数（近30天）	2	4	22
旺铺访客数（近30天）	1090	1128	9089

图 5-4 “旺铺”数据展示页面

若“旺铺”展示页面有绿色提示文字“重点优化”出现，表明这个项目数据处于劣势，需要供应商及时优化改善，如图 5-5 所示。

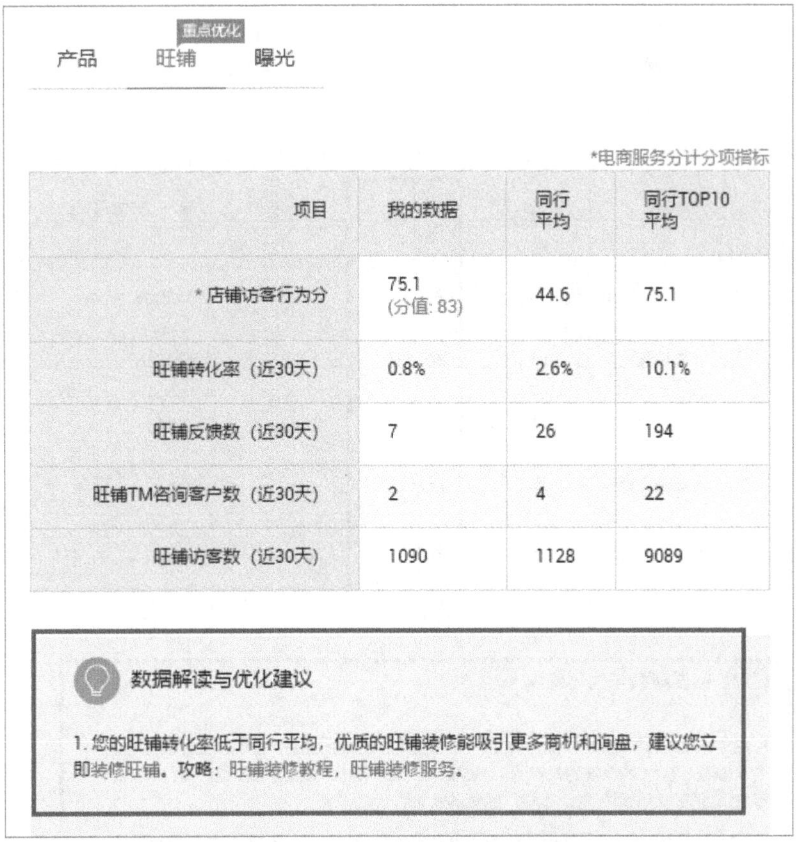

项目	我的数据	同行平均	同行TOP10平均
* 店铺访客行为分	75.1 (分值: 83)	44.6	75.1
旺铺转化率（近30天）	0.8%	2.6%	10.1%
旺铺反馈数（近30天）	7	26	194
旺铺TM咨询客户数（近30天）	2	4	22
旺铺访客数（近30天）	1090	1128	9089

图 5-5 “重点优化”提示页面

“数据解读与优化建议”展示系统针对该项目页面出现的问题给出的数据解读与建议，帮助供应商提升店铺的转化。同时会给出相应的优化攻略，方便供应商直接解决现有问题。

（3）曝光

“曝光”页面也同样展示统计时间范围内产品的曝光数据，并进行数据解读和优化建议，如图 5-6 所示。

如图 5-6 所示，樱本铺企业旺铺总曝光量近 30 天数据为 83505，同行平均数据为 78201，同行 TOP10 平均数据为 533866，由此可以看出樱本铺企业旺铺的数据基本是跟同行平均数据相近的，对比同行 TOP10 平均数据的差距非常大，说明旺铺效果处于较差等级，需要根据数据解读和优化建议及时优化。

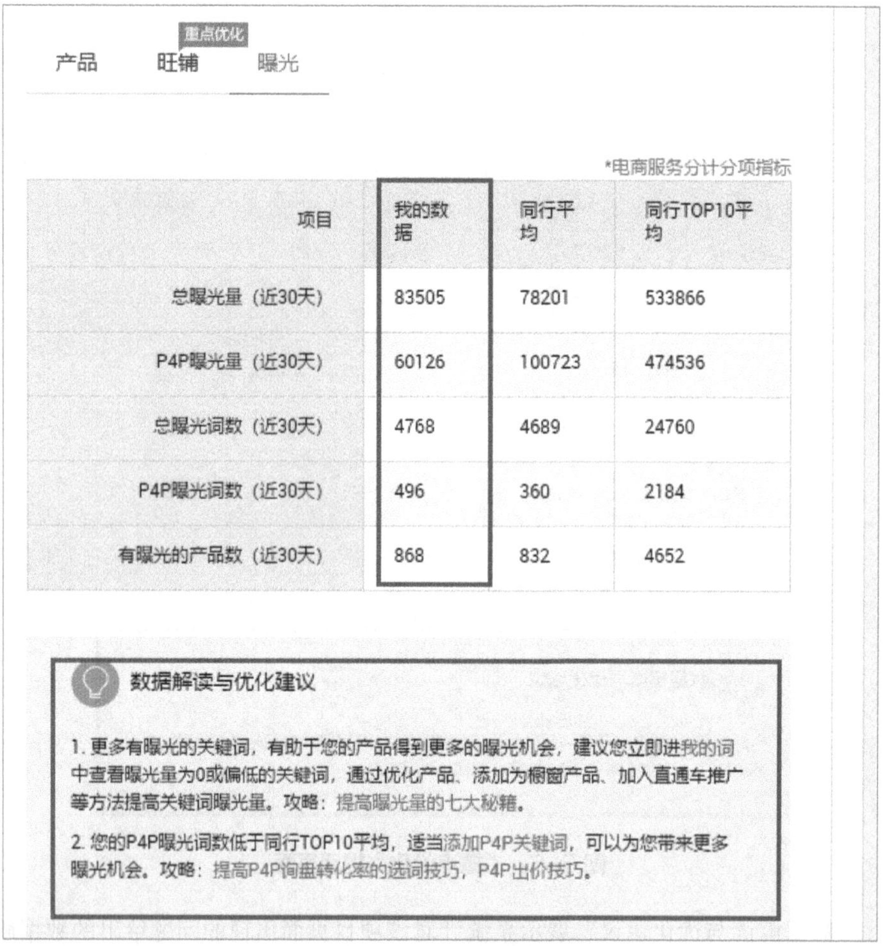

项目	我的数据	同行平均	同行TOP10平均
总曝光量（近30天）	83505	78201	533866
P4P曝光量（近30天）	60126	100723	474536
总曝光词数（近30天）	4768	4689	24760
P4P曝光词数（近30天）	496	360	2184
有曝光的产品数（近30天）	868	832	4652

图 5-6 “曝光”数据展示页面

2. 商机获取

商机获取包括“点击”“商机”和“客户”3 个子模块，如图 5-7 所示为“商机获取”页面。

（1）点击

“点击”是衡量供应商获取流量转化的一个维度。数据统计维度为近 30 天范围，从点击率、总点击量、P4P 点击量、总点击词数、有点击的产品数 5 个维度进行诊断，如图 5-8 所示。

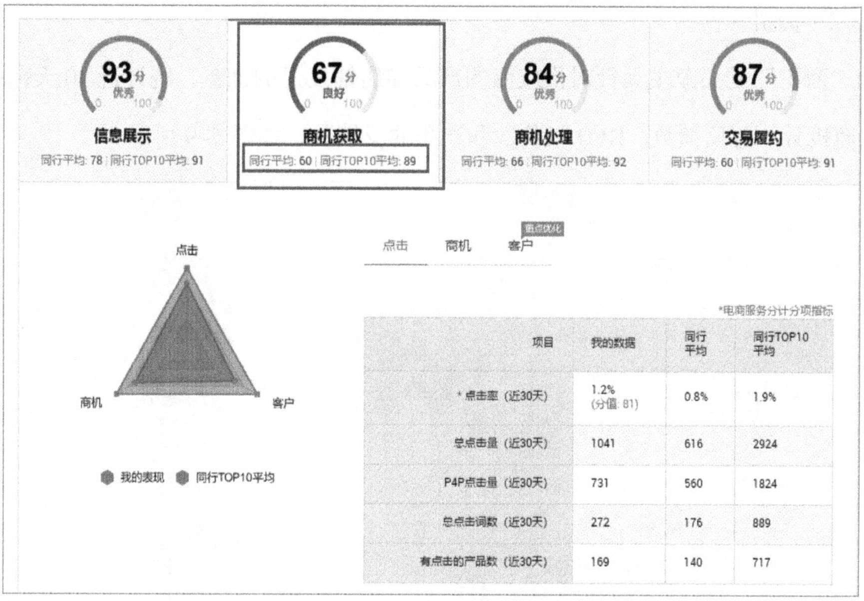

项目	我的数据	同行平均	同行TOP10平均
*点击率（近30天）	1.2% (分值: 81)	0.8%	1.9%
总点击量（近30天）	1041	616	2924
P4P点击量（近30天）	731	560	1824
总点击词数（近30天）	272	176	889
有点击的产品数（近30天）	169	140	717

图 5-7 “商机获取”页面

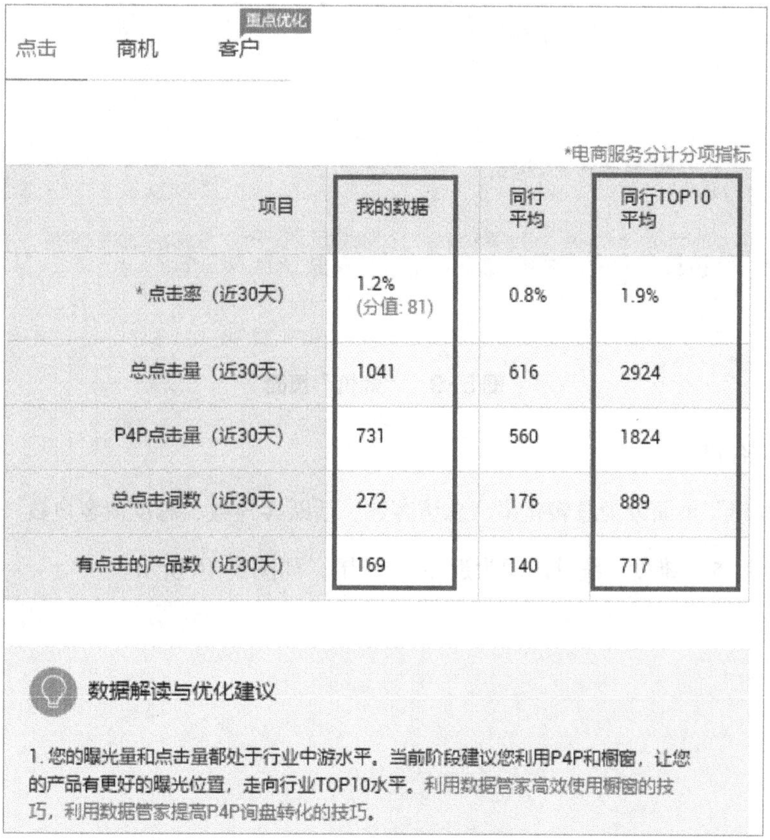

项目	我的数据	同行平均	同行TOP10平均
*点击率（近30天）	1.2% (分值: 81)	0.8%	1.9%
总点击量（近30天）	1041	616	2924
P4P点击量（近30天）	731	560	1824
总点击词数（近30天）	272	176	889
有点击的产品数（近30天）	169	140	717

数据解读与优化建议

1. 您的曝光量和点击量都处于行业中游水平。当前阶段建议您利用P4P和橱窗，让您的产品有更好的曝光位置，走向行业TOP10水平。利用数据管家高效使用橱窗的技巧，利用数据管家提高P4P询盘转化的技巧。

图 5-8 “点击”页面

（2）商机

“商机”是买家主动针对供应商的产品和店铺发送的询盘，统计近 30 天范围内的总商机数、总反馈数、RFQ 报价数和产品的反馈数，如图 5-9 所示。

项目	我的数据	同行平均	同行TOP10平均
* 总商机数（近30天）	59 (分值: 53)	93	942
总反馈数（近30天）	38	80	934
RFQ报价数（近30天）	21	18	52
产品的反馈数（近30天）	36	76	912

图 5-9 “商机”页面

（3）客户

“客户”页面分为总转化率、总访客数、活跃客户数、总反馈客户数、TM 咨询客户数统计 5 个维度，统计时间为近 30 天范围，如图 5-10 所示。

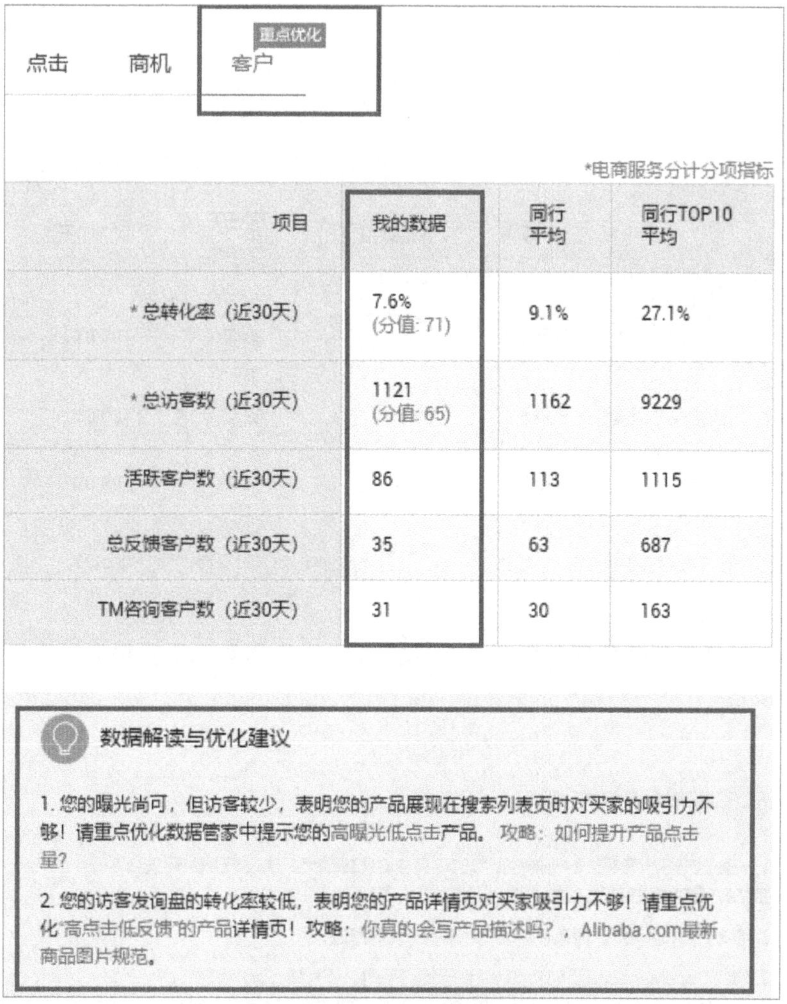

项目	我的数据	同行平均	同行TOP10平均
* 总转化率（近30天）	7.6%（分值: 71）	9.1%	27.1%
* 总访客数（近30天）	1121（分值: 65）	1162	9229
活跃客户数（近30天）	86	113	1115
总反馈客户数（近30天）	35	63	687
TM咨询客户数（近30天）	31	30	163

图 5-10 “客户”页面

3. 商机处理

商机处理包括“买家沟通”与“RFQ”两个子模块。

（1）买家沟通

“买家沟通”分为及时回复率、询盘及时回复率、TM 咨询及时回复率、平均回复时间、询盘二次回复率，如图 5-11 所示。

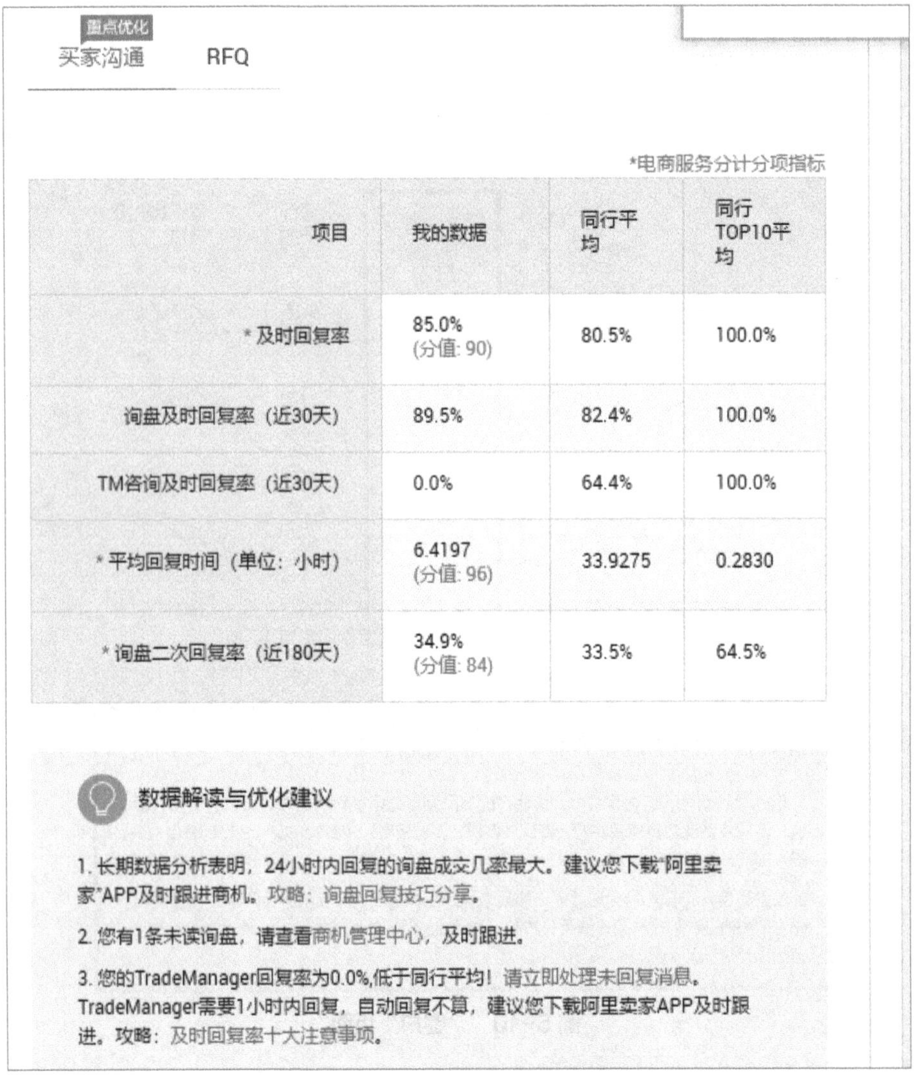
重点优化

买家沟通 RFQ

*电商服务分计分项指标

项目	我的数据	同行平均	同行TOP10平均
* 及时回复率	85.0% (分值: 90)	80.5%	100.0%
询盘及时回复率（近30天）	89.5%	82.4%	100.0%
TM咨询及时回复率（近30天）	0.0%	64.4%	100.0%
* 平均回复时间（单位：小时）	6.4197 (分值: 96)	33.9275	0.2830
* 询盘二次回复率（近180天）	34.9% (分值: 84)	33.5%	64.5%

数据解读与优化建议

1. 长期数据分析表明，24小时内回复的询盘成交几率最大。建议您下载"阿里卖家"APP及时跟进商机。攻略：询盘回复技巧分享。

2. 您有1条未读询盘，请查看商机管理中心，及时跟进。

3. 您的TradeManager回复率为0.0%,低于同行平均！请立即处理未回复消息。TradeManager需要1小时内回复，自动回复不算，建议您下载阿里卖家APP及时跟进。攻略：及时回复率十大注意事项。

图 5-11 “买家沟通”数据界面

（2）RFQ

“RFQ”分为 RFQ 意向行动率、意向行动报价数和可用报价权益数，如图 5-12 所示。根据阿里巴巴国际站后台的数据统计，客户在 24 小时内回复的询盘成交概率相对比较大，所以询盘需要在 24 小时内回复。

项目	我的数据	同行平均	同行TOP10平均
* RFQ意向行动率（近30天）	21.4%（分值: 60）	36.9%	100.0%
意向行动报价数（近30天）	3	4	20
可用报价权益数	21	14	26

图 5-12 “RFQ”数据展示

4. 交易履约

交易履约包括“订单转化”“交易等级”和“交易保障”3个子模块。

（1）订单转化

“订单转化”就是客户直接在线上下单，并且能够直接转化的一个订单数量。同时它分为订单转化率、已付款客户数、总反馈客户数和活跃客户数，统计时间为近180天，如图5-13所示。

（2）交易等级

“交易等级”是在阿里巴巴网站达成订单能力的评级，供应商的等级越高得到买家的青睐也越高，且会得到更多的网站权益，如图5-14所示。交易等级分成10个等级，用钻石标志表示，如图5-15所示。

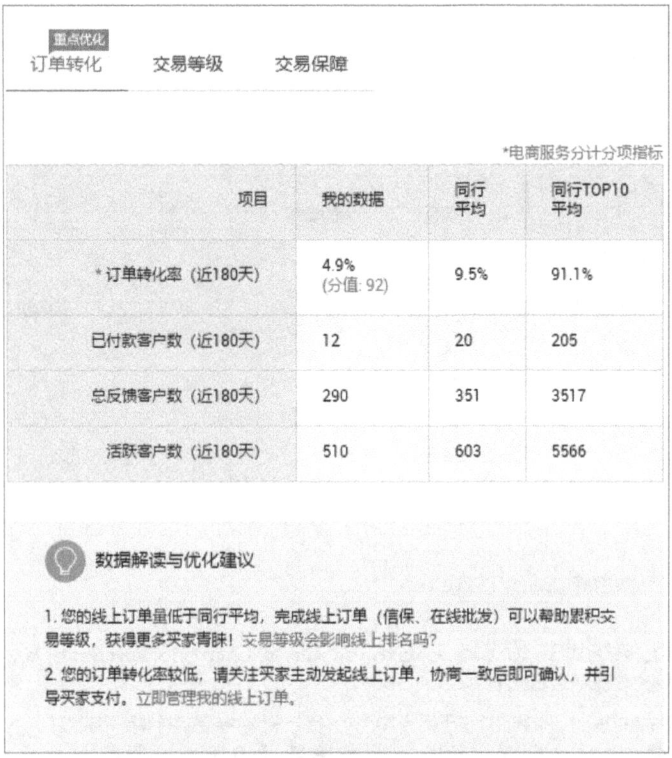

项目	我的数据	同行平均	同行TOP10平均
*订单转化率（近180天）	4.9%（分值: 92）	9.5%	91.1%
已付款客户数（近180天）	12	20	205
总反馈客户数（近180天）	290	351	3517
活跃客户数（近180天）	510	603	5566

数据解读与优化建议

1. 您的线上订单量低于同行平均，完成线上订单（信保、在线批发）可以帮助累积交易等级，获得更多买家青睐！交易等级会影响线上排名吗?

2. 您的订单转化率较低，请关注买家主动发起线上订单，协商一致后即可确认，并引导买家支付。立即管理我的线上订单。

图 5-13 “订单转化”页面

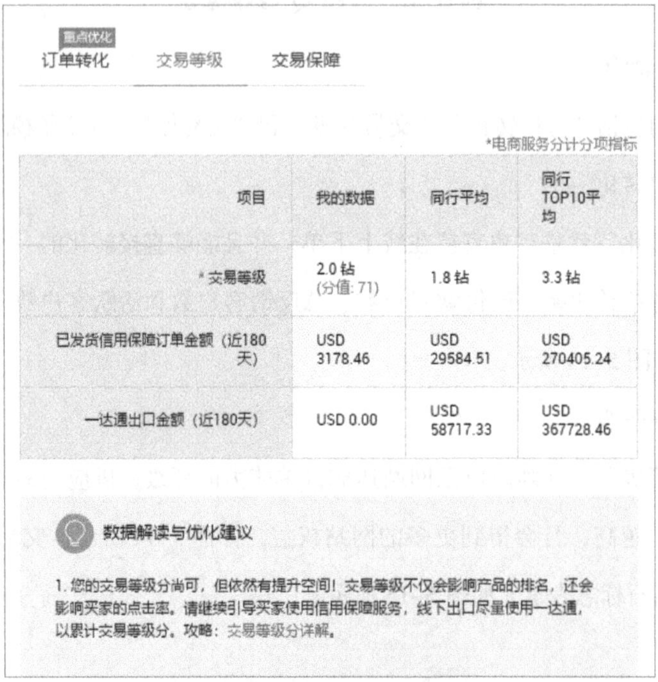

项目	我的数据	同行平均	同行TOP10平均
*交易等级	2.0 钻（分值: 71）	1.8 钻	3.3 钻
已发货信用保障订单金额（近180天）	USD 3178.46	USD 29584.51	USD 270405.24
一达通出口金额（近180天）	USD 0.00	USD 58717.33	USD 367728.46

数据解读与优化建议

1. 您的交易等级分尚可，但依然有提升空间！交易等级不仅会影响产品的排名，还会影响买家的点击率。请继续引导买家使用信用保障服务，线下出口尽量使用一达通，以累计交易等级分。攻略：交易等级分详解。

图 5-14 “交易等级”页面

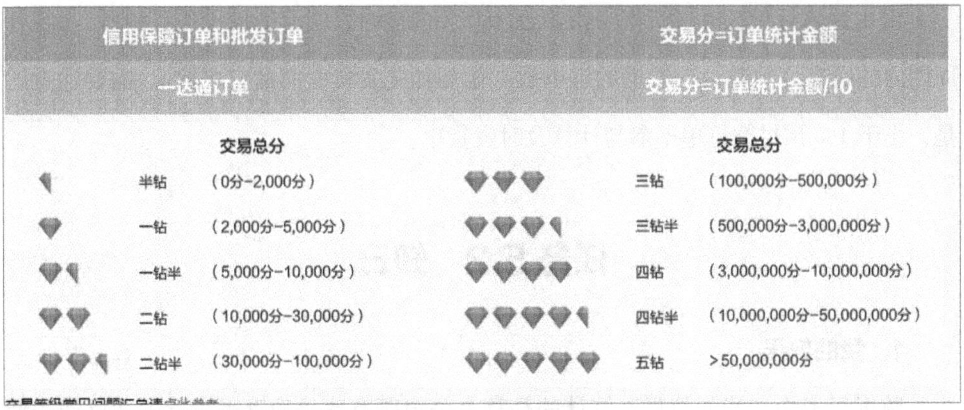

信用保障订单和批发订单	交易分=订单统计金额
一达通订单	交易分=订单统计金额/10

	交易总分		交易总分
半钻	（0分-2,000分）	三钻	（100,000分-500,000分）
一钻	（2,000分-5,000分）	三钻半	（500,000分-3,000,000分）
一钻半	（5,000分-10,000分）	四钻	（3,000,000分-10,000,000分）
二钻	（10,000分-30,000分）	四钻半	（10,000,000分-50,000,000分）
二钻半	（30,000分-100,000分）	五钻	＞50,000,000分

图 5-15　交易等级

供应商在MA后台首页左上角头像位置旁边可以看到交易等级，单击“交易等级”可以查看交易明细。供应商每完成一笔订单可获得相应的交易分，订单金额越高交易分越高，交易总分越高等级越高。交易分的统计逻辑如下：

① 在线批发订单：交易分 = 订单统计金额，订单到账后即开始统计；

② 信用保障订单：交易分 = 订单统计金额；

③ 一达通订单：交易分 = 订单统计金额 /10，订单需完成报关才开始统计。

（3）交易保障

“交易保障”包括信用保障订单按时发货率和已付款信用保障订单数，如图 5-16 所示。

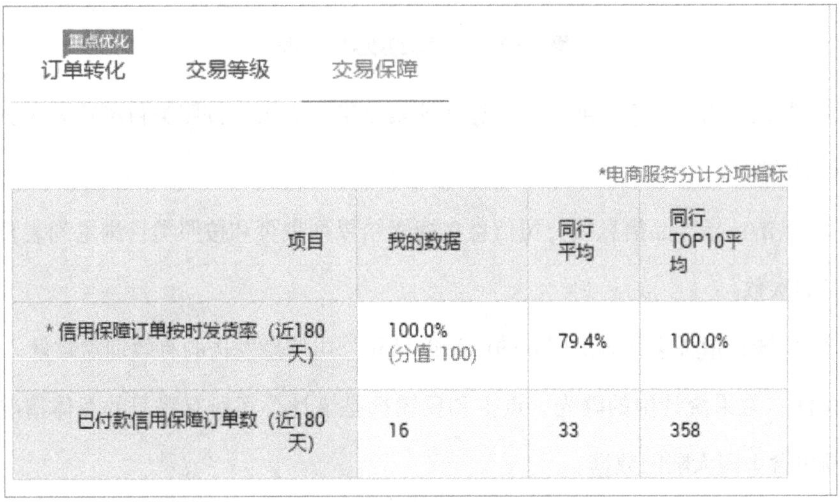

项目	我的数据	同行平均	同行TOP10平均
* 信用保障订单按时发货率（近180天）	100.0%（分值：100）	79.4%	100.0%
已付款信用保障订单数（近180天）	16	33	358

图 5-16　“交易保障”页面

信用保障订单按时发货率是指最近 180 天内按时发货且未取消的订单数 /（统计周期内的所有订单数 – 已取消的订单数 – 未到约定发货时间的订单数）。需要注意的是，小于 1% 预付款订单不参与计算及时发货率。

任务 5.2 知己

1. 我的效果

数据管家中“我的效果”统计的是整个公司所有账号的曝光、点击和反馈的情况，如图 5–17 所示。

图 5–17 “我的效果”页面

① 曝光：指产品信息或公司信息在搜索结果列表页和按照类目浏览列表页中被买家看到的次数。

② 点击：指产品信息或公司信息在搜索结果列表页和按照类目浏览列表页被买家点击的次数。

③ 反馈：指买家针对供应商的产品信息和公司信息发送的有效询盘数量。

备注：效果统计中的曝光、点击和反馈都是统计公司所有账号的总体情况，统计范围包含中国大陆的数据。

（1）界面概览

默认打开的数据是按天统计的，另外还有按周统计和按月统计共三个时间维度。

终端类型分为全部、PC 端和无线端；类目分为 All 及当前店铺发布产品的主营类目。

（2）流量及商机概览

如图 5–18 所示，该页面显示店铺一天的曝光、点击、访客、反馈、TM 咨询客户数和及时回复率。

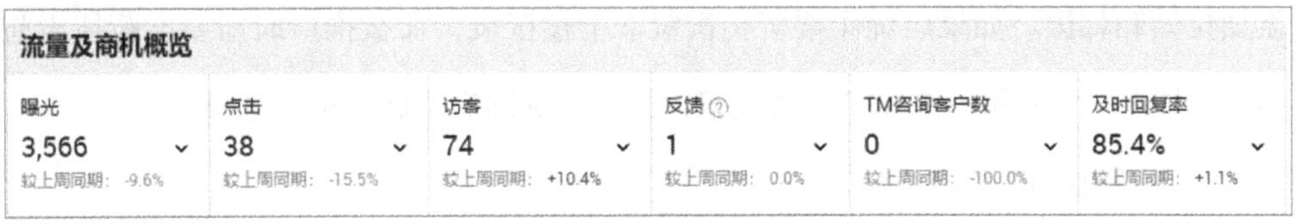

图 5–18　流量及商机概览

① 分析维度。

曝光是指产品信息或公司信息在搜索结果列表页或类目浏览列表等页面被买家看到的次数，同时展示当前当天的曝光量较上周同期曝光量的涨幅变化。通过同行平均数据的比较，可以用来衡量店铺效果。单击展开曝光数据详情，如图 5–19 所示。

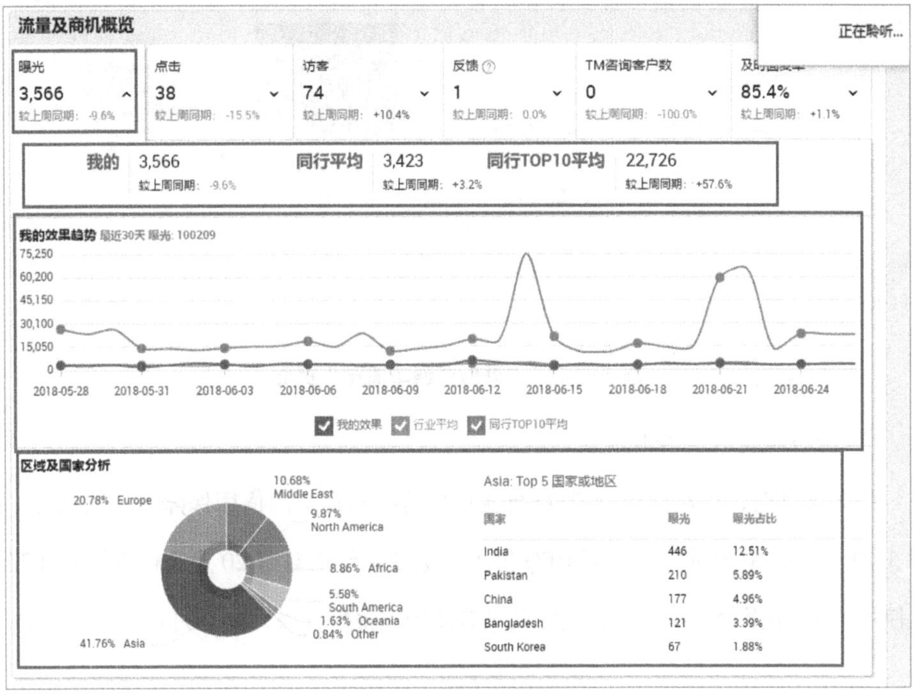

图 5–19　曝光数据详情

“我的效果趋势”展示供应商自身曝光量与同行平均曝光量以及同行 TOP10 平均曝光量的对比折线图。

“区域及国家分析”则可以看到亚洲的流量是最大的，欧洲的流量其次，中东的流量第三。那么可以根据当前店铺的主营情况进行分析：如果店铺的产品主要推广国家不是亚洲，实际流量来源却正好为亚洲，供应商需要及时进行推广区域调整。同理，从图 5-19 可以看到效果区域中亚洲的 TOP5 国家为：印度、巴基斯坦、中国、孟加拉国和韩国。如果店铺主要营销国家非上述区域，那么推广时需要屏蔽掉当前国家的推广，尤其是 P4P 推广设置时可以进行目标国家及区域推广选择。

② 外贸直通车概览。

可以展示供应商自身曝光与行业 TOP10 平均曝光的一个对比，其中分为外贸直通车曝光和自然搜索曝光两个维度，如图 5-20 所示。

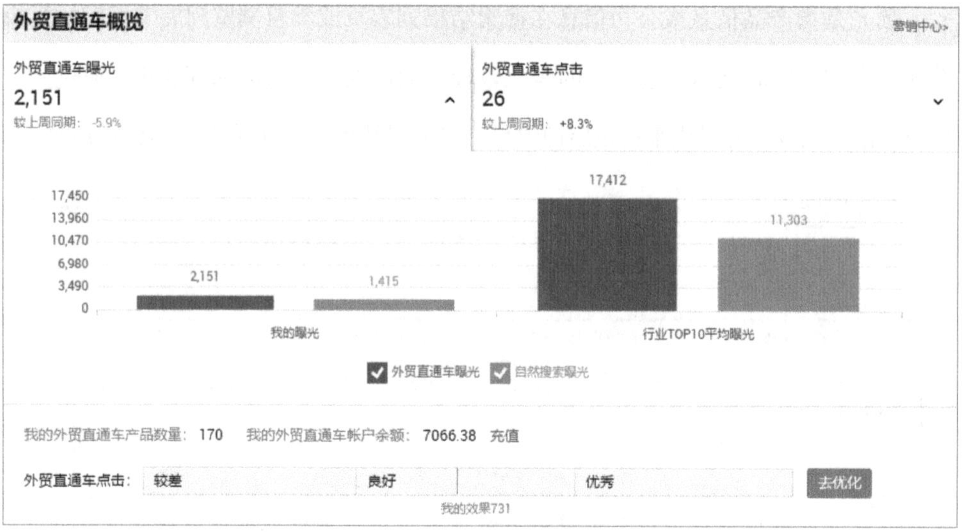

图 5-20 “外贸直通车概览”页面

③ RFQ 概览 & 订单概览。

按天统计时，展示两天前 RFQ 行业订单情况和提交的信用保障订单数据等，如图 5-21 所示，中国付费供应商 RFQ 每个月基础报价权益有 20 条，樱本铺企业旺铺只使用了 13 条报价权益，若月底之前没有使用完报价权益，则下月初过期清零。

图 5-21 “RFQ 概览”和“订单概览”

④ 产品概览。

产品概览包括零效果时长分布和近 15 天反馈排行 TOP5，如图 5-22 所示。如果零效果产品超过 90 天没有数据，建议优化或直接删除。

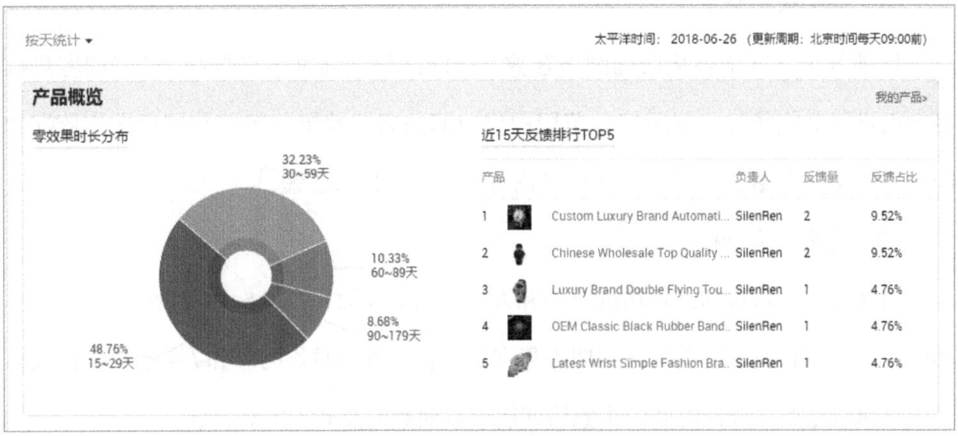

图 5-22 “产品概览”

2. 我的店铺

“我的店铺”中数据的展示维度跟“我的效果”中一样，包含全部、PC 端和无线端，其中时间维度包括按天统计、按周统计和按月统计，如图 5-23 所示。

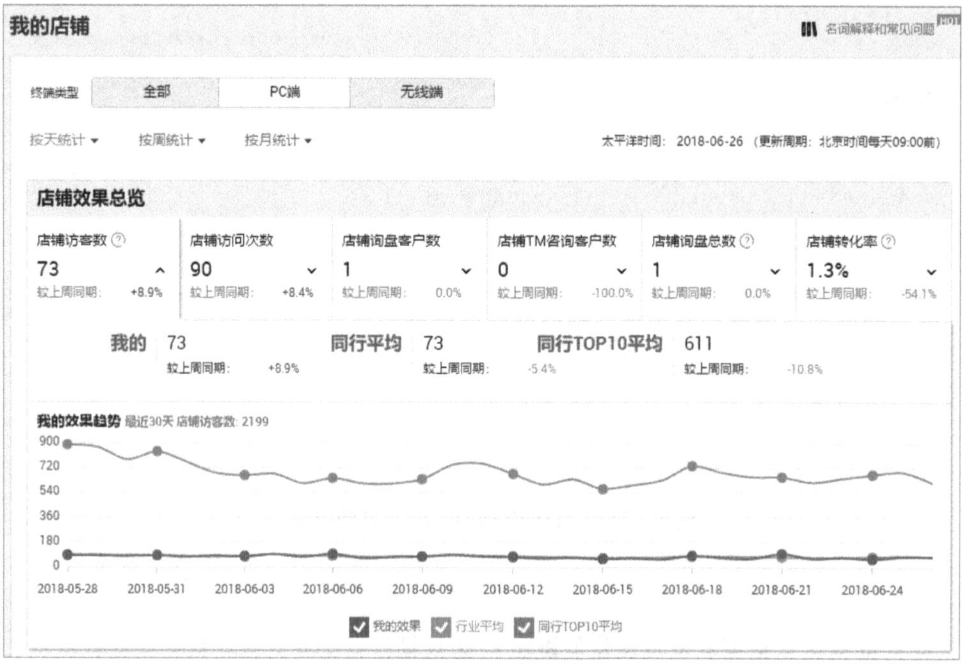

图 5-23 “我的店铺”页面

（1）店铺效果总览

店铺效果总览主要从店铺的访客数、访问次数、询盘客户数和 TM 咨询客户数等方面进行数据统计，展示统计范围内供应商的店铺效果趋势，与同行平均数据和同行 TOP10 平均数据对比，便于供应商清楚优劣、扬长避短。

（2）访客行为分析

访客行为分析包括人均访问时长和人均访问页面数，如图 5-24 和图 5-25 所示。其中人均访问时长是指在统计周期内买家访问店铺页面时长的总和 / 买家数量；人均访问页面数是指在统计周期内买家访问店铺页面数的总和 / 买家数量。

（3）首次访问页面

首次访问页面中，产品详细页面是重中之重，其次是 Home 页面，如图 5-26 所示。

（4）店铺访问详情

店铺访问详情记录了旺铺装修中的 Home、Product Categories、Company Profile、Contacts、Detail 页面的访问详情。单击右侧的“点击查看详情”可以看到更为详细的访问数据，如图 5-27 所示。

图 5-24 人均访问时长

图 5-25 人均访问页面数

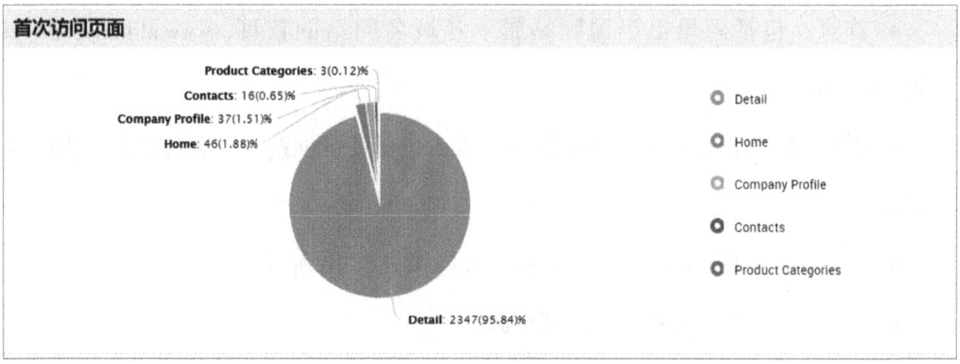

图 5-26 首次访问页面

图 5-27　店铺访问详情

（5）流量来源分析

流量来源分析展示了各页面来源的店铺访客数、店铺询盘客户数、店铺 TM 咨询客户数及店铺转化率，并提供趋势查询，如图 5-28 所示。

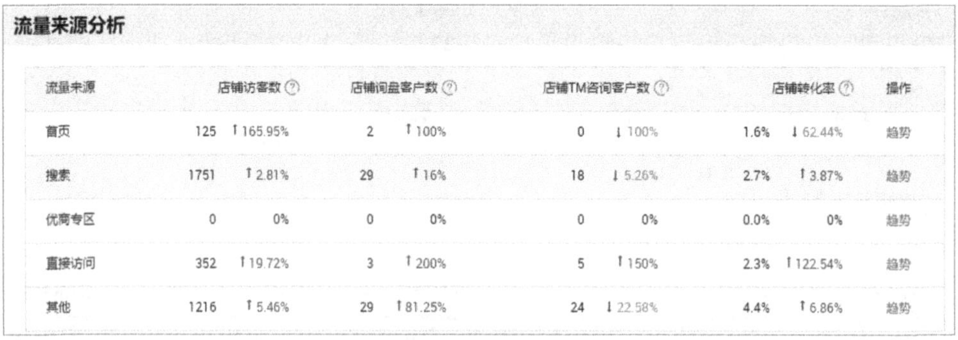
流量来源分析

流量来源	店铺访客数		店铺询盘客户数		店铺TM咨询客户数		店铺转化率		操作
首页	125	↑165.95%	2	↑100%	0	↓100%	1.6%	↓62.44%	趋势
搜索	1751	↑2.81%	29	↑16%	18	↓5.26%	2.7%	↑3.87%	趋势
优商专区	0	0%	0	0%	0	0%	0.0%	0%	趋势
直接访问	352	↑19.72%	3	↑200%	5	↑150%	2.3%	↑122.54%	趋势
其他	1216	↑5.46%	29	↑81.25%	24	↓22.58%	4.4%	↑6.86%	趋势

图 5-28　流量来源分析

流量来源分析解析如下：

① 流量来源目前定义 5 项（顺序固定，暂不支持客户调整顺序）：

- 首页：包括阿里巴巴国际站旗下各域名网站的首页，www.alibaba.com 和 m.alibaba.com；
- 搜索：阿里巴巴国际站全部搜索场景，包括关键词搜索、类目搜索、供应商搜索等；
- 优商专区：Top Selected Suppliers，入口如图 5-29 所示；
- 直接访问：买家直接到访商家页面；
- 其他：其他未归属页面，包括阿里巴巴国际站站内以及站外页面。

图 5-29 Top Selected Suppliers

② 店铺访客数：访问供应商店铺页面的用户均被记为店铺访客，包含中国大陆地区的数据。

③ 店铺询盘客户数：在供应商店铺页面，给供应商发送询盘的客户数量。

④ 店铺 TM 咨询客户数：在供应商店铺页面，给供应商发送 TM 咨询的客户数量。

⑤ 店铺转化率：（店铺 TM 咨询客户数 + 店铺询盘客户数）/ 店铺访客数。

⑥ 趋势分析页面：以图表的形式从“我的效果”“行业平均”“同行 TOP10 平均”三个维度做趋势分析。

3. 我的产品

“我的产品”分为产品效果和零效果产品两个模块。

（1）产品效果

通过“数据管家”-“知己”-“我的产品”-“产品效果”模块，可查看单个产品的曝光、点击、反馈数据及词来源（即买家通过哪些关键词找到该产品）等信息；可按天、周、月统计查看，同时也可以筛选负责人查看单个账号的产品效果情况，如图 5-30 所示。

（2）零效果产品

进入路径：“数据管家”-“知己”-“我的产品”-“零效果产品”。

零效果产品是指持续 15 天或 15 天以上，曝光、点击、反馈及访客均为 0 的产品或只有曝光没有其他任何行为（点击、反馈、访客、收藏、下单等）的产品，如图 5-31 所示。

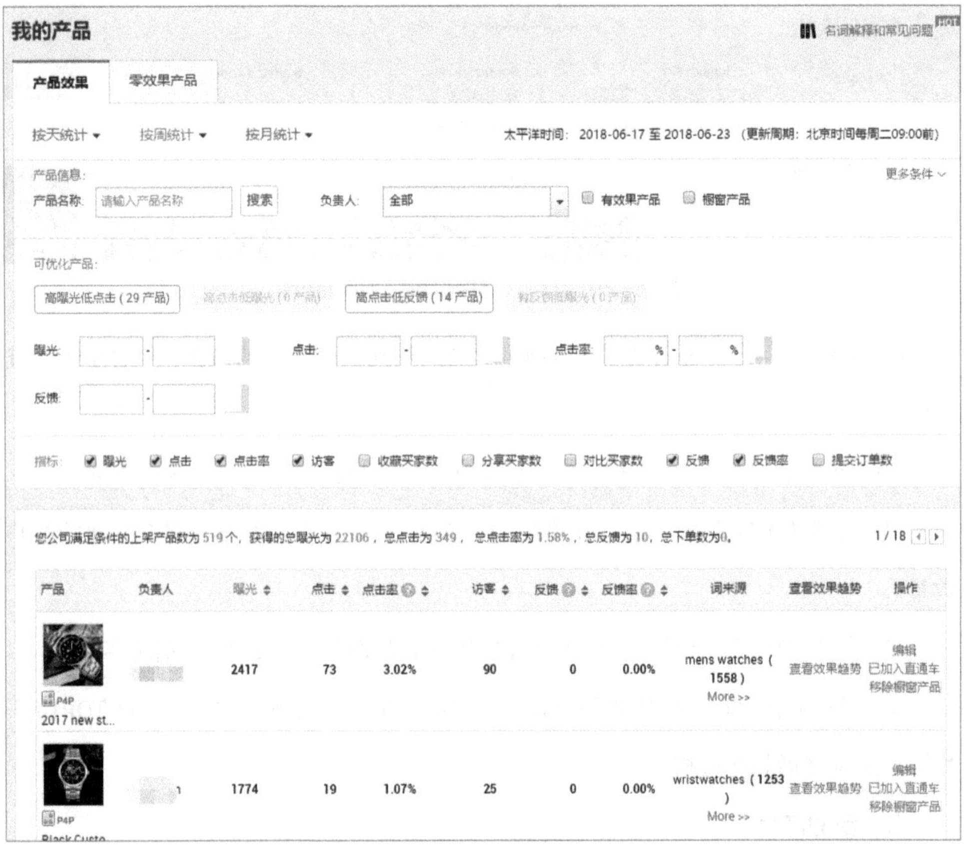

图 5-30　产品效果

图 5-31　零效果产品

① 零效果产品产生原因：

• 产品质量不佳或者产品信息质量过低；

• 买家搜索关键词选择和使用有偏差。

② 零效果产品的影响：

• 对产品本身而言：若产品为公司的主打产品，则必定是日常维护的重点，零效果数据打击了供应商操作的积极性。

• 对于公司整体而言：若有较多零效果产品，公司整体的信息质量也就不高，进而对于整体的曝光也就不利。

③ 针对零效果产品，可根据实际情况选择优化或删除，如图 5-32 所示。

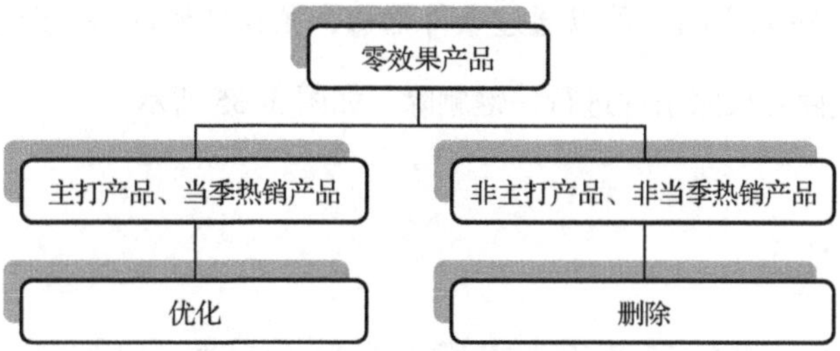

图 5-32　零效果产品处理

• 检查产品信息质量

检查产品信息是否填写完整、翔实，还要检查标题、关键词、简要和详细描述、属性等各方面内容是否符合国外买家的采购习惯。

• 检查买家搜索词是否存在选择的偏差

例如通过检查词的曝光量，来判断买家搜索词的选择是否合理，建议挑选有适当热度的词进行替换，如图 5-33 所示。

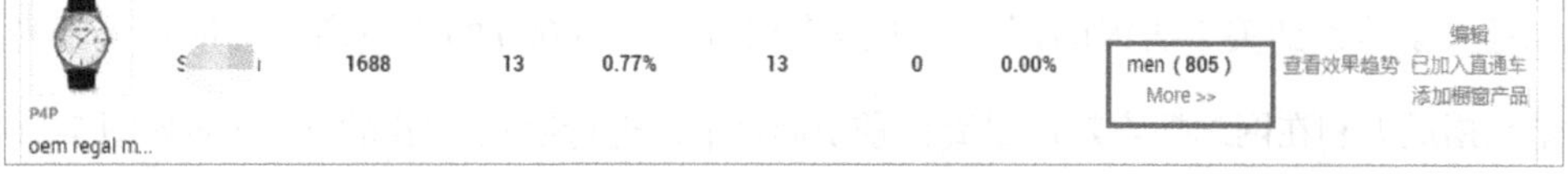

图 5-33　买家搜索词选择

• 检查买家搜索词是否存在使用的偏差

同一个词在不同产品上的效果是有差异的，一般而言是递减的。简而言之，在同一个词上，自己的产品之间也是存在一定的竞争关系的，如图 5-34 所示。所以，不建议多个产品使用同一个搜索词，建议使用不同的搜索词，从而获得买家的关注。

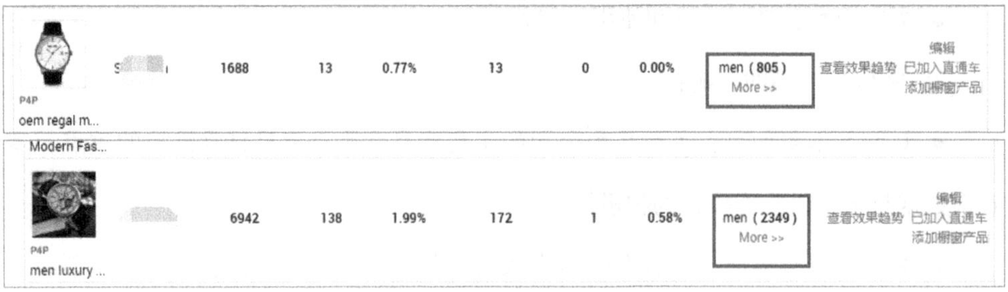

图 5-34　买家搜索词使用效果

- 一键删除

对于长期零效果产品，可以通过条件筛选，尤其是超过 180 天或者是 365 天零效果产品，供应商可按照条件进行一键删除，如图 5-35 所示。

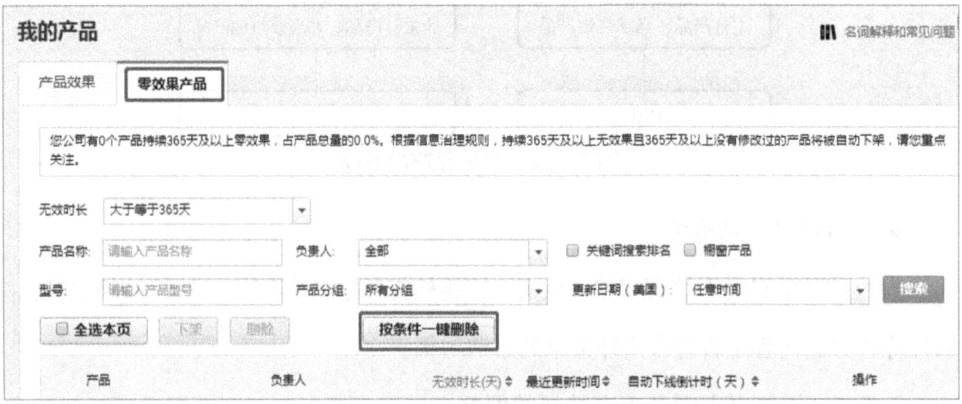

图 5-35　零效果产品一键删除

4. 我的词

“我的词”由两部分构成：一是卖家设置的关键词或参加外贸直通车推广的词；二是买家搜索到关于店铺的词。对于搜索词量大于 10000 的供应商，选取带来曝光量数据最大和在网站搜索热度最高的前 10000 个词进行展示。“我的词”页面如图 5-36 所示。

“我的词”可以通过输入关键词进行筛选，也可以按条件选择“是否作外贸直通车推广”“是否已设置为关键词”“是否有效果”来进行筛选，如图 5-37 所示。

图 5-36 “我的词”页面

图 5-37 “我的词”条件筛选

单击“查查看”可以查询当前词对应的国际站前台产品的排名，如图 5-38 所示，其中“抢第一”代表展示位为顶级展位。

图 5-38 单击“查查看”查看排名情况

找到需要关注的词，可以通过以下四方面来评估其效果，找到优化方向：

（1）曝光量

首先查看曝光量大的词是否是主推产品。对于曝光量偏低的词，需要增加曝光机会。优化排名，可以先单击“查查看”，查看目前的排名情况。如果排名需要提升，主要推广方式有设置为橱窗、参加外贸直通车、优化产品信息。

（2）点击率

对于点击率不佳的词，重点优化词对应的产品信息。影响点击率的主要因素是产品信息，包括产品图片、产品属性和交易条款、旺旺保持在线等。

对于点击率良好的产品，可以查看是否还需要提升这些词的曝光机会，以带来更多的点击。

（3）市场热度和竞争度

对于效果不好但市场热度高的词，说明仍然有市场机会，可以考虑增加推广力度，这时可以通过排名提升来增加曝光量，也可以通过优化产品信息来提升点击率。

对市场热度一般的词，说明市场机会有限，需要注意提升产品信息质量。

（4）已设置的关键词和买家找到供应商产品词的一致性

通过点击关键词，可以看到该词是否已经设置为关键词。对于那些没有设置但买家通过该关键词搜索到供应商产品的词，可以先进行评估，再尝试设置查看效果。

5. 我的子账号

进入路径：“数据管家”-“知已”-“我的子账号”。

“我的子账号”用来分别查看单个子账号的效果以及整个公司的发布产品效果。目前提供按天、周、月统计，可以查看以下指标：后台登录天数、TM 在线时长、数据管家访问天数、曝光、点击、反馈等信息，如图 5-39 所示。

“我的子账号”中的曝光、点击是根据各子账号负责的产品获得的曝光、点击汇总得到的，包含多语言原发产品的效果。

页面的右侧提供了子账号的回复率数据，同时可以单击左上角的“明细”，查看具体明细信息。子账号的及时回复率是为公司内部管理提供参考数据的，不会影响该子账号发布的产品排名。供应商展示在国际站前台的及时回复率数据，统计的

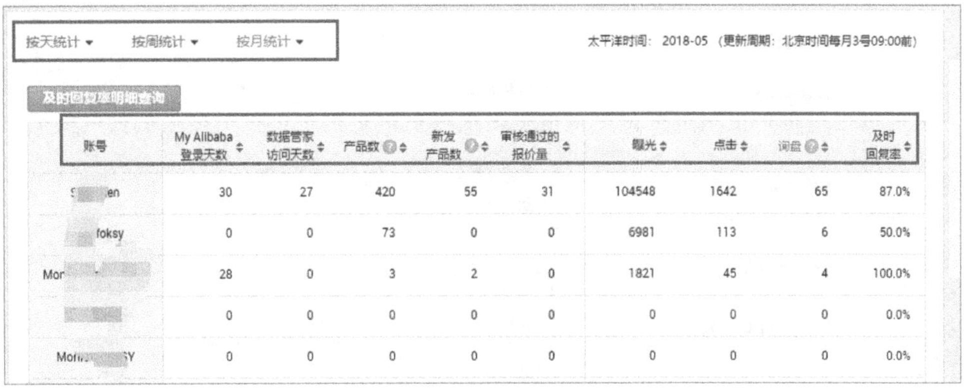

按天统计 ▾ 按周统计 ▾ 按月统计 ▾

太平洋时间：2018-05（更新周期：北京时间每月3号09:00前）

及时回复率明细查询

账号	My Alibaba 登录天数	数据管家访问天数	产品数	新发产品数	审核通过的报价量	曝光	点击	询盘	及时回复率
en	30	27	420	55	31	104548	1642	65	87.0%
foksy	0	0	73	0	0	6981	113	6	50.0%
Mor	28	0	3	2	0	1821	45	4	100.0%
	0	0	0	0	0	0	0	0	0.0%
Y	0	0	0	0	0	0	0	0	0.0%

图 5-39 我的子账号

范围为公司整体数据。

需要注意的是，“我的子账号”主要是各账号阶段性情况的汇总，以周和月维度统计。所以按周统计是根据美国时间每周六当天的产品负责人情况进行统计的，按月统计则是根据美国时间每月最后一天的产品负责人情况进行统计的。若产品在数据统计期间或之后调整负责人，则与实际统计数据存在差异。

任务 5.3 “知买家”与“知行情”

1. 知买家

“知买家”分为“访客详情”和“营销管理”两个板块，如图 5-40 所示。

（1）访客详情

访客详情如图 5-41 所示，主要有以下两个功能：

① 展示所选时间段内访问了旺铺或产品页面的所有访客。展示访客的地域、浏览量、停留总时长、常用搜索词、旺铺行为、网站行为，以及访客在选择的时间段内访问的详细页面地址，是否有反馈或 TM 咨询等。

② 可对访客及相似访客发起批量营销，以账号为维度每天最多营销 20 个访客，每次最多 5 个（相似访客是指浏览行为、产品搜索词、偏好行业等跟当前的访客大概一致，每个访客的相似访客最多显示 10 个）。

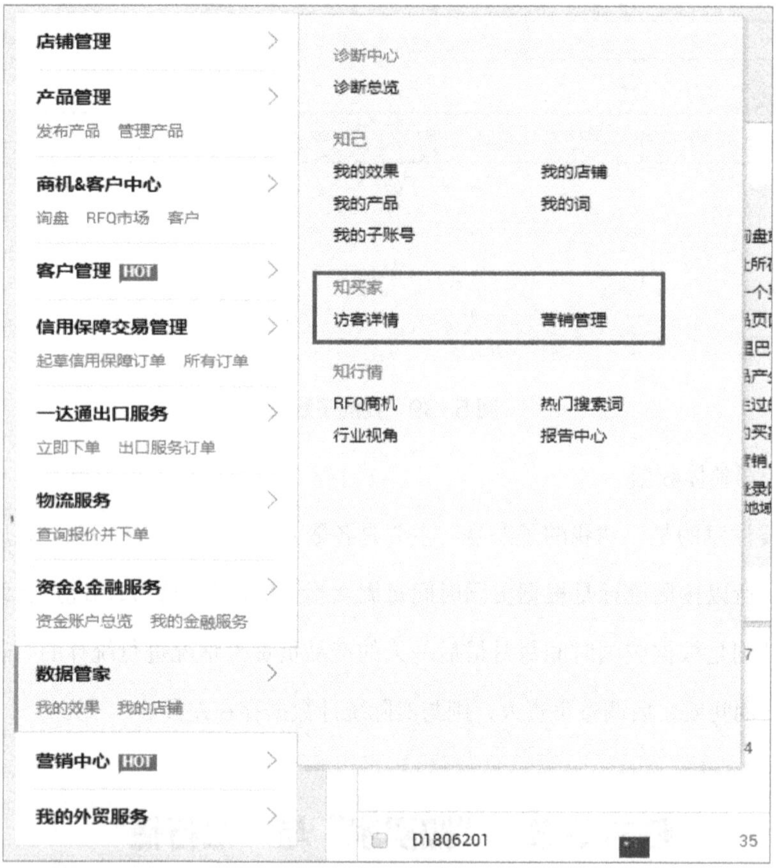

图 5-40 知买家

图 5-41 访客详情

其中，“我的访客”中提供了按天、周的访问数据统计，可以通过时间筛选查看最近 30 天的访客，以及上个月所有的访客信息。

在地域筛选中，可以看到供应商的所有访客所在的国家（地区）及大洲，可以根据需要筛选对应地域的访客，有针对性地研究不同地域买家的需求和行为特征，如图 5-42 所示。

图 5-42　地域筛选

此外，还可以根据需要筛选出有过反馈或 TM 咨询的买家，分析这些买家都访问了旺铺的哪些页面，如图 5-43 所示。能够带来询盘的产品，说明信息和推广效果良好，同时也可以继续完善，从价格、图片、描述等各方面来提高信息完整度，进一步提高询盘转化率。

在访客列表中，展示了所有访问了供应商产品页面、旺铺页面的买家，或者在其他页面发送过反馈或 TM 咨询的买家。但出于买家隐私保护，在买家未主动联系的情况下，网站无权透露买家邮箱、联系方式等个人敏感信息，故访客均采用匿名表示。访客的详细数据包含了地域、浏览量、停留总时长、常用搜索词、旺铺行为和网站行为。

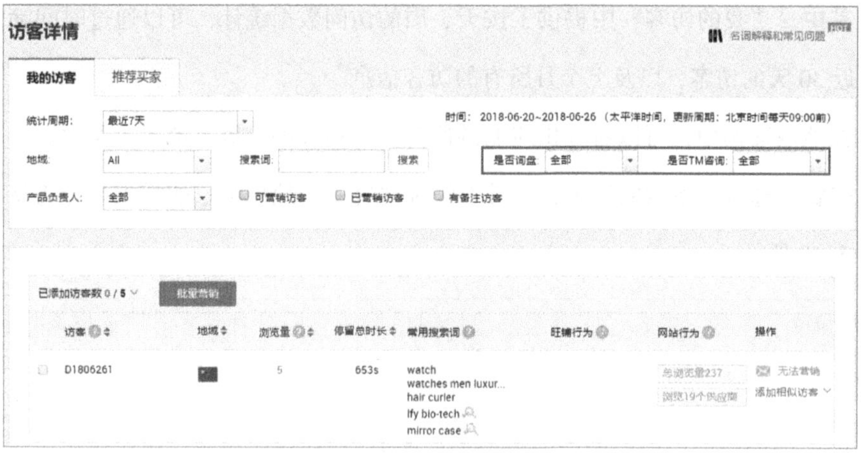

图 5-43 反馈筛选

供应商可以通过访客营销申请发送邮件，阿里巴巴平台会帮其投递到买家端，若买家有意向，会直接发送询盘，同时系统会发送询盘通知信到供应商的邮箱。

如图 5-44 所示，选中“可营销访客”复选框，发现部分访客在旺铺内停留时间较长，但却没有访问其他页面，结合该访客的访问明细可以看出，这些访客主要访问了页面中的产品却缺乏兴趣，导致访客资源流失。针对此类情况，供应商需要优化完善旺铺的产品图片、标题，做好旺铺内产品的分类，让访客在首页浏览产品时，一目了然地找到所需要的产品。最后，可营销访客板块中客户的价值比较高，供应商需要进行针对性营销。

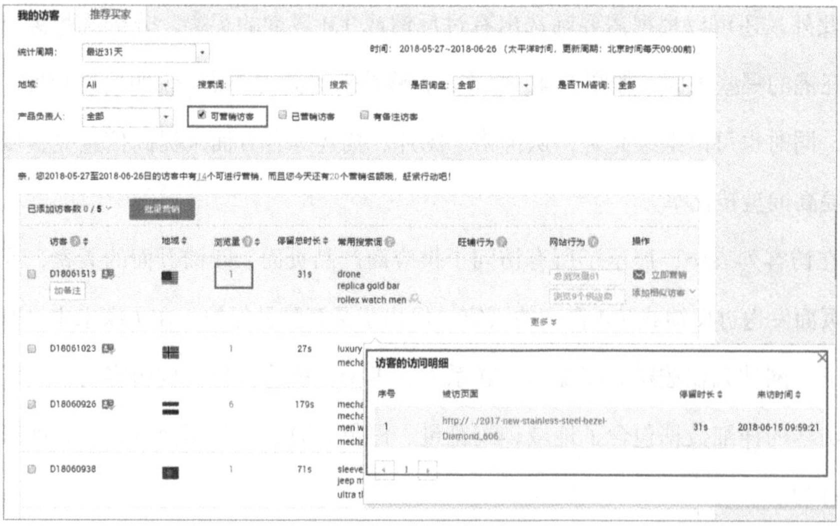

图 5-44 可营销访客

在“访客详情”页面除了“我的访客”信息外，系统每天会推荐与供应商主营行业或产品相关的买家，如图 5-45 所示。“推荐买家”可申请营销有效期是最近 7 天（如 2018 年 6 月 1 日系统推荐了 10 个买家，供应商未对他们申请营销，到 2018 年 6 月 8 日，这些买家就会显示“已过期”，不可再进行营销了）。

图 5-45　推荐买家

（2）营销管理

营销管理中的访客营销是指供应商通过阿里巴巴平台给意向访客发送营销邮件，主动出击。访客营销效果数据统计如图 5-46 所示。

目前有两个页面可以进行操作：询盘里的推荐买家和数据管家里的推荐买家，两者完全一样。

询盘里的推荐买家路径：“My Alibaba” – “商机 & 客户中心” – “询盘” – “常用功能” – “推荐买家”；

数据管家里的推荐买家路径：“My Alibaba” – “数据管家” – “知买家” – “访客详情” – “推荐买家”。

通过访客数据，可以直接筛选出可营销的访客进行批量或单个邮件营销，以公司为维度每天最多可以营销 20 个访客，批量营销每次最多可营销 5 个访客。除了对“我的访客”进行营销，还可以对“相似访客”进行邮件营销（相似访客是指浏览行为、产品搜索词、偏好行业等跟当前的访客大概一致，每个访客的相似访客最多显示 10 个），如图 5-47 所示。

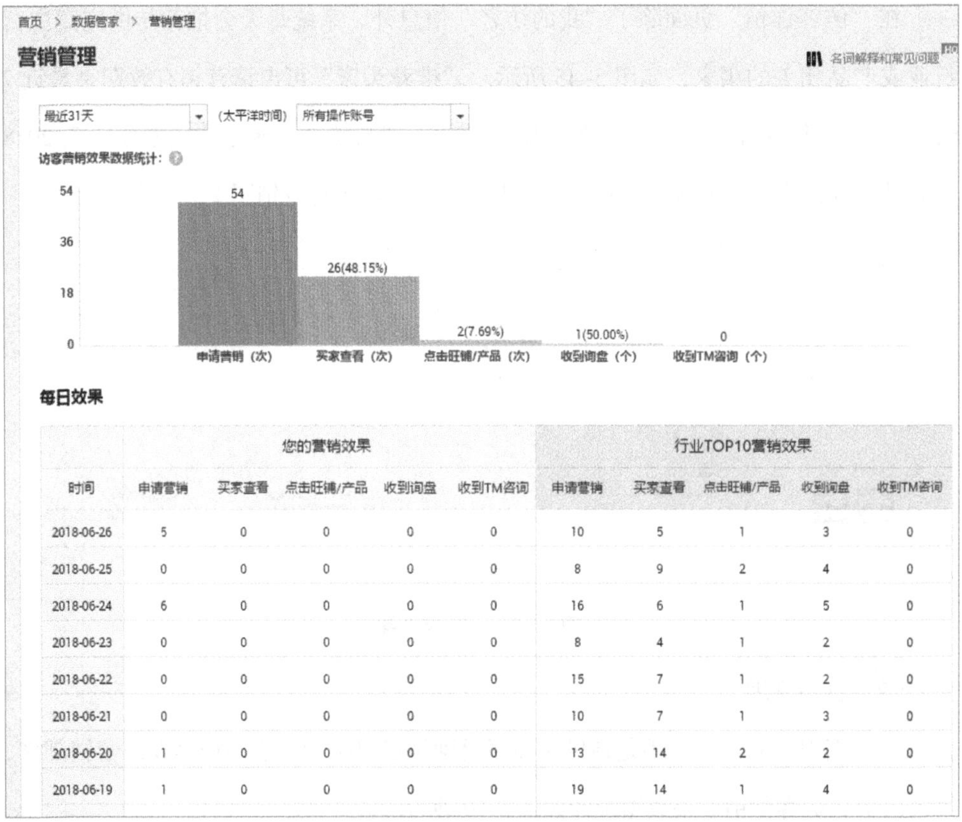

时间	您的营销效果：申请营销	买家查看	点击旺铺/产品	收到询盘	收到TM咨询	行业TOP10营销效果：申请营销	买家查看	点击旺铺/产品	收到询盘	收到TM咨询
2018-06-26	5	0	0	0	0	10	5	1	3	0
2018-06-25	0	0	0	0	0	8	9	2	4	0
2018-06-24	6	0	0	0	0	16	6	1	5	0
2018-06-23	0	0	0	0	0	8	4	1	2	0
2018-06-22	0	0	0	0	0	15	7	1	2	0
2018-06-21	0	0	0	0	0	10	7	1	3	0
2018-06-20	1	0	0	0	0	13	14	2	2	0
2018-06-19	1	0	0	0	0	19	14	1	4	0

图 5-46 访客营销效果数据统计

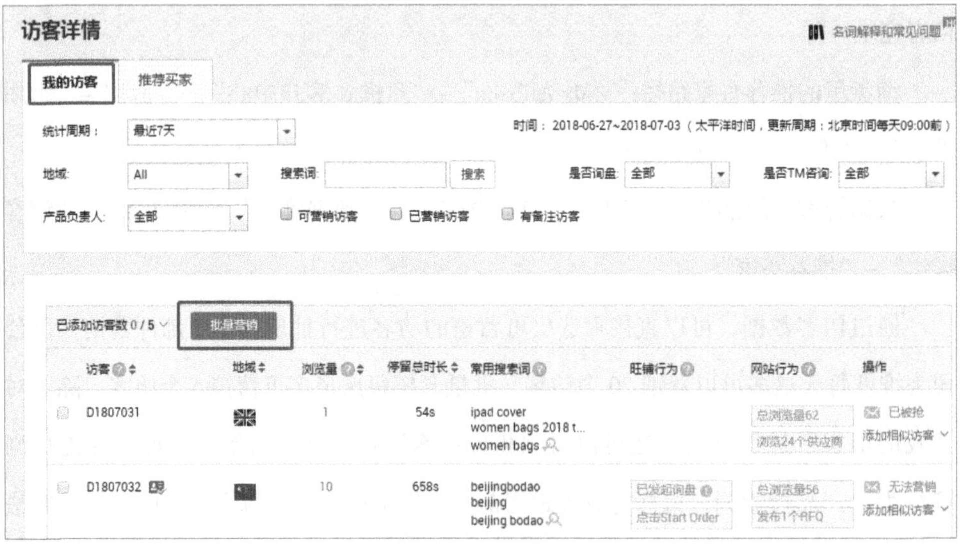

图 5-47 访客营销

2. 知行情

（1）RFQ 商机

RFQ 商机包含所选行业的最近 1 天、最近 7 天、7 天以上的词、RFQ 量、总报价席位和剩余报价席位。

更新时间：RFQ 商机中的词、RFQ 量、总报价席位数据每天上午更新一次，“剩余报价席位”的数据每 2 个小时更新一次，如图 5–48 所示。

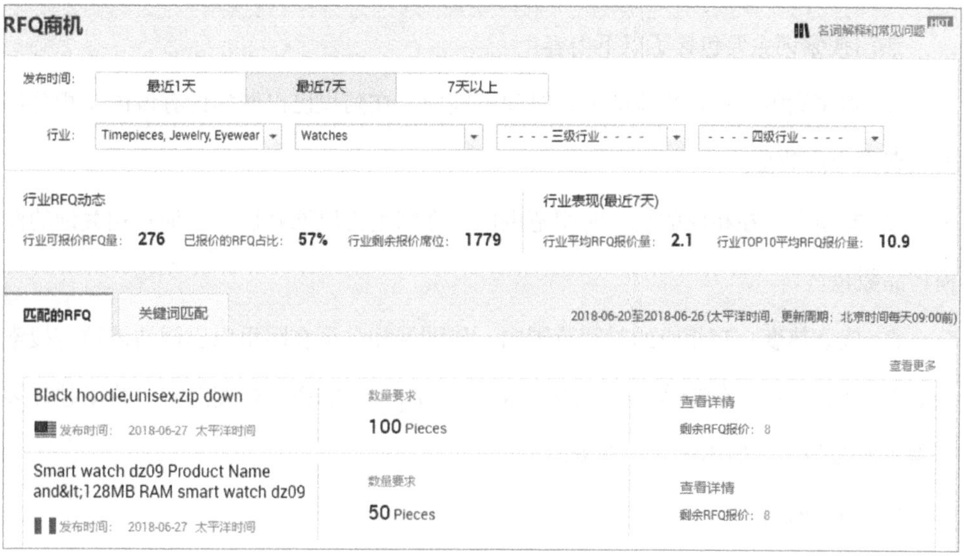

图 5–48 RFQ 商机

“RFQ 商机”列表中，数据展示的规则默认按照“剩余报价席位”降序排列，如果“剩余报价席位”数据相同，则按照“RFQ 量”降序排列。

（2）热门搜索词

进入路径：“My Alibaba” – “数据管家” – “知行情” – “热门搜索词”。

在“热门搜索词”页面输入关键词查看相关词的搜索热度情况（搜索热度越高，代表越热门），如图 5–49 所示。

热门搜索词更新时间为美国时间每月 3 日，连续 6 个月累计买家搜索热度大于或等于 120 的词才会显示，热门搜索词一页最多显示 30 个关键词。

热门搜索词是用户访问网站的客观展示，仅做参考，在使用前需要详细了解禁限售规则，有选择地进行筛选。

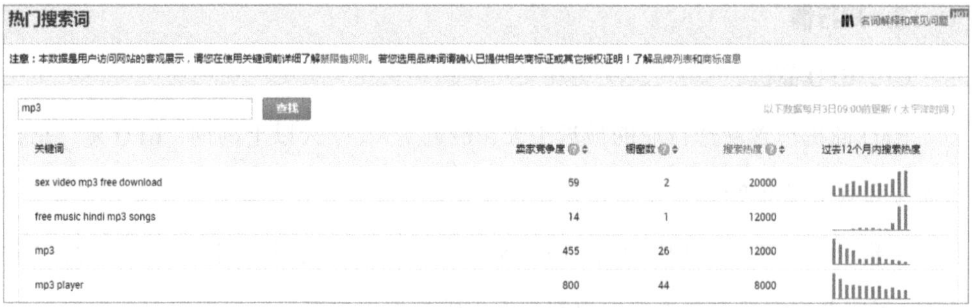

图 5-49　热门搜索词

热门搜索词主要包含了以下内容：

① 卖家竞争度：在相应的统计时间范围内，在阿里巴巴网站设有该词及相关词的收费供应商数量。

② 橱窗数：在相应的统计时间范围内，在阿里巴巴网站设有该词及相关词的橱窗产品数量。

③ 搜索热度：在相应的时间范围内，该词及相关词在阿里巴巴网站被访客搜索的热度。如“mp3”的搜索热度包含“mp3”“mp3s”的搜索热度总和。热度越高表示搜索次数越多，但不等同于搜索次数。

（3）行业视角

进入路径：“My Alibaba” - “数据管家” - “知行情” - “行业视角”，如图 5-50 所示。

图 5-50　行业视角

供应商首次登录行业视角，系统会提示选择行业，供应商可以通过关键词查找行业或直接选择行业，如图 5-51 所示。

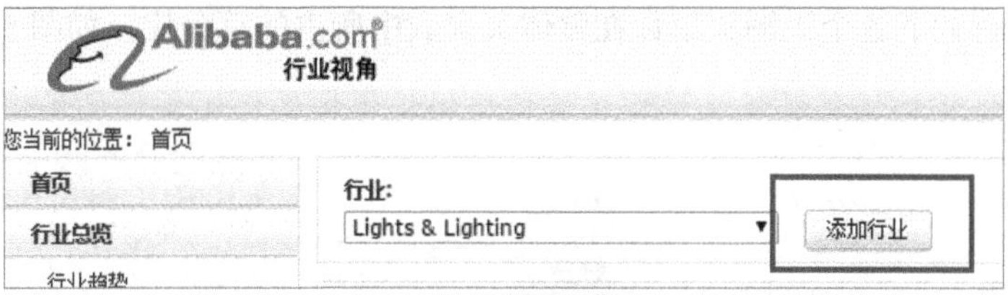

图 5-51　添加行业

注意：行业选择后无法删除，目前可通过使用 10 个积分进行修改；阿里巴巴中国供应商用户默认可添加 5 个行业，其他用户（获取阿里通行证用户）可添加 3 个行业。更多行业可以通过积分兑换方式换取。

① 行业总览。行业总览包括行业趋势、买家大洲分布、热门搜索国家或地区、竞争度分析、卖家全国分布、需求地域分布 6 个模块，数据每月 4 日更新。通过行业总览，可以全面了解阿里平台的最新外贸形势，预见行业动向，第一时间把握商机。通过关键词找行业后或直接选择相应的行业后，单击“确认”按钮就可以查看相应的数据。

- 行业趋势

展示最近 12 个月内该行业下搜索指数和买家指数，体现最近 1 年内行业的变化趋势，如图 5-52 所示。

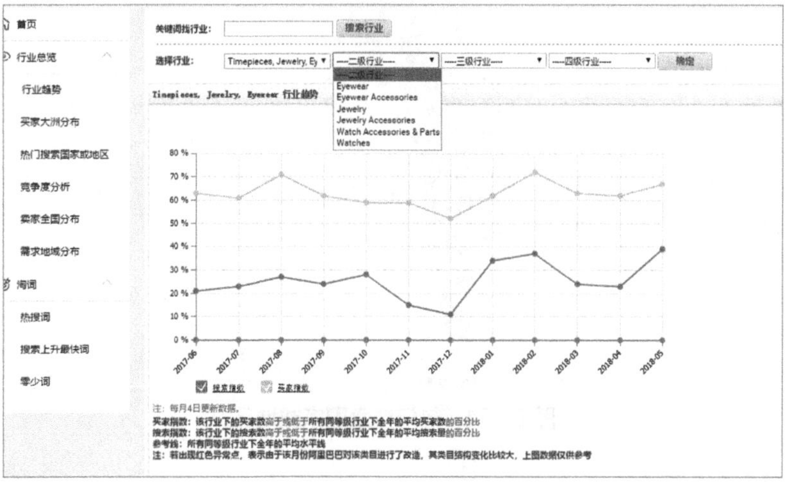

图 5-52　行业趋势

- 买家大洲分布

展示该行业下各个大洲买家数在整体买家数中所占的百分比，如图 5-53 所示。

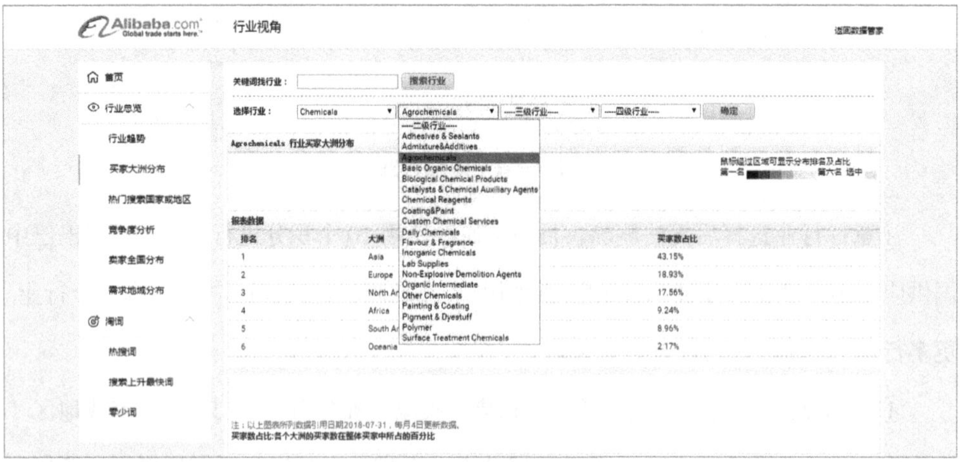

图 5-53　买家大洲分布

- 热门搜索国家或地区

展示该行业下最近一个月搜索量最高的 20 个国家或地区，如图 5-54 所示。

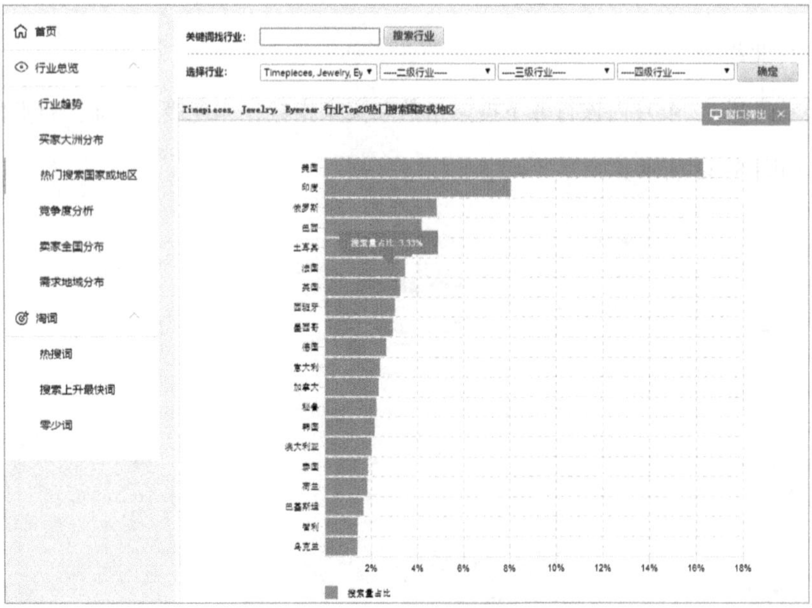

图 5-54　热门搜索国家或地区

- 竞争度分析

展示该行业下买家数与供应商数的倍数关系，如图 5-55 所示。

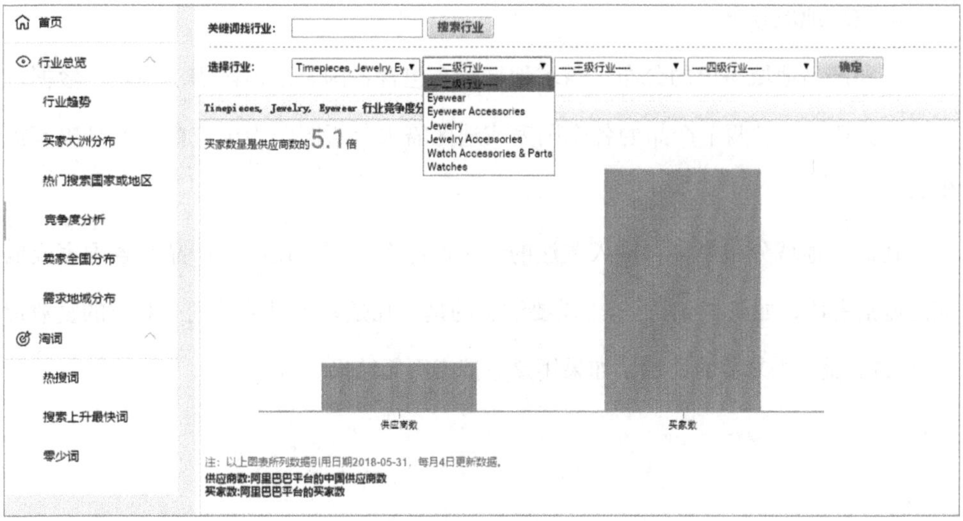

图 5-55 竞争度分析

- 卖家全国分布

展示该行业下中国供应商数在全国各省所占的百分比，如图 5-56 所示。

图 5-56 卖家全国分布

● 需求地域分布

不同产品地域需求的分布。需求地域分布包含各国家或地区需求模块，数据每月 4 日更新。提供两个产品的各个国家或地区需求分析图，为供应商的产品决策提供参考。

在需求地域分布模块，输入关注的两个产品后，可对比两个产品在各国家或地区的搜索占比，如图 5-57 所示。需要注意的是，凡是系统里关键词有对应的复数带“s”的都做了去复数的处理，如果用复数搜索则无结果。

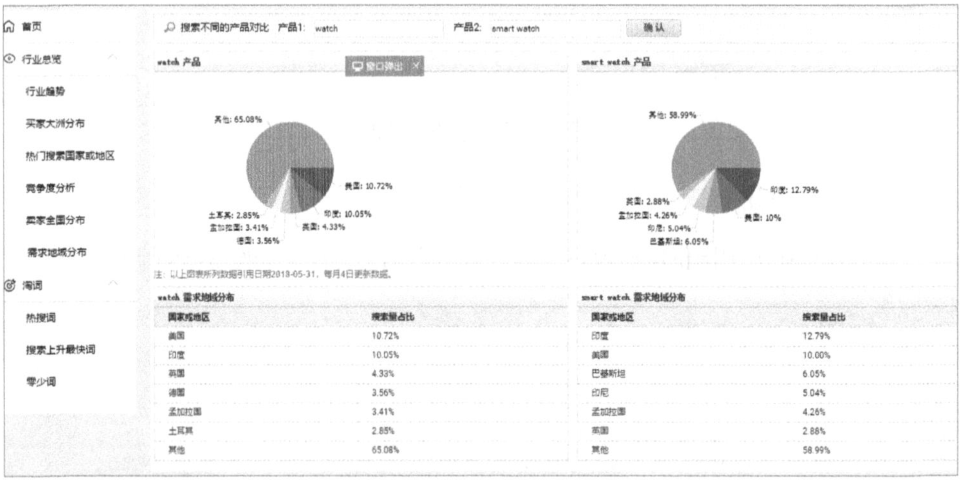

图 5-57 需求地域分布

② 淘词。淘词包含“热搜词”“搜索上升最快词”和“零少词”3 个模块，数据每周一更新。展示行业下的最新最热的需求词，和各国家或地区的热门需求词，方便及时把握最新商机，如图 5-58 所示。

通过关键词查找行业或直接选择相应的行业后，单击“确定”按钮就可以查看相应的数据，左边区域展示全球的搜索词排名，右边区域可以选择对应的国家或地区后查看该行业下这个国家或地区的搜索词及排名。

● 热搜词：展示最近 1 周该行业下最热搜索词。

● 搜索上升最快词：展示最近 1 周该行业下搜索量增长较快的搜索词。

● 零少词：指有一定的海外搜索量，但搜索结果数较少的词，即竞争度较低的一些词。零少词代表了一种商机，供应商了解后可以更好地用于发布 / 修改产品。

图 5-58 淘词

（4）报告中心

报告中心是最近上线的一个新的功能，可以看到很多行业报告。依托于阿里巴巴海量可靠交易数据，旨在通过品类行业下多维分析，为卖家新品选型、海外市场选择、备货计划提供决策支持，如图 5-59 和图 5-60 所示。

图 5-59 报告中心

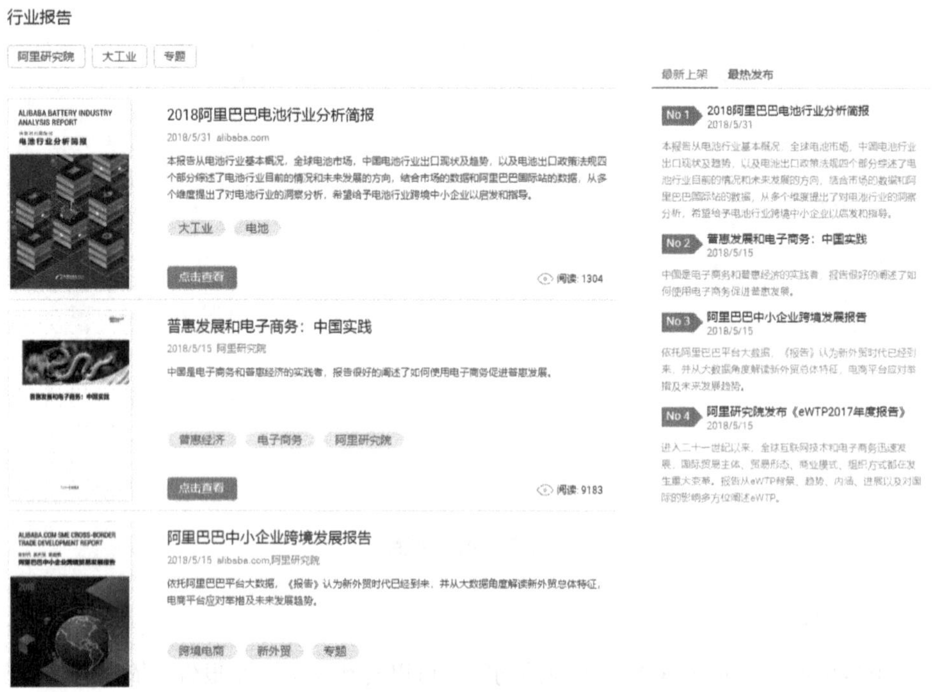

图 5-60 行业报告

项目小结

在本项目学习任务中，围绕阿里巴巴国际站“数据管家”板块，从诊断中心入手，帮助学生完成供应商服务指数分析，然后通过查看店铺、产品、账号等数据，引导学生分析并做到知已、知买家、知行情，从而完成推广策略优化，获取更多的询盘和订单转化。

知识链接

1. 电商服务分的评分标准

（1）信息展示分别从“产品信息质量分”“有效果产品占比（近 180 天）”和“店铺访客行为分”三个方面的指标进行综合衡量；

（2）商机获取分别从“点击率（近 30 天）”“总商机数（近 30 天）”“总转化率（近 30 天）”和“总访客数（近 30 天）”四个方面的指标进行综合衡量；

（3）商机处理分别从“及时回复率”“平均回复时间”“询盘二次回复率（近180天）”和“RFQ 意向行动率（近 30 天）”四个方面的指标进行综合衡量；

（4）交易履约分别从“订单转化率（近 180 天）”“交易等级”和“信用保障订单按时发货率（近 180 天）”三个方面的指标进行综合衡量。

2. 实时营销和访客营销的区别

（1）营销渠道不同

实时营销：通过千牛工作台对阿里巴巴国际站的买家进行营销；

访客营销：通过营销邮件（Email Direct Marketing，EDM）的方式对阿里巴巴网站的买家进行营销。

（2）买家时效不同

实时营销：推荐的买家是当前在线的买家，是实时的；

访客营销：推荐的买家是历史上访问过阿里巴巴的买家，有一定的滞后性。

（3）操作位置不同

实时营销：通过千牛的实时营销插件进入；

访客营销：在 MA 后台“数据管家”板块中“访客详情”进入。

项目6

商机管理

阿里巴巴国际站通过帮助推广和营销中国供应商的产品和店铺，进而帮助国内的供应商促成交易。在此基础上，需要中国供应商了解阿里巴巴国际站的商机规则，进而更好地帮助店铺吸引更多的买家。

【知识目标】

1. 了解采购需求 RFQ 的权益规则；

2. 了解发布和获取 RFQ 的方式；

3. 了解询盘的分析方式；

4. 了解“我的人脉”的功能；

5. 认识千牛工作台的板块。

【能力目标】

1. 能够独立发布 RFQ；

2. 掌握获取 RFQ 的方法；

3. 掌握询盘回复的操作技巧；

4. 掌握询盘分配设置的方法；

5. 掌握确认买家商业信息的方法。

项目情境

经过一段时间的运营，陕西省樱本铺箱包定制公司在阿里巴巴国际站的发展逐步趋于稳定。为了拓宽市场、加快发展，公司决定主动出击寻找商机。那么，如何在阿里巴巴国际站获得更多的商机，以及如何去分析和管理这些商机呢？这一系列知识及能力将在本项目中得到系统的学习和训练。

任务分解

本项目下的任务将对阿里巴巴国际站基本商机操作进行全方位的学习，包括发布和获取采购需求、询盘管理、我的人脉、千牛工作台认识和操作等，让初学者能够以卖家身份去和买家进行技巧性的沟通，最终达成交易。

任务 6.1 采购需求 RFQ

1. RFQ 简介

（1）定义

采购直达（Request For Quotation，RFQ）是买家主动发布的采购需求，在采购直达市场中，供应商可以自主挑选合适的买家进行报价。采购直达服务能够在大幅度提升买家采购效率的同时，帮助供应商更好地完成订单转化，并赢取更多高质量买家。

（2）市场表现分

① 市场表现分。

以分值的形式对用户（公司维度）在采购直达市场的表现进行衡量，市场表现越佳，分值越高。衡量市场表现分的因子包含 RFQ 报价量、RFQ 市场登录天数、买家好评率、平均报价响应时长、24 小时报价响应率、信用保障订单量以及订单金额，如图 6–1 所示。

图 6–1 市场表现分影响因子

② 市场表现分奖励规则。

● 权益发放时间 & 有效期：采购直达每月 3 日会根据用户上一自然月的市场表现分进行奖励权益的发放，奖励权益有效期为每月 3 日至次月 2 日，如图 6-2 所示。

市场表现分	0 ≤ X< 200	200 ≤ X< 300	300 ≤ X< 400	400 ≤ X< 500	500 ≤ X< 600	600 ≤ X< 700	700 ≤ X< 800	800 ≤ X< 900	900 ≤ X< 1000
奖励权益(条)	0	2	3	5	8	12	18	28	45

图 6-2 市场表现分奖励权益表

● 市场表现分更新时间 & 统计时段：美国时间每月 3 日、12 日、22 日更新用户的市场表现分，并展示在用户后台，方便用户做对应的改进提升，具体如下。

每月 12 日更新当月 1 日至 10 日的市场表现分；每月 22 日更新当月 1 日至 20 日的市场表现分；每月 3 日更新上一自然月即上月 1 日至上月最后一天的市场表现分。

● 表现分奖励权益覆盖用户类型：中国大陆供应商用户、港台地区供应商用户、海外供应商用户、购买采购直达市场商机服务基础套餐包的中国大陆用户以及购买采购直达市场商机服务基础套餐包的海外用户。

（3）权益发放

① 基础权益：

● 数量：每家付费供应商每月 20 条；

● 时间：每月 1 日（美国时间）；

● 有效期：有效期为当月。

② 奖励权益：

● 数量：根据用户上一自然月的市场表现分进行奖励权益的发放；

● 时间：每月 3 日（美国时间）；

● 有效期：每月 3 日至次月 2 日。

2. 寻找和获取优质 RFQ

（1）获取 RFQ

获取 RFQ 的方式有三种：商机订阅、定制搜索、RFQ 市场搜索。接下来将详细介绍这三种不同的获取方式。

① 商机订阅(进入路径:“My Alibaba”后台–“商机&客户中心”–“商机订阅”)。系统会根据设置的订阅类目及关键词，结合供应商在平台上展示的主营产品、主营类目以及报价行为等信息，为供应商匹配最新的、与其产品和地区相符的 RFQ。供应商可以在采购直达频道首页直接获取推荐的优质商机，同时能收到邮件通知服务，提醒供应商前来报价。商机订阅最多可以订阅 5 个类目和 24 个关键词，具体页面如图 6–3 所示。

图 6–3 商机订阅及设置

② 定制搜索(进入路径:“My Alibaba”后台–“商机&客户中心”–“RFQ 市场”)。

- 新增定制搜索

在 Sourcing 公开市场中输入关键词搜索后，在搜索栏下方有个“加入我定制的搜索”按钮，单击该按钮即可新增关键词，如图 6–4 所示。

- 查看定制搜索

已经添加的定制搜索可以在 Sourcing 公开市场首页及搜索 List 页面中查看。鼠标移至“我定制的搜索”后出现下拉列表，单击关键词即可查看对应 RFQ 搜索结果，如图 6–5 所示。

图 6-4 加入我定制的搜索

图 6-5 我定制的搜索

● 删除定制搜索

在“我定制的搜索”下拉列表中，鼠标放到关键词上之后，右侧会显示“Delete（删除）”按钮，单击该按钮即可删除，如图 6-6 所示。若想对某个关键词做修改，则删除后再重新搜索添加即可。

图 6-6 删除定制搜索

● 定制搜索通知

添加定制搜索后，如有相关的最新 RFQ 则会通过邮件或旺旺发送通知，便于供应商及时获取最新信息以免错失商机。通知开启 / 关闭方式如图 6-7 所示。

图 6-7　通知方式

③ RFQ 市场搜索（进入路径："My Alibaba" 后台 –"商机 & 客户中心" –"RFQ 市场"）。进入 RFQ 市场或者直接输入网址 sourcing.alibaba.com 查询适合的采购需求进行报价，如图 6-8 所示。

图 6-8　RFQ 市场

（2）分析 RFQ

① RFQ 搜索页 List 分析如图 6-9 所示。

图 6-9　RFQ List 页面

- 1 为买家样品图（有些没有样品图）；
- 2 为标题，可以从这里判断客户的需求是否和商家或卖家的供应相匹配；
- 3 是该 RFQ 带有附件的标记（如果没有附件则不展示）；
- 4 表示买家意向采购数量；
- 5 表示买家国别（或所属地区）；
- 6 表示剩余报价席位。

② RFQ 详情分析如图 6–10 所示。

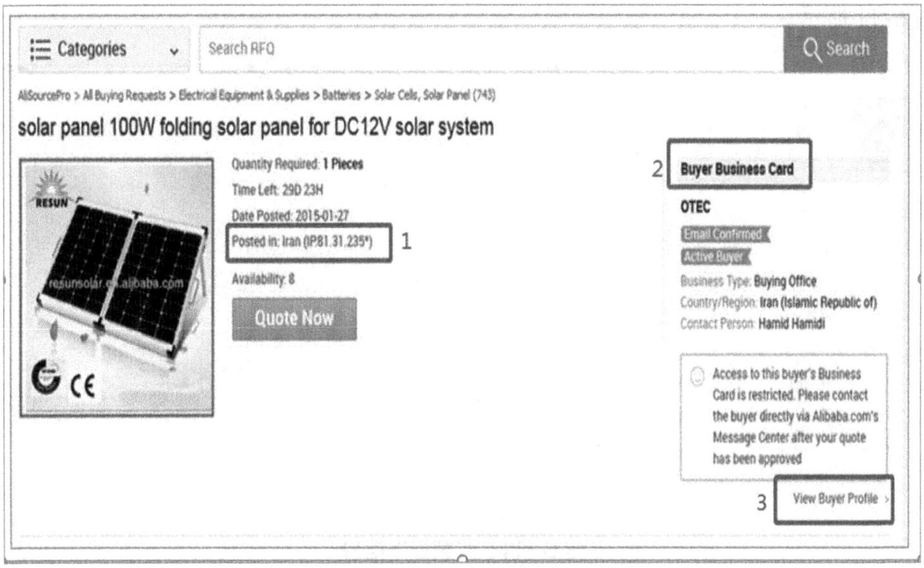

图 6–10 RFQ 详情

- 贸易方式和 IP 地址

该处显示客户指定的术语和付款方式，如果客户没有填写则不显示。图 6–10 中所示 IP 地址，可以用 ip38.com 查询客户 IP 和位置是否一致，以规避套取报价的非正常竞争行为。

- 公司名称

可以用谷歌浏览器搜索客户的公司名，初步判断客户公司是否真实存在，同时也了解一下客户的具体情况，为报价做好准备。

- 详情介绍

RFQ 的细节部分由客户自主编写，一般会写清楚需求产品的描述、报价要求等，以及以附件形式附上产品图片或文档。通常，该部分内容越详细，RFQ 的质量就越高。

③ 买家行为信息分析：

- 买家基本信息

查看买家的基本信息，包括姓名、邮箱、电话、公司名称、商业类型、公司网址、公司地址、邮编、公司简介、公司 Logo、公司证书等。如果在买家的姓名下方有标识，则代表该买家是由于在平台上的采购行为和个人信息确认后被系统进行认证的，阿里巴巴认为该买家是存在采购行为的真实买家身份，可信度比较高，如图 6-11 所示。

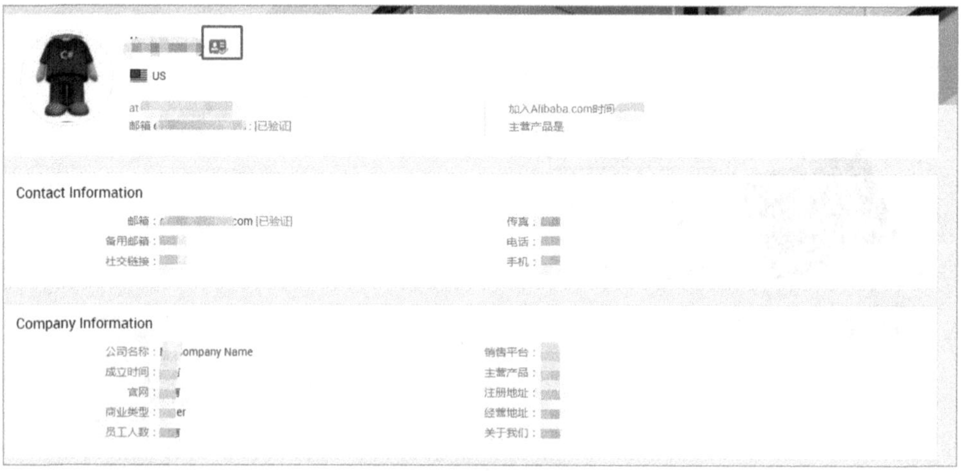

图 6-11　买家基本信息

- 买家行为信息分析

分析买家过往的浏览记录信息、采购信息、所在行业、主购产品、采购频率、区域偏好、类型偏好等，在检验买家真实性的同时进行需求匹配，如图 6-12 所示。

（3）回复和管理 RFQ

① 报价回复。在 RFQ 市场找到合适的 RFQ 之后，单击后面的“立即报价”按钮进行报价回复，如图 6-13 所示。

单击“立即报价”按钮之后进入报价单的填写页面，主要内容包括产品名称、产品编号、产品细节、价格详情等，如图 6-14 和图 6-15 所示。

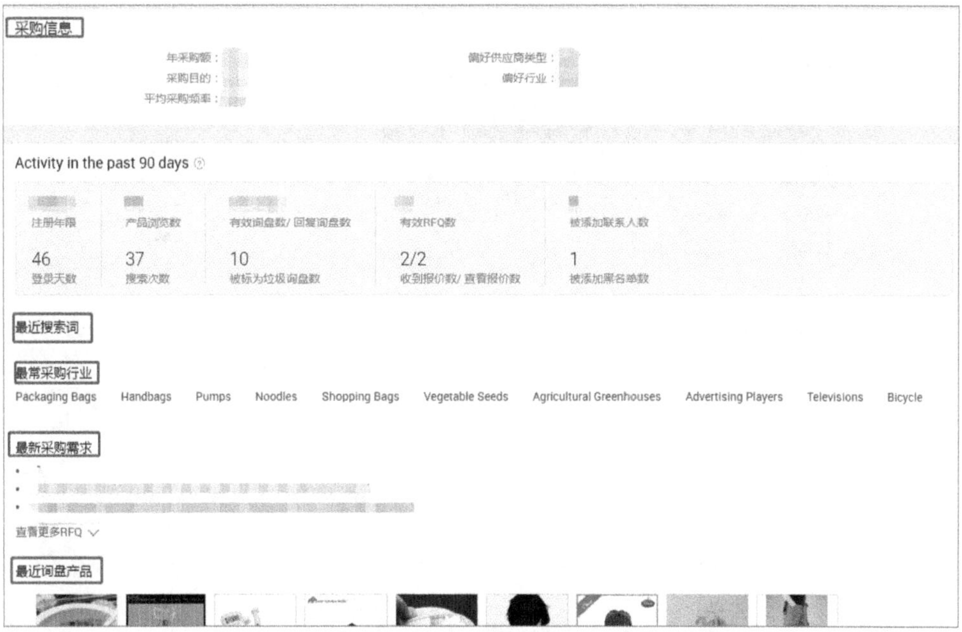

图 6-12　买家行为信息

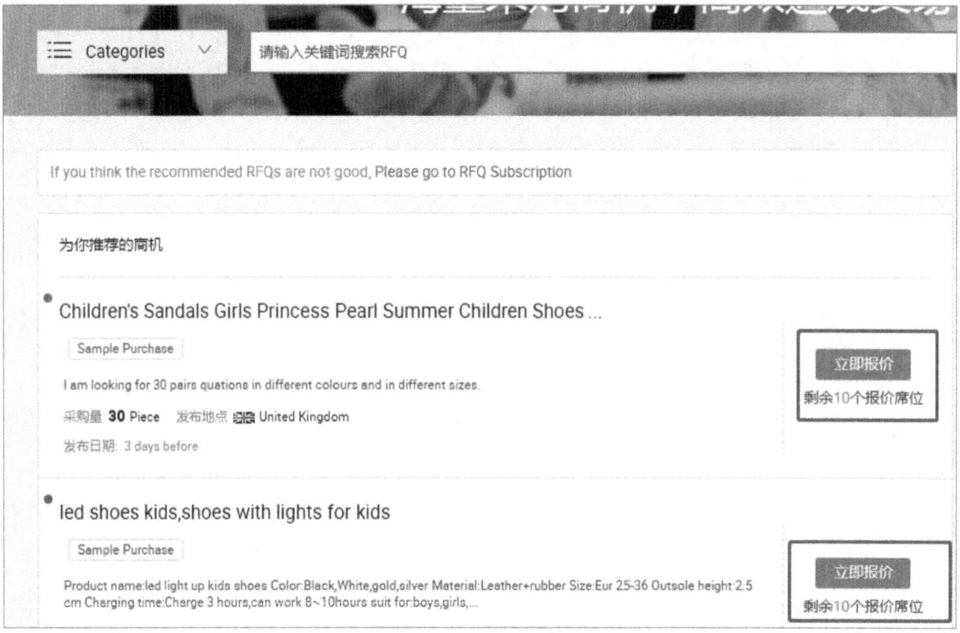

图 6-13　RFQ 报价

图 6-14 报价表单（1）

图 6-15 报价表单（2）

② 报价管理。已经报价完成的 RFQ，可以登录“My Alibaba”后台 –“商机 & 客户中心”–“报价管理”页面进行查看，如图 6–16 所示。

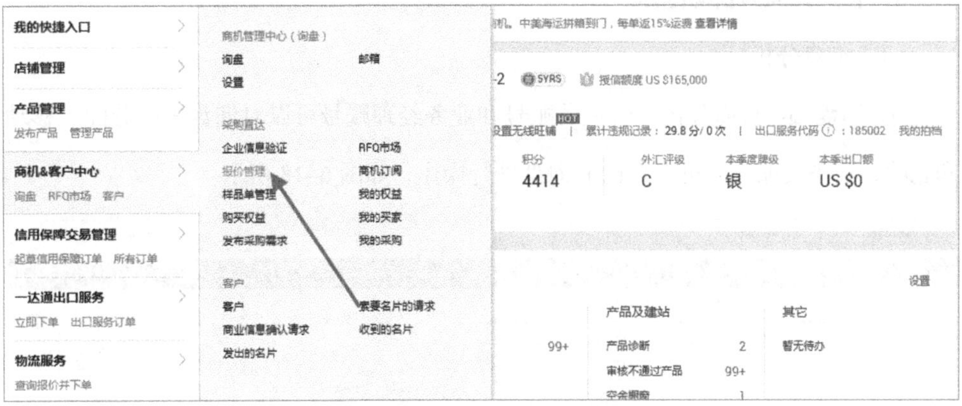

图 6–16 进入报价管理路径

进入“报价管理”页面，单击对应的报价记录，然后在报价记录详情页面左上角单击“立即联系”，即可查看该条报价的 RFQ 信息。在“所有跟单”栏目下，只能查看最近 3 个月的报价记录，如报价记录已超过 3 个月，请到“历史报价”栏目下查看，如图 6–17 所示。

图 6–17 “报价管理”页面

任务 6.2　跨境电商询盘

1. 客户询盘分析与回复

（1）询盘分析

① 询盘 List 页面分析。管理员账号和业务经理账号可以对询盘进行分配、移动和删除，业务员账号只可对自己的询盘进行操作，如图 6–18 所示。

图 6–18　询盘 List 页面

- 起草意向合同：在询盘里面发送站内信，单次添加联系人上限是 20 个，添加 *N* 个人，对方可以看到发送的其他联系人；
- 我的合同模板：新建自己的合同 / 订单模板，节约时间，提高外贸跟进效率；
- 推荐买家：系统根据买家的行为习惯，根据主营产品、类目等进行自动匹配，让卖家去做营销；
- 所有询价单：所有收到的询盘都会在这里展示；
- 已发送：所有回复的都会在这里面展示，已发送无法删除；
- 已加标记：设置的旗标，根据自己的需求来设置不同的旗标；
- 垃圾询价：垃圾询盘，客户自己设置了黑名单或者开启了询盘过滤机制，系统判断是垃圾询盘；
- 已删除：客户自己删除的会在已删除里面，彻底删除的是无法找到的；
- 导出询盘：供应商可以申请导出询盘数据，但是一年只能申请一次询盘导出，仅支持申请导出之日起最近 365 天的询盘数据；

- 我的文件夹：供应商自己设置的文件夹，用于归类自己的询盘；
- 询价类型：不同渠道和不同对象的询价类型。

② 询盘详情页面分析。询盘详情页左侧展示买家基本信息，包含买家的公司信息、过去 90 天的行为数据、最近搜索信息和买家采购偏好。中间板块显示双方之间的询盘订单信息，也就是信用保障订单的进程和合同的详细内容。右侧是双方询盘交流的板块，供应商也可以对询盘进行移动、分配和删除等操作，如图 6-19 所示。

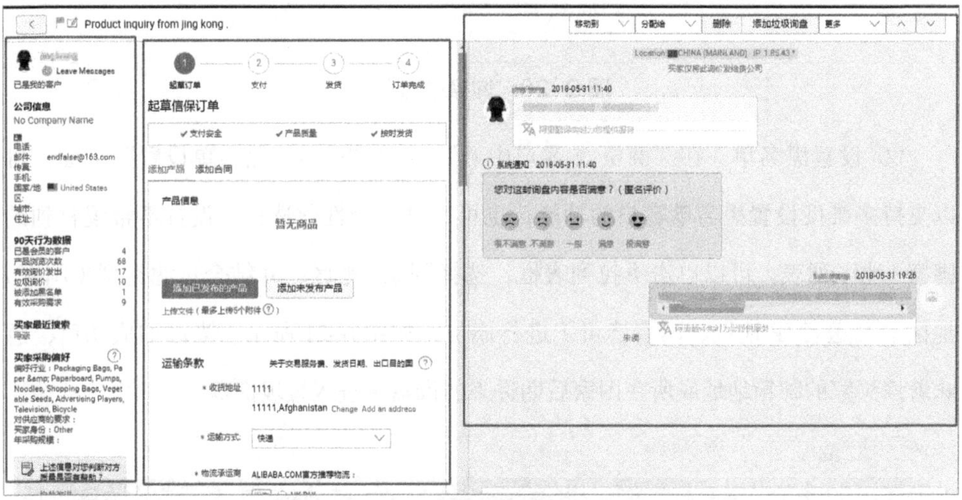

图 6-19　询盘详情页

（2）询盘回复

询盘回复时，找到对应的询盘，在询盘的详情页面右侧聊天板块进行回复。在对买家的信息进行回复时，需要把握买家的心态，明确买家需要了解的内容，以便有针对性地进行回复。

① 格式简单，版面整洁，高效回复；

② 开头注意称谓，简单的问好和自我介绍；

③ 对客户询问的问题，有条理地回复，并适当增加公司的信息，展示公司实力。

2. 询盘设置

（1）询盘过滤

① 过滤询盘。在“询盘” - “设置” - “询盘过滤”页面，选中“开”或“关”

进行设置，过滤开关开启后，系统会针对恶意行为、可疑内容、广告等容易引发钓鱼欺诈的风险询盘进行过滤，过滤的询盘会在垃圾询价中展示，如图 6-20 所示。

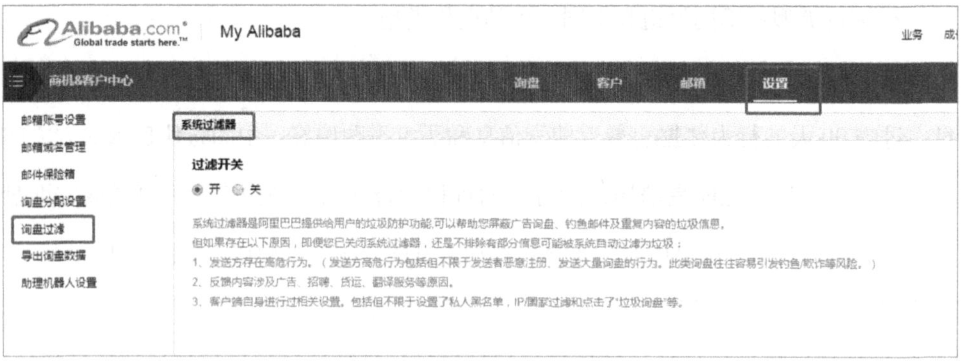

图 6-20 询盘过滤设置

② 设置黑名单。在“商机 & 客户中心”－“客户”－“黑名单设置”页面，可以支持多维度设置黑名单客户的功能，也可以进行个性化选择。设置不希望收到的国家 / 地区列表，可以单击下拉列表框，选择国家 / 地区，并结合过滤类型（国家 / 地区、发送者 IP 地址、两者皆可）进行添加，如图 6-21 所示。当添加成功后，意味着该买家的邮箱地址或所在国家后期进来的询盘将进入垃圾询盘。

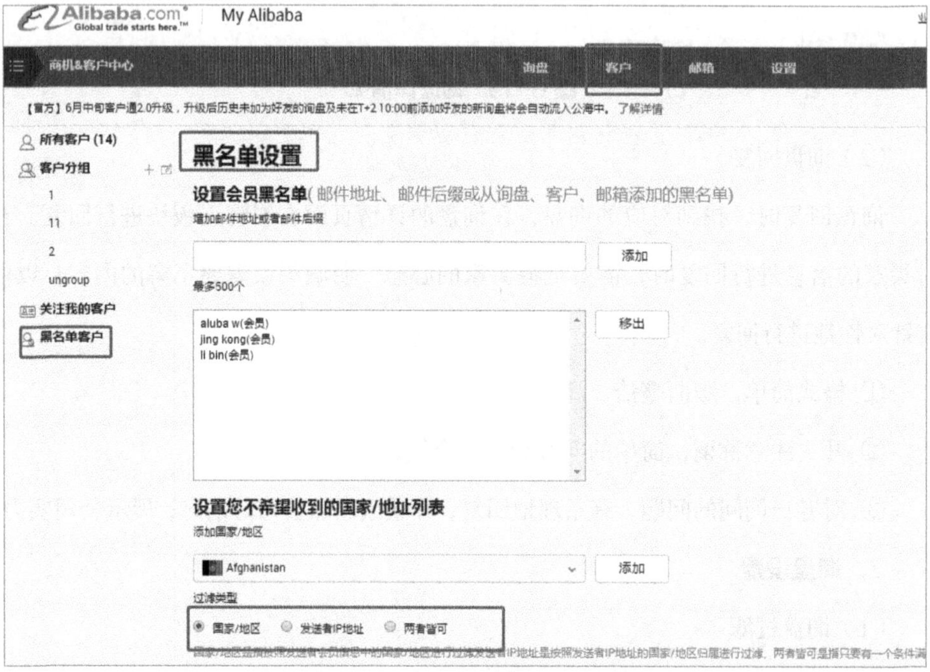

图 6-21 询盘黑名单过滤设置

（2）公司默认联系人

默认联系人可以设置成公司任何一个账号，但只有管理员账号可以进行设置。设置后针对公司的询盘会发送到该账号，公司联系人信息修改提交后，页面变为灰色且不能再修改，需经过 24 小时审核时间后才可以再次修改，如图 6–22 所示。

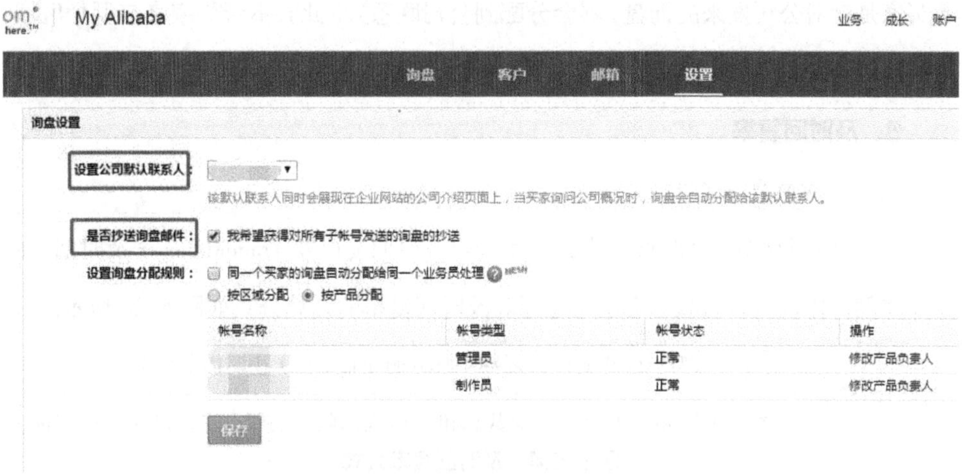

图 6–22　设置公司默认联系人

（3）询盘分配规则

询盘分配规则包括按区域分配和按产品分配，如图 6–23 所示。所有询盘分配及规则设置都由管理员 / 主账号或业务经理进行操作，管理员 / 主账号分配整个公司的询盘，业务经理分配下属业务员的询盘。若管理员账号选择了“同一个买家的询盘自动分配给同一个业务员处理”（客户第一原则），则后续该买家对不同业务员负责的产品发询盘，都会自动分配给同一个业务员处理，避免撞单。

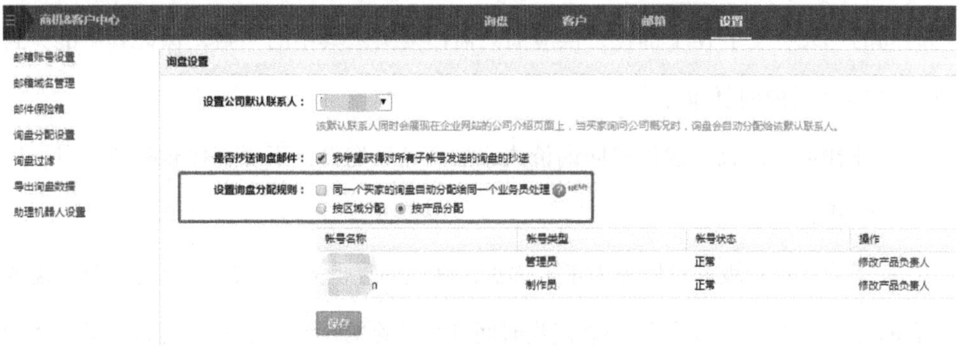

图 6–23　设置询盘分配规则

① 按区域分配。按区域分配好后，对应区域的买家发来的询盘分配到对应区域的负责人。一个区域只能分给一个账号，若没有负责人的区域，则该区域的买家发来的询盘直接分配到公司联系人，此时和产品属于哪个账号没有直接关系。

② 按产品分配。买家针对某一个产品发来的询盘，分配给该产品对应的负责人，若买家是针对公司发来的询盘，则会分配到公司联系人。此时不管买家来自哪个区域，产品属于某个账号，买家询盘都会分配给该账号。

3. 及时回复率

（1）及时回复率公式

① 及时回复率。及时回复率指的是询盘及时回复以及 TradeManager 及时回复的整体比例，体现卖家的服务态度与意愿。及时回复率的计算公式如图 6-24 所示。

$$\text{及时回复率} = \frac{\text{询盘 24 小时内回复数} + \text{TradeManager 在 1 小时内的回复数}}{\text{卖家过去 30 天收到的买家数总和} + \text{30 天内收到的所有 TradeManager 咨询}}$$

图 6-24 及时回复率公式

② 重点注意事项：

- 及时回复率包含询盘 +TradeManager；
- 自动回复不算及时回复率；
- 及时回复率是供应商公司整体的回复率情况，不看单一子账号；
- 及时回复率的开通和关闭操作只能由公司管理员 / 主账号进行；
- 及时回复率不计算询盘数，只计算买家数；
- 注册国家和发送 IP 为 CN 的都不计算在回复率内，当 1 个买家在同一天内（美国时间的一天）发了 N 个询盘，供应商只需回复买家其中的一封，保证其中的一封询盘在 24 小时内回复即可；
- 不想回复的询盘建议退回询价或添加到垃圾询盘，不要直接删除该询盘，以免影响回复率；
- 若卖家把垃圾询盘恢复为正常询盘，则该询盘也需要在 24 小时内回复，需要注意的是 24 小时时间是从该询盘接收时间开始计算的，而不是从恢复为正常询盘的时间开始计算的。

（2）后台设置和前台展示页面

① 后台设置。主账号登录“My Alibaba”–“店铺管理”–“贸易记录”–“及时回复率”页面，设置“我要展示”或“取消展示”，也可以在此页面中查看及时回复率，设置后会有3天的生效时间，如图6–25至图6–27所示。

图6–25 “贸易记录”页面

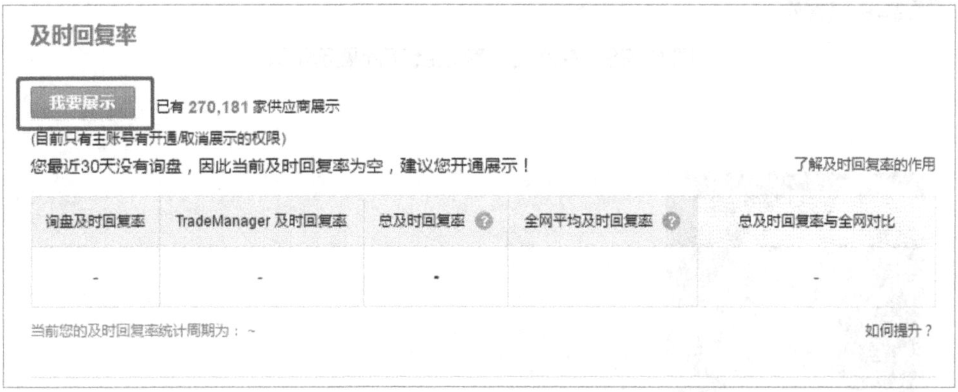

图6–26 “我要展示”设置

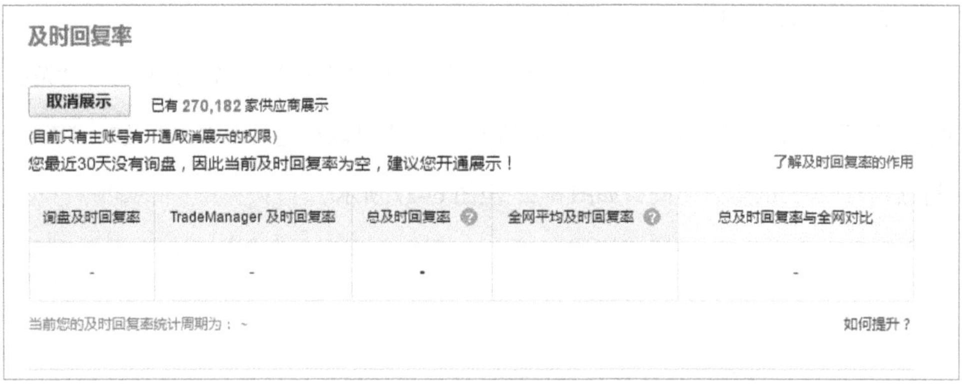

图 6-27 “取消展示”设置

② 前台展示。买家在产品搜索 List 页面、产品详情页面、旺铺首页企业名片页面可以查看该企业的回复率数据，如图 6-28 至图 6-30 所示。

图 6-28 在产品搜索 List 页面展示位置

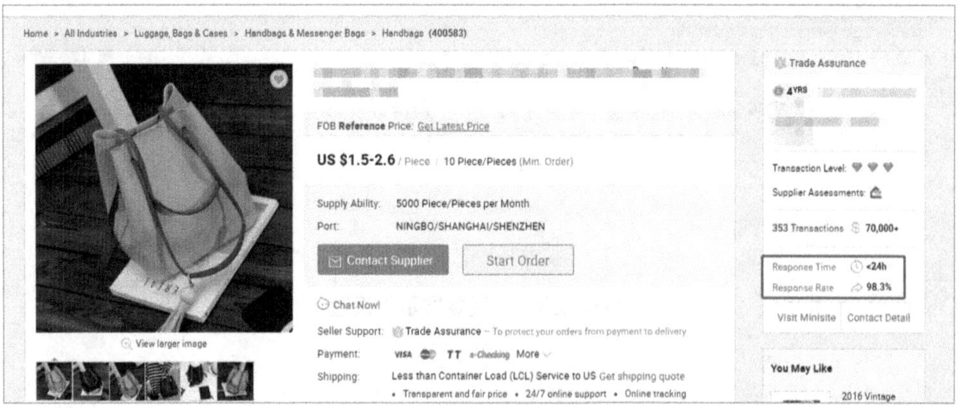

图 6-29 在产品详情页面展示位置

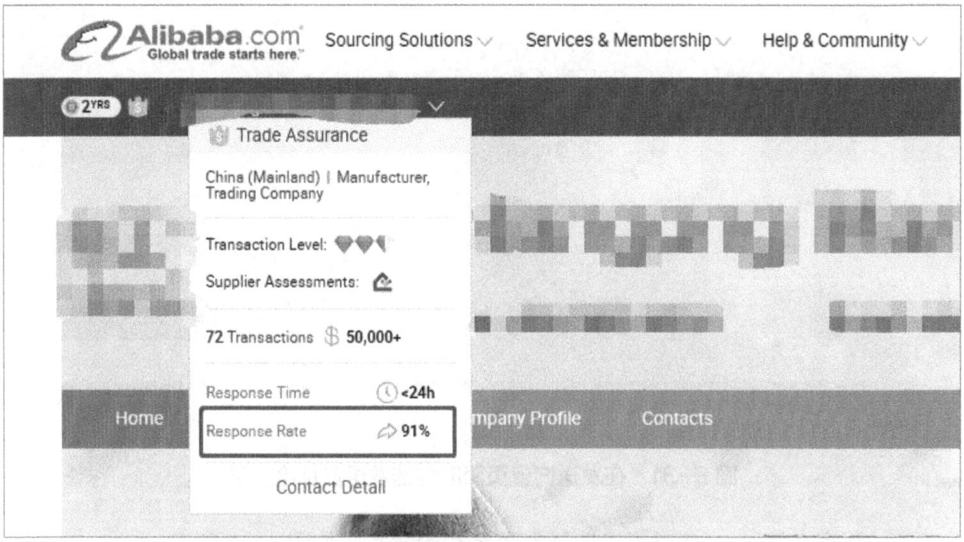

图 6-30 在旺铺首页企业名片展示位置

任务 6.3 我的人脉

1. 名片

（1）名片的来源

阿里巴巴国际站后台可以进行买卖双方名片的索取和互换，不仅可以方便地管理客户关系，增加买卖双方的沟通交流，而且可以加深买卖双方之间的信任，促进交易的进程。

在名片索取和互换过程中，若卖家收到客户名片并愿意分享企业名片给对方，可以发出名片，交换名片后双方即成为商业伙伴。买家名片没有删除功能，若卖家不想让该名片展示在名片列，可以隐藏该名片，名片隐藏后刷新页面即可；若想查看隐藏名片，可以在名片筛选项里选择查看隐藏的名片；若名片发出后想撤回该名片，单击“撤回”按钮，则对方在收到的名片页面不能查看到供应商的联系信息。

① 买家在发送询盘的时候选择发送了名片给供应商，如果选择了“I agree to share my Business Card to the supplier”复选框，则会分享自己的名片给卖家，如图 6-31 所示。

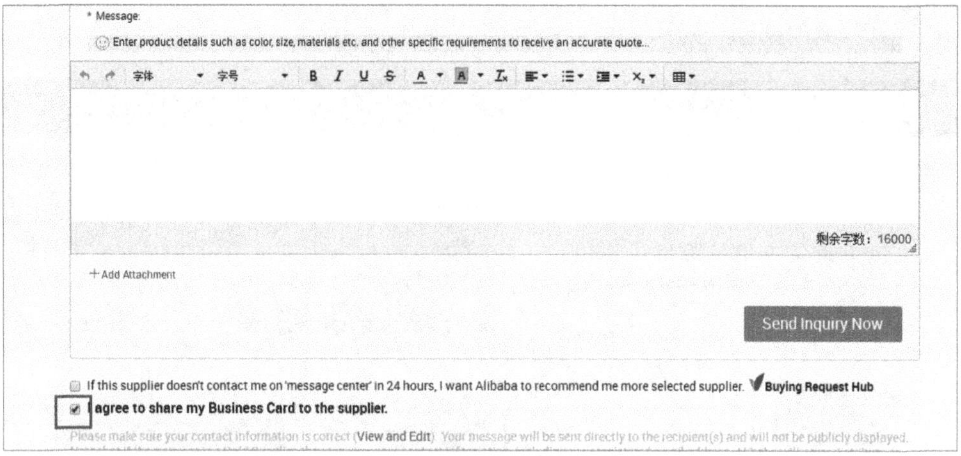

图 6-31 在发送询盘页面时勾选发送名片给卖家

② 买家在发送 RFQ 时可以选择发送名片给卖家，如图 6-32 所示。

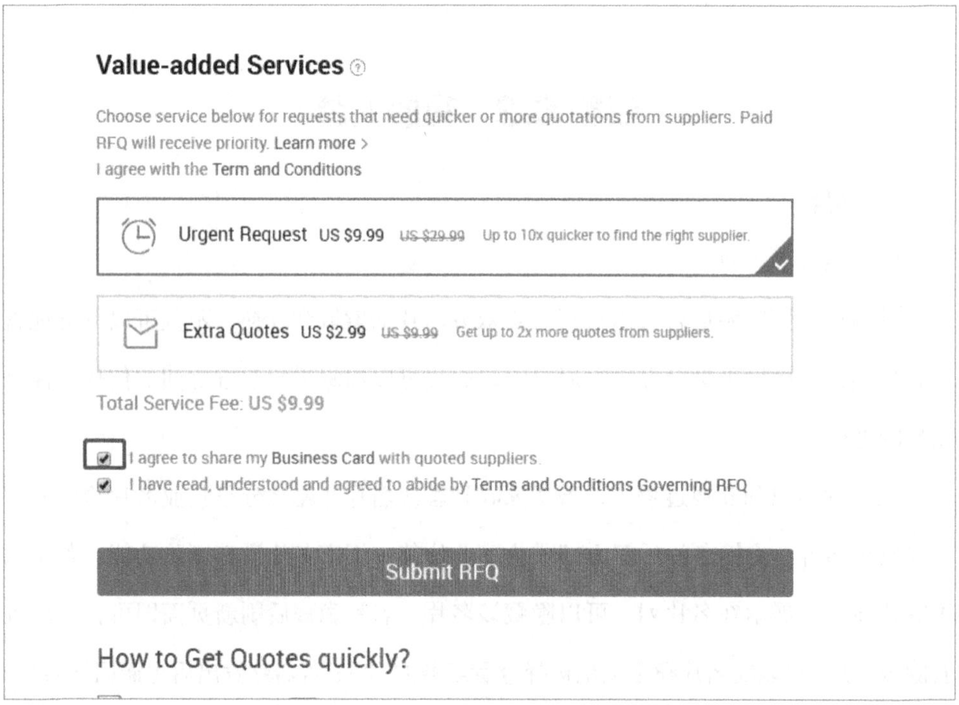

图 6-32 在发送 RFQ 页面时选择发送名片

③ 当卖家在询盘后台或 RFQ 后台向买家申请名片后，若买家同意发送名片，卖家也可以收到名片，如图 6-33 所示。

图 6-33 RFQ 后台申请查看买家名片

④ 买家在管理后台“商机 & 客户中心”-“收到的名片”中可以直接发送名片给卖家。卖家若通过非询盘和 RFQ 的场景获得沟通关系，如实时营销、访客营销、推荐买家等，买家记录也会统计到名片信息中，只是卖家需要去索取名片，不是直接展示名片，如图 6-34 所示。

图 6-34 卖家发出名片

⑤ 卖家在收到的名片页面，可以直接查看名片来源。

- “From Inquiry”名片来自询盘，如图 6-35 所示。
- “From AliSource”名片来自 RFQ，如图 6-36 所示。
- “From Connections”名片来自商圈交换，如图 6-37 所示。

图 6-35　名片来自询盘

图 6-36　名片来自 RFQ

图 6-37　名片来自商圈交换

（2）查看我的名片

① 在阿里巴巴国际站后台，单击“商机 & 客户中心”–“客户”–“收到的名片”，可以查看收到的名片，单击右上角“查看我的名片”，可以查看卖家自己名片的基本信息，如图 6–38 所示。

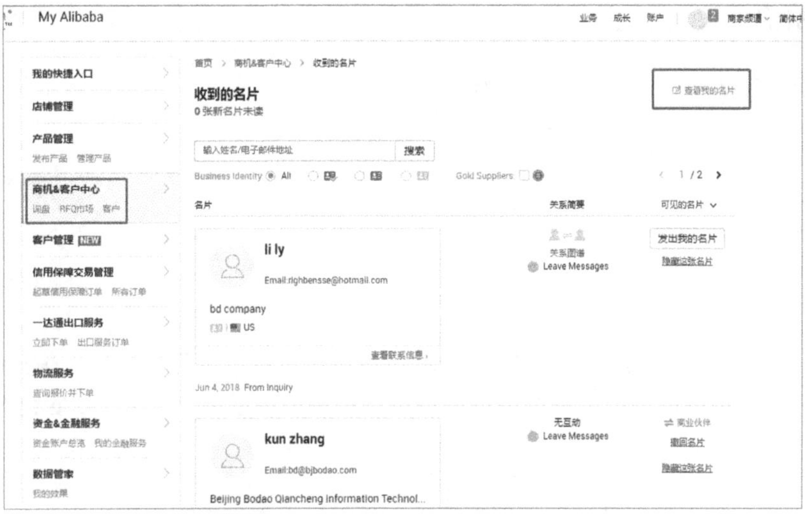

图 6–38　单击“查看我的名片”

② “我的名片”信息中主要包含了公司的基本信息、联系方式、年份、主营信息和采购信息等，如图 6–39 所示。若需要对名片中的信息进行修改，单击右上角的“编辑”按钮进行编辑，修改完成后单击“提交”按钮，可查看名片信息及对外展示效果。

图 6–39　企业名片信息展示页面

（3）发出的名片

供应商对买家发出名片后可以撤回，也可以向买家发起索要名片的申请，双方互发名片后可以建立商业伙伴关系，如图 6–40 所示。

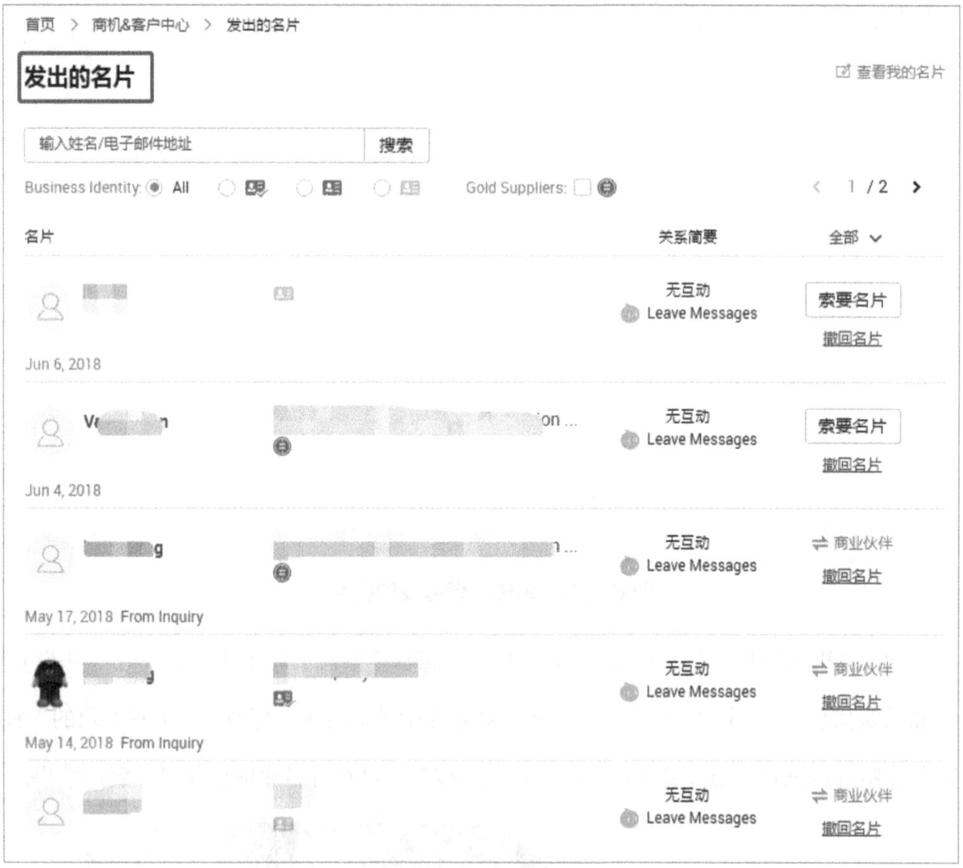

图 6–40　发出的名片

2. 买家商业信息确认

卖家确认买家身份信息是否真实可信，可以通过买家的商业身份标识验证。

若买家想验证自己的身份，可以通过邀请商业伙伴进行身份验证。买家在线上向自己的商业伙伴发起身份验证的邀请，被邀请人对买家身份进行确认，买家身份会根据被邀请人的验证结果标识，如图 6–41 所示。

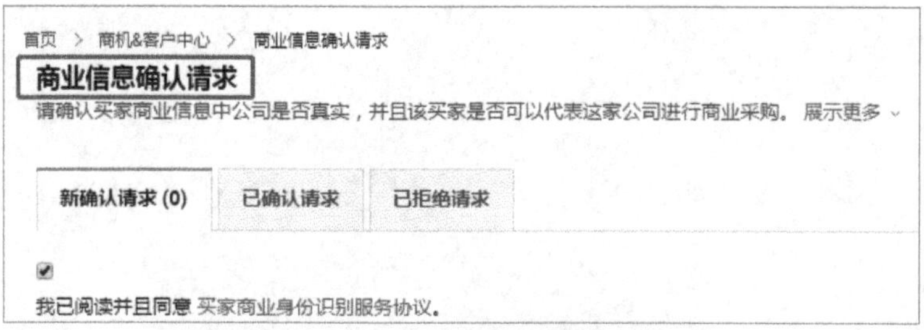

图 6-41 买家商业信息确认请求

任务 6.4 千牛

1. 千牛工作台认知

（1）千牛工作台简介

① 千牛工作台背景。千牛工作台由阿里巴巴集团官方出品，淘宝、天猫、1688中文站卖家均可使用，包含卖家工作台、消息中心、阿里旺旺聊天功能、商品管理、订单管理等主要模块。

国际站版千牛结合国际站业务，除了即时沟通工具的基本功能外，还包括管理发布产品、跟进买家、接单做销售、实时监控店铺数据等功能。

② 千牛工作台价值：

- 一站式工作台：实现从发布产品、店铺管理、商机跟进、订单管理，最后到数据监控等全链路在同一工作平台的所有操作，提高了经营管理的效率；
- 聚焦商业媒体资讯：直播外贸商业场景，提供丰富的电商知识和数据解读；
- 全方位服务能力：整合优质服务商的能力，提供店铺装修运营、金融服务、报关出口等全方位的商业服务；
- 强化新增功能：新增买家已读、未读功能，第一时间了解海外买家的状态并有效及时跟进，子账号的分流功能可以更好地发挥子账号的作用。

（2）千牛工作台下载与安装

① 下载路径：国际站千牛官方下载页面为 https://download.alicdn.com/wangwang/qianniu_(6.05.03N).exe。

目前仅支持 PC 端 Windows 版本的下载，下载千牛可进入如图 6-42 所示页面。

图 6-42 千牛工作台下载页面

② 安装途径：双击安装文件后操作安装，自行选择“快速安装”或“自定义安装”选项，单击“安装”按钮即可，如图 6-43 至图 6-45 所示。

图 6-43 快速安装

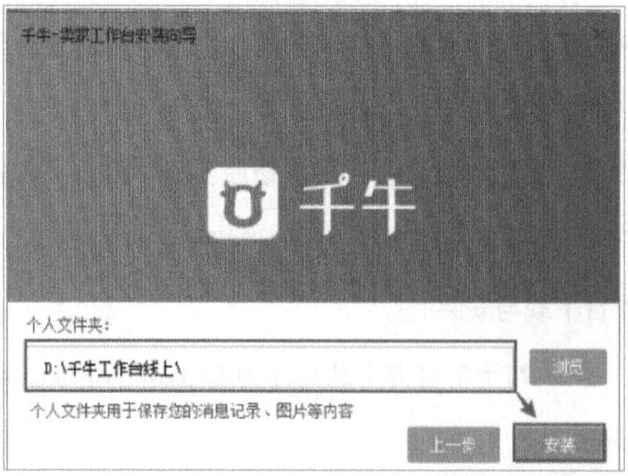

图 6-44 选择个人文件夹后单击“安装”按钮

图 6-45　安装完成

2. 千牛工作台操作

（1）注册登录

① 未注册的新用户，单击“免费注册”链接注册账号并登录。

② 已有阿里巴巴国际站中国大陆付费账号（CGS）的老用户，可直接使用账号、密码登录。若忘记密码，单击“忘记密码”链接，通过验证后可重新设置新密码。

目前国际站千牛的功能仅面向阿里巴巴国际站中国大陆付费会员（CGS）开放，免费会员需开通出口通才可使用，登录时选择“阿里巴巴国际站”，输入账号和密码即可登录，如图 6-46 所示。

图 6-46　登录千牛工作台

（2）工作台主界面

① 千牛工作台核心功能板块如图 6–47 所示。

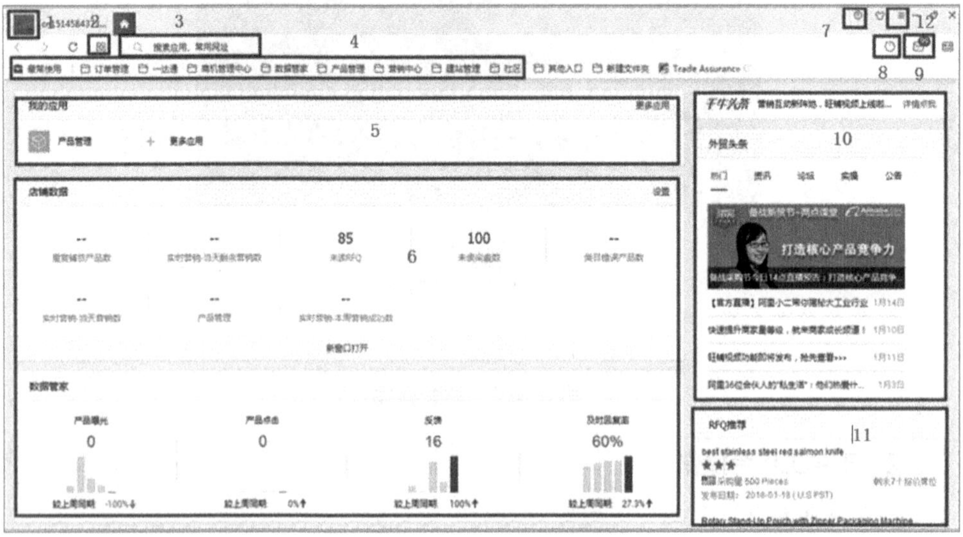

图 6–47　工作台主界面

- 账号信息：个人资料；
- 管理收藏：管理收藏网址；
- 搜索栏：搜索应用和网址；
- 常用网址：直接访问业务场景；
- 我的应用：配置插件；
- 中心面板：个人中心、待办事项、店铺核心数据等；
- 小何在线：帮助中心；
- 接待中心：即时聊天；
- 消息中心：消息提醒和管理；
- 外贸头条：新鲜资讯、官方公告；
- RFQ 推荐：RFQ 商机推荐；
- 系统设置：系统设置相关。

② 管理收藏。管理收藏包含订单管理、一达通、商机管理中心、数据管家、产品管理、营销中心、建站管理、社区、速卖通等，单击左侧导航栏的“管理收藏”，可以自主编辑模块，查看各个板块的网址和调整顺序，如图 6–48 所示。

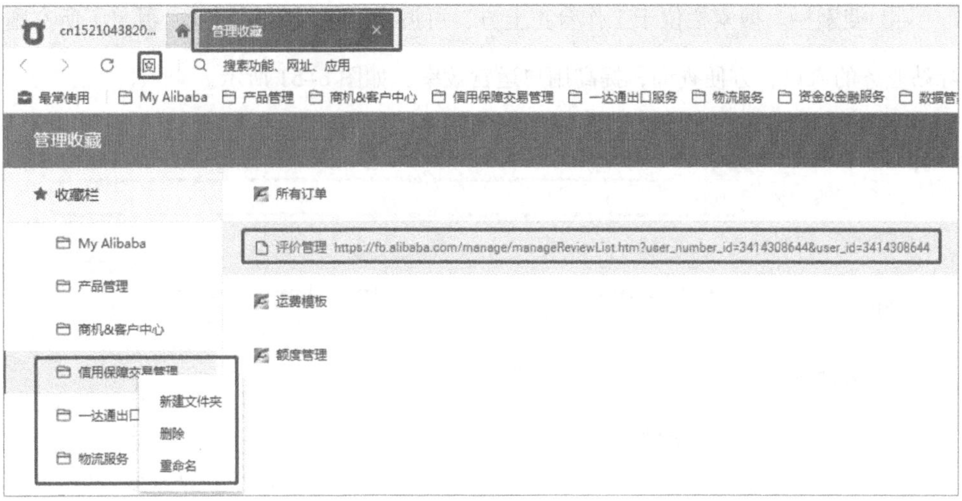

图 6-48 管理收藏

③ 我的应用。我的应用板块支持自定义添加或减少模块，可根据操作习惯添加应用。进入“应用中心”之后，可以“添加”或者是“移除”应用，已经添加的应用可以随意拖动顺序，最多可以添加 23 个应用，如图 6-49 和图 6-50 所示。

图 6-49 我的应用

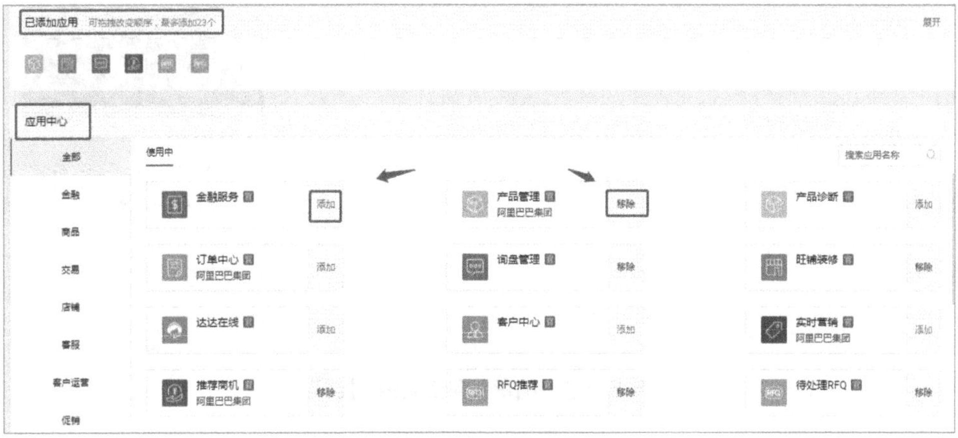

图 6-50 应用中心

④ 搜索栏。搜索栏位于工作台正上方，可搜索应用及常用网址，覆盖了所有国际站业务的入口，方便查询，提高用户运营效率，如图 6–51 所示。

图 6–51　搜索栏

⑤ 国贸头条 & 商机推荐。国贸头条包含热门资讯、论坛、实操、公告，及时帮助供应商提供阿里动态和外贸行业资讯，让商家可以更快掌握行业动态、获取商业经验。

RFQ 推荐位于国贸头条的下方，主要是根据供应商的行业类目和商品发布情况，定向为商家推荐匹配的商机，如图 6–52 所示。

图 6–52　国贸头条 &RFQ 推荐

（3）接待中心和消息中心

① 接待中心。单击工作台右上角的旺旺图标进入接待中心页面，如图 6–53 所示。

图 6–53 主界面 – 接待中心

接待中心详情页主要分为三个大板块。左侧为联系人列表，可以进行好友管理，包括查找、添加、删除、批量发送消息等操作；中间为会话面板，该板块除了常用的聊天功能以外，还包含翻译功能，可设置消息自动翻译为目标语言；右侧为客户和旺铺信息，主要展示买家的会员信息、网站行为数据，以及旺铺的相关产品信息，当买家从阿里巴巴网站的某一件产品单击“chat now”进入会话界面时，卖家可以看到正在洽谈的产品，如图 6–54 所示。

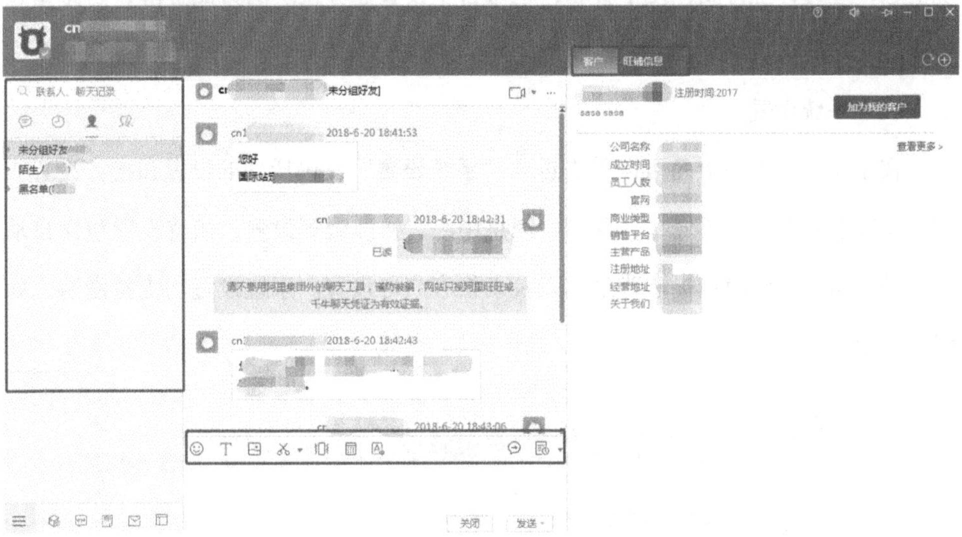

图 6–54 接待中心详情页

② 消息中心。点击工作台右上角的邮件图标进入消息中心页面，如图 6–55 和图 6–56 所示。

图 6–55 主界面 – 消息中心

图 6-56 “消息中心”详情页面

消息中心展示系统通知消息，展示时间为 7 天。供应商可以根据场景化分类系统消息，进行自主订阅，便于查看；也可自主设置业务模块的订阅提醒，防止错过重要消息；还支持一键全部标记为已读。

（4）系统设置

在千牛工作台右上角可以单击进入“系统设置”，包括基础设置和接待设置。基础设置包含登录、界面、任务栏、消息中心、快捷键等设置；接待设置包含自动关闭聊天窗口、新消息提醒背景色以及切换客户等设置。系统设置均支持漫游，如图 6-57 所示。

图 6-57 系统设置

（5）桌面工作条

桌面工作条包含接待中心、消息中心、工作台和搜索栏，能帮助供应商快速找到业务入口，方便管理店铺。鼠标滑动到桌面工作条时，可以查看最常使用的网址，一键便捷开启即可，如图 6-58 所示。

图 6-58 桌面工作条

项目小结

在本项目中，以樱本铺企业网店运营为案例背景，通过商机管理中心和千牛工作台的学习，让学生全方位了解采购直达 RFQ 和询盘的基础知识，掌握回复询盘的方法和名片管理的技巧，培养学生独立完成与客户报价和沟通的能力。

名词解释

（1）询盘：交易的一方有意购买或出售某种商品，向对方询问买卖该商品的有关条件。

（2）询盘及时回复率：30 天内收到的所有有效询盘，在 24 小时内有被供应商回复的占比。

（3）有效询盘：买家针对卖家产品信息和公司信息发送的询盘，不包括垃圾询盘和退回询盘。同时会去掉同一买家 24 小时内发来的询盘，去除在垃圾箱、询盘为删除状态、被退回的询盘，去除注册地和发送地为 CN 的询盘，去除买家账号在 24 小时内被 disable 的询盘。

（4）TradeManager 及时回复率：30 天内收到的所有有效的 TradeManager 咨询，在 1 小时内有被供应商回复（去除自动回复）的占比。

（5）有效的 TM 咨询：去除同一天内的重复咨询，排除注册地 / 发送地为 CN 的咨询，去除拉入黑名单的咨询，去除买家通过手机端发送的消息。

知识链接

1. 外贸邮

（1）外贸邮介绍

① 外贸邮简介。外贸邮是阿里巴巴为广大中小外贸企业量身打造，集专属买家档案、企业邮件安全于一体的外贸专用企业邮箱。若中国供应商会员已经有独立的企业域名，在阿里巴巴这边申请开通外贸邮不会产生其他费用。若暂无独立的企业域名，则需要先从万网、网易等域名提供商购买注册才能在阿里巴巴开通外贸邮。

外贸邮以账号为维度，目前邮箱容量为 15GB，外贸邮最多可以绑定 6 个账号（1 个主账号加 5 个子账号），1 个账号最多绑定 5 个邮箱，如图 6-59 所示。

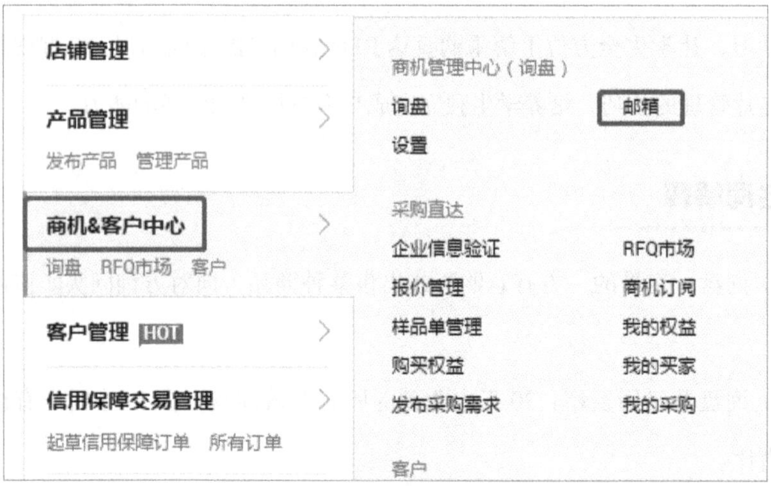

图 6-59 外贸邮入口

② 外贸邮优势：

● 专业：企业邮箱树立企业形象，快速获得买家信赖。外贸邮统一企业邮箱后缀，更加彰显企业的专业性。

● 安全：防止业务邮件流失，确保贸易邮件信息安全。外贸邮的企业回收站能保留所有被删除的企业邮件，误删邮件可以一键找回。

● 易于管理：管理员可管理下属业务员邮箱，轻松掌控业务动向。管理员可以轻松管理所有公司邮件，掌握公司客户和询盘被跟进的状态，有效指导业务员回复客户邮件。

（2）外贸邮开通

① 判断公司是否有自有域名。若没有外部域名，建议卖家联系域名提供商购买。若供应商的外部域名已开通其他企业邮件且正在使用，用此域名开通了外贸邮，原来用该域名开通的企业邮箱将无法使用，建议卖家谨慎操作。

② 针对已有域名进行 MX 解析。MX 记录是邮件交换记录，它指向一个邮件服务器，用于电子邮件系统发邮件时根据收信人的地址后缀来定位邮件服务器。使用自有域名开通外贸邮需要将 MX 记录修改为外贸邮的两条 MX 记录地址，设置后一般有 48 ～ 72 小时生效时间。MX 记录地址如表 6-1 所示。

表 6-1　MX 记录地址

主机名	类型	对应 mail 主机名	优先级
不填写	MX 记录	mx01.mail.alibaba.com	5
不填写	MX 记录	mx02.mail.alibaba.com	10

③ 主账号登录“My Alibaba”–“商机 & 客户中心”–“设置”–“邮箱域名管理”页面申请开通。单击添加后进入域名验证，验证完成后即可针对对应账号添加域名邮箱，如图 6-60 所示。

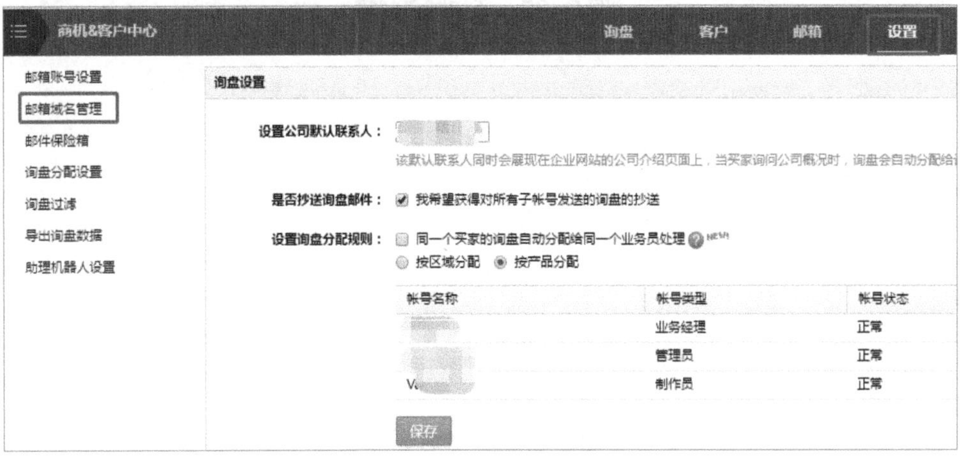

图 6-60　邮箱域名管理

④ 完成域名验证后，可由主账号针对对应账号添加域名邮箱，如图 6-61 和图 6-62 所示。

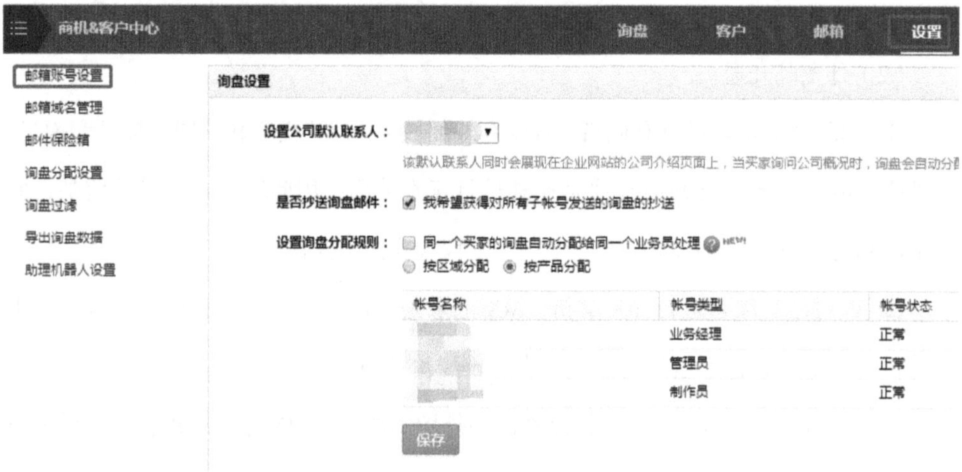

图 6-61 邮箱账号设置

图 6-62 添加域名邮箱

项目 7

信保与纠纷处理

调研显示，大多数供应商在订单达成环节遇到买家对交易安全的担忧问题。为了解决这一难题，阿里推出信用保障服务，将供应商在国际站上的行为以及真实贸易数据等信息不断沉淀，并作为其信用保障额度的累积依据。阿里巴巴在额度范围内帮助供应商向买家提供贸易安全保障，帮助买卖双方解决交易过程中的信任问题，快速达成订单。

【知识目标】

1. 了解信用保障服务开通的条件；
2. 了解信用保障额度的提升和影响因素；
3. 了解信用保障订单的合同规则；
4. 了解信用保障订单的交易流程；
5. 了解不同的贸易纠纷类型。

【能力目标】

1. 掌握信用保障订单下单的方法；
2. 掌握不同种类的付款操作；
3. 掌握发货和报关技巧；
4. 能够熟练操作账户提现；
5. 具备处理不同贸易纠纷的能力。

项目情境

陕西省樱本铺箱包定制公司在入驻阿里巴巴国际站经营了一段时间之后，店铺管理趋于稳定，跟客户之间的沟通技巧愈发成熟，可是在交易过程中跟买家之间的纠纷不断，樱本铺企业对此非常困扰。那么，如何在阿里巴巴国际站平台跟买家进行交易，以及如何去处理交易中遇到的纠纷呢？这一系列知识及能力将在本项目中得到系统的学习和训练。

任务分解

本项目下的任务将对阿里巴巴国际站信用保障贸易操作进行全方位的学习，包括信用保障服务开通、信用保障额度、下单、付款、提现操作和贸易纠纷处理等，让初学者能够以卖家身份去和买家进行跨境贸易活动。

任务 7.1 信用保障服务

7.1.1 信用保障服务开通条件

1. 信用保障服务

（1）信用保障服务介绍

信用保障服务（Trade Assurance，TA）是全球第一个跨境 B2B 中立的第三方交易担保服务平台。阿里巴巴根据用户真实贸易数据为使用者评估一个信用保障额度，帮助买卖双方解决交易过程中的信任问题，为买卖双方提供贸易安全保障及服务。

一旦买卖双方交易过程中在资金、交期或质量等方面出现问题，阿里巴巴将会在额度范围内根据合同约定为卖家背书，给买家保障；同时通过对卖家交易等级、交易评价等数据及展示靠前等方式，为买家多维度地展示信用保障服务卖家的综合实力，促成订单的快速转化。

信用保障服务标识如图 7-1 至图 7-4 所示。

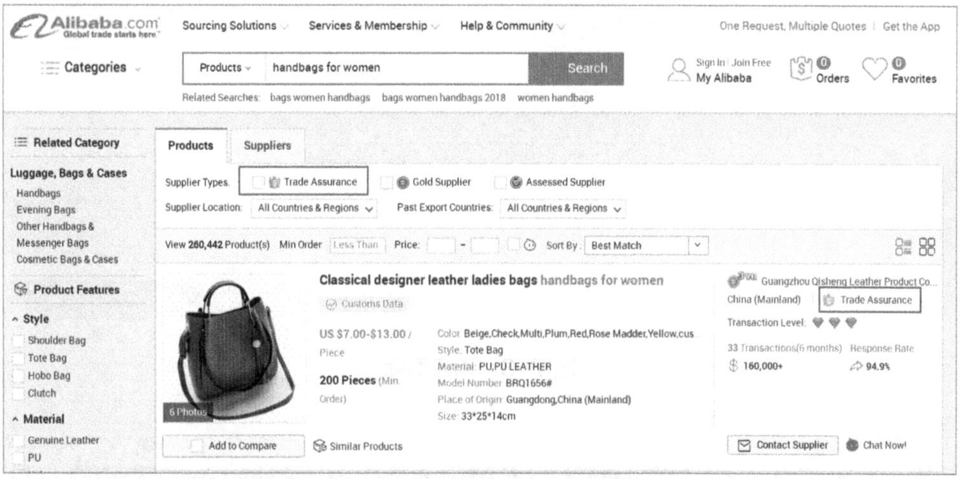

图 7-1 阿里巴巴国际站搜索页面筛选项

（2）信用保障服务的价值

信用保障服务的价值在于它能通过外贸大数据为中国外贸企业向全球买家做信用背书，帮助供应商向买家提供贸易安全保障，解决国外买家对国内卖家的信用质疑，促成交易快速达成，使外贸交易数据化、透明化，形成网上交易信息流、货物流和资金流的完整闭环。

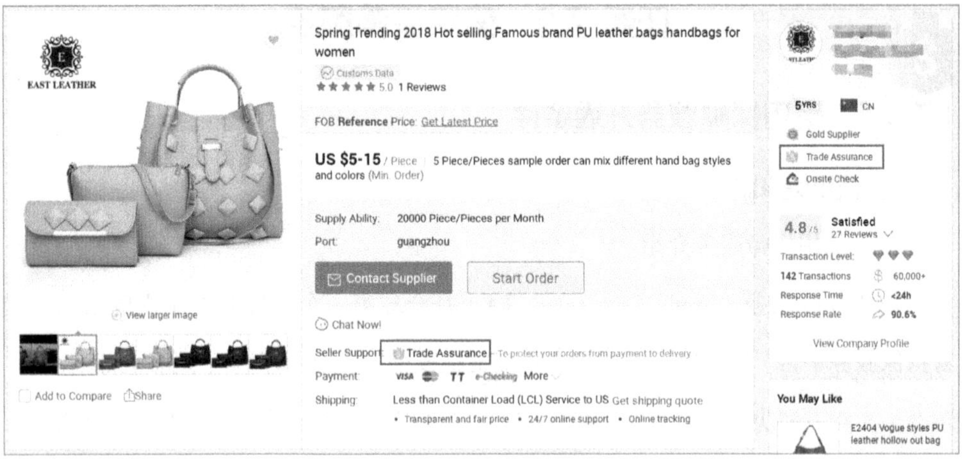

图 7-2　产品详情页面

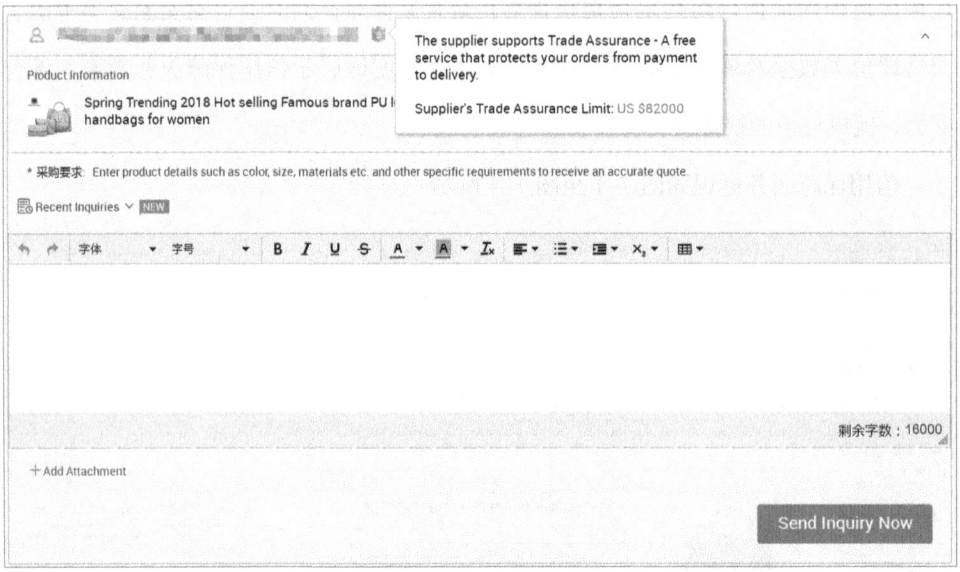

图 7-3　询盘页面

图 7-4　全球旺铺首页

① 卖家：

平台搜索排名：提高排名并有更多机会展示在目标客户眼前；

信用彰显：信用彰显可以获得更多品牌代理机会，并取得大买家信任；

信用极速贷款：阿里巴巴提供信保订单贷款服务，以提高卖方资金周转率。

② 买家：

资金安全：第三方平台担保，保证线上钱款交易安全，促成交易；

按时发货：监督卖家按时发货，保证商品及时送达客户手中；

货物质量：提供多重质保措施，货物品质有保障，提高购物体验满意度。

（3）信用保障服务的范围

阿里巴巴推出跨境 B2B 信用保障交易产品，是全世界第一个跨境网上 B2B 交易解决方案和标准。当信用保障交易服务发生以下两种情况时，阿里巴巴根据仲裁结果于 7 个工作日内代卖家向买家先行垫付，垫付额度限额为合同约定的信用保障额度：

① 卖家未能按合同约定的“发货日期”发货，买家对此发起投诉，且阿里巴巴受理后依据《信用保障服务规则》判定卖家违约成立；

② 根据买卖双方合同约定的保障时间，买家对产品质量发起投诉，且阿里巴巴受理后依据《信用保障服务规则》及合同中产品质量标准判定卖家违约成立，此种情况下，买家同意支付“阿里巴巴指定验货服务商”相关验货费用，作为阿里巴巴判定责任的依据之一。

保障额度是根据双方签署的《信用保障交易合同》中确认的保障额度进行计算的，即预付款金额和供应商可用保障额度，取两者较小的值。

2. 信用保障服务开通

樱本铺企业在了解了信用保障服务的优势和服务范围后，决定申请开通此服务，不仅仅是为了获取客户更多信任，同时也是对双方的交易有一个可靠的保障，避免发生不必要的贸易纠纷。

（1）信用保障服务开通的条件

信用保障服务开通免费，不收取任何服务费用。符合以下条件的会员可以开通或使用信用保障服务：

① 公司法人或实际控制人及关联公司无其他不良诚信记录；

② 网站累计违规扣分小于 48 分，若同一公司合作多个主账号，一个账号大于等于 48 分，则所有账号均不能开通信用保障服务；

③ 网站严重侵权行为累计被投诉大于 3 次，若同一公司合作多个主账号，一个账号累计大于等于 3 次，则所有账号均不能开通信用保障服务；

④ 免费会员也可以免费开通信用保障服务，但需要进行企业或者法定代表人的支付宝实名验证；

⑤ 无其他潜在风险。

（2）信用保障服务开通

① 小单开通。适用于非一达通报关信用保障订单与买家通过点击一口价产品“buy now”起草的信用保障订单。主账号登录“My Alibaba”后，在首页“信用保障服务”模块单击“免费开通”按钮，如图 7-5 所示。

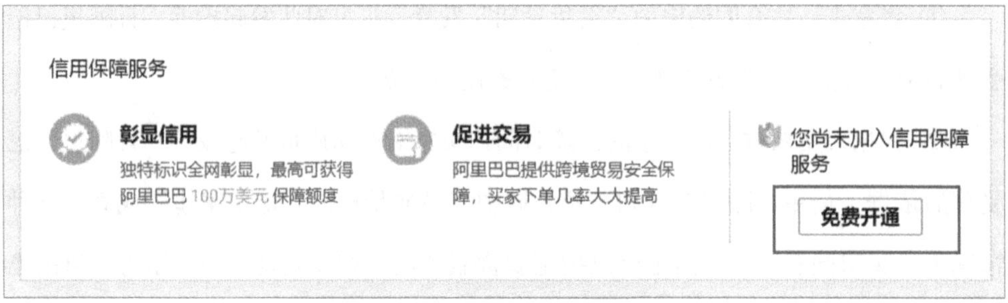

图 7-5 开通信用保障服务

进入申请页面，阅读并确认信用保障合作协议，选择“我已仔细阅读并确认同意上述协议及《信用保障服务规则》”复选框并单击“立即开通”按钮开通服务即可，如图 7-6 和图 7-7 所示。

② 一达通正式报关信用保障订单。若订单金额超过 5000 美元，卖家则需要以一达通名义正式报关，除已开通信用保障服务外，还需要通过一达通双审，才能起草此类型信用保障订单。一达通双审提交建议卖家直接联系客户经理开通。

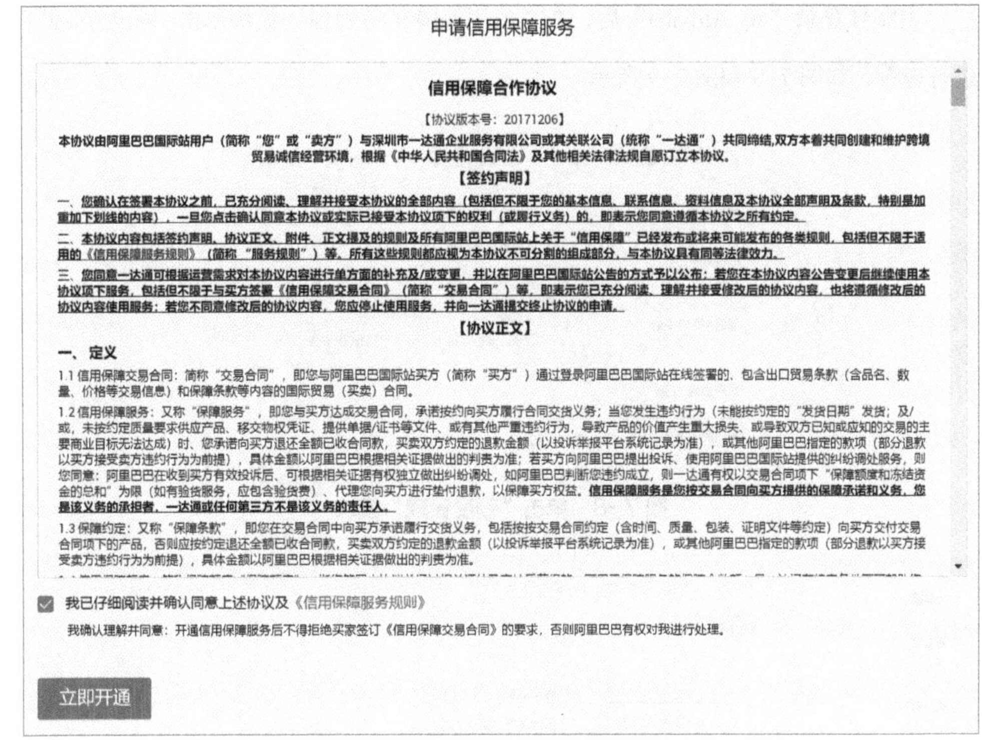

图 7-6　阅读并确认信用保障合作协议

图 7-7　信用保障服务开通成功

7.1.2　信用保障服务额度提升

1. 信用保障额度

信用保障额度是阿里巴巴根据供应商在国际站上的行为以及真实贸易数据等信息给供应商背书的额度。阿里巴巴在额度范围内帮助供应商向买家提供贸易安全保障，帮助买卖双方解决交易过程中的信任问题，快速达成订单。

额度是一个虚拟的数值，信用保障额度作为信用保障交易订单的额度授予及先行垫付的限额。信用保障额度的评估主要的参考因素是供应商经营能力和资信状况，中国时间每个月 10 日进行更新。

主账号登录“My Alibaba”后，在“信用保障交易管理”板块单击“额度管理”进行查看，如图 7-8 和图 7-9 所示。

图 7-8 单击“额度管理”模块

图 7-9 “额度管理”界面

其他供应商的信用保障额度可以在产品搜索页面和公司主页查看，如图 7-10 和图 7-11 所示。

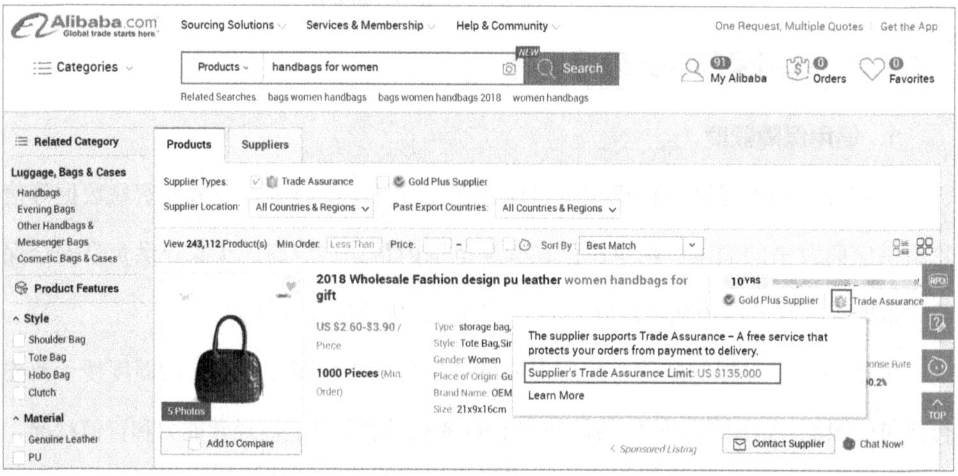

图 7-10 产品搜索页面查看信用保障额度

图 7-11　公司旺铺主页查看信用保障额度

2. 影响信用保障额度的因素

信用保障订单保障条款统一为保障收货后，保障金额是订单的实收金额。信用保障额度的评估基于阿里巴巴风险测算模型，考量系数较多，且会根据出口行业的变化和信用评估渠道的拓展而不断调整。

（1）供应商公司的基本情况，如工商认证信息、阿里巴巴合作年限、平台操作表现等。

（2）供应商的经营能力，目前参考贸易流水评估，包括以下几点：

① 通过信用保障订单产生的流水；

② 仅通过一达通完成出口的流水；

③ 平台通过可信途径获得的企业自营出口数据。

（3）供应商的资信状况，目前参考阿里巴巴国际站违规处罚累计扣分。扣分会导致信用保障额度降低，超过一定分值或有其他重大违规行为则无法使用该服务。

（4）其他风险因素，如企业和法人代表征信情况、纠纷处理等。

3. 信用保障额度提升

（1）信用保障额度提升

信用保障额度的提升是一个循序渐进的过程，无法通过单个行为或事件迅速提升，需要长期的积累。正常情况下，注重诚信经营的供应商可以通过额度评估机制获得相对较高的额度。

阿里巴巴国际站有多种提升额度的方式，在额度管理页面卖家可以根据实际情况选择使用。提升额度的方式分为加入企业诚信体系和临时额度两种，如图 7-12 所示。

图 7-12 提升额度

（2）信用保障额度冻结和解冻

信用保障订单生成后，只要有预付款到账会立即冻结相应额度。

① 额度冻结时间。款项到账后冻结额度，若买家使用 T/T 支付则挂账后冻结额度。

② 额度解冻时间。发货方式若选择阿里物流或一达通报关出口，信用保障订单发货后即可解冻额度；发货方式若选择上传发货凭证发货，信用保障订单收货后解冻额度。收货是指买家手动确认收货或系统自动确认收货，其中系统自动确认收货时间为空运或快递发货后 15 天、陆运发货后 30 天、海运发货后 45 天。

7.1.3 信用保障订单交易流程

1. 起草订单

信用保障订单的起草时间必须早于发货时间，否则无法关联物流单。起草信用保障订单有四种方式。

方式一：从“信用保障交易管理”板块进入

登录“My Alibaba”后台，在“信用保障交易管理”板块单击“起草信用保障订单”进入页面，如图 7-13 所示。

方式二：从“商机 & 客户中心”板块进入

登录“My Alibaba”后台，在“商机 & 客户中心”板块，选择“RFQ 市场”进入采购直达页面，单击“$”标志起草信用保障订单，如图 7-14 和图 7-15 所示。

图 7-13 单击“起草信用保障订单”

图 7-14 选择“RFQ 市场”

图 7-15 单击“$”标志进入起草信用保障订单页面

方式三：从“MA”界面进入

在“My Alibaba”界面“信用保障服务”模块，直接单击“起草信用保障订单”按钮进入页面，如图 7–16 所示。

图 7–16　从“信用保障服务”模块进入

方式四：从“一达通出口服务”板块进入

在“My Alibaba”界面“一达通出口服务”板块，直接单击“立即下单”进入起草信用保障订单页面，如图 7–17 所示。

图 7–17　单击“立即下单”进入起草信用保障订单页面

2. 填写订单信息

根据选项填写买家信息、产品信息、运输条件和支付条款等信息，信息必须真实有效，且订单起草后买家信息无法修改，如图 7–18 所示。

图 7-18　填写买家信息

（1）选择支付方式，填写买家信息

支付方式分为银行卡和信用证两种方式。买家的邮箱必须是海外邮箱，国内的邮箱无法作为买家邮箱起草订单，如图 7-19 所示。

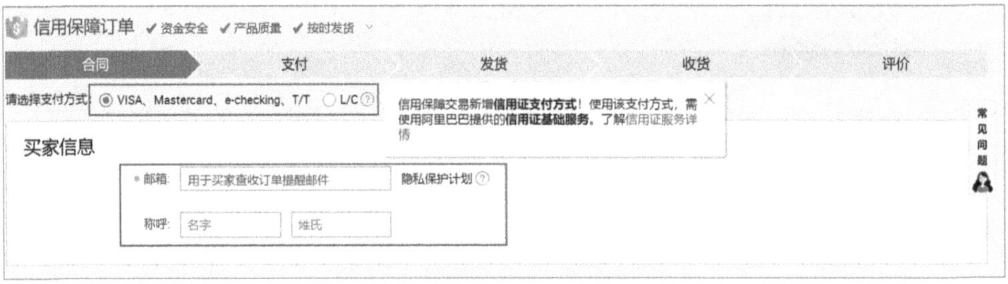

图 7-19 支付方式和买家信息

（2）添加产品 / 合同

卖家可以选择添加产品和上传合同两种方式。选择“添加已发布的产品”直接在产品页面选择商品即可，如图 7-20 所示；选择“添加未发布产品”填写完整的商品信息即可，如图 7-21 所示。添加合同中上传的文件最多不能超过 5 个，如图 7-22 所示。

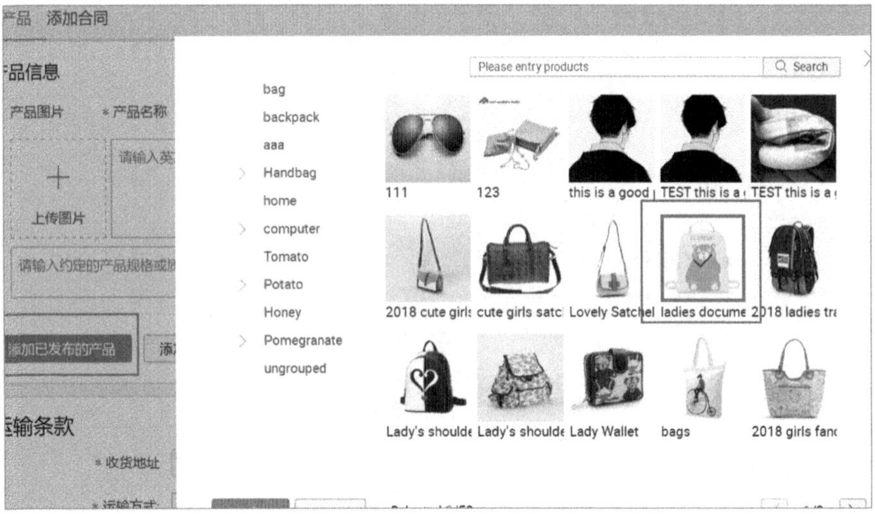

图 7-20 添加已发布的产品

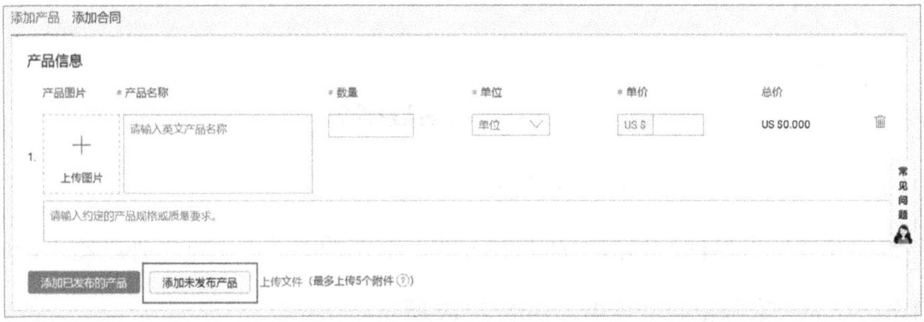

图 7-21 添加未发布的产品

图 7-22　添加合同

（3）运输条款

运输条款包含运输方式、发货日期、收货地址、出口方式等内容，如图 7-23 所示。

图 7-23　运输条款设置

关于收货地址，建议卖家提前跟买家确定发货地址，若后期需要修改时在预付款到账前供应商可直接修改，预付款到账后则供应商提请修改信息需要买家确认。

运输方式支持海运、空运、快运和陆运四种，若选择快递运输方式有阿里推荐物流和自有第三方物流可供选择。

填写发货日期时，需要把周末和节假日时间计算在内，且填写确定的日期数，若填写“about 20–35 days”系统会按照最少的日期计算发货日期。

订单总金额在5000美元以下时使用信用保障订单，起草订单时可以自主选择“通过一达通代理出口”或者“不通过一达通代理出口”两种方式。其中“不通过一达通代理出口”称为非一达通订单，非一达通订单发货可选择阿里物流或上传第三方物流凭证，需收取3%交易服务费，100美元封顶。

（4）支付条款

起草订单时统一用美元核算，且买家预付款必须大于或等于1美元。信用保障订单目前支持的支付方式有五种，需要根据实际情况选择支付方式，单击“费用和到账时间”可以查看支付方式的具体介绍，如图7-24和图7-25所示。

图7-24 支付条款设置

费用和到账时间介绍

支持的支付方式	资金账户	单笔支付限额	预计到账时间	支付手续费	退汇手续费	预计退汇时间
T/T	103账户	无	3-7工作日	20-80美金（付款银行收取）	250RMB/笔	3~7工作日，具体受中间行及发卡行处理时间
	1029账户	无	3-7工作日	20-80美金（付款银行收取）	250RMB/笔	3~7工作日，具体受中间行及发卡行处理时间
	1566账户	无	2~3工作日	0-25美金左右（付款银行收取）	未知	3~7工作日，具体受中间行及发卡行处理时间
VISA MasterCard	不涉及	1.2W美金	2~4工作日	2.95%（2018年6月1日之前下的订单仍然按照2.4%收费）	无	7+(12~30)工作日，具体受中间行及发卡行处理时间
e-Checking	/	5W美金	4~5工作日	15美金/次（活动期间无手续费）	无	4~5工作日日左右，具体受中间行及发卡行处理时间
	/	1W美金	9~10工作日	15欧元/次（活动期间无手续费）	无	4~5工作日日左右，具体受中间行及发卡行处理时间
Boleto	/	5000美金/月	3~4工作日	订单支付金额的1.35%	无	10-15工作日，具体受Boleto处理时间
Pay Later	Kabbage资金账户	具体受您的授信额度确定	2~4工作日	无	250RMB/笔	5~7工作日，具体受中间行及Kabbage服务处理时间

图7-25 支付方式的费用和到账时间介绍

（5）增值服务和订单备注

供应商可以根据实际情况添加产品质检增值服务，产品由“Bureau Veritas”和“China Certification & Inspection Group”两大权威质检商完成质检，如图 7–26 所示。

图 7–26　增值服务和订单备注

3. 买家付款

信用保障订单仅支持 T/T、信用卡、e-Checking 三种方式支付，如表 7–1 所示，目前不支持使用 PayPal 或国际支付宝支付。需要注意的是，买家若通过点击一口价产品“buy now”起草的信用保障订单仅支持信用卡和 e-Checking 支付，如表 7–1 所示。

表 7–1　信用保障订单支付方式

付款方式	T/T	信用卡	e-Checking
使用限制	① 支付无限额 ② 支持多币种支付（RMB/USD/HKD/GBP/EUR/SGD/AUD/CAD/JPY）	① 单笔限额 1.2 万美元 ② 仅支持 Visa 和 MasterCard ③ 仅支持美元支付 ④ 系统检测到有风险的订单，无法使用信用卡支付	① 单笔限额 5 万美元 ② 仅拥有美国支票账户（US checking account）的买家可使用 ③ 仅支持美元支付

（续表）

付款方式	T/T	信用卡	e-Checking
到账时间	3～7个工作日	2～4个工作日（英国银行工作日）	扣款后4～5个工作日（美国工作日）
付款手续费	不同银行的转账手续费不同，建议提前向银行咨询，一般在30～50美元	应付金额的2.8%	15美元/笔
手续费承担方	买卖双方协商由谁支付，手续费若买家同意支付，需和银行核实，并在汇款时额外扣除	买家	买家

信用保障订单买家付款账户必须是境外账户，国内账户不能付款。信用保障订单买家付汇账户的要求如下：

（1）信用保障服务支持买家自行指定付款人及付款账号，将来对资金的赔付会以该账户作为退款的账户。

（2）信用保障服务业务不限制买家通过指定供应商境外收款账户作为信用保障订单的付款账户，但会告知买家由于这样的操作造成的后续退款风险。

（3）若操作过程中，买家在信用保障订单上指定的是买家账号付汇，而打款的是供应商的境外账号或其他账号的情况，阿里巴巴国际站会由系统通知买家要求确定付汇账号，买家可以选择如下两种方式：

① 买家认可通过供应商的境外账号或者买家的其他账号进行首付款付汇，并认可对应产生的将来退款风险，买家将信用保障订单上的付汇人信息修改为供应商的境外账号或者买家自行指定的其他账号，保持两个账号一致。

② 买家不认可通过供应商的境外账号进行付汇，则买家可以选择取消并重新发起订单，或者按照订单上约定的买家账号进行付汇操作，供应商的代付行为无效。

买家付款后供应商可以在“资金 & 金融服务”板块的“资金明细”模块查看具体的汇款记录，如图 7–27 和图 7–28 所示。

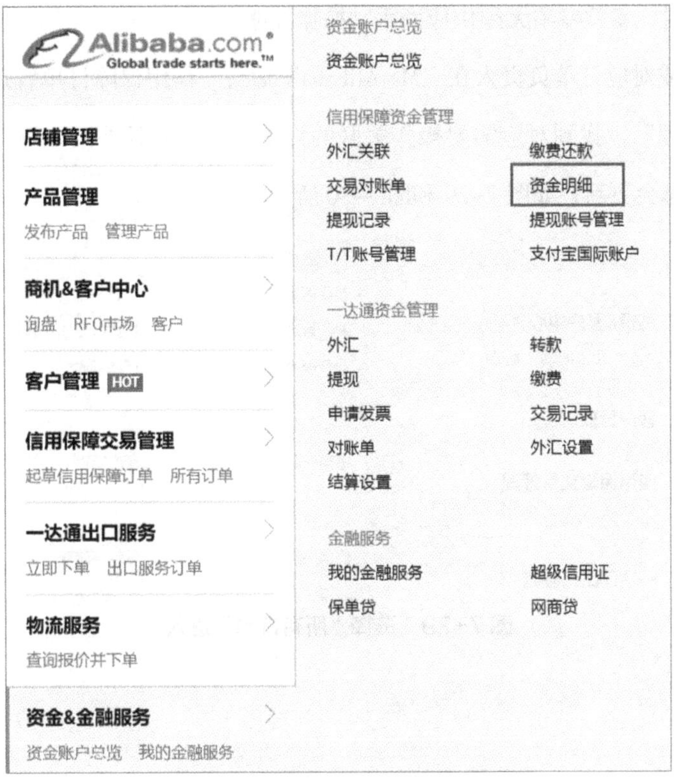

图 7-27 选择"资金明细"模块

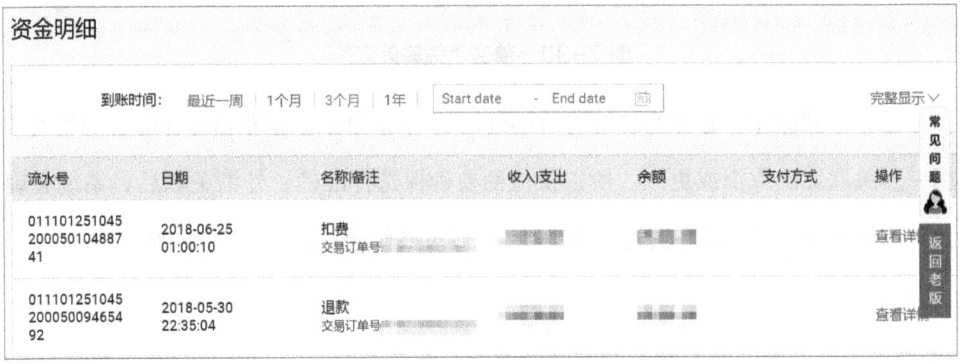

图 7-28 "资金明细"界面

4. 卖家挂账

目前仅通过电汇（T/T）方式付款的外汇需要供应商手动关联到信用保障订单，因为电汇是一种线下支付的方式，指供应商线下通过银行将款项汇至指定的信用保障专用账户中，款项到账后由于系统无法识别该款项对应的是哪笔信用保障订单，所以需要供应商手动在后台操作挂账；信用卡与 e-Checking 由于是线上直接单击"付款”按钮支付，专款专项无须供应商手动操作挂账。

主账号或对应订单负责人在“My Alibaba”后台“信用保障订单管理”板块下选择“订单管理”，找到对应需要操作关联的订单，单击关联外汇即可，操作挂账后刷新订单状态会更新，如图 7-29 和图 7-30 所示。

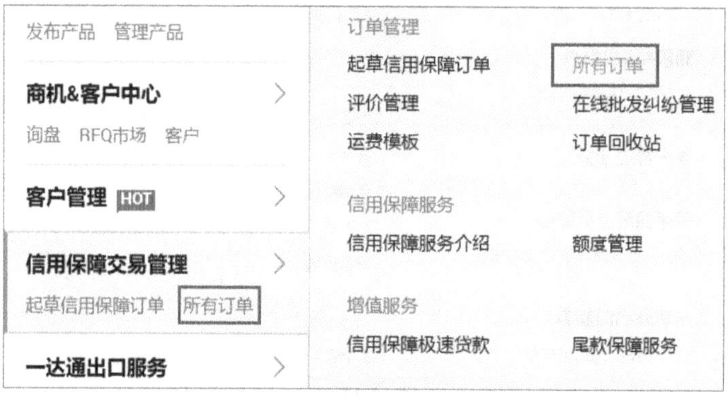

图 7-29 选择“所有订单”进入

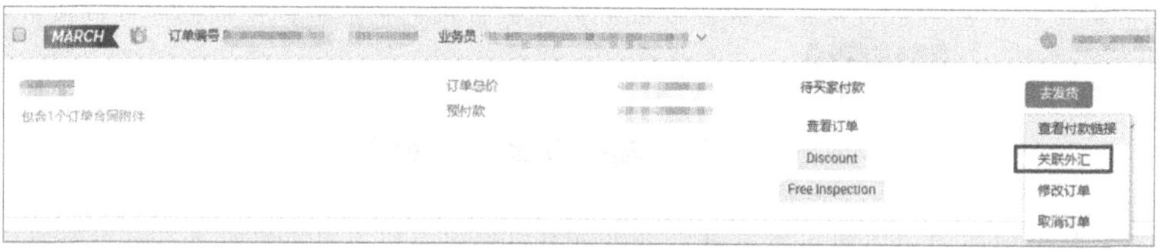

图 7-30 单击“关联外汇”

选择准确的外汇进行关联，需要注意的是关联的外汇金额跟信用保障金额相关，因一旦关联无法取消或更改，所以供应商要确保选择准确。外汇关联后，系统会确定订单保障金额和可以转款的金额，3 小时后可操作转款，如图 7-31 所示。

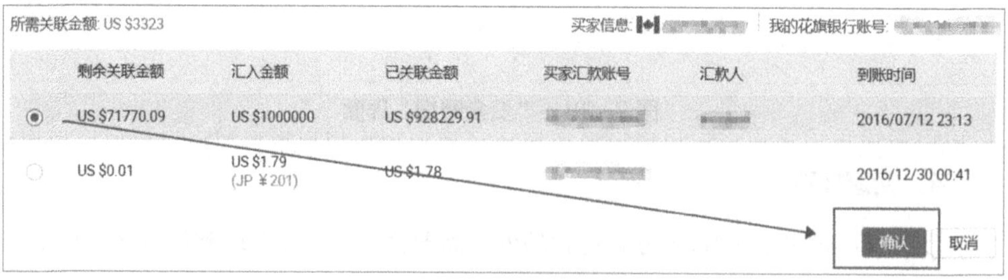

图 7-31 关联外汇金额

信用保障订单的 T/T 外汇到账，供应商若不及时关联会影响资金转款以及订单状态：

（1）系统不会自动匹配该笔外汇，该信用保障订单会一直处于待付款状态，可能会引起买家误会，影响买家体验。

（2）未匹配订单的外汇将被冻结，无法转款，导致影响供应商的资金流。

5. 卖家发货

不同金额的信用保障订单可选择的发货方式不同，主要分为“一达通正式报关出口”和“小额信用保障订单”两种。

（1）一达通正式报关出口

凡是5000美元以上的信用保障订单，需使用一达通出口代理出口。主账号或对应订单负责人登录“My Alibaba”后台，在“信用保障订单管理”模块中“所有订单”页面，找到对应的订单货后单击“去发货”按钮，进入起草或关联一达通出口服务订单页面，如图7-32至图7-34所示。需要注意的是，系统不会自动创建一达通出口服务订单，买家确认订单后，供应商可以起草或者关联出口服务订单。

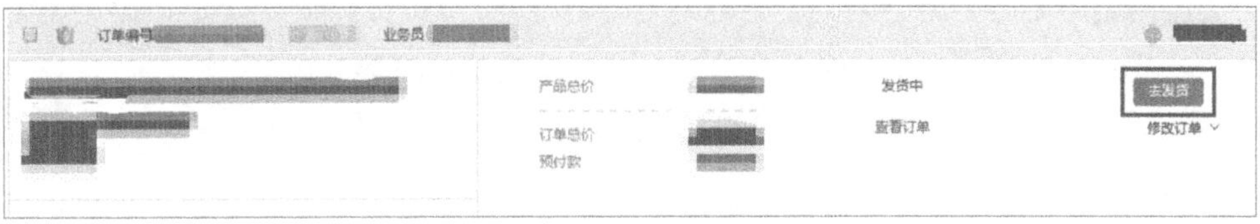

图7-32 单击“去发货”按钮

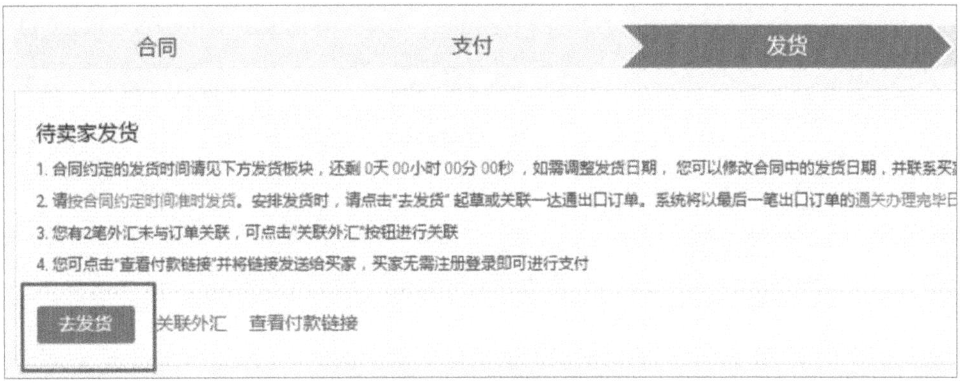

图7-33 “去发货”界面

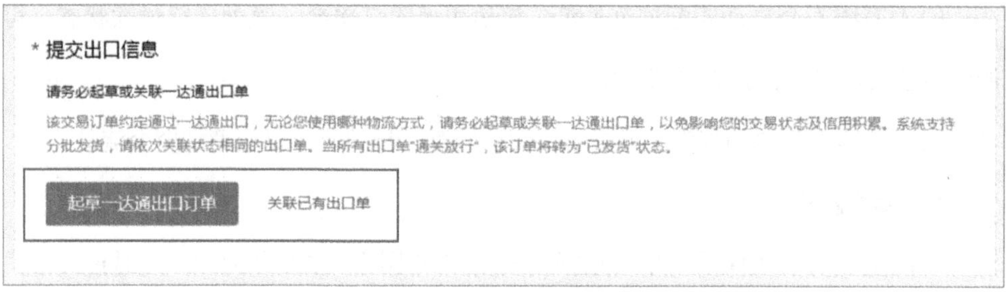

图 7-34　起草一达通出口订单或关联已有出口单

若卖家没有起草一达通出口服务订单，可以单击“起草一达通出口订单”按钮进入页面，选择合适的订单类型并填写信息。起草出口订单成功后，进入订单详情页面，系统自动将该笔一达通出口订单关联到此笔信用保障订单中。当一达通出口订单通关完成后，信用保障订单状态会更新为“待买家确认收货”，如图 7-35 至图 7-38 所示。

图 7-35　选择出口订单类型

图 7-36　填写信息后提交订单

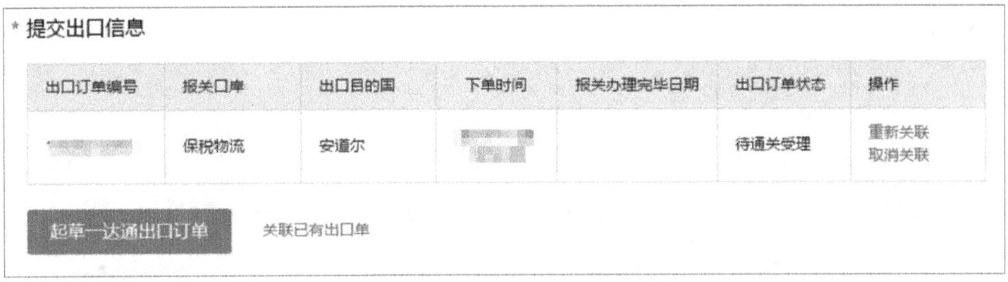

图 7-37　提交出口信息

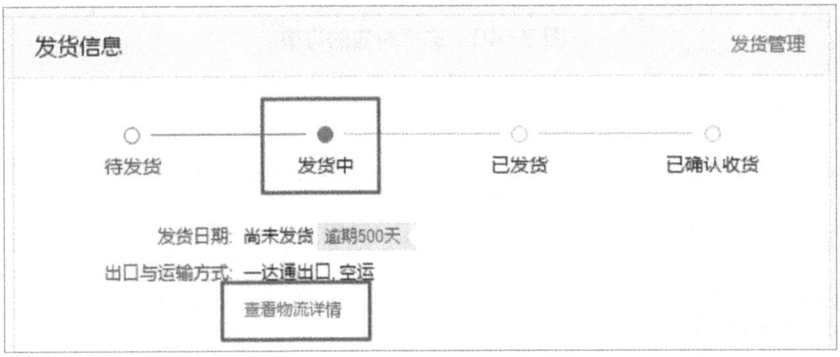

图 7-38　查看物流详情

若供应商已有一达通出口订单，可直接单击“关联已有出口单”按钮，选择相应的一达通出口订单后单击“确认关联”按钮即可绑定到当前信用保障订单，订单状态更新为“发货中”，当一达通出口订单通关完成以后，订单状态更新为“待买家确认收货”，如图 7-39 至图 7-41 所示。

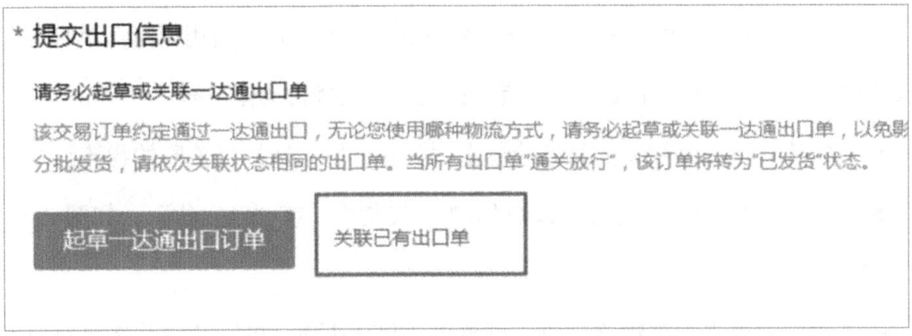

图 7-39　单击“关联已有出口单”按钮

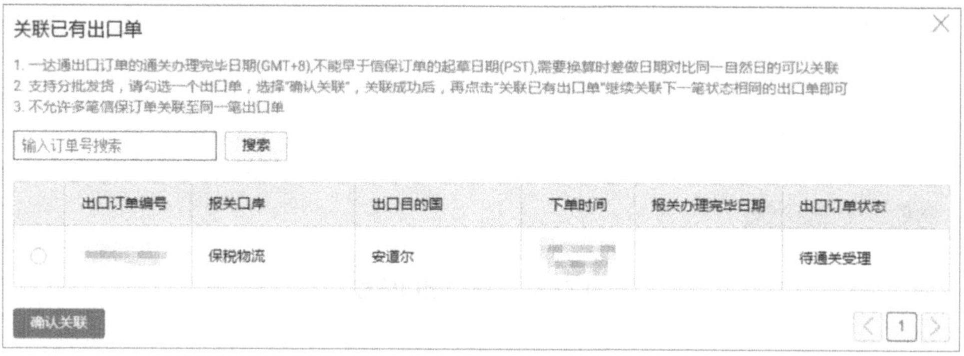

图 7-40 选择对应的订单

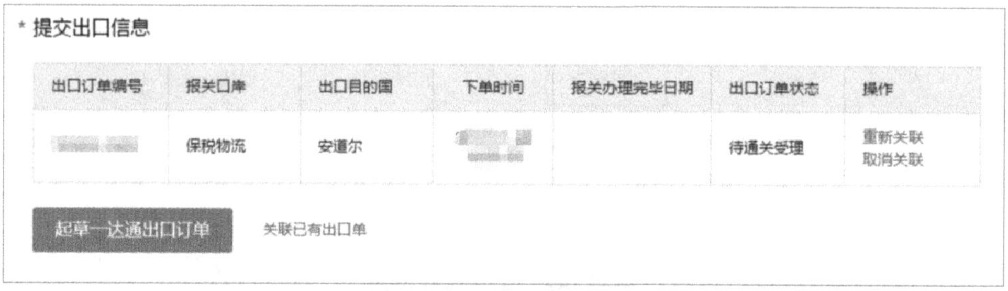

图 7-41 提交出口信息

（2）小额信用保障订单

发货方式主要有“一达通代理出口发货”“阿里物流发货渠道发货”和“自有物流渠道发货”三种，其中“一达通代理出口发货”方式与“一达通发货”方式相同。

① 阿里物流发货渠道发货。

主账号或对应订单负责人登录“My Alibaba”后台，在“信用保障订单管理”模块选择需要发货的订单，单击“去发货”按钮进入发货台操作页面。

- 若物流订单已经存在，可直接单击“关联订单”选择可关联的物流订单，单击“确认关联”按钮后订单页面自动刷新为“发货中”或“已发货”，如图 7-42 和图 7-43 所示。

- 若供应商尚未起草物流订单，可单击“起草快递订单”按钮并选择对应的物流方式，查询并选择合适的物流方案下单即可。

订单提交成功后供应商可手动刷新页面，查看成功关联的物流订单。当物流订单支付成功且物流状态为“服务商已取件”，则表示发货完成，如图 7-44 所示。

图 7-42　关联已有物流订单

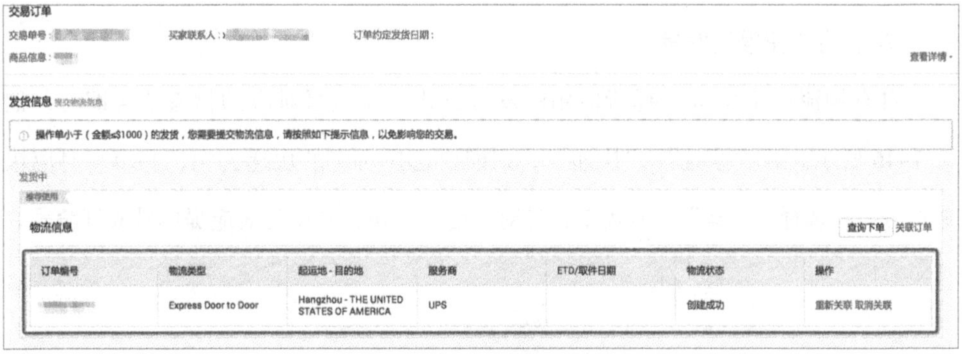

图 7-43　订单关联成功

图 7-44　发货完成

若物流订单关联错误，单击“重新关联”替换为新的物流订单，或单击“取消关联”删除当前物流订单，如图 7-45 所示。需要注意的是，当信用保障订单已发货且已释放保障金额，则无法重新关联尚未取件成功的国际快递订单。

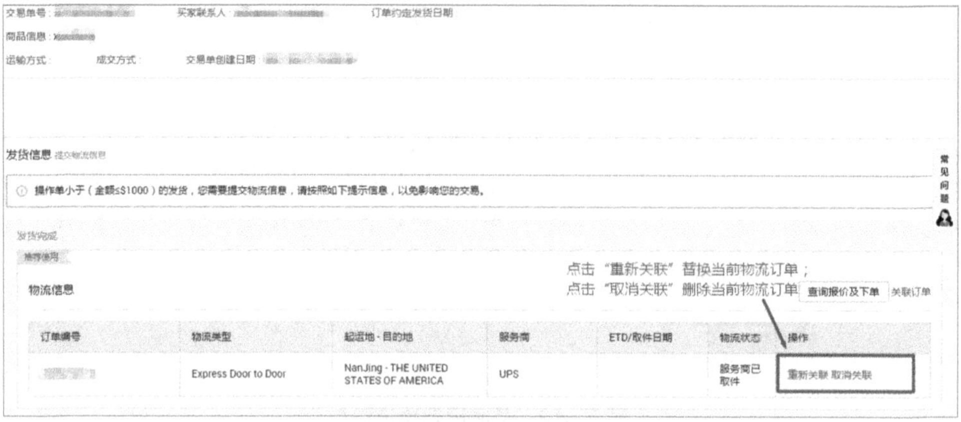

图 7-45　发现订单关联错误后的操作

② 自有物流渠道发货。

自有物流渠道发货选择所使用的发货方式，并填写对应的物流单号即可，如图 7-46 所示。若卖家选择“快递”，则需要选择对应的快递公司，并填写对应快递单号；若选择“海运”，则需要选择对应船运公司，并填写对应提单号或订舱号。

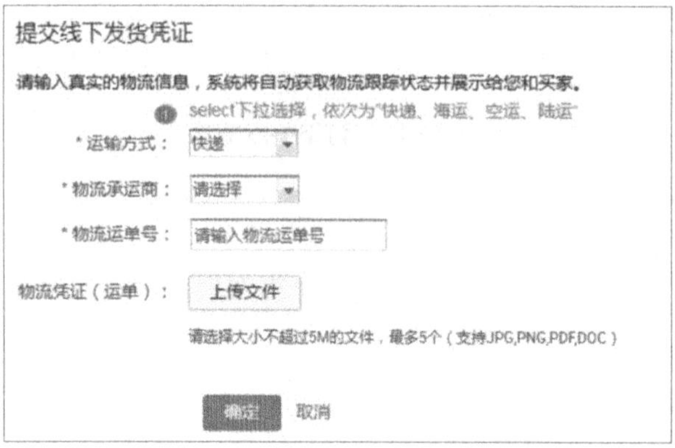

图 7-46　自有物流渠道发货信息填写

成功上传后，若供应商选择五大快递公司，则需要等快递公司取件后，订单才更新为“已发货”状态；若非五大快递公司，则上传后更新为“已发货”。当选择“海运”时，若为系统推荐的 53 家船运公司且系统可读取到物流信息，则重箱离港后订单显示为“已发货”；若非推荐的船运公司，则上传后更新为“已发货”。当选择“空运”或“陆运”时，则上传凭证后更新为“已发货”状态。

6. 买家收货

买家登录“My Alibaba”后台，单击“Order Management-All Orders”进入页面，找到对应需要确认的订单，单击“Confirm”按钮即可，如图 7-47 所示。

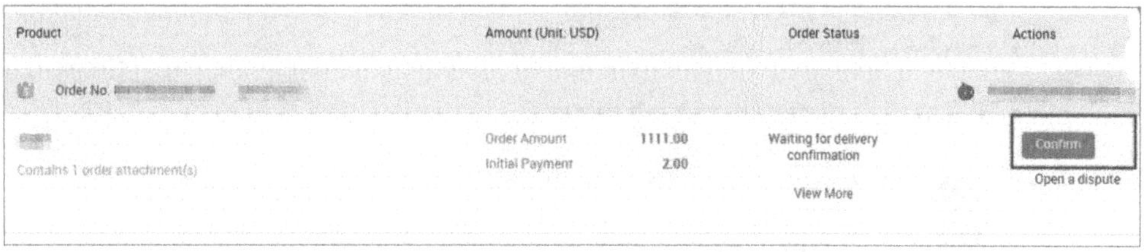

图 7-47 单击“Confirm”按钮确认收货

7. 信用保障订单评价

信用保障订单状态为“交易完成”后的 30 天内，买家可对该信用保障订单进行评价或修改评价，同时卖家也可邀请买家对尚未评价的订单进行评价。买家评价产生后的 30 天内，买家可以且仅可对评价进行一次修改。评价内容如下：

（1）买家评价内容包括：买家对该笔订单环节中的货物、物流、服务等信息进行的主观评价；

（2）卖家回评内容包括：卖家针对买家评价所做出的感谢及解释等信息；

（3）订单保障内容的买卖双方约定内容包括：网站对信用保障服务在该笔订单中所保障的“如期发货”和“货描一致”两点进行客观评价。

买家登录“My Alibaba”后台，进入订单详情页面，单击“Write a review”按钮对该订单进行评价，如图 7-48 和图 7-49 所示。

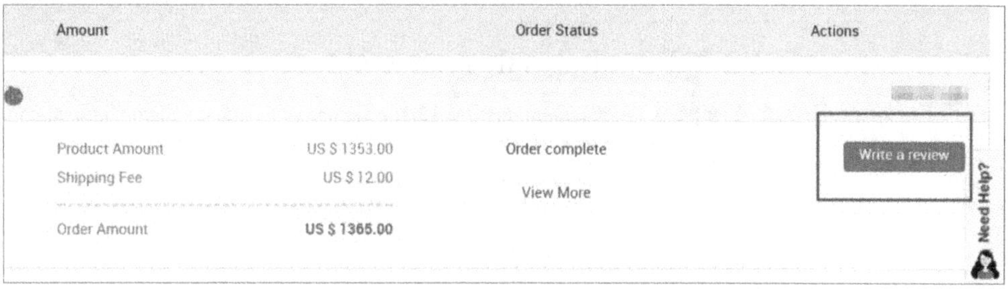

图 7-48 单击“Write a review”按钮进入评价页面

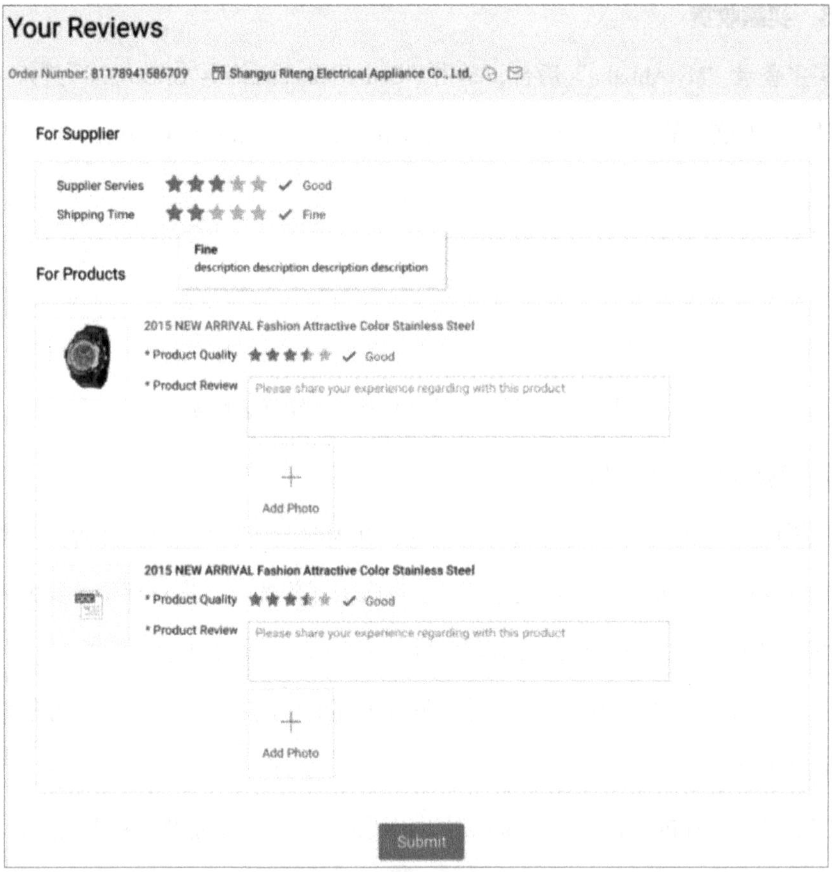

图 7-49　对订单进行评价

在线批发产品通过 secure payment 交易订单产生的评价内容，在交易商品的详情页面和供应商企业旺铺公司信息页面下的 Feedback 模块展示，如图 7-50 和图 7-51 所示。

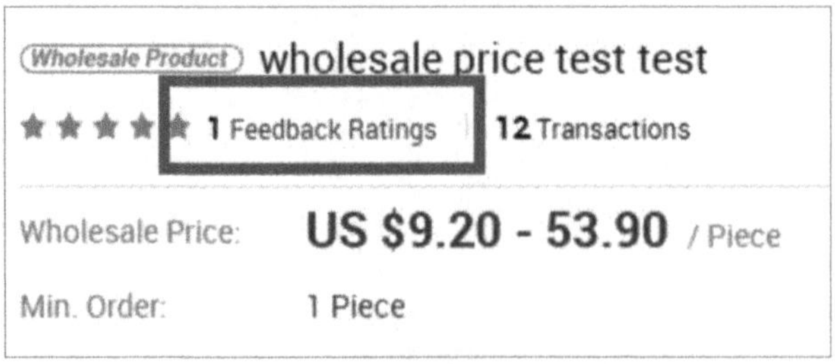

图 7-50　交易商品详情页评论展示

图 7-51 旺铺详情页评论展示

8. 资金账户管理

信用保障订单在买家款项挂账后，并且额度充足的情况下可操作提现，无须等待买家确认收货。主账号登录“My Alibaba”后台“资金 & 金融服务”板块，选择“资金账户总览”模块进入页面操作提现，如图 7–52 和图 7–53 所示。

图 7–52 进入“资金账户总览”页面

图 7-53　提现

当账户余额达到 50 美元时，卖家可自行提现。提现到账时间大致需要 2 ～ 4 个工作日，当遇到周末和法定节假日时到账时间将顺延，提现手续费为 15 美元 / 笔，银行收取；若提现为人民币，大致需要 3 ～ 4 个工作日，人民币提现费 = 结汇金额（美元 × 汇率）× 0.17%+1（人民币）。

9. 纠纷处理

收到买家投诉后，卖家需在 3 个自然日内响应买家发起的纠纷。买家可以在后台申请由阿里巴巴纠纷团队介入协助处理；若 7 个自然日的时间没有自行协商确认退款方案，则阿里巴巴纠纷团队介入协助处理。

若未如期发货，根据信用保障服务规则及合同约定的发货期判定双方责任。若产品质量有问题，可以向阿里巴巴验货平台提起验货查验请求，根据信用保障服务规则、合同约定的产品质量标准及第三方验货公司（BV、TUV、SGS）出具的验货报告判定买卖双方责任。

若发生产品质量纠纷，仲裁时验货费用先由买家垫付，后由责任方承担。若合同约定为保障发货前货物质量，则信用保障订单质量保障到发货日当天；买家收货后如发现质量问题，需要与卖方协商解决，或通过阿里巴巴线下贸易纠纷仲裁处理。

任务 7.2　贸易纠纷处理

1. 贸易纠纷的不同类型

（1）贸易纠纷的产生原因

① 货物：

- 未收到货物，未按时发货；
- 收款不卖；
- 货不对版，数量、质量问题。

② 款项：

- 未收到款项；
- 尾款支付不足。

③ 其他纠纷：违背合同承诺。

（2）纠纷类型

① 信用保障 & 在线批发交易纠纷：在阿里巴巴国际站平台进行贸易的过程中，买卖双方针对货物、款项等意见不合产生的争执，并由买家提起的贸易纠纷。在线批发订单和信用保障订单融合后，所有的订单贸易纠纷均按照信用保障订单的贸易流程进行协商判责。

② 线下贸易纠纷：通过线下付款 / 发货的方式与阿里巴巴的会员做交易，交易过程中发生的纠纷，主要包括未收到货、未收到款项、货不对版和其他贸易纠纷等。相较于线上贸易，线下贸易的风险程度较大，缺乏保障。

（3）预防贸易纠纷

交易过程中需要解除买卖双方贸易误解，进而规避纠纷投诉，以下是常见案例及注意事项。

① 贸易洽谈期：

- 交期约定：

a. 明确备货期的起止时间点以及交货条件。

b. 与买家确认交期时，请确认工厂可以完工的交期并加上可能会影响交期的风险时间，并非承诺最快的交期。

- 产品约定：

a. 熟悉自己公司的产品以及产品的最新功能，及时更新阿里巴巴网站产品页面的介绍。

b. 与买家沟通产品性能时约定产品的使用场景以及适用范围，以规避不同使用环境带来的影响。

● 价格约定：

a. 不同的质量等级有着不同的价格，要保证买家的知情权，并非根据买家的目标价格擅自决定质量等级备货。

b. 出现价格误报的情况，第一时间告知买家实情，与买家真诚沟通，而非临发货期擅自涨价。

c. 价格中明确约定交易条款，交易条款不能与收费项目矛盾（案例：EXW 价格则不应该另外再收运费；CIF 价格则不应该另外再收保险费等）。

d. 明确约定首付款、尾款支付条款，详细支付条款应包含且不限于下列因素：支付金额、支付币种、支付日期等。

● 物流约定：在拿到第三方物流明确消息前，勿随意承诺客户不确定的信息。

● 售后约定：详细的售后条款应包含且不限于下列因素——保障时间（含开始时间与期限）、保障范围、保障方式、期间买家责任、期间卖家责任、免责条款及鉴定方式。

② 备货期：

● 确认颜色、款式时，最好同步到所有关联部门，如仓库、采购、船务等，保证买家的要求能够得到完整落实。

● 打样过程中每一环节都做好留样，买家确认样品后，样品务必保留，并建议将船样表单留存。

● 若需更换新工厂，需要多加考察、重新打样，确认工厂的生产水平可以达到买家的要求；同时，建议将买家的特殊要求背书，保证新工厂能获取一致信息；除此之外，如需外包时，建议仅外包到一个工厂，以保证产品质量的统一性。

● 备货期内，与买家及上游供应商之间保持定期沟通、汇报备货进展情况，若出现任何异常情况，及时与买家沟通。

● 备货完成后，出货前跟买家确认后再发货。

③ 发货后：

- 第一时间同步物流信息或者海运信息给买家，并提供相关单据。
- ETA 快到的时候，提醒买家注意收货。
- 买家收到货物后第一时间主动跟进买家，了解买家对货物的反馈。

④ 发生纠纷后：

- 以解决问题为目的，积极与买家沟通，主动提供可行的解决方案。
- 与上游供应商协商解决方案的过程要实时同步给买家，以获得买家理解。
- 若要求买家退货，在退货前调查清楚自身是否有能力完成进口清关。

2. 贸易纠纷处理

（1）信用保障 & 在线批发交易纠纷

① 买家提出纠纷。信用保障规则升级后，信用保障范围统一为保障到收货后，资金收到后至买家手动确认收货或系统自动确认收货后 30 天，买家均可在后台发起信用保障纠纷。

不管是信用保障订单还是在线批发订单，登录后台进入信用保障订单页面，找到对应订单，直接发起纠纷。注意：目前只有买家可以在线提起纠纷，卖家的订单页面没有提起纠纷的入口，如图 7-54 所示。

图 7-54 提起纠纷

② 卖家处理纠纷。收到买家投诉后，卖家需要积极配合买家处理纠纷（建议卖家可以先线下与买家协商解决方案）。买家提起纠纷 3 天后，买卖双方可在后台申请平台介入；若卖家拒绝买家方案，7 天后买家没有响应，则纠纷关闭；若卖家超时

没有及时响应，则买家发起纠纷后第 8 天平台会自动介入。卖家应及时到后台提交反馈，订单负责人或主账号可以进入“My Alibaba” - “信用保障交易管理” - “信用保障服务” - “信用保障订单管理”，找到对应的纠纷中订单，单击“查看纠纷详情”链接，如图 7-55 所示。

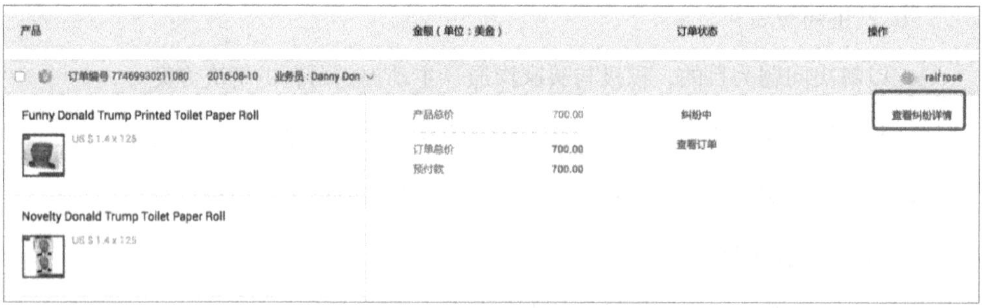

图 7-55 “查看纠纷详情”界面

卖家可以“同意”买家方案，若不同意则可“修改解决方案”或“拒绝”，如图 7-56 所示。

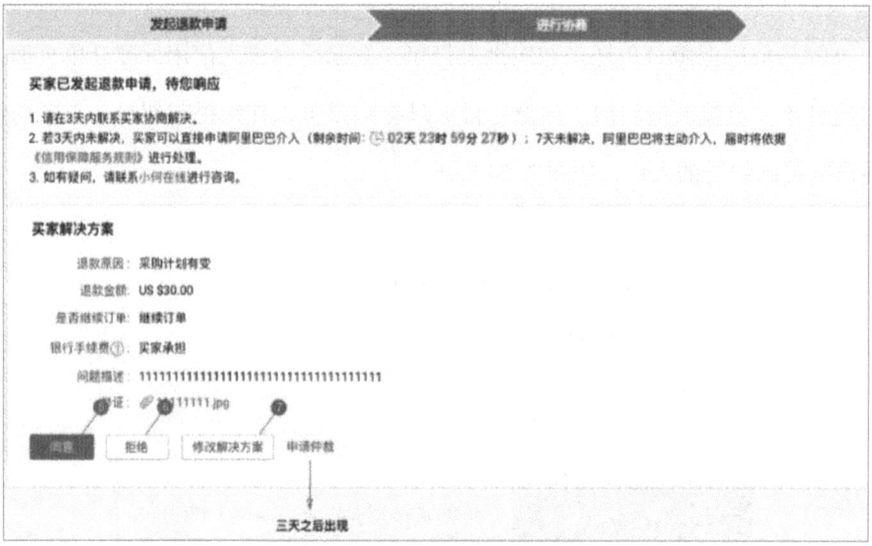

图 7-56 “进行协商”界面

③ 阿里巴巴处理原则。阿里巴巴纠纷团队介入后，处理原则参考如下：

● 针对未如期发货问题：根据信用保障服务规则及合同约定的发货期判定买卖双方责任。

● 针对产品质量问题：若在收货后 30 天内对产品质量仍有疑义（收货是指手动

确认收货或系统自动确认收货），可以向阿里巴巴验货平台提起验货查验请求，根据信用保障服务规则、合同约定的产品质量标准及第三方验货公司（BV、TUV、SGS）出具的验货报告判定买卖双方责任。验货费用先由买家付款，最后由责任方承担。

备注：针对历史遗留的保障到发货前的信用保障订单，若在发货前（逾期发货则在发货后 +15 天）买家对质量有疑义则可在平台发起纠纷。

阿里巴巴纠纷团队介入后，若卖家有更多的证据需要上传，可在后台纠纷页面通过单击“Upload Evidence”按钮上传，上传时效一般是 3 个工作日内，如图 7–57 所示。

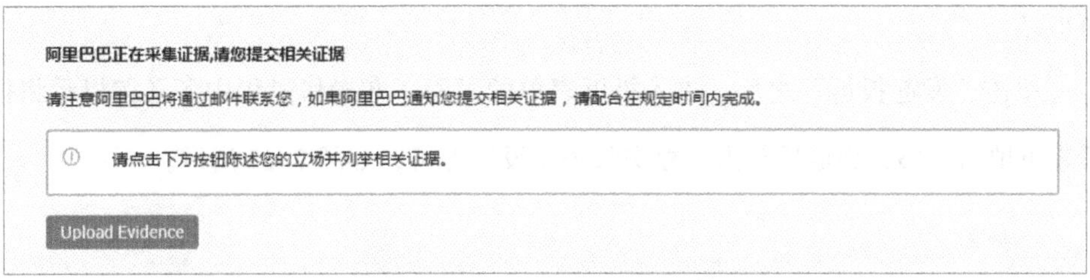

图 7–57　“上传证据”页面

④ 买家撤销投诉。在纠纷没有升级仲裁前，买家可以单击“Edit Refund Application”按钮取消纠纷，则纠纷关闭。若买家发起纠纷后，卖家拒绝买家方案，则需要买家在后台响应纠纷，若从卖家拒绝起买家超过 7 天不响应，则纠纷自动关闭，如图 7–58 所示。

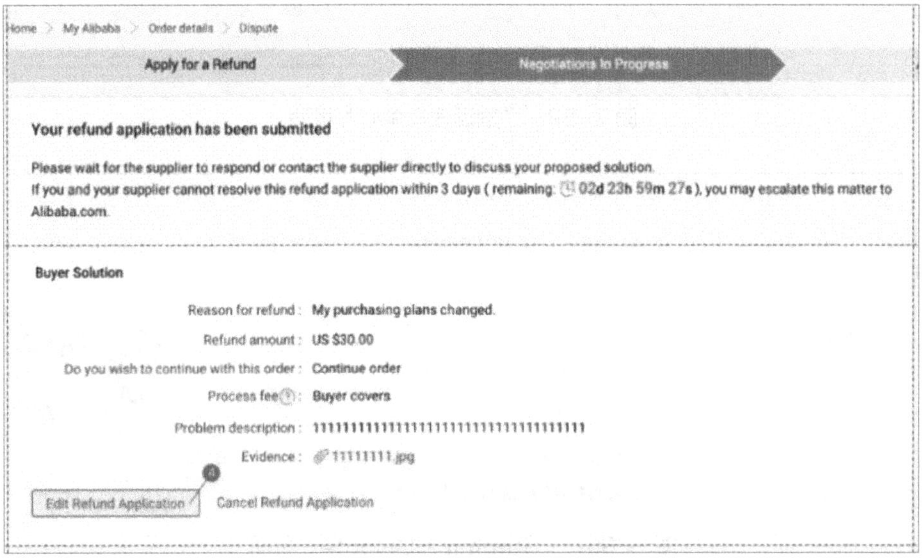

图 7–58　“撤销投诉”界面

一旦纠纷升级仲裁，则买家页面没有“取消纠纷”按钮，需要等待平台仲裁。而在升级仲裁后，若需要取消纠纷，则需要在结案前双方达成一致，阿里巴巴平台介入核实情况后会关闭纠纷。

（2）线下贸易纠纷

① 提出纠纷。主账号进入“My Alibaba”－“商家频道”－“投诉违规中心”页面，进行投诉或直接单击国际站首页页面上“Summit a Dispute”发起贸易纠纷投诉，如图 7-59 和图 7-60 所示，单击之后可以直接进入到贸易纠纷的投诉页面，如图 7-61 所示。

单击“发起投诉”之后，进入投诉表单的页面，在操作过程中务必按提示将投诉表单填写完整，完成后单击“提交”按钮投诉即可，如图 7-62 所示。

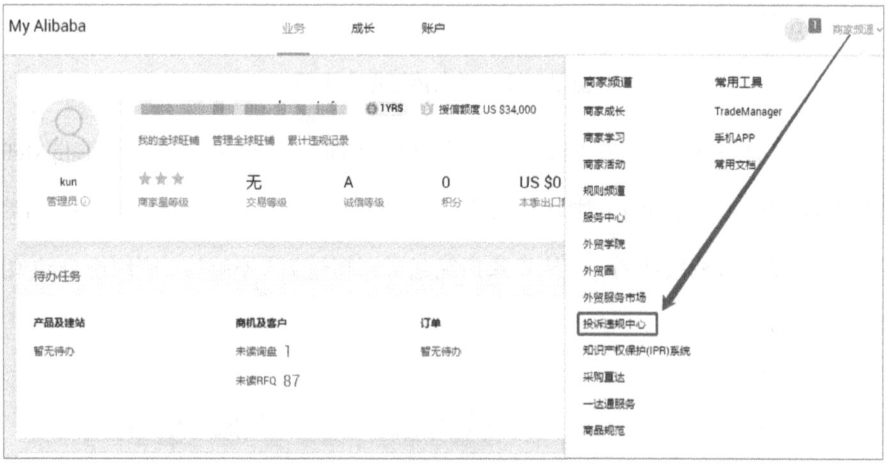

图 7-59 “投诉违规中心”页面

图 7-60 “Summit a Dispute”页面

图 7-61 “贸易纠纷”页面

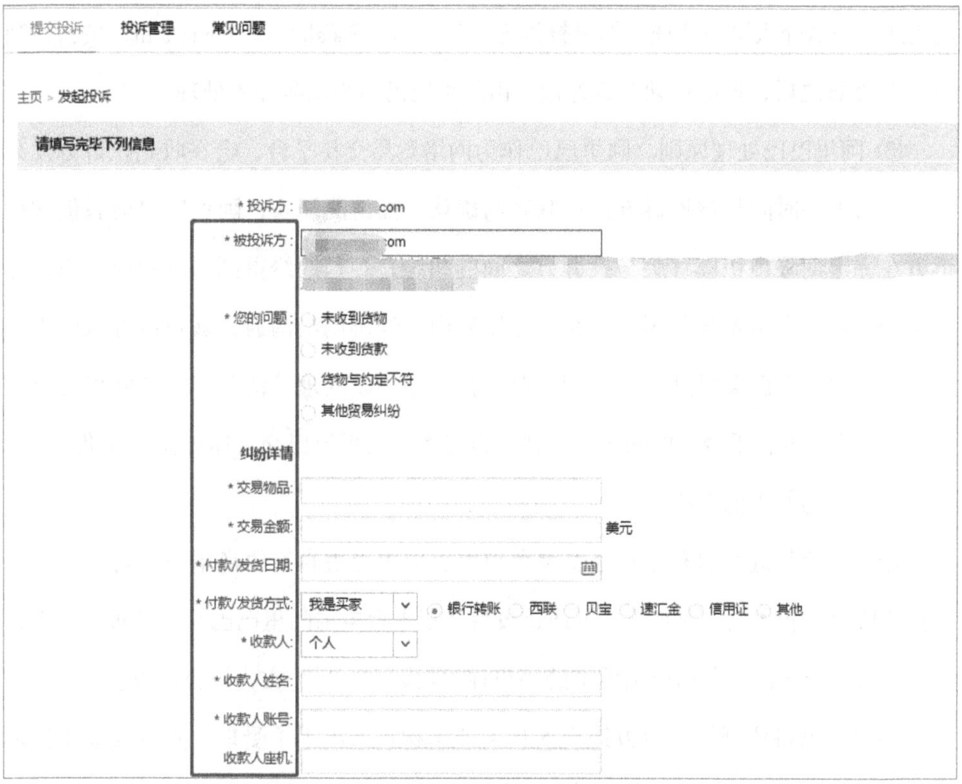

图 7-62 发起投诉

② 管理和处理投诉。发起投诉或者是收到投诉之后，供应商可以单击“投诉管理”页面，查看投诉详情，如图 7-63 所示。

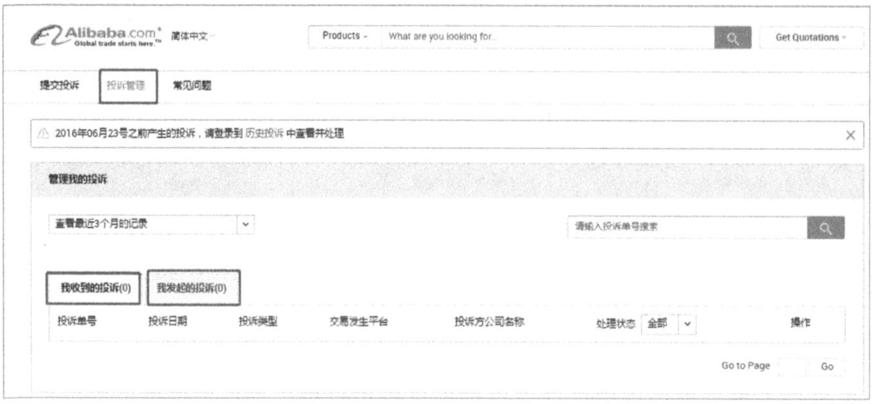

图 7-63 “投诉管理”页面

收到投诉后，被投诉方需在 5 个自然日内响应纠纷，第 6 天投诉方后台页面出现“Escalate the complaint”按钮，单击“Escalate the complaint”按钮直接申请由阿里巴巴纠纷团队介入协助处理。如果投诉方没有单击“Escalate the complaint”按钮，则 11 个自然日之后，投诉自动升级仲裁，由阿里巴巴纠纷团队介入处理。

③ 阿里巴巴处理原则。阿里巴巴作为网络贸易交易平台，会在收到投诉方发起的投诉后第一时间与被投诉方进行联系与确认，如情况属实，阿里巴巴会敦促被投诉方在一定期限内积极解决与投诉方之间的纠纷，一旦纠纷得到顺利解决，投诉方发起的投诉将会被系统关闭。若在一定期限内，经协调与沟通，被投诉方依旧不配合处理，阿里巴巴会视具体纠纷情况对被投诉方予以处理，情节严重的阿里巴巴将会关闭被投诉方在平台上的账号，具体可以参考《阿里巴巴交易违规罚分标准》。

（3）贸易纠纷的影响

用户在交易履行过程中产生交易争议时，应先考虑自行协商解决，若双方无法协商或协商不能达成一致意见，可通过投诉举报平台申请阿里巴巴介入处理。其中，发起交易纠纷投诉、主动提出诉求的用户称为投诉方，另一方为被投诉方。

阿里巴巴将依据投诉双方提交的相关证据材料做出不予受理、判责或关闭投诉等处理决定。任一方未在规定时间内提交证据材料，虽提交但不能充分说明其主张，或有涂改、伪造、变造证据材料情形的，阿里巴巴有权直接做出不利于该方的决定。

用户应在约定交货期之日或付款之日（以二者中较晚者为准）起一年内向阿里巴巴发起投诉处理申请，逾期后发起的纠纷阿里巴巴有权拒绝处理，如表 7-2 所示。

表 7-2 阿里巴巴交易违规罚分标准

纠纷大类	纠纷小类	注释	一般纠纷	严重纠纷	
				已解决	未解决
未收到货物	收款不发货	截至投诉受理之日，被投诉方已收款却不发货	/	6	48
	虚假发货	被投诉方已收款，但提供了虚假发货凭证，投诉方没有收到货物	/	6	48
	退货不解决	经双方协商一致，投诉方退货后被投诉方不予解决（拒绝重新发货、拒绝退款、不合理拖延、联系不上等）	/	6	48
未收到货物	其他	被投诉方已发货，但因被投诉方原因导致货物的丢失、扣关、退回等，因而截至投诉受理之日投诉方未能收到货	/	6	48
	成交不卖	Secure Payment 订单已成立，被投诉方收款后逾期不发货，导致订单被系统关闭，而货款已退还投诉方	3	/	/
未收到款项	收货不付款	被投诉方已收到货物，但未按合同约定付款	/	6	48
货不对版	严重质量问题	投诉方收到的货物材质 / 成分含量 / 类别 / 安全标准等与约定明显不符，或者货物主要功能缺失或完全不能使用，或者严重质量掉档等；有假货嫌疑的除外	/	6	48
	一般质量问题	投诉方收到的货物存在相对轻微的质量问题，未达到约定标准，但不影响使用或无明显危害的	6	/	/
	严重短装	被投诉方短装的数量（或价值）占比大于或等于 20% 的	/	6	48
	一般短装	被投诉方短装的数量（或价值）占比小于 20%，且未能提供合理解决方案的；涉嫌欺诈的除外	6	/	/
	假货	投诉方收到的货物不属于约定性质或品牌的产品，或被投诉方未能提供品牌授权或自有品牌证明的（同时，在对应罚分基础上，阿里巴巴保留下架或删除相应假货商品信息的权利）	/	12	48
其他纠纷	其他违背承诺	被投诉方未按照承诺向投诉方提供服务或履行交易，损害投诉方正当权益的行为	3	/	/

除上述情形外，在整个交易过程中，若用户有其他违反诚信以及不合法合规等交易行为的，阿里巴巴有权视其过错程度、造成的损失情况等给予 3 ～ 48 分的罚分。

项目小结

在本项目学习任务中，选取阿里巴巴国际站为范例，以信用保障订单为引导进行学习，在运营前期，告知学生基本的运营规则和处理思路；其次，以任务导向的方式讲述了该项目的重点内容，包括保障服务开通、信用保障额度、下单、付款、提现操作等内容；最后讲述贸易纠纷处理的流程，以及处理纠纷的操作方法，帮助学生了解跨境贸易的完整流程。

名词解释

（1）信用保障订单：Trade Assurance，是阿里巴巴根据每个供应商在国际站上的基本信息和贸易交易额等其他信息综合评定并给予一定的信用保障额度，用于帮助供应商向买家提供跨境贸易安全保障的一种服务。

（2）在线批发订单：Secure Payment，是阿里巴巴国际站针对国际贸易提供交易资金安全保障的服务，它联合第三方支付平台支付宝提供在线上交易资金支付的安全保障，同时保护买卖双方从事在线交易，并解决交易中的资金纠纷问题。

（3）T/T：电汇，全称 Telegraphic Transfer，是汇款人将一定款项交存汇款银行，汇款银行通过电报或电传给目的地的分行或代理银行（汇入行），指示汇入行向收款人支付一定金额的一种汇款方式。电汇又分前 T/T 和后 T/T 两种。

（4）e-Checking：e-Checking（ACH）是阿里巴巴信用保障服务提供的一种新的在线支付方式，支付流程全程网上进行，操作便捷（类似信用卡在线支付，填写账户信息授权后等待扣款即可），目前仅面向持有美国支票账户（US checking account）的买家进行美元支付。

知识链接

1. 虚假交易

（1）虚假交易简介

① 虚假交易是指通过不正当方式提高账户的商品销量或交易量、网站会员积分、信用累计等不当利益的行为。

② 虚假交易包含的行为有：

- 用户利用多个马甲小号，购买自己发布的商品；
- 用户与其他公司、朋友、同学、家人等进行互买互卖；
- 用户利用第三方炒作团伙或通过与他人协议交换购买的方式提高商品销量；
- 其他利用不正当方式提高商品销量或提高网站会员积分的行为。

（2）虚假交易处罚规则

① 对于被平台判定虚假交易的行为，平台将取消用户相应的交易权益，并对用户处以取消其违规获取的会员积分，暂停其会员积分活动参与资格，且对其公司或商品信息进行搜索排序下调或搜索降权的处罚。

② 平台还将根据情节严重程度同时扣分处理。首次扣 4 分，第二次扣 12 分，三次及以上扣 24 分，一天内若被判定多次虚假交易则扣一次分。处罚中心计算该客户违规次数进行对应的扣分处罚，行为年和动态回滚均由处罚中心处理。

③ 对于为他人虚假交易提供服务、帮助或便利，阿里巴巴予以直接关闭账号、给予关联处罚及永久不予合作的处理。

2. 在线批发订单 & 信用保障订单融合

（1）背景介绍

① 国际站之前存在两套交易系统（Secure Payment & 信用保障交易），买卖双方的操作管理成本大。为了创造极致的买卖双方交易体验，加快卖家资金流转，统一阿里巴巴国际站买卖双方的交易流程，现暂定于 2017 年 9 月 12 日将现有“Secure Payment 和信用保障”两套在线交易系统融合，统一由信用保障交易系统来承接；在线批发“信用保障”新交易流程中将原有两套交易系统中对供应商最有利的规则保留。

② 融合后的优势：

● 统一流程：统一支付渠道、发货、订单管理等操作流程，统一提供安全、便捷的交易保障。

● 更好提供交易保障：融合后线上订单均享受信用保障服务，有利于保障买卖双方交易顺利达成。

● 统一交易数据：交易渠道流程的统一，更有助于交易数据的统一与展示。

（2）在线批发订单和信用保障融合后的区别

在线批发（Secure Payment）订单与信用保障订单融合后，买家单击“buy now”按钮起草后的订单会变成信用保障订单，主要不同点如表 7–3 所示。

表 7–3　在线批发订单融合前后对比

不同点	融合后	原在线批发订单
开通	需先开通信用保障服务之后才可以发布产品	付款会员无须单独开通
手续费	付款手续费：无 交易手续费：5%	交易手续费：5%（卖家）
下单方式	买家单击“buy now”按钮下单	
支付方式	同信用保障订单（信用卡 /TT/e-Checking）	信用卡 / TT / 西联 / QIWI 等
支付账户	同信用保障小单账户	国际支付宝账户
发货	同信用保障订单	未按期发货订单自动关闭
收货	① 有派送信息，派送日期 +5 天自动确认收货 ② 无派送信息，发货日期 +（海运 45 天，陆运 30 天，空运 / 快递 15 天）	超时自动确认收货
提现	① 时间：买家款项到账后即可提现 ② 提现入口：同信用保障小单 ③ 提现手续费：15 美元 / 笔 ④ 单笔提现限额：最低 50 美元 ⑤ 提现到账时间：4 ～ 5 个工作日	① 时间：到账且买家确认收货才可以提现 ② 提现入口：国际支付宝账户提现 ③ 提现手续费：15 美元 / 笔 ④ 单笔提现限额：最低 16 美元 ⑤ 提现到账时间：2 ～ 3 天

项目8

物流管理

阿里巴巴国际站平台帮助国内供应商和海外买家搭建具有信用保障的交易体系，在交易过程中，货物运输是非常重要的一部分。该环节常常涉及货物运输过程中的保障、费用和报关问题，关系到供应商的产品能否安全配送给买家。

【知识目标】

1. 了解一达通相关服务；

2. 了解一达通客户准入条件；

3. 了解一达通供货企业准入条件；

4. 了解一达通的物流走单流程；

5. 了解一达通报关、结汇、退税相关知识。

【能力目标】

1. 学会起草一达通物流，包括海、陆、空运输订单；

2. 掌握门到门快递的下单流程；

3. 学会仓到门快递的下单操作；

4. 能够设置一口价产品的物流模板。

项目情境

陕西省樱本铺箱包定制公司在与海外买家交易的过程中，经常会遇到运输过程中运费、物流和报关的问题，导致和买家之间的贸易纠纷不断。那么，如何在交易的过程中起草适合的物流订单并能顺利通过中国海关将货物快速完整地运输给买家呢？这一系列知识及技能将在本项目中得到系统的学习和训练。

任务分解

本项目下的任务将对阿里巴巴国际站基本物流操作进行全方位的学习，包括一达通介绍、准入条件、一达通物流下单流程、国际物流和一口价产品物流模板设置等，让初学者能够了解物流走单的下单方式和完整流程，更快更安全地将货物运输给买家。

任务 8.1 一 达 通

8.1.1 一达通简介

1. 一达通服务

阿里巴巴一达通（Onetouch）是中国外贸服务创新模式的代表，也是全中国服务企业最多、地域最广的外贸综合服务平台。

阿里巴巴以集约化的方式，为外贸企业提供快捷、低成本的通关、外汇、退税及配套的物流、金融服务，以电子商务的手段解决外贸企业的服务难题，这“一揽子”外贸服务解决方案即“一达通外贸综合服务”。

一达通出口代理服务，简称 2+*N*，是指外贸企业或其他出口企业受委托单位的委托代办出口货物销售的一种出口业务。

一达通出口综合服务，简称 3+*N*，指在一达通服务中通关、外汇、退税三项基础服务需要同时使用。

2. 一达通客户准入

（1）出口综合服务（3+*N*）准入条件

① 可签约合作的企业类型：非境外、非港台地区、非个人或非出口综合服务尚未覆盖地区企业（如福建莆田等）；

② 出口产品在一达通可以出口的产品范围内；

③ 生产企业，即开票人、签约客户需完成备案且符合以下资质：

- 企业注册地在浙江省和山东省的开票人要求为：生产型工厂，具有一般纳税人资格，一般纳税人认定时间大于或等于 6 个月。
- 企业注册地在福建省的开票人要求为：生产型工厂，具有一般纳税人资格，一般纳税人认定时间大于或等于 1 年。
- 企业注册地在其他省份的开票人要求为：生产型工厂，具有一般纳税人资格，一般纳税人认定时间大于或等于 2 年，且开票人注册地非内蒙古赤峰巴林右旗、福建莆田、天津武清区（武清区的自行车及其零配件、电动车及其零配件企业除外）。
- 各地委外加工型供货企业均不能准入。需要注意的是，委托加工业务有以下

2个特征：一是由委托方提供原料和主要材料；二是受委托方（加工工厂）只收取加工费和代垫部分辅助材料。

- HS编码是61章的产品开票人，一般纳税人认定时间大于或等于2年。

（2）出口代理服务（2+*N*）准入条件

① 可签约合作的企业类型：非境外、非港台地区或非个人企业、非福建莆田地区企业。

② 企业具有《出口退（免）税资格认定》。《出口退（免）税资格认定》是企业在出口后可自行办理退免税申报的资格认定，一般可在供应商当地的税务机关大厅办理。

③ 出口产品在一达通可以出口的产品范围内。

注意：一达通出口代理服务（2+*N*）需要外贸企业代理其他企业出口后（除另有规定者外），在货物报关出口之日到次年4月15日前，凭出口货物报关单（出口退税专用）、代理出口协议，向直属税务分局综合管理科登记证明部门申请开具《代理出口货物证明》，并及时转给委托出口企业。出口企业未在规定期限内申请开具《代理出口货物证明》的出口货物，视同内销货物计提销项税额或征收增值税。

3. 一达通供货企业准入

3+*N*出口综合服务只准入生产型企业作为供货企业，供货企业的要求如下：

（1）供货企业注册地与实际生产地一致；

（2）供货企业需要有一般纳税人资质；

（3）已在税务完成新政备案；

（4）一般纳税人时间根据不同子公司有不同要求，具体如下：

- 深圳、天津、重庆、无锡、河北、常州、广州、宁波、厦门、安徽、南京、江苏、北京、上海一达通等：禁止准入取得一般纳税人资格认定在2年以内的供货企业。
- 福建一达通：福建本地开票人一般纳税人资格认定只需满1年，但累计下单金额不得超过170万美元；非福建本地开票人需满足2年。
- 山东一达通：山东本地供货企业一般纳税人认定只需满半年，非山东本地供货企业需满足2年。

4. 一达通客户签约流程

第一步：申请国际站账号。

所有客户均需有阿里巴巴国际站账号，由于在项目 2 中已经详细介绍了国际站账号的注册流程，这里不再赘述。

第二步：申请外汇虚拟子账号。

用国际站主账号进入自助操作平台 MO 系统，即 onetouch.alibaba.com 页面，自行输入要申请的外汇子账户英文名（一般是供应商的公司英文名，特别注意单词间必须留有空格，不能含有特殊字符），填写完成后提交申请即可。

申请成功后，会进行信息审核，与此同时供应商可以联系其客户经理或拍档进行产品预审及供货企业预审操作。通过审核后，系统会向供应商主账号的注册手机和注册邮箱发送外汇子账户信息，如图 8-1 和图 8-2 所示。注意：外汇子账户将在双审（产品预审、供货企业预审）完成后一个工作日内完成开通操作。

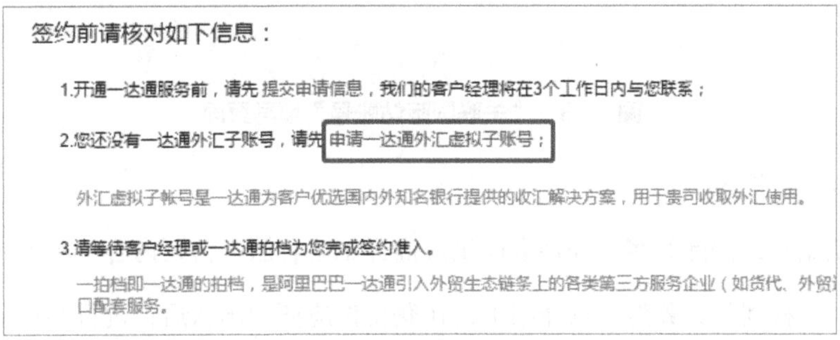

图 8-1 “申请一达通外汇虚拟子账号”页面

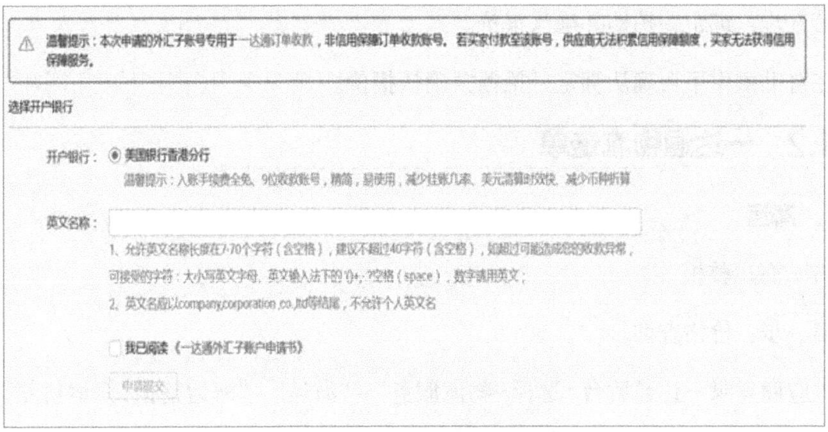

图 8-2 填写公司英文名称

第三步：录入国际站会员 ID 和注册邮箱，关联账号。

申请通过之后，单击“关联账号”，进入国际站账号的关联页面，录入国际站账号信息进行关联，如图 8-3 所示。

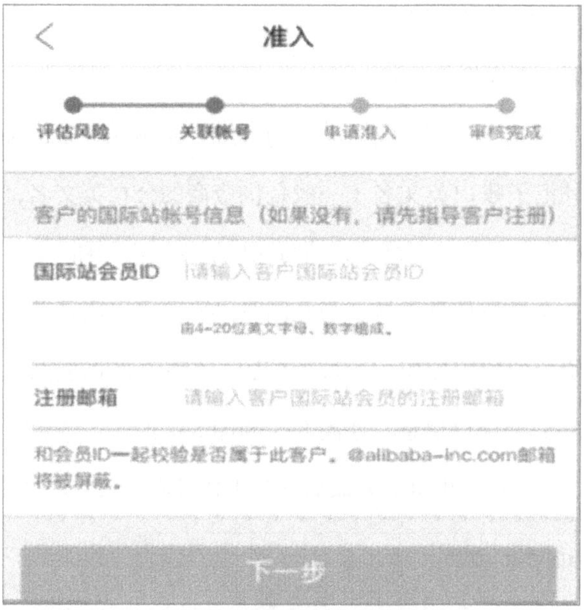

图 8-3 “关联国际站账号”填写页面

第四步：签约。

拍档销售或国际站客户经理会向供应商详细解释服务协议内容（服务协议内的服务范围及权利与义务需重点介绍），在获得供应商的确认后再进行签订。备注：完成签约准入信息填写后，后台在 3 个小时内完成审核，反馈准入结果。

第五步：绑定一拍档并确认报价。

在自助操作平台确认绑定一拍档并确认报价。

8.1.2 一达通物流走单

1. 海运

（1）海运整柜

第一步：价格查询。

供应商登录一达通后台，选择“物流服务”-“海运”-“海运整柜/海运拼箱”-“始发港 & 目的港”-“运价查询”，输入始发港、目的港、柜型和数量。若查询无结果时，系统会提示单击“人工询价”按钮进行查询，如图 8–4 和图 8–5 所示。

图 8–4 “海运整柜”下单页面（1）

图 8–5 “海运整柜”下单页面（2）

第二步：填写方案选择。

填写方案选择，需先选择柜型 / 柜量、报关资料提供方式以及报关方式，并填写本地联系人具体联系方式，填写后单击“下一步”按钮。联系人方式栏，客户务必填写实际操作的具体对接人的邮箱地址和联系电话，后续服务商会直接联系本地联系人，以便后续订单跟进，如图 8–6 所示。

第三步：选择出货时间及报关方式。

选择出货时间及报关方式，包含发货人信息、收货人信息、通知人信息、出货清单和商品信息等，如图 8-7 所示。

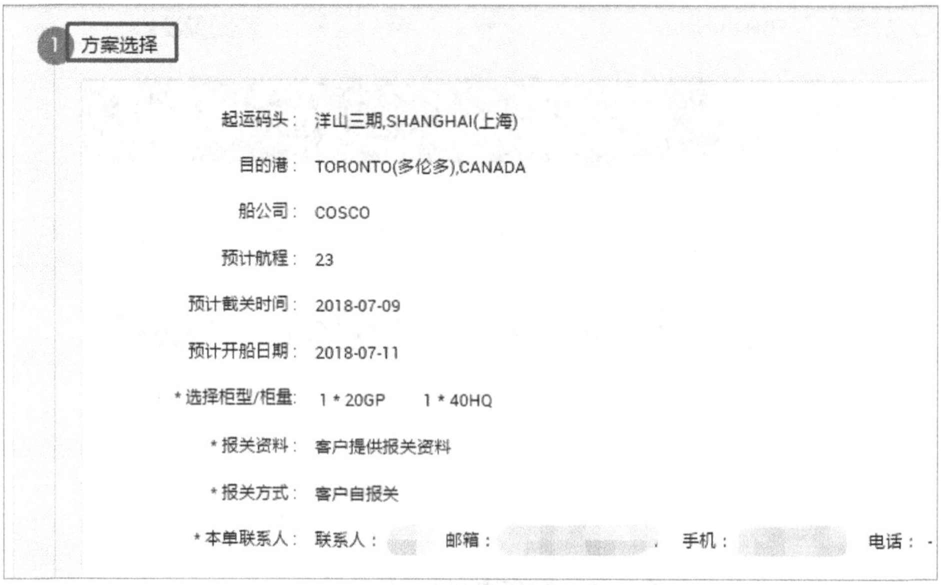

图 8-6 “方案选择”页面

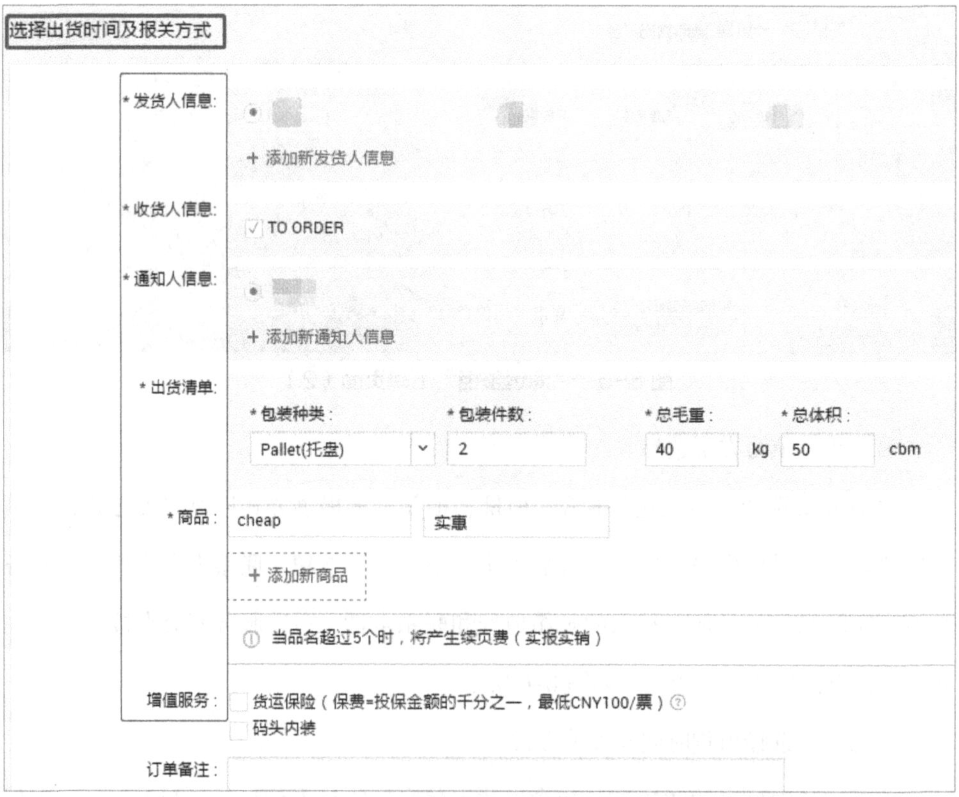

图 8-7 “选择出货时间及报关方式”页面

保险费是按照投保金额的千分之一收费，最低人民币 100 元 / 票，如图 8-8 所示。

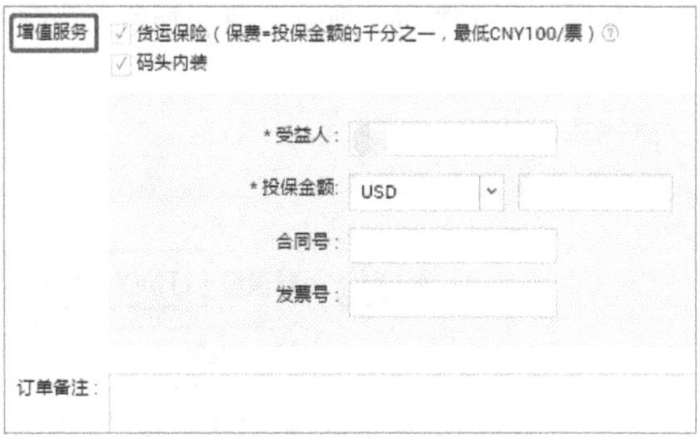

图 8-8 “增值服务”填写页面

第四步：费用预算。

费用预算为预估费用，在该页面客户需选择支付币种，并单击“下一步”按钮提交订单，如图 8-9 所示。

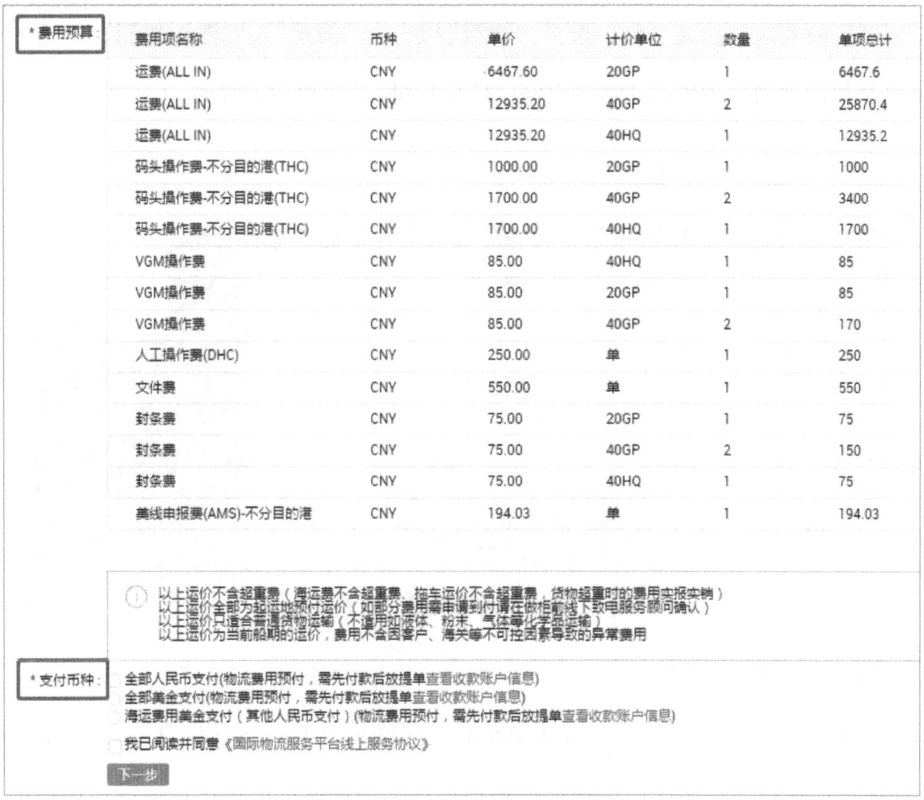
* 费用预算：

费用项名称	币种	单价	计价单位	数量	单项总计
运费(ALL IN)	CNY	6467.60	20GP	1	6467.6
运费(ALL IN)	CNY	12935.20	40GP	2	25870.4
运费(ALL IN)	CNY	12935.20	40HQ	1	12935.2
码头操作费-不分目的港(THC)	CNY	1000.00	20GP	1	1000
码头操作费-不分目的港(THC)	CNY	1700.00	40GP	2	3400
码头操作费-不分目的港(THC)	CNY	1700.00	40HQ	1	1700
VGM操作费	CNY	85.00	40HQ	1	85
VGM操作费	CNY	85.00	20GP	1	85
VGM操作费	CNY	85.00	40GP	2	170
人工操作费(DHC)	CNY	250.00	单	1	250
文件费	CNY	550.00	单	1	550
封条费	CNY	75.00	20GP	1	75
封条费	CNY	75.00	40GP	2	150
封条费	CNY	75.00	40HQ	1	75
美线申报费(AMS)-不分目的港	CNY	194.03	单	1	194.03

以上运价不含超重费（海运费不含超重费、拖车运价不含超重费，货物超重时的费用实报实销）
以上运价全部为起运地预付运价（如部分费用需申请到付请在做柜前线下致电服务顾问确认）
以上运价只适合普通货物运输（不适用如液体、粉末、气体等化学品运输）
以上运价为当前船期的运价，费用不含因客户、海关等不可控因素导致的异常费用

* 支付币种：
全部人民币支付(物流费用预付，需先付款后放提单查看收款账户信息)
全部美金支付(物流费用预付，需先付款后放提单查看收款账户信息)
海运费用美金支付（其他人民币支付）(物流费用预付，需先付款后放提单查看收款账户信息)
我已阅读并同意《国际物流服务平台线上服务协议》
下一步

图 8-9 “费用预算”页面

第五步：提交订单。

提交成功后，系统自动生成物流订单号。之后供应商可以登录一达通操作平台－“订单管理”－“阿里物流订单”进行跟进管理，如图 8–10 所示。

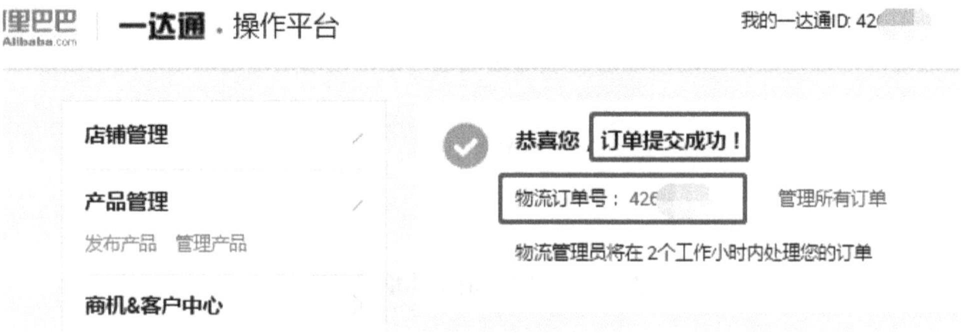

图 8–10 “提交订单”页面

（2）海运拼箱

第一步：价格查询。

供应商登录一达通平台，选择“物流服务”－“海运”－“海运拼箱”，输入始发港 & 目的港之后，单击“运价查询”按钮即可，如图 8–11 所示。

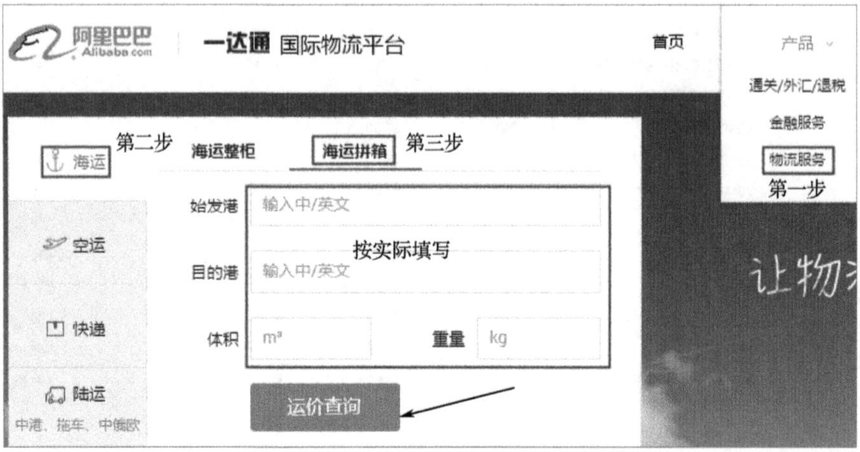

图 8–11 “海运拼箱”下单页面

第二步：填写询价信息。

供应商根据实际信息，填写商品信息、货物信息和供应商信息等，如图 8–12 所示。

图 8-12 “填写询价信息”页面

第三步：国际物流平台下单。

登录国际物流平台，选择合适的价格和船期后先单击“订舱”和“下单”按钮，如图 8-13 所示。

图 8-13 国际物流平台查询订单

第四步：填写船期信息及报关方式。

选择报关资料提供方式以及报关方式，并填写本地联系人具体联系方式等信息，填写后单击“下一步”按钮，如图 8–14 所示。

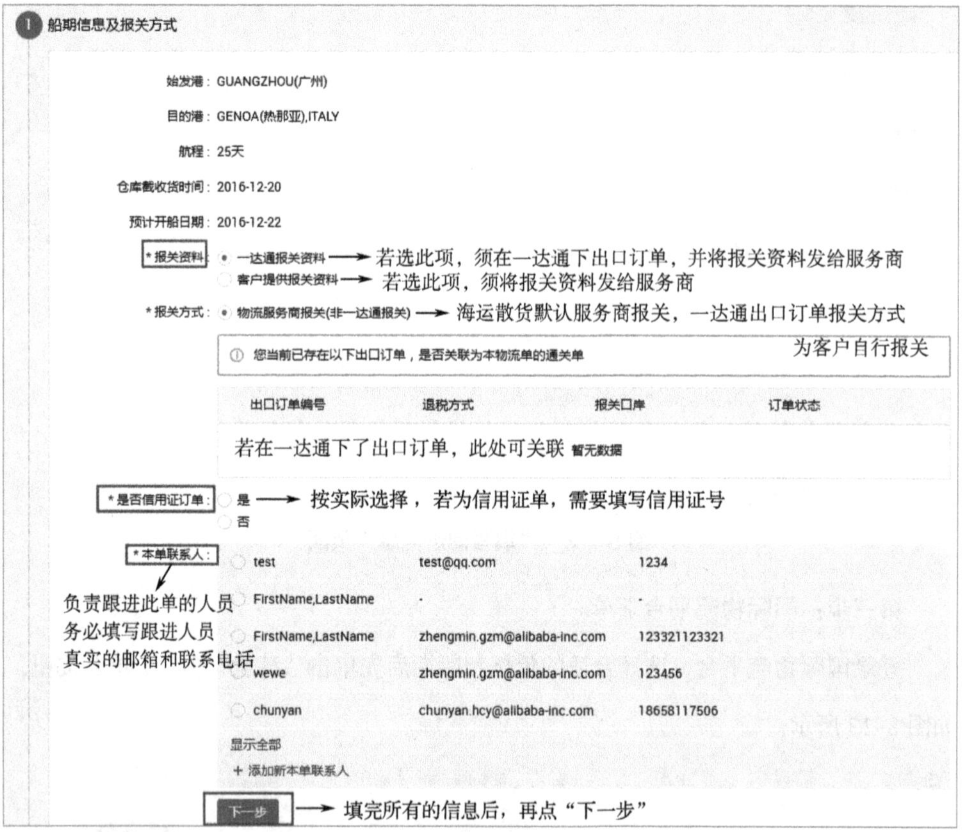

图 8–14 填写“船期信息及报关方式”页面

第五步：费用预算。

与海运整柜一致，供应商需选择支付币种，并单击“下一步”按钮提交订单，如图 8–15 所示。

第六步：订单生成。

提交表单成功后，系统自动生成一个物流订单号，如图 8–16 所示。

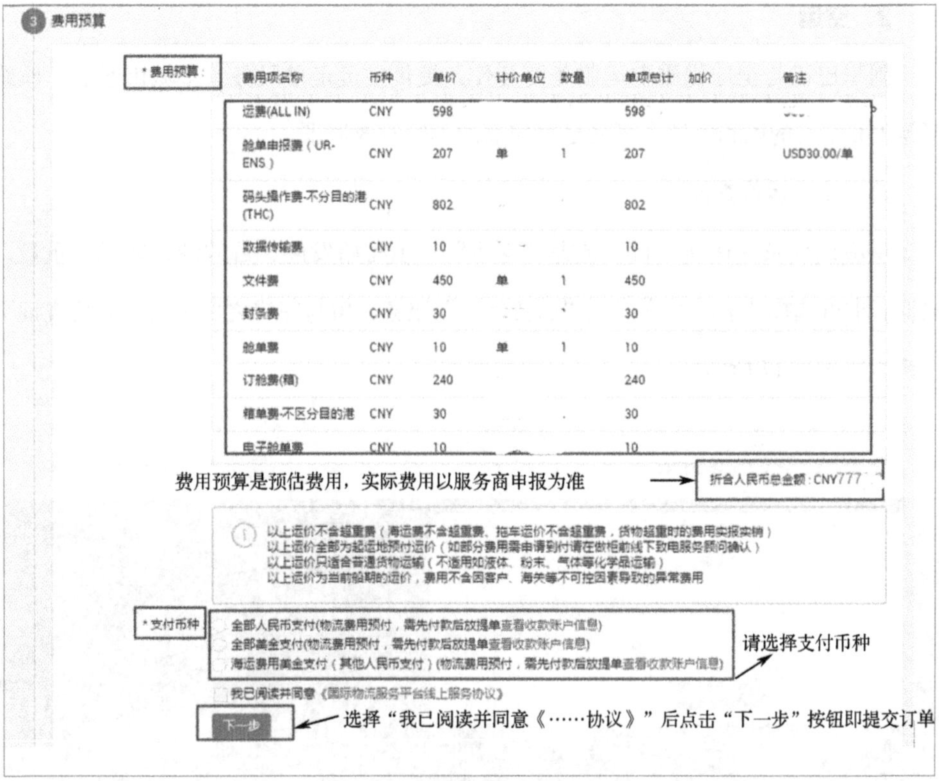

图 8-15 “费用预算”页面

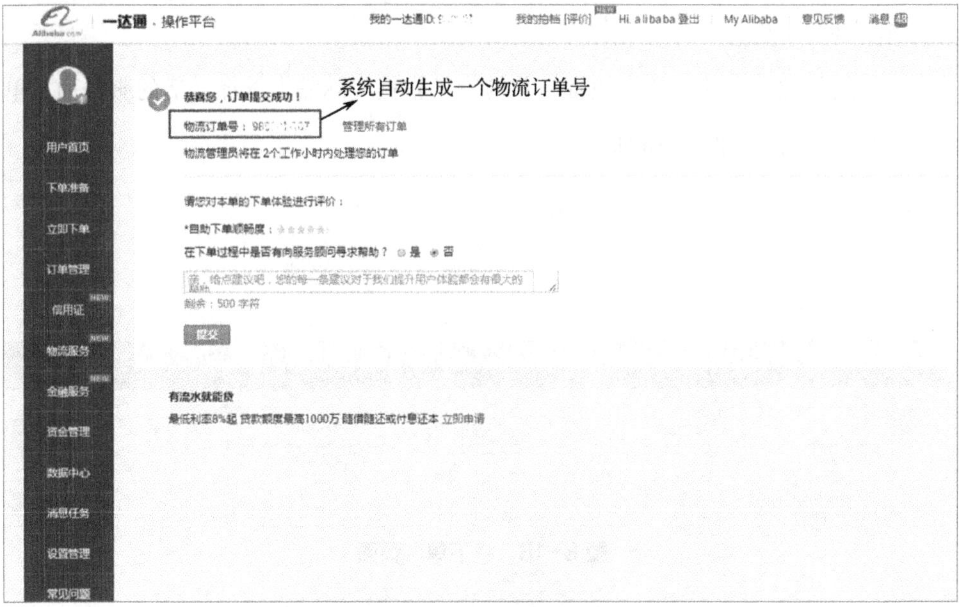

图 8-16 订单生成页面

2. 空运

阿里巴巴与全球优质空运服务商合作，提供空运走单服务，多城市起运，航线覆盖 170 个目的国和区域，可满足供应商的不同时效需求。

第一步：运价查询。

供应商登录一达通平台，选择“空运”，填写始发港、目的港、体积、重量，根据需求可选择“上门取货”或“送货到门”服务，填写完成之后单击“运价查询”按钮，如图 8–17 所示。

图 8–17 “运价查询”页面

第二步：下单。

查询运价之后，进入下单页面，供应商可根据实际需求选择合适的服务商，单击“下单”按钮，如图 8–18 所示。

图 8–18 “下单”页面

第三步：填写商品信息。

① 重量：填写独立包装的单件的重量，总重量与查询价格重量保持一致，否则

下单页面中的预估费用与价格查询费用会显示不一致。

② 尺寸：每个航空公司对尺寸有不同的要求，如果货物超长超高，请下单前与服务商核实是否能够承接，如图 8-19 所示。

图 8-19 “填写产品信息”页面

第四步：填写收 / 发货人信息。

收 / 发件人信息主要包含供应商和收货人信息、费用、发票和进仓时间等，如图 8-20 至图 8-22 所示。

图 8-20 “填写收 / 发货人信息”页面

图 8-21 “通知人信息”页面

图 8-22 填写“发票”和“进仓时间”

① 费用：如与查询的价格不一样，请核实下单填写的总重量与查询价格时填写的总重量是否一致。

② 发票：如选择的服务商是德迅，请联系德迅开运费发票；如选择其他服务商，请在跟单过程中将可复制版的开票资料提供给跟单人员。

③ 航班、进仓计划：需要提前 2 天进仓，如选择进仓时间为灰色时，说明已经过了平台交仓期限，请重新选择航班。

第五步：订单完成。

信息填写完成，提交订单后，需要预先冻结 120% 的费用，等订单到达目的地，服务商返回实际费用，平台根据实际费用进行多还少补，如图 8-23 所示。

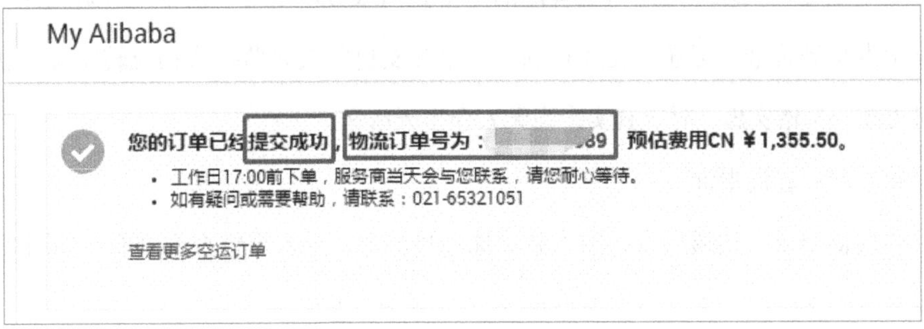

图 8-23 订单提交成功

第六步：跟进管理订单。

订单提交后可以单击“物流服务”-“空快订单”查看生成的订单，如图 8-24 所示。后续订单跟进全部以邮件为准，供应商需及时查收下单时填写的邮箱。

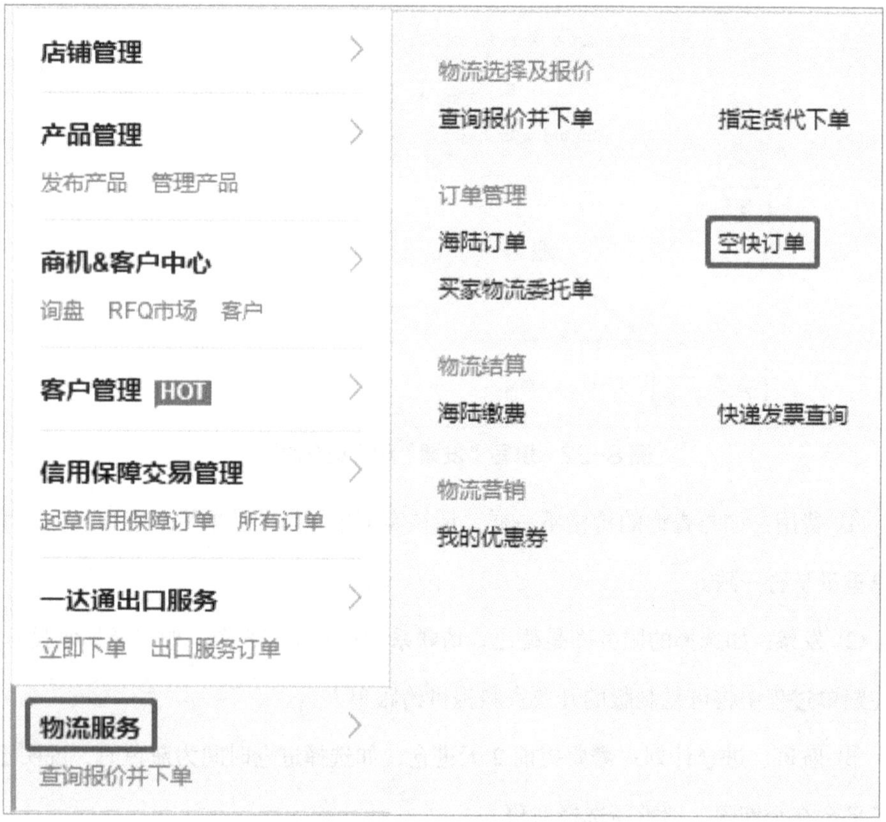

图 8-24 查看“空快订单”页面

3. 陆运

（1）中港陆运

中港运输提供珠三角出口至香港的送货到门服务以及可承接各地送货至深圳仓库集中发货到香港。可通过在线查询、下单和支付并及时监控货物流转状态，状态实时更新。价格实惠，时效真实，当天入仓当天派送。

第一步：查询报价。

供应商登录一达通后台，输入装货地和目的地，登入报价查询页面，如图 8-25 所示。

图 8-25　“查询报价”页面

第二步：查询方案选择。

单击“查询报价”按钮，在列出的方案中查看详细的费用信息，选择合适的报价进行下单，如图 8-26 所示。

图 8-26　“下单”页面

第三步：企业信息验证。

由于樱本铺企业首次下单，需进行“企业信息验证”，根据提示填写企业相关信息，等待认证通过后即可下单，如图 8-27 所示。

第四步：填写表单。

根据页面提示，选择出货时间及报关方式，填写详细的产品信息和增值服务等，如图 8-28 和图 8-29 所示。

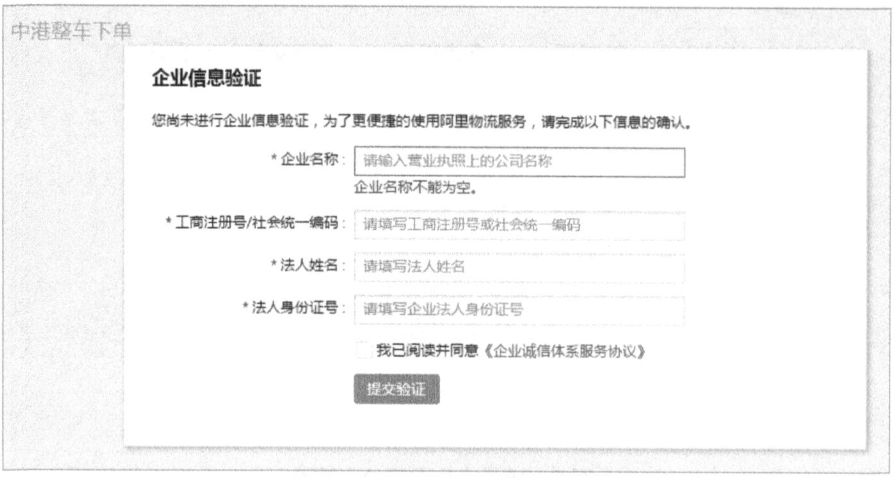

图 8-27 “企业信息验证”页面

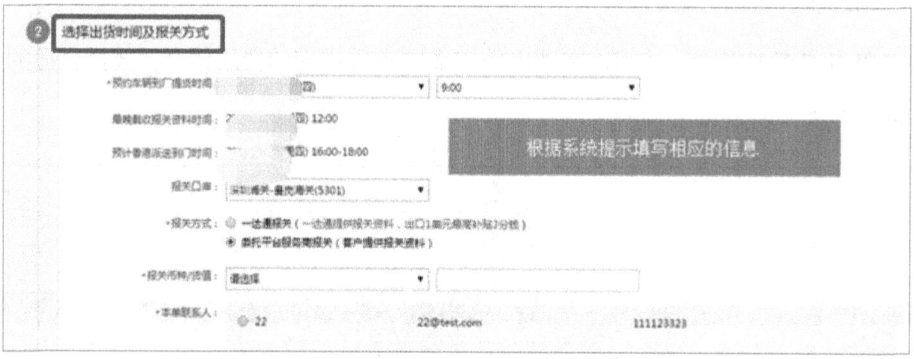

图 8-28 “选择出货时间及报关方式”页面

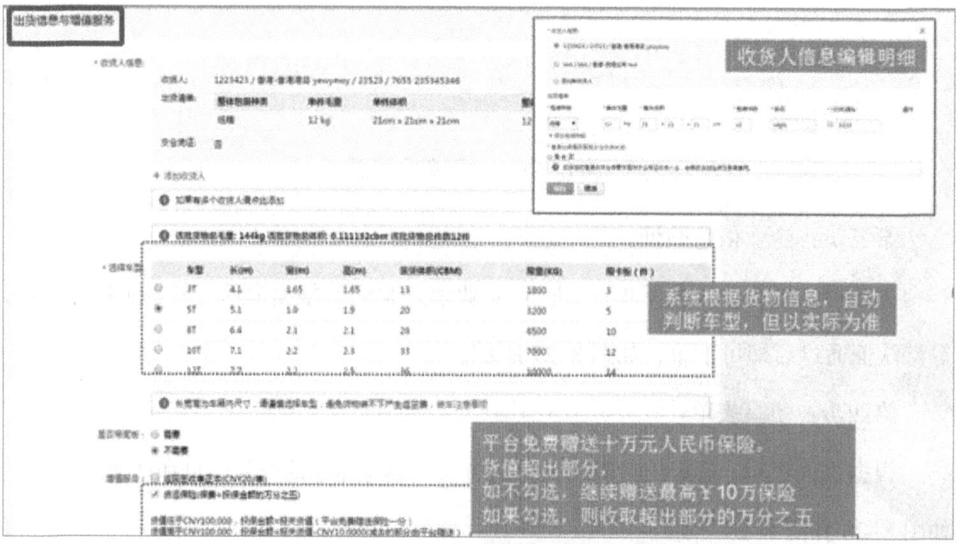

图 8-29 “出货信息与增值服务”页面

第五步：订单完成。

订单提交后可以在一达通页面查看生成的订单，实时跟进订单的状态，如图 8–30 所示。

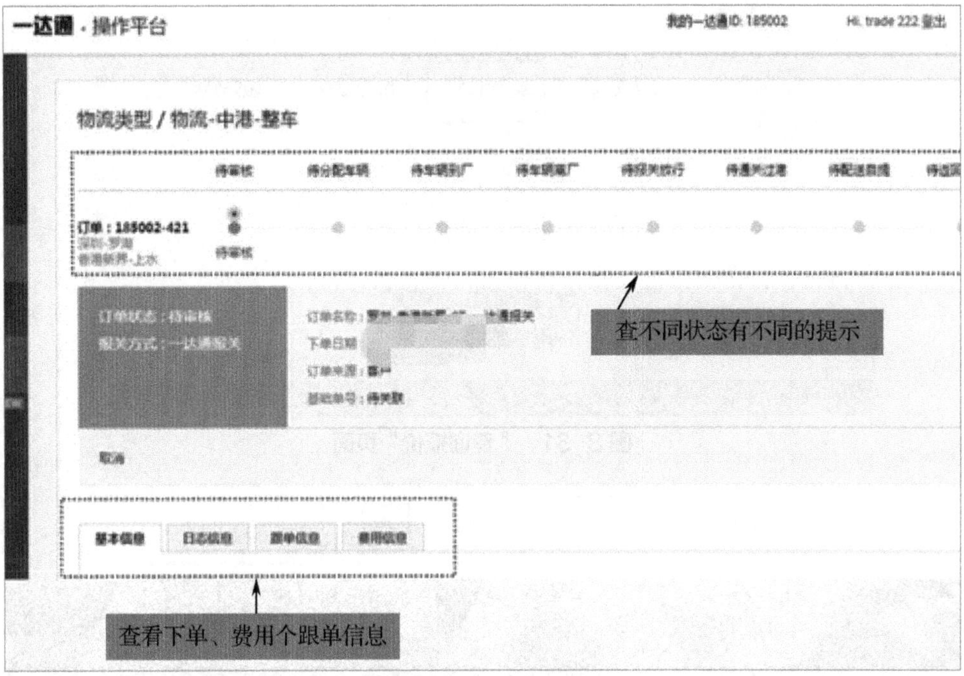

图 8–30　订单完成

（2）集港拖车

集港拖车是依托阿里巴巴一达通外贸出口的综合服务优势，提供有运力保障的集装箱拖车服务。下单流程如下：

第一步：查询报价。

供应商登录一达通国际物流平台 –“集港拖车”，选择起运码头和装货地址后查询报价，如图 8–31 所示。

第二步：下单。

单击“查询报价”按钮，在列出的方案中查看详细的费用信息，选择合适的报价进行下单，如图 8–32 所示。

图 8-31 “查询报价”页面

图 8-32 “下单”页面

第三步：验证信息，填写表单。

同中港陆运一致，首次下单需进行“企业信息验证”，认证通过后即可下单，之前已经展示该页面，这里不再赘述。下单之后根据页面提示，输入完整的起运港口和装货地，填写详细的出货信息，如图 8-33 所示。

第四步：费用预算。

填写费用预算相关信息，确认无误之后单击“确认”按钮生成订单，如图 8-34 所示。

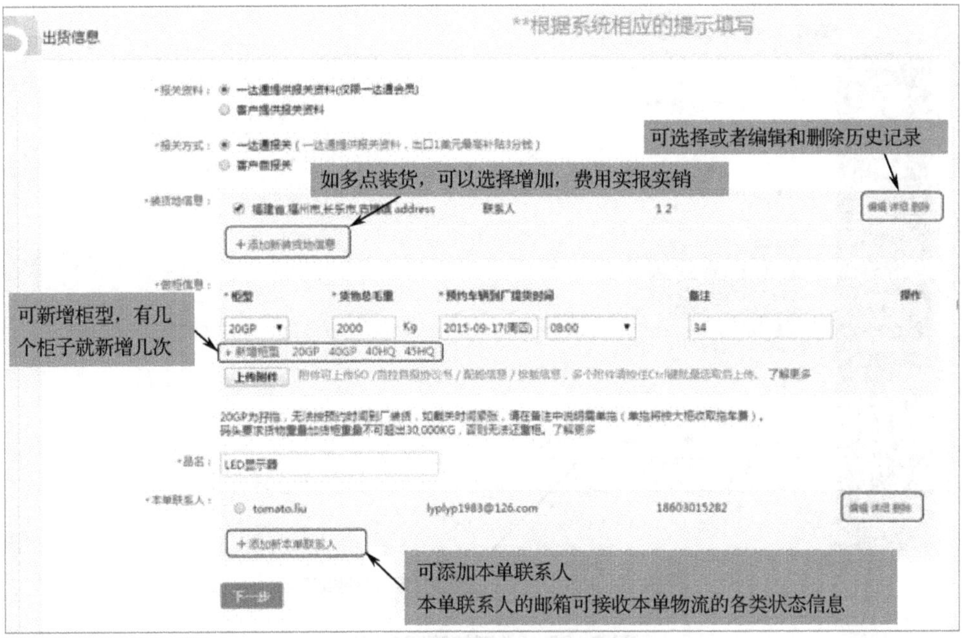

图 8-33 “出货信息”填写页面

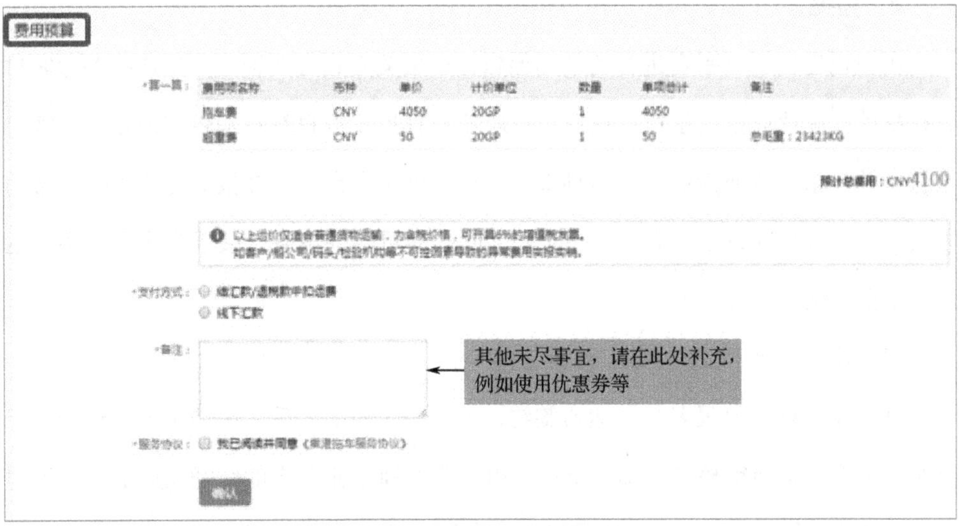

图 8-34 “费用预算”确认页面

第五步：订单跟进管理。

同其他物流订单一致，订单提交后可以在“一达通” – “订单管理”页面查看生成的订单，实时跟进订单的状态，如图 8-35 所示。

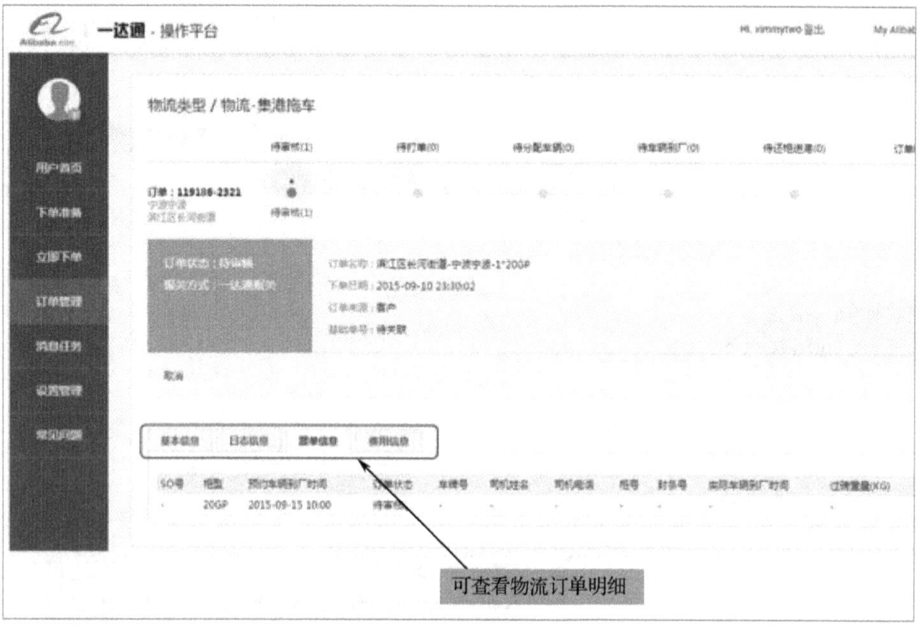

图 8-35 “订单管理”页面

4. 报关

阿里巴巴国际站平台进行的信用保障订单报关方式有两种：一达通报关和客户自行报关。一达通报关是指一达通为供应商出具报关资料且帮助供应商报关；客户自行报关是指一达通为供应商出具报关资料，供应商自行选择报关行或由拍档帮助报关，报关资料在订单状态为“待报关”状态后可自助下载。接下来主要介绍一达通详细报关流程。

第一步：登录平台，单击“立即下单”。

在下单之前需要报名与一达通签约，得到一达通准入后，申请虚拟子账号、产品和供货企业资质审核之后即可下单。由于樱本铺企业在之前已经完成上述一系列签约审核等工作，直接进入一达通官网，单击 “进入操作平台” - “一达通自助操作平台” - “下单”即可，如图 8-36 所示。

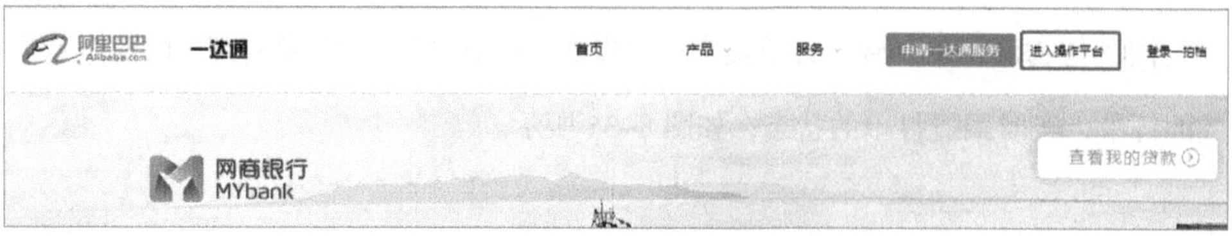

图 8-36 进入一达通操作平台页面

供应商首次登录平台，单击“立即下单”后，系统弹出操作指引介绍，供应商根据自身情况和系统指引步骤操作，如图 8-37 至图 8-39 所示。

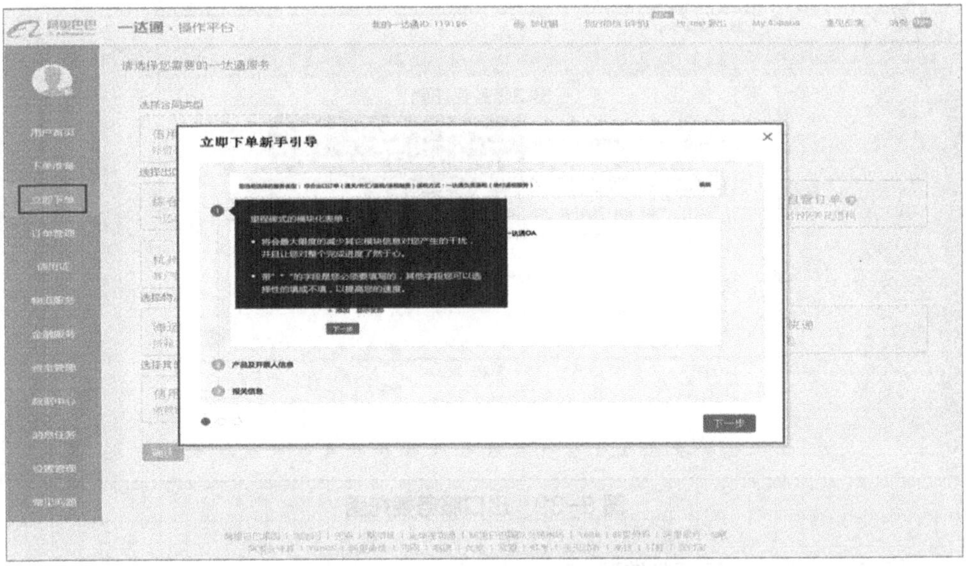

图 8-37　“立即下单新手引导”页面

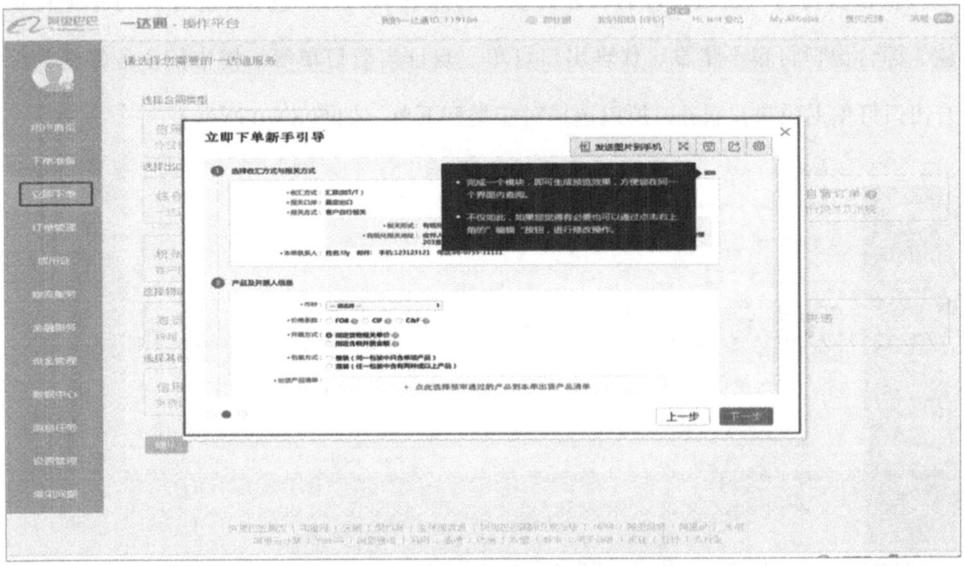

图 8-38　选择收汇方式和开票人信息

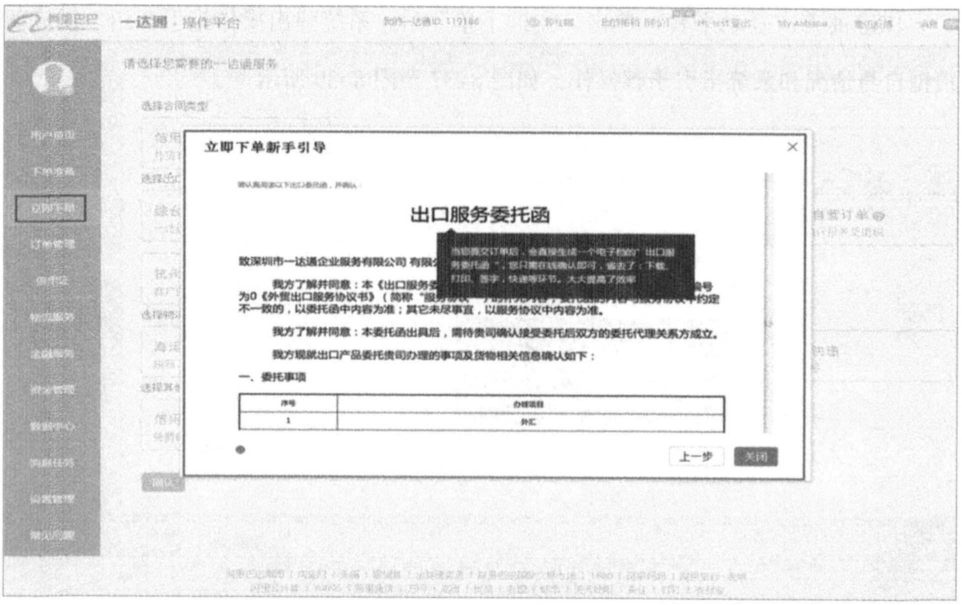

图 8-39　出口服务委托函

第二步：选择出口订单类型。

根据公司与一达通签订的服务类型来选择下单类型，包含综合出口订单退税垫款、综合出口订单不垫款、代理出口订单、自证自营订单等。樱本铺企业签约为综合出口订单退税垫款服务，所以选择对应类型下单，如图 8-40 所示。

图 8-40　“选择出口订单类型”页面

第三步：选择收汇方式与报关方式。

① 结汇方式：常见的国际结算方式有三种：T/T 电汇（前 T/T 与后 T/T），托收（DA/DP），信用证（LC）。

② 报关口岸：出口时通过海运、陆运、空运、保税区、监管仓走的口岸，详细内容可联系拍档或订舱货代确认。

③ 报关方式：需要和第二步选择的出口订单类型保持一致，如图 8–41 所示。

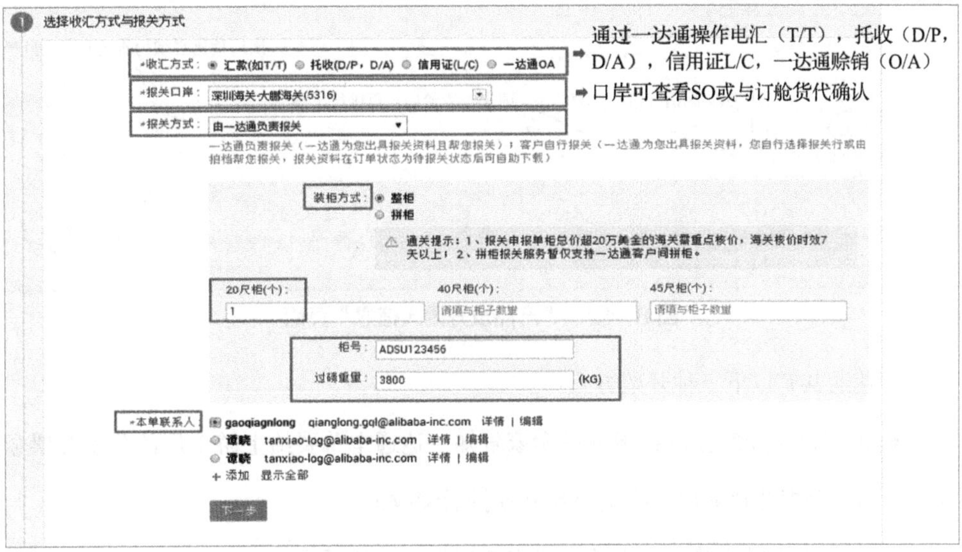

图 8–41 “选择收汇方式与报关方式”页面

第四步：产品及开票人信息。

产品及开票人信息填写内容主要包含币种、价格条款、开票方式、包装方式、装柜方式、出货产品清单和出口货物信息等，如图 8–42 所示。

① 报关币种：报关币种是同步海关系统的。目前可以报关的币种有 13 种：美元 USD，港币 HKD，欧元 EUR，人民币 CNY，英镑 GBP，阿拉伯联合酋长国迪尔汗 / 迪拉姆 AED，澳大利亚元 AUD，加拿大元 CAD，瑞士法郎 CHF，日元 JPY，新西兰元（纽元）NZD，瑞典克朗 SEK，新加坡元 SGD。

② 价格条款：根据贸易术语进行选择，常用的贸易术语有 FOB、CIF 和 CFR 等。

③ 开票方式：开票方式填写需提前和供货企业确认，若下单时无法选择供货企业，一般是因为供货企业还未审核通过，请先确认供货企业已审核通过再进行下单

选择。

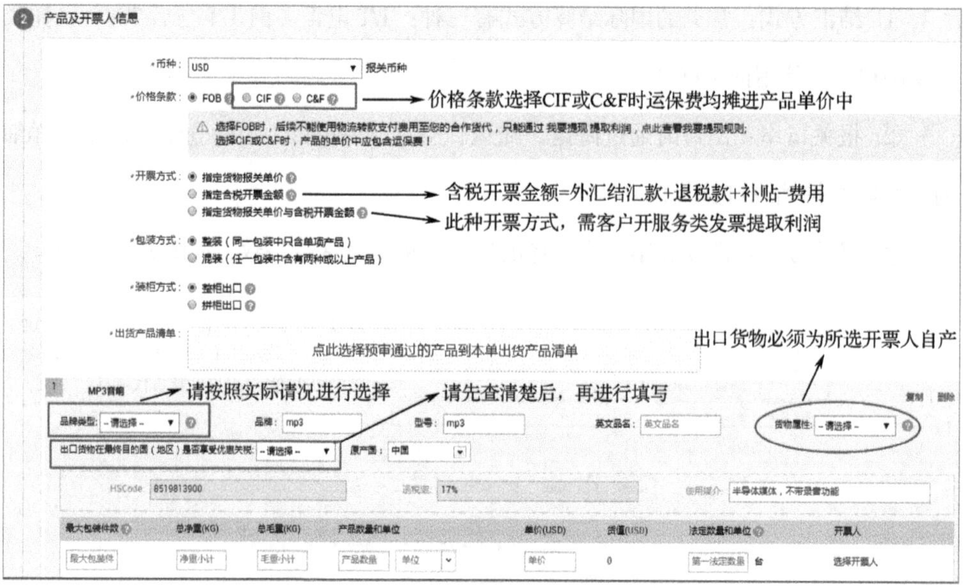

图 8-42 “产品及开票人信息”页面

一达通共有以下三种开票方式：

- 指定含税开票金额：指的是卖家告知一达通本单要给上游工厂的含税开票金额，一达通会据此核算出口报关金额并安排后续收汇。
- 指定货物报关单价：指的是卖家直接告知一达通产品的报关金额，一达通会按照此报关金额安排后续收汇和开票工作。
- 指定货物报关单价与含税开票金额：是指卖家通过一达通获得的收入若高于供货工厂的货物总价，则高出部分需在国内开服务费发票进行结算。

第五步：上传附件。

① SO：Shipping Order 的简称，要求一达通报关以及货入监管仓需上传 SO，客户自行报关且非监管仓的可选择性上传。

② 商检产品，需上传商检单，如图 8-43 所示。

第六步：提交申请。

填写完上述信息之后，单击“提交申请”按钮，对出口服务订单确认函核对无误之后提交即可，如图 8-44 所示。

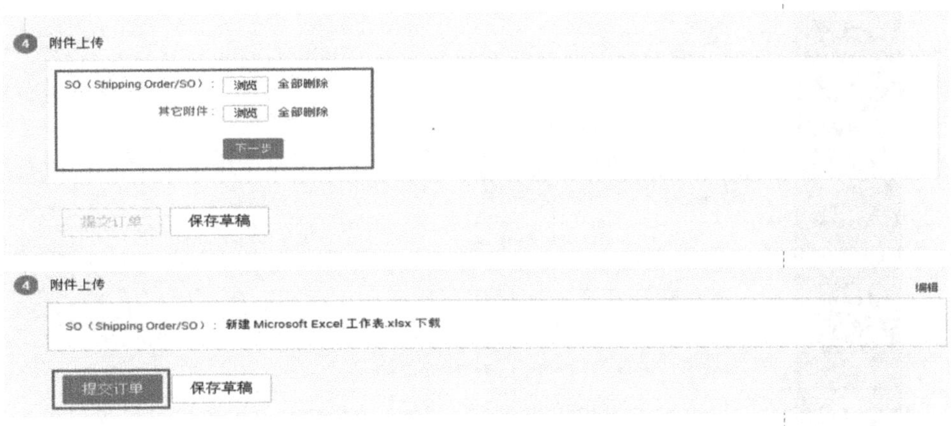

图 8-43 “附件上传”页面

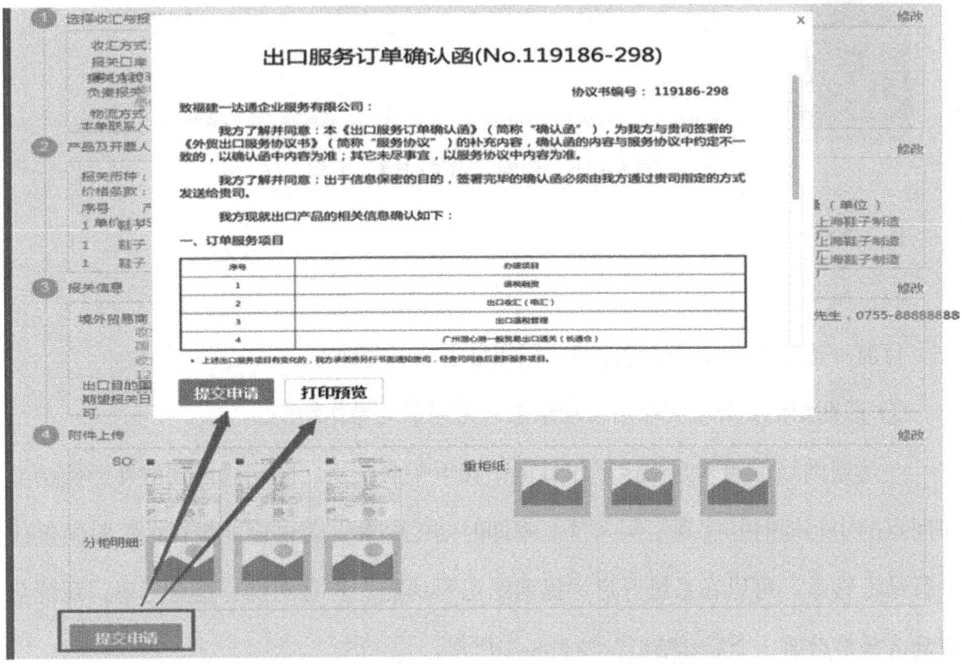

图 8-44 提交申请“出口服务订单确认函”页面

第七步：通关跟进，查看通关详情。

下单审核通过后到待报关状态，供应商可以在“订单管理”-“通关详情”页面查看详情，如图 8-45 所示。

客户自行报关的订单，报关资料可在系统下载；有纸化的（需邮寄正本的），在待报关环节会安排寄出。

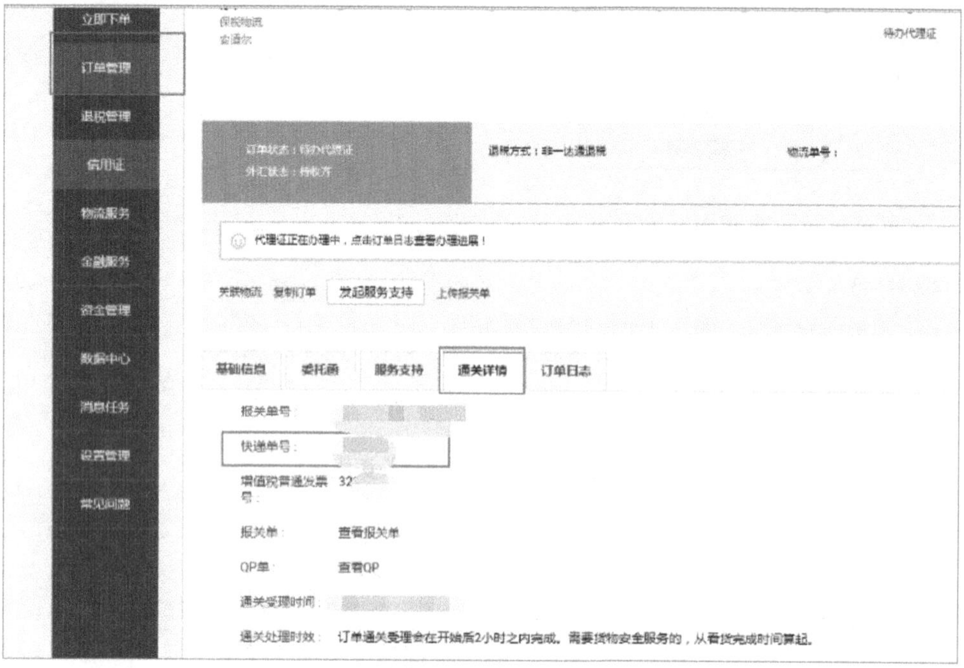

图 8-45 查看“通关详情”页面

5. 外汇

（1）结汇

目前一达通结汇方式分为即期结汇和自主结汇两种方式。

① 即期结汇：外汇到账后自动结汇，无须手动操作结汇。

一达通的结汇频率为法定工作日上午和下午各一次，时间段内到的外汇按结汇时间点的中行即时挂牌现汇买入价汇率即时结汇结算。若供应商想在结汇时间点前先行结汇转款，可以在系统开启“提前结汇”功能。若官网没有整点汇率，系统会自动选择整点前一个汇率结汇，如表 8-1 所示。

表 8-1 即期结汇时间点

银行账户	外汇到账时间	结汇时间点
香港花旗、香港中行、美国银行（香港）	0:00-24:00	10:30
	12:00-24:00	15:30
境内中国银行、托收、信用证	0:00-24:00	10:30
	12:00-24:00	15:30

② 自主结汇：是指外汇到一达通后，不立即结汇，根据需求自主提交结汇申请。

根据申请时间，系统将在对应结汇时间点结汇，如表 8-2 所示。该申请未结汇前可取消，但结汇时间点前 15 分钟无法取消。例如，樱本铺企业的一笔外汇款是 12 月 20 日到账的，如果想在 12 月 24 日结汇，那么需要在 24 日早上 8:00 单击“自主结汇”，系统会在当天的 10:30 根据中国银行现汇买入价结汇。

表 8-2 自主结汇时间点

申请结汇时间	结汇时间点
前一个结算日 15:15—当日 10:15（含）	10:30
当日 10:15—15:15（含）	15:30

③ 结汇方式开通路径：登录“My Alibaba” - “资金 & 金融服务” - “一达通资金管理” - “外汇设置” - “结汇方式”页面，选择需要的结汇方式，如图 8-46 所示。

图 8-46 “结汇方式”页面

（2）退汇

① 退汇原则：

● 退汇业务需具有真实、合法的交易背景，并提供能证明退汇原因的背景资料或情况说明。如因买卖双方取消订单、买家汇错款、订单一达通无法操作、货物质量问题、其他经国际结算部或其他相关业务部门审批同意的原因需要退汇的，可以申请退汇操作。

- 原路退回原则，即款项原路退回给付款人。
- 退汇所需的外汇款项统一由一达通购汇办理。
- 退汇金额不可超过原付款金额，退汇时只能原币种退汇。
- 若同一付款人所付的外汇币种相同，允许多笔外汇合并退汇。

② 退汇流程。“我要退汇”页面如图 8-47 所示。

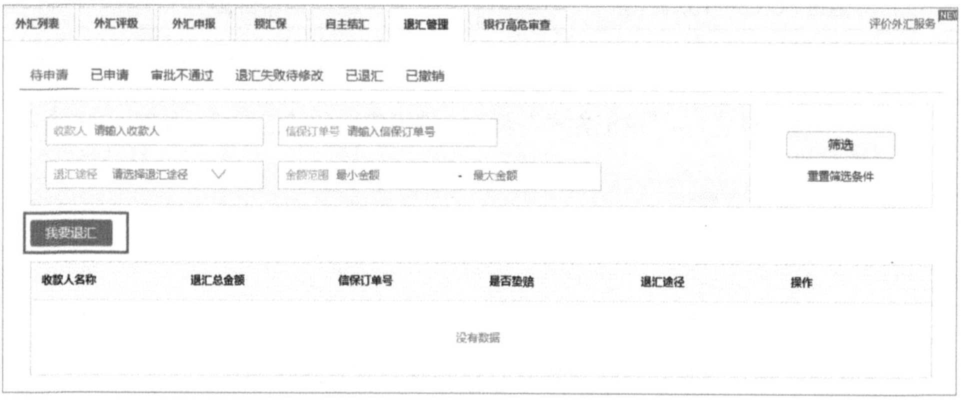

图 8-47 “我要退汇”页面

申请退汇流程如下：双审通过 - 下单、收结汇 - 报关出口 - 一达通开具《代理出口货物证明》- 客户在当地税局自行申报退（免）税 - 结算，如图 8-48 所示。

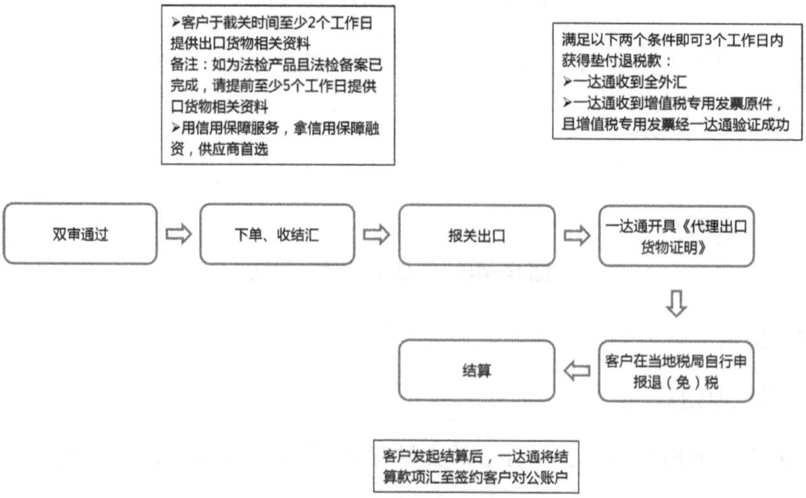

图 8-48 退汇流程图

③ 退汇分类：

- 按外汇是否入账划分为挂账外汇退汇和已入账外汇退汇。
- 按汇兑损益承担方划分为按固定外币退汇和按结汇人民币购汇退汇。
- 按是否为信用保障订单划分为信保退汇和普通退汇。

④ 退汇处理时效。缴纳退汇费用后一达通需要人工提交退汇信息至网银处理，工作日当天 16:30 之前缴费成功的一个工作日完成退汇。备注：若是银行高危核查不通过或外汇入账后未通过一达通外汇风控审核，则退汇时效大概为 5 ～ 10 个工作日，无退汇水单。

⑤ 退汇手续费。退汇时将产生汇兑损益，供应商可选择按原币退汇或按结汇人民币退汇，来确定汇兑损益由谁承担。如外汇还未入账，退汇不收手续费。外汇已入账，退汇手续费是卖家还是国外买家承担，需要供应商自行与买家确认。一般手续费可根据承担人分为以下三种情况：

- 海外买家承担：国内供应商不需要缴纳任何费用，银行从国内卖家的退汇中扣取费用；个性化需求产生的费用，比如退汇后需查询、更正或退汇所产生的银行电报费等，费用由供应商承担；若是银行高危核查不通过（外汇入账后未通过一达通外汇风控审核），退汇的费用直接在汇款金额里面扣除。
- 国内供应商承担：供应商另外需要缴纳 CNY250 元 / 笔的手续费（退汇币种为人民币的，费用方式仅支持国内供应商承担，此部分的费用一达通无法开票）。
- 共同承担：一达通收取 CNY100 元 / 笔（此部分的费用一达通无法开票），仅负责付款行费用，国外中转行和收款银行费用以实际各银行扣收金额为准。

6. 外汇关联

一达通系统需要将外汇与订单关联，这是为了达到单单结清的效果，需要按照订单维度来收汇和转款，且转款的最高额度为开票工厂的开票金额。

供应商进入一达通后台，在“外汇列表”中找到对应外汇，单击“关联订单”录入报关金额，填写之后单击“提交关联”-“确认收齐”即可，如图 8-49 和图 8-50 所示。若单笔金额不足，可以分多次进行关联，即多笔外汇可以关联一个订单。

图 8-49 “关联外汇”页面

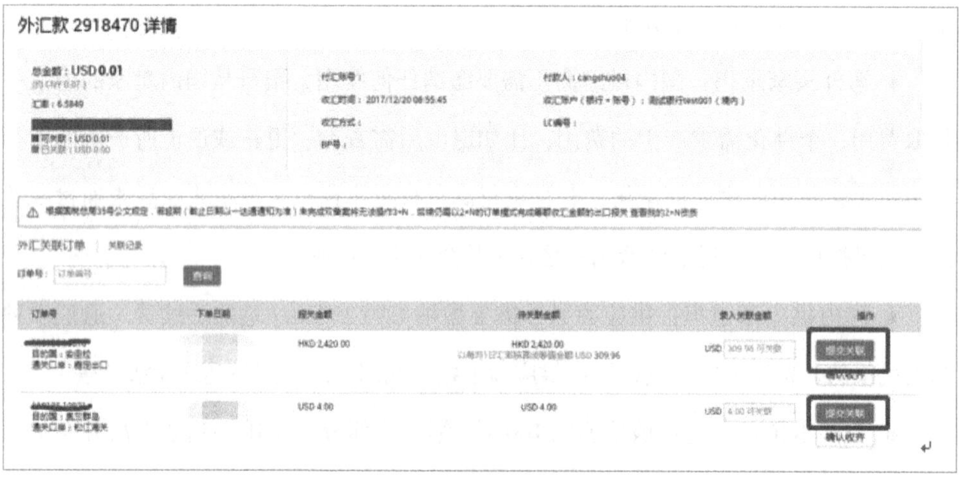

图 8-50 “外汇关联订单”页面

如果是一拍档操作，则可登录“客户服务”查询对应客户代码，单击“外汇管理”-“外汇列表”-“关联订单”，录入报关金额后单击“提交关联”-“确认收齐”即可。

7. 退税

退税是指国家按规定对纳税人已纳税款的退还。优惠退税是税收支出的一种形式，即国家为鼓励纳税人从事或扩大某种经济活动而给予的税款退还。

针对阿里巴巴国际站供应商而言，退税是指出口商品并实际收取外汇后，按出口退税率计算免抵退税额，并与增值税进项税留抵额比较后得出的出口退税。一达通的退税服务是指以一达通名义帮助供应商快速合规办理退税，退税款打到供货企业指定的对公账户。

（1）办理退税条件

① 生产型企业不受限。

② 无进出口权的生产型企业凭以下资料办理：

● 委托代理出口协议；

● 录入申报系统打印出申请表（盖公章），生成数据盘；

● 主管税务机关要求提供的其他资料。

③ 贸易型企业必须拥有进出口经营权。

④ 深圳不需要小规模纳税人办理资格证也可申报免税。其他地方视税务局要求而定。

注意：在填写《出口退（免）税备案表》时，需填写“企业海关代码”，请根据企业性质提供下列参考文件：

● 海关注册登记码：做过海关备案。贸易型企业一定要做海关备案。

● 税务局备案海关代码：针对生产型企业，若没有海关备案，税务局会出一个虚拟的海关编码。

（2）办理退税所需材料

① 《出口退（免）税备案表》2 份及相关电子信息。在填写《出口退（免）税备案表》时，需填写“企业海关代码”，企业有海关报关资质的就有海关代码，若无则由税务机关虚拟给定。

② 加盖备案登记专用章的《对外贸易经营者备案登记表》或《中华人民共和国外商投资企业批准证书》原件及复印件。

③ 中华人民共和国海关进出口货物收发货人报关注册登记证书原件及复印件。

④ 银行开户许可证原件及复印件。

⑤ 未办理备案登记生成委托出口业务的生产企业，应提供委托代理出口协议，不提供上述第②、③项资料。

由于樱本铺企业为第一次申请退税，要提交所需《出口退（免）税备案表》《对外贸易经营者备案登记表》或《中华人民共和国外商投资企业批准证书》等一系列备案登记资料，到所属税务局办理退免税资格认定书。

任务 8.2 物流模板设置

8.2.1 国际物流简介

1. 门到门的快递类型和下单方式

（1）门到门的快递类型

阿里巴巴与国际知名快递服务商合作，在供应商完成线上下单并冻结运费后，快递服务商直接至卖家指定的地点上门取件，并由服务商将货物递送至卖家指定的目的国收件人。目前已接入国际快递门到门服务的国际快递服务商有 UPS 和 FedEx。

（2）下单操作流程

① 门到门订单的下单流程如图 8-51 所示。

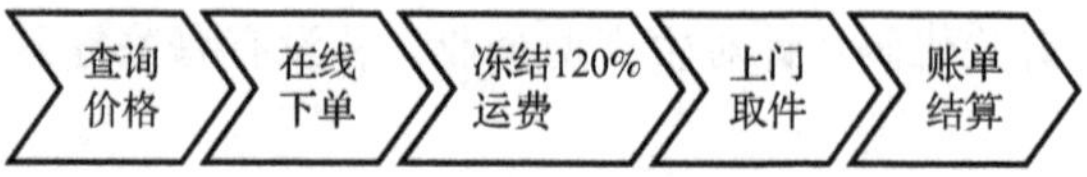

图 8-51 门到门运输流程

② 门到门订单的下单操作：

第一步：查询报价，选择物流方案。供应商单击“My Alibaba”-“物流服务”-“查询报价并下单”，选择“快递”，如图 8-52 所示。

第二步：请在查询条件中依次输入相应信息，选择适合的物流方案后单击“下单”按钮，如图 8-53 所示。

图 8-52 "运价查询"页面

图 8-53 门到门运价查询

- 发件地邮编：请输入快递需要上门取件的地址邮编。
- 目的地：请选择目的地国家。
- 货件信息：鼠标移至货件信息框，在浮出的表格中输入长、宽、高和货物重量，以及同规格的件数。如包裹为不同规格，可单击"增加货件"，再次输入长、宽、高、重量和件数。

第三步：创建物流订单，填写发货信息，最后提交物流订单，如图 8-54 所示。

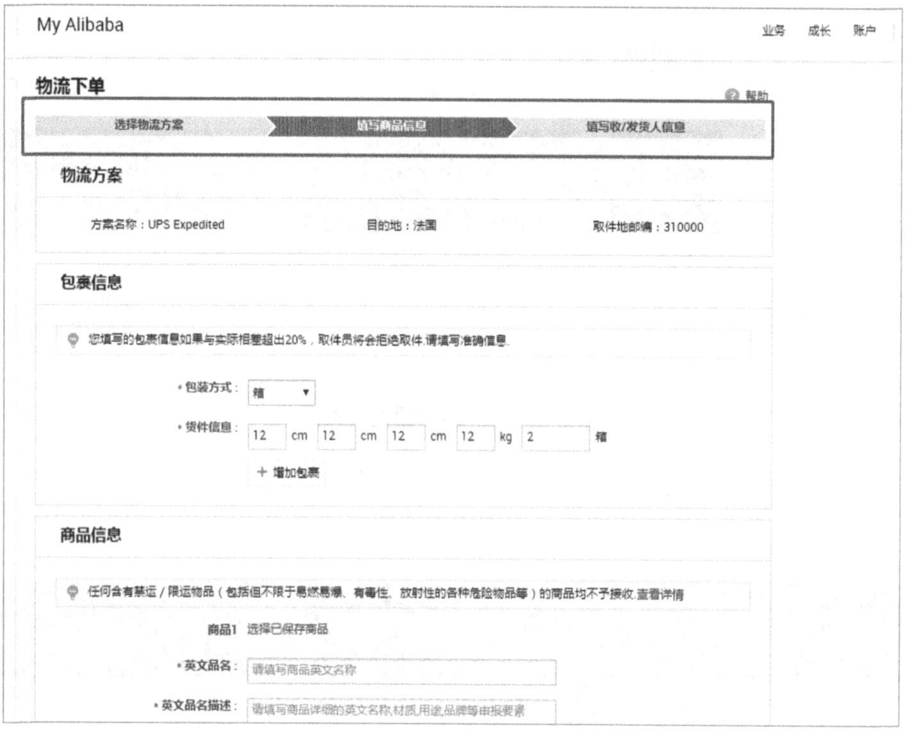

图 8-54　物流详细信息填写

- 填写商品信息：包裹信息、商品信息、申报信息。
- 确认物流方案，确认填写包裹信息：需填写包装方式、快递包裹尺寸、重量、件数等。

第四步：确认预算价格，提交订单，完成支付，如图 8-55 所示。

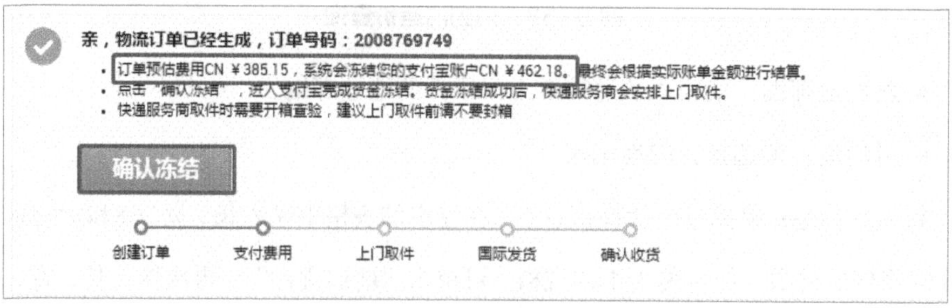

图 8-55　“确认冻结”页面

第五步：核算实际账单，多退少补。

正常情况下，货物派送完成的 3 ～ 5 个工作日内，服务商返回实际账单。系统导入实际账单金额后，会使用供应商预先冻结的款项扣除实际账单金额，多退少补。

如货物派送完成超过5个工作日，费用仍未结算，建议2周后再重新查询。这是因为物流服务商返回的每一笔账单阿里平台都会进行核对，如果发现服务商返回账单的计费重量超过供应商下单计费重量的20%，阿里平台会和服务商提起重量争议，停止该账单的结算。一般2周左右会给出争议结果并返回最终账单。

2. 仓到门的快递类型和下单方式

（1）仓到门的快递类型

仓到门是供应商通过国际物流中心下单，将货物发往仓库后，后续由物流商将货物发往国外的买家。目前，国际快递仓到门服务包含的物流有FedEx、DHL、UPS、TNT、EMS、DPEX、JCEX等。

（2）下单操作流程

① 仓到门订单的下单流程如图8-56所示。

图8-56 仓到门运输流程

② 仓到门订单的下单操作：

第一步：查询报价。

同门到门订单页面一致，供应商登录“My Alibaba” - “物流服务” - “查询报价并下单”，选择“快递”，选择合适的仓到门报价下单，如图8-57所示。

第二步：创建物流订单，填写发货信息，提交物流订单，如图8-58所示。

- 确认仓库信息，下单后将货物发送到对应仓库；
- 填写发货到仓库信息，包括国内快递承运方、物流运单号、快递包裹件数三项以及包裹的长、宽、高和重量；
- 填写商品信息，包括中英文商品描述、海关编码、商品件数以及商品状态描述等；
- 填写申报信息、发货人信息。

图 8-57　仓到门运价查询

图 8-58　物流信息

第三步：确认预算的费用详情，选中用户协议，提交订单，并将货物发到阿里巴巴指定的合作仓库，如图 8–59 所示。

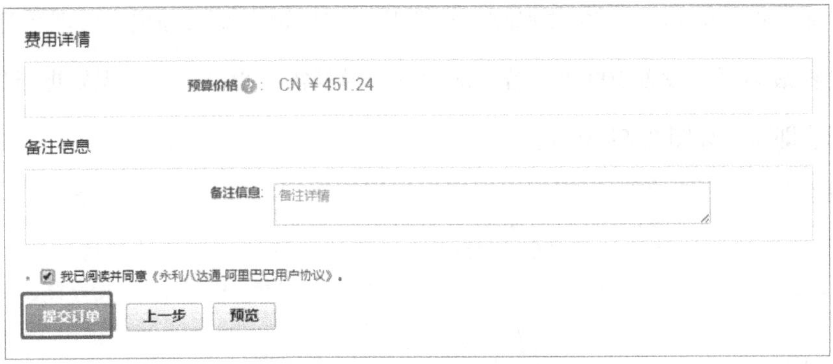

图 8–59 确认物流费用

第四步：支付相应费用之后，仓库安排发货，如图 8–60 所示。

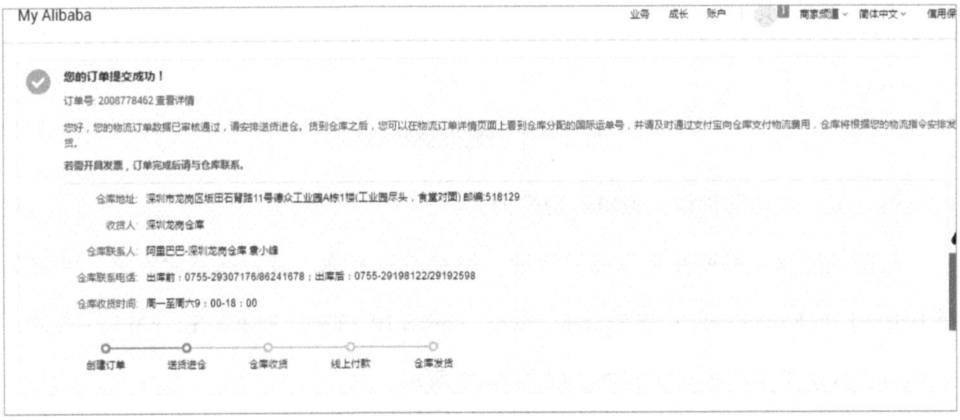

图 8–60 订单提交成功

系统根据仓库反馈的信息计算出国际物流费用，直接单击订单的“付款”按钮进行支付，进入支付页面后通过支付宝支付国际运费。

系统收到支付成功的确认后，将告知仓库发货，仓库会根据供应商的物流指令安排发货，并反馈发货信息。系统收到仓库的发货信息后，将以系统邮件形式通知供应商。

8.2.2 一口价产品运费模板

在线批发运费模板中，供应商可以根据需要自行填写物流名称、物流运输时间、国家和计费方式；在发布产品时，直接选择设置好的运费模板或者编辑新的运费模板，按照运费模板设置的价格进行交易。

第一步：新建运费模板。

登录“My Alibaba” - “信用保障交易管理” - “运费模板”，新增和管理运费模板。运费模板最多可以设置 100 个，若之前设置的模板需要更新，单击需要更新的模板名称修改即可，如图 8-61 所示。

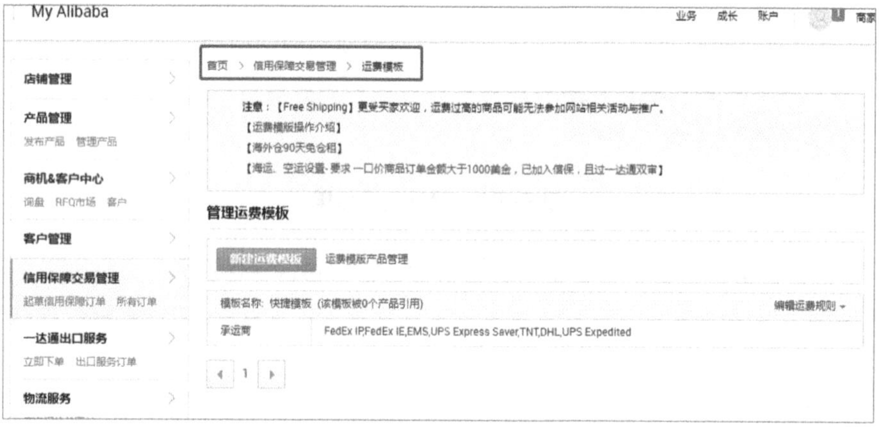

图 8-61 新建运费模板

第二步：选择发货地，编辑运费模板。

根据供应商货品所在地选择发货地，设置模板名称，最后选择承运商，目前支持 DHL、UPS Expedited、UPS Express Saver、FedEx IP、TNT、FedEx IE、EMS、e-EMS、ePacket、自定义快递等运输方式，如图 8-62 所示。

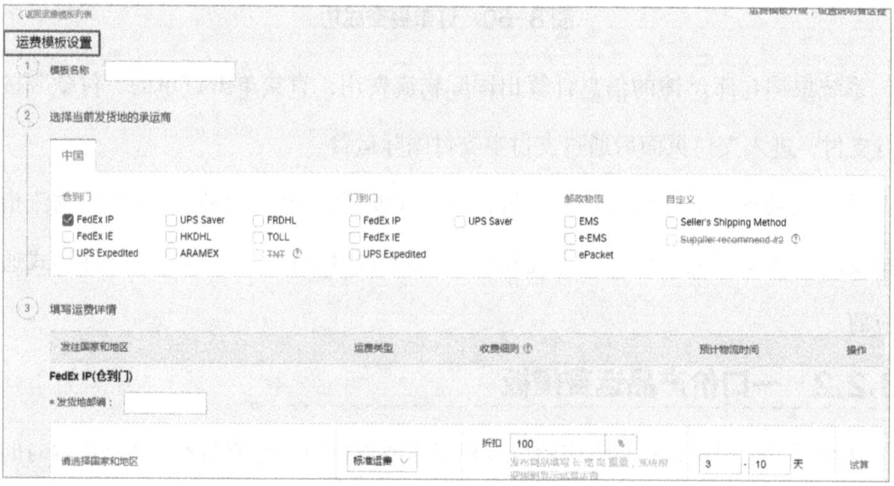

图 8-62 运费模板设置

第三步：填写运费详情。

在设定的国家中，从下拉菜单选择运费计算类型，有标准运费、卖家包邮、按重量计费、按数量计费、协商物流 5 种可以选择。若到不同国家区域有不同运费计算类型，可以选择按“新增运费规则”分开设置，如图 8-63 所示。

图 8-63 填写运费详情

第四步：运费模板填写完成，检查保存。

发布新商品时可选择支持一口价，并在运费选项中选择设定的模板名称，修改运费模板后，使用了这个运费模板的产品信息中的运费也会自动更新。

项目小结

在本项目学习任务中，选取樱本铺店铺的交易流程为引导，以一达通和国际物流为主线进行学习，以任务导向的方式讲述了该项目的重点内容，包括一达通物流走单、门到门、仓到门、一口价物流模板设置等实际操作内容，帮助学生掌握物流走单的操作流程，便于缩短交易环节耗费的时间，更快地完成交易。

名词解释

（1）UPS：United Parcel Service，联合包裹速递服务公司，1907 年作为一家信使公司成立于美国华盛顿州西雅图，是一家全球性的公司，其商标是世界知名商标之一。作为世界上最大的快递承运商与包裹递送公司，同时也是运输、物流、资本与电子商务服务的领导性的提供者。

（2）FedEx：联邦快递，是一家国际性速递集团，提供隔夜快递、地面快递、重型货物运送、文件复印及物流服务，总部设于美国田纳西州，隶属于美国联邦快递集团（FedEx Corp）。

（3）FOB：Free On Board，即装运港船上交货价，是指卖方在约定的装运港将货物交到买方指定的船上。

（4）CIF：Cost Insurance and Freight，即成本加保险费加运费，通常是指 FOB + 运费 + 保险费。

（5）C&F：Cost and Freight，成本加运费，通常是指 FOB + 运费。

知识链接

1. 一达通关联产品

（1）关联

供应商可在国际站 MA 后台或者一达通 MO 后台，轻松操作即可将一达通商品与网站商品关联到一起，然后数据就可以被网站利用起来，获得各种权益。

第一步：通过国际站“My Alibaba”－“产品管理”－“管理贸易记录产品”或者是通过一达通“My Onetouch”－“产品关联”进行产品关联，如图 8-64 和图 8-65 所示。

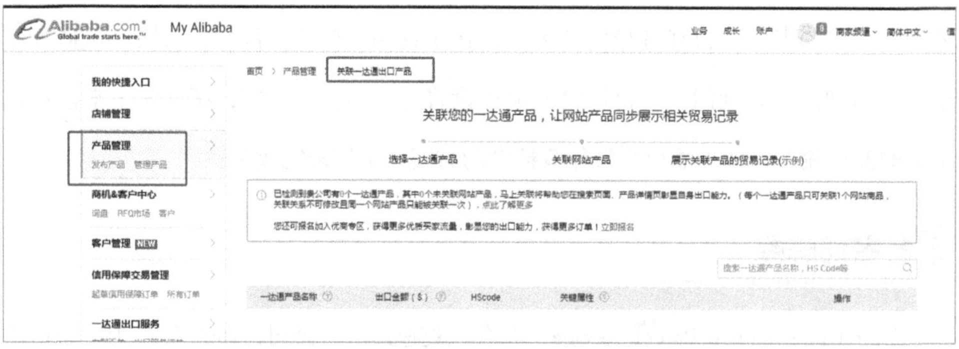

图 8-64 国际站－关联一达通出口产品页面

第二步：一达通下单准备页面，进行产品信息认可，从产品库中选择产品，如图 8-66 所示。

图 8-65 一达通 – 产品关联页面

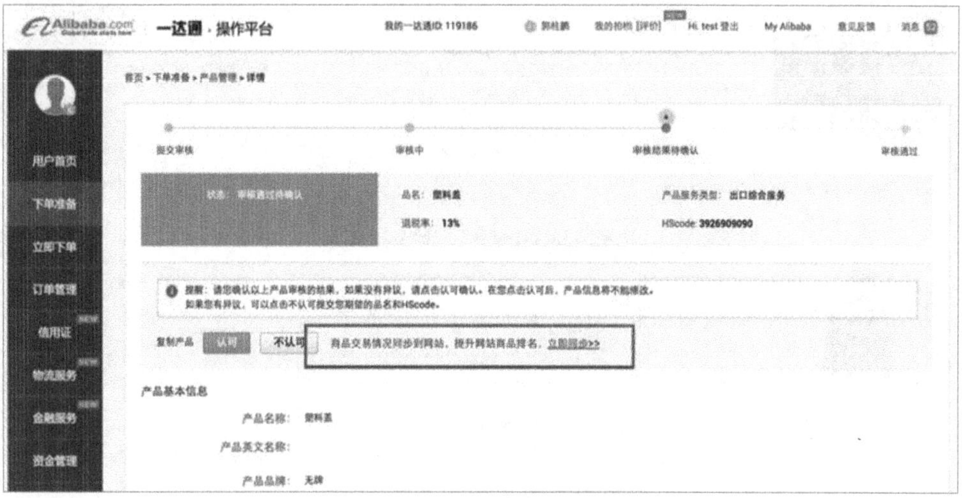

图 8-66 一达通下单准备页面

第三步：一达通下单成功页面，关联网站产品完成，如图 8-67 所示。

（2）一达通关联产品前台展示

① 国外买家通过出口国筛选，快速找到具有出口实力的一达通客户。MA 首页产品 Customs Data 展示，提升订单量和询盘转化，如图 8-68 所示。

② 产品详情页贸易数据展示，彰显企业贸易实力，如图 8-69 所示。

图 8-67　关联产品完成

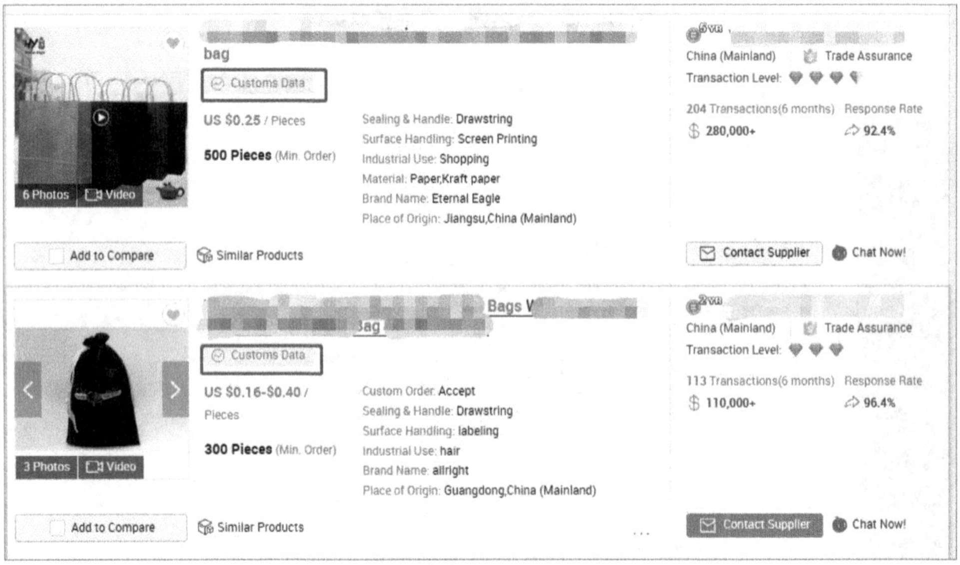

图 8-68　海关数据 Customs Data 展示

2. 一拍档

（1）一拍档介绍

一拍档是外贸服务 2.0 时代的服务模式升级，是阿里巴巴一达通引入外贸生态链条上的各类第三方服务企业（如货代、外贸进出口代理、报关行、财税公司等）成为紧密合作伙伴，为具有出口服务需求的客户提供本地化、贴身化、个性化、专业化的低成本出口流程服务。加入一拍档的条件如下：

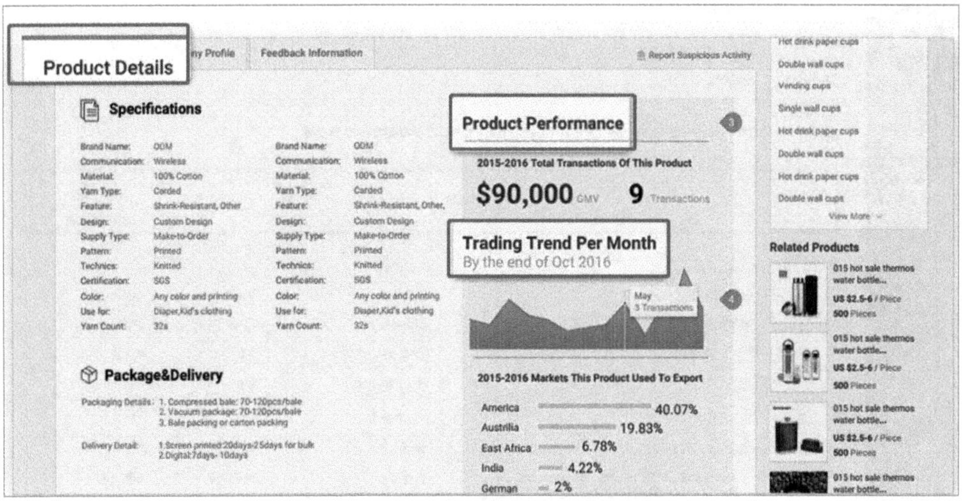

图 8-69 产品详情页贸易数据展示

① 营业执照满 2 年，注册资本≥ 50 万元人民币；

② 在工商、税务、海关、商检、外管等相关政府监管部门无重大违规及诚信事件，在当地无不良记录；

③ 拥有≥ 5 人的独立一达通操作团队人员，其中一人须为风控责任人；

④ 强烈认同阿里巴巴企业文化，奉行客户第一的服务理念，抱有真诚而长远的合作态度。

（2）绑定一拍档流程

第一步：登录自助操作平台（MO 系统）-“设置管理”-“ 拍档管理”-“所有拍档”-“增加区域筛选”，选择想要绑定的拍档进行绑定，一次只允许绑定一个拍档，如图 8-70 所示。

第二步：成功绑定拍档后，可单击“设置管理”-“ 拍档管理”-“ 我的拍档”-“详情”。在此页面中可做如下操作：

① 共享信息：选择要共享给拍档的信息共享给拍档，方便后续拍档帮供应商跟进订单。

② 服务费协定：接受一拍档的费用标准，查看明细。

③ 退税融资费率：查看退税融资费率。

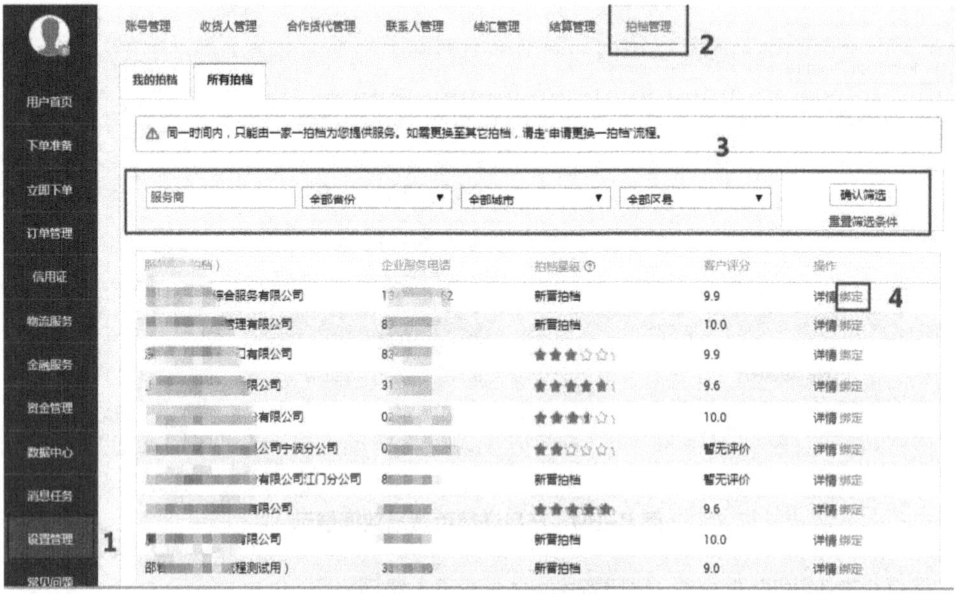

图 8–70 “拍档管理”页面

④ 更换拍档：若供应商对当前拍档的服务不满意，可以单击更换拍档，重新选择一家拍档来服务，提交更换申请后拍档将在 12 小时内处理。若超过 12 小时拍档未受理更换申请，“确定更换拍档”将会点亮，供应商单击即可完成拍档更换，如图 8–71 所示。

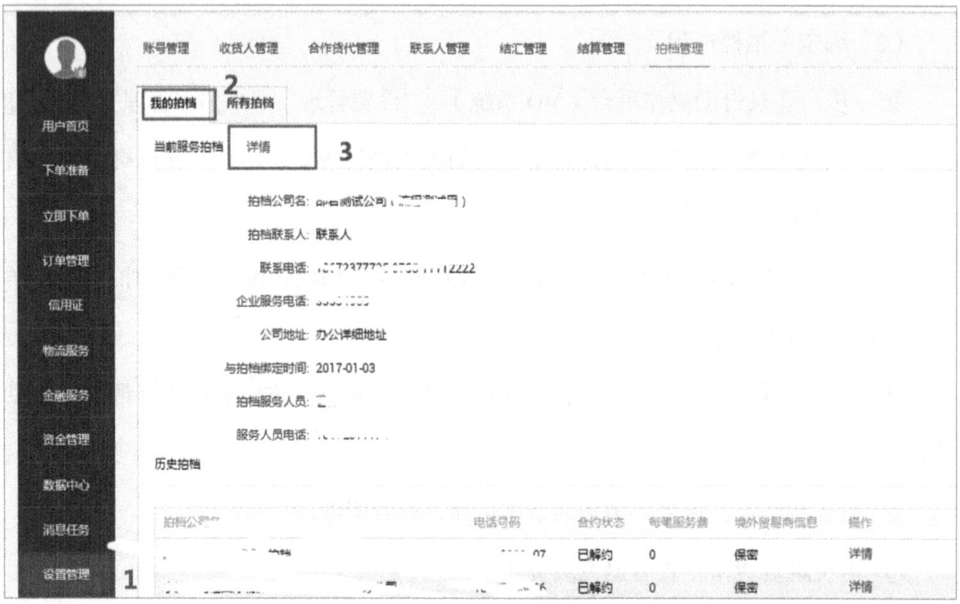

图 8–71 查看我的拍档信息

索引使用说明

索 引

A～Z（英文）

A

B

Y

Z

（王彦祥、张若舒　编制）